기독교 초기교회 교육의 재구성

A Reframing of Early Church Education

기독교 초기교회 교육의 재구성

A Reframing of Early Church Education

손 삼 권 지음

 한국학술정보[주]

목   차

1장

21세기 문화 흐름과 교회교육의 대안 찾기

1. 안의 문제

1) 우리 안의 병

중동 지역을 지배했던 막강한 로마 제국에 이상한 소문이 떠돌았던 적이 있었다. 그 소문의 내용은 한 예언자가 445년 10월 대로마 제국이 천체와 정면 충돌하여 멸망한다는 것이었다. 예언자가 말한 종말이 다가오자 사람들은 가족끼리 끌어안고 죽음을 기다렸다. 그러나 정작 로마는 멸망하지 않았다. 예언자의 예언이 빗나갔다. 그런데 수년이 지난 후에 로마는 진짜 멸망해 버렸다. 외부의 큰 별에 부딪쳐서가 아니었다. 그건 로마 사람들과 지도자들이 로마가 망하지 않을 것이라고 믿고, 환락과 나태를 일삼았던 결과였다. 즉 내부에서 생긴 문제가 그 원인이었다. 이것을 사람들은 '로마병'이라고도 한다. 국가나 사회 내부에서 생긴 타락과 무지의 병이라는 것이다.

지난 20세기 말에도 많은 예언자들이 지구의 종말을 예언했지만 우리는 아직 종말을 보지 않고 21세기에 들어와 무사히 살고 있다. 어쩌면 우리 지구도 외부의 문제가 아니라 내부의 문제로 말미암아 지구의 종말이 올지 모른다는 예견이 있을 수 있다. 그것이 바로 안의 문제, 즉 생태계의 문제다. 우리는 생태계의 문제와 함께 많은 변화를 보고 있다.

안의 문제는 교회에도 있다. 외부로부터 끝없이 박해를 받았을 때 교회는 더 강해졌고 더 성장했고 더 든든해졌다. 우리나라에서도 대외적으로 어려울 때 교회는 경이적인 성장을 경험했지만, 지금 대부분 성장이 급감하거나 멈추었다고 자평한다. 지금은 교회를 향한 박해도 없으며, 어려움이 없어지자 외적으로 성장은 멈추었고, 내적으로 나약하고 부패해졌으며, 권력과 명예욕만 든든하게 자리잡고 있는 형편이다. '로마병' 이야기와 같이 우리도 이러다가 어려움을 당하지 않을까 하는 우려를 금치 못하고 있다. 다시금 일어날 수 있는 교회가 되려면 대(對) 내외적인 상황을 살피지 않을 수 없다.

2) 총체적 생태계의 위기

21세기가 되면서 많은 사람들은 위기감을 느끼고 있다. 세계화로 말미암아 강대국은 더 강해지려고 힘쓰고, 약소국가는 강대국의 경제 압박에 허덕이고 있다. 특히 세계 모든 국가를 미국 주도로 이끌어 가려는 힘의 논리에 반전과 반핵 움직임이 있지만, 미국의 경제적 압박에 많은 국가들이 움츠러들 수밖에 없는 실정이다. 이러한 정치·경제·군사적인 힘이 세계를 좌지우지하고 있지만, 많은 학자들은 힘의 논리와 함께 생태계의 문제도 심각한 것이라 지적하고 있다.

생태계의 문제는 문화의 변화에 기인한다고 볼 수 있다. 생태계의 위기는 인간과 자연이 함께 어울려 살지 못했기 때문에 인간이 살아가는 터전의 상실을 말한다. 옛날이야기를 하자면, 농사를 지을 때 하늘에서 내려주는 비를 은혜로 여겼고, 한겨울에 추위가 땅의 병충해를 없애주는 일을 했다. 24절기는 농사와 관련한 세상 삶을 펼치게 했다. 이때는 사람이 자연과 어울려 지내려고 했다. 인간과 자연의 관계는 아무리 강조해도 부족하지 않는 대목이다. 11세기 신유학자 장재(張載)의 말을 들어보자.

하늘은 나의 아버지요, 땅은 나의 어머니이시다. 나 같은 미물조차도 천지간에 머물 친밀한 곳이 있다. 우주를 가득 채우는 것은 내 몸이요, 우주를 움직이는 것은 나의 본성이다. 모든 사람은 나의 형제자매요, 모든 사물은 나의 벗이다.
(乾稱父坤稱母予茲必焉乃混然中處故天地之塞吾其體天地之帥吾其性 民吾同胞物吾與也)

그러나 과학이 발전하고 생각이 이지적으로 변하면서 자연과의 거리가 조금씩 멀어졌고, 사람은 자연에 얽매이지 않아도 된다고 생각했다. 더욱이 이기심으로 산이나 나무, 땅과 물 정도야 좀 망가뜨려도 우리 사는 데 지장이 없다는 생각을 실천하기 시작했다. 소위 이기심이 자연과의 괴리를 불러왔고, 그로 말미암아 서서히 자연이 파괴되기 시작했다. 과거의 자연 중심으로 살았던 농경문화가 무너지고 산업의 발전으로 산업문화로 전이되면서 사태가 심각해지기 시작했다. 인간 한계를 뛰어넘는 감당할 수 없는 폭염, 수백 명의 생명을 앗아가는 폭우 등 기후 변화와 물의 오염 등이 황폐의 징조로 보여 주었다.

지금은 걷잡을 수 없는 첨단 정보문화 시대로 이행되었다. 정보문화 시대가 갖고 있는 특성은 이기심이 극대화되고, 그로 말미암아 인간에게 생명 연장, 편리한 생활, IT를 통한 만남과 접속이 많아졌다. 이러한 변화는 사람과 지구에게 긍정적인 발전보다는 총체적인 위기 상태에 처해 있다고 말해도 과언이 아닐 것이다. 그동안 산업문명은 성장과 진보의 이름으로 과학과 기술을 발전시켰고, 인간 이성은 인간 중심적인 근대화를 이루었다. 근대화는 지구를 망치고 역사의 종언을 선포하게 만들었다. 이것은 우리 인간이 자연을 지배하려다가 자연의 식민지가 된 꼴이다.

위기를 초래하게 된 이유는 성장과 진보의 이름으로 전개된 산업문명을 발전시킨 과학과 기술의 결과라 할 수 있으며, 인간 중심적 근대화를 위하여 다른 조건들을 차단하거나 파괴했기 때문에 생긴 일이다.1) 이 세상 모든 것이 서로 연결되어 있는데도 지구와 인간, 자연과 문화, 역사와 현실, 정신과 육체, 나와 타자를 이원화하였고, 인간 중심 혹은 자기 중심으로 이해했기 때문에 위기를 초래한 것이다. 그래서 미셸 세르는 "세계 역사가 자연 문제가 되고, 세계 자연이 역사 문제가 되고 있다. 이것은 철학에서 전혀 새로운 일이다."고 하였다. 즉 우리 앞에 놓여 있는 자연의 문제는 곧 역사의 문제가 되고, 인간에게 중요한 담론으로 제기되고 있다. 한마디로 생태적 위기 또는 총체적 위기라고 말한다.

인간 중심적인 근대화로 말미암아 생태계 파괴와 지구 파멸에 대한 책임은 기독교도 면할 수 없다. 린 화이트는 기독교가 인간 중심적인 종교이며, 따라서 생태적 파손의 근본적 원인이라고 비판했었다. 기독교는 신의 창조물 중에서 그 정점을 이룬 것이 인간이라고 자처했다. 자연과 인간이 하나님의 창조물인데도 인간은 스스로 신성시하고 자연을 비신성시했으며, 하나님의 영성이 인간에게만 주어졌고 자연에게는 주어지지 않은 것으로 간주하고 있다. 이것은 인간 중심적인 사상이다. 인간과 자연을 이분화시키고, 자연을 파트너가 아니라 지배해야 할 대상으로 여겼다. 그래서 로렌 아이젤리는 "기독교는 자연으로부터 신을 빼앗고, 자연 위에 인간을 올려놓았다."고 비판하였다.

오늘날 우리 앞에 놓여 있는 자연의 문제, 즉 생태적 위기는 단순히 자연의 문제만 아니다. 어쩌면 생태계의 위기는 사회적인 문제이고, 정치적인 문제이며, 실존적인 문제이기도 한다. 생태 위기는 인간이 땅으로부터 추방당할 것을 예견하는 것이다. 땅에 뿌리를 내리고 살던 인간이 고향을 잃고, 터전 없는 삶을 살게 되는 것을 말한다.

요즘 생태학, 생태철학, 생태신학이라는 말이 나오게 된 것도 잃어버린 터전을 찾으려는 움직임이다. '생태'라는 화두가 나오게 된 것은 근대화로 생명 존재를 잘라버린 나무에서 새로운 그루터기가 나오게 한 부활과 같은 희망일 수 있다. 모든 가능성이 잘린 상태에서 남은 자가 새로운 역사를 만들어 가듯이 말이다. 극도로 수량주의화 되어 버린 세상 속에서 가치를 탐구하는 사람들이 생기고, 이기 문명이 극대화되고 있는 현대 사회 속에서 귀농 운동이 벌어지고 있고, IT 시대에 잃어버린 정감을 찾으려는 움직임이 바로 그런 희망인지 모르겠다.

우리의 문화가 산업 시대, 첨단정보 시대로 이어지면서 상호 관계를 맺으면서 살았던 관계가 인간이 일방적인 관계를 지향하였고, 그로 말미암아 '상호 관계'가 깨지면서 모든 것이 뒤틀리기 시작했다. 위기는 먼저 우리의 파트너인 자연에게 상처를 입히기 시작했고, 그 상처는 자연스럽게 '상호 관계'를 맺고 있는 우리 인간에게 연결될 수밖에 없는 것이다.

이제 우리는 생태의 위기는 곧 모든 존재의 위기를 인식해야 한다. 아이들에게는 세상의 주인이 누구이며, 우리가 밟고 있는 땅은 무엇을 원하는지를 알도록 가르쳐야 한다. 한 그루의 나무와 꽃은 아름답게 자라나도록 내버려두는 일이 얼마나 중요한지 깨닫게 해야 한다. 물의 가치를 깨닫고, 물이 생명처럼 아래로 자연스럽게 흘러내릴 수 있도록 더럽히지 않도록 주의를 기울여야 할 책임이 있다.

2. 차이 인정과 타자 이해

1) 타자 이해: 코페르니쿠스적 혁명

여성과학자 맥클린톡(Barara McClintock)은 6년 동안 옥수수를 연구하였다. 그녀는 옥수수 연구 중에 우연히 이상한 색소를 띤 낱알 몇 개를 발견하게 되었고, 많은 옥수수 중에 어떻게 다른 색의 옥수수가 나왔는지 궁금했다. 그래서 어린 묘목 때부터 계속 지켜보고, 그 결과 모든 식물마다 차이가 있다는 것을 알게 되었다. 일반적으로 우리가 알고 있는 옥수수와 색소가 다른 돌연변이가 발견하게 된 것이다. 돌연변이 옥수수는 일반적인 것과는 달랐다. 흔히 '옥수수는 이런 모양이다.'라는 개념을 갖고 있지만, 돌연변이 옥수수는 일반적으로 알고 있는 것과 다르다. 그래서 어떤 사람들은 '잘못된 것'이라고 말하거나 비정상적이라고 생각할 때가 많다.

돌연변이는 옥수수라는 체계 안에서는 질서가 변형되었거나 비정상적이라 할 수 있다. 그러나 좀 더 넓고 크게 본다면 비정상적이라 할 수 없다. 옥수수라는 체계가 아니라 더 크고 넓은 개념으로 본다면, 돌연변이도 전혀 이상한 것이 아니다. 하나님께서 새로운 계획이 있어서 또 다른 모양으로 생명을 창조하셨는지 우리는 알 수 없다. 각 생명체들은 나름대로 하나님의 귀한 창조물이고 아름다운 생명체다.

맥클린톡은 옥수수를 연구를 통해서 새로운 눈을 뜨게 되었다. '모든 것을 기존의 상식에 맞추려고 노력하는 것'은 잘못 이해하는 것이라고 결론을 내렸다. 아무리 돌연변이라 해도 나름대로의 특성이 있으며, 그것을 기존의 상식으로 평가하거나 판단할 수 없다는 것이다. 모든 식물이 다 천편일률적으로 똑같을 수 없으며, 나름대로의 독특한 형태가 성격이 있으며, 모두 '차이'가 있다는 것이다. 따라서 우리가 어떤 식물이든 생명이든 간에 '정상이냐 아니냐'를 따질 수 없다고 하였다. 오히려 관심을 갖고 올바르게 관찰해야 한다는 것이다. 모든 식물이 지니고 있는 특성이나 장점(또는 차이)을 볼 수 있어야 하고, 그 차이를 '해석'할 수 있는 통찰력이 필요하다고 했다. 그녀는, "나는 어린 묘목부터 시작하여 계속 그 식물을 지켜봅니다. 만약 내가 그 식물을 줄곧 지켜보지 않는다면, 그 식물의 이야기를 정말로 안다고 말할 수 없습니다. … 나는 그것들을 아주 잘 알며, 그들을 아는 것에서 굉장한 기쁨을 느낍니다."고 하였다. 많은 시간, 여러 주일, 여러 해 동안 끈질기게 관찰을 하면 식물이 지니고 있는 독특한 삶을 이해할 수 있다는 것이다.

남을 관찰한다는 말은 그 사람을 조사하라는 말이 아니다. 우리가 할 일은, 생명이든 사람이든 판단하지 말고, 그 차이를 직시하고 관찰해야 한다. 관찰은, 일반적으로 사물의 실태를 객관적으로 파악하기 위하여 관심을 갖고 주의 깊게 살펴보는 것을 의미한다. 한 가지 사실이나 생명에 대해 의식적으로 접근하고 관심을 가져주고 마음을 열어 주는 일이라 할 수 있다. 맥클린톡이 말한 '관찰'이라는 말을 사람에게도 적용할 수 있을 것이다.

우리는 가끔 어떤 사람을 우리의 잣대로 판단할 경우가 많다. '저 사람은 기도를 왜 저렇게 해!', '그는 내 생각과 틀려.', '네 행동은 못 마땅해!'라는 식으로 말이다. 보통 내 생각, 내 주장, 내 신앙에 맞지 않다고 '잘못되었다'고 생각할 때가 많다. 이것은, 그 사람만이 가지고 있는 특성과 은사와 재능과 장점들을 보지 못하고, 우리가 생각하는 잣대로 평가하는 일이다.

'사람 차별'을 하는 일은 잘못된 일이지만, 사람의 '차이'를 인정하는 일은 필요하다. 하나님께서는 모든 사람을 창조하실 때에 '차이'를 두셨다. 모든 사람들에게 나름대로의 특성과 은사를 주셨다. '차이'를 인정하는 것은 하나님께서 각 사람들에게 나누어주신 각기 다른 은혜를 인정하는 일이다. 모든 인간은 다 하나님의 창조물이고, 하나님은 은혜 안에서 살아가는 존재이다. 하나님은 모든 사람들에게 나름대로의 은사와 사명을 안겨 주셨다고 믿고 있다. 우리가 믿는 신조가 확실하다면, 모든 사람은 서로 다르다는 것도 인정해야 하며 서로 '차이'가 있다는 것도 이해해야 한다.

남을 인정한다는 것, 차이를 이해한다는 것은 '타자 이해'라는 말로 함축할 수 있다. 2차 세계대전의 전범자였던 아이히만(A. Eichmann)을 재판하던 과정에서 심리학자들은 아이히만은 '타락하거나 가학적인 존재가 아니라 지극히 정상적인 사람'이라고 발표했다. 그런데 그는 유대인이라는 이유만으로 대량 학살적 폭력을 자행하였다. 심리학자 아렌트(H Arendt)는 그 원인을 한마디로 분석하기를 '접촉감 상실'이라고 하였다. 즉 그는 다른 사람과 의사소통이 불가능했고, 자신을 차단시키는 방호벽에 둘러싸여 있었기 때문이라는 것이다.[2] 레비나스에 따르면, 서구철학의 일원론적인 전통이 있으며, 전체성(全體性)의 사상이라 할 수 있다. 여기서 전체성이란 종교적 근본주의 사고와 밀접하게 연관되어 있다.[3] 이러한 사고 체계는 자유주의와 다원주의를 적으로 생각한다. 즉 다른 이념 체계를 인정하지 않고 오직 하나의 이념 체계를 주장하는 동일성(同一性)의 철학을 의미한다. 전체성이나 근본주의적 이념은 논쟁하는 것이 아니라 '주장'하기 때문에 일방적이다. 인간의 자아 외부에 존재하는 모든 타자는 외재적 자아(자기 동일시)하는 철학을 의미한다.

세계화 현상은 사람들이 현대적 의미의 인간 상황에 대한 새로운 담론을 준비하도록 만든다. 세계화는 근간의 이념 체계에 대한 새로운 의미를 요구하기 때문이다. 새로운 의미의 하나로 제시되고 있는 것은 타인의 존재를 그대로 인정하는 새로운 관계, 즉 자아와 타자의 올바른 관계를 인정하는 형이상학적(形而上學的) 관계이다. 레비나스에 따르면 자아와 타자(타인) 사이의 올바른 관계는 하나로 혼합되거나 융화되는 관계가 아니라, 자아와 타자의 거리를 유지하는 관계다. 이는 타자의 외재성, 절대적 다름, 차이, 타자성(他者性)을 보존하기 위한 전제다.

타자를 이해한다는 것은 자기 자신을 극복하고 초월해야만 가능하다. 이때 '제2의 자아'(alter ego)가 생성된다. 즉 타자를 발견할 때 자아 중심에서 타자 중심으로 이동하게 되며, 이는 지구 중심에서 태양 중심으로의 이동하는 것과 같다 할 수 있다. 그래서 레비나스는 이를 코페르니쿠스적 혁명을 계승하여 보존한다고 하였다. 타자 이해는 의견을 나누는 대화의 과정에서 일어난다. 밀은 네 가지 중요한 생각의 차이를 인정하는 길을 제시하였다. 그 내용을 간단히 요약하면 다음과 같다.[4]

첫째, 만일 어떤 의견이 강제적으로 침묵될 경우, 그 의견은 진실일 수도 있다. 우리는 그것에 대해 확실히 알 수 없기 때문이다.

둘째, 설령 침묵된 의견이 오류라고 하더라도, 그것은 일말의 진리를 가질 수 있다. 전체적인 진리와 상반되는 진리가 알려지는 기회는 오직 반대의 의견들과 충돌하는 경우밖에 없다.

셋째, 설령 일반적인 사회 통념이 전체적 진리라고 하더라도, 만약 그것이 활발하고 진지하게 도전받지 않는다면, 그것을 수용하는 사람들은 그것이 합리적 이해를 가지지 못하고 편견으로 나갈 것이다.

넷째, 자유 토론이 없다면 교리 자체의 의미가 상실되거나 약화되고, 개성과 행위에 대한 활기찬 효력이 상실될 위험에 처하게 될 것이다. 교의는 단순한 형식적 신앙고백에 그치고, 선을 창출하는 데 효과가 없고, 이성 또는 개인적 경험으로부터 어떤 실재적이고 감동적인 확신이 생겨나는 것을 저지하고 그 근거를 방해하게 된다.

2) 차이 인정: 타자성 이해의 출발점

타자 이해는 사람마다 차이가 있다는 것을 인정하는 데에서 출발한다. 남성과 여성의 차이가 있으며, 인종과 문화의 차이가 있다는 것을 시인하며, 세대간의 차이를 시인하는 데에서 출발한다.

이리가레이는 "남녀 각각의 사회적 권리와 의무를 '차이 있는 것'(qua different)"이라 했다. 여성적 특성에는 '접촉'의 감각이 있으므로 남성과 차이가 있다는 것이다. 여성적 차이는 근대의 남근적 일원론(男根的 一元論)이나 '동일성'(同一性)과는 근본적으로 '차이'(difference)가 있다. 즉 남성은 만물의 척도라는 개념을 뒤집고, 여성적 차이를 인정해야 한다는 말이다. 다시말해 근본적으로 사람마다 지니고 있는 '존재의 차이'가 있다는 것이다. 사람마다 지니고 있는 차이를 인정하게 되면 타인에 대한 '타자성'(alternity)도 인정할 수 있게 되며, 여기에 인격적인 존재를 인정하게 된다.

물론 여기서 말하는 '차이'는 남녀나 인간이 동등하다는 문제를 거론하는 것이 아니다. 또 남녀 관계나 인간관계를 부정하는 것이 아니다. '차이'는 하나님께서 창조하신 모든 만물이 각자 자기의 가치와 능력과 생각과 삶이 다르다는 것이다. 이것은 하이데거가 말하는 사람마다 지니고 있는 '다름으로서의 차이'(Difference as Untershied)를 말한다. 무조건 내 생각, 우리 집단, 우리 교회, 우리나라만 인정하고 다른 사람, 다른 종교, 다른 나라는 적이라는 잣대를 없애는 일이다. 나에게도 귀한 것이 있다면 다른 사람에게도 가치 있는 존재라는 것을 인정하는 일이다. 즉 나와 다르다는 것은 차별을 말하는 것이 아니라 다른 특성과 성향이 있다는 것을 이해하는 것이다. 이것이 타자를 이해하는 출발점이다.

각자 인격의 '다름'은 차이와 관계성 모두를 동시에 연결시키고, 보존하며, 증진시키는 '사이'(Unter)와 '차이'를 짝짓게 한다. 근본적 다른 사람의 특성을 인정해 주지 않을 때 상호 관계는 주종 관계로 전락되며, 타자성을 인정하지 못할 때 각자의 주관성이 훼손된다. 서로 인격이 다르거나 차이가 있다는 것은 하나님이 각자에게 내려주신 능력이 다르며 독특한 삶이 있다는 것을 인정하는 것이다. 성 차이도 남자가 정상에 위치하고 여자는 밑바닥에 놓이는 남성 중심의 위계적인 모델을 뒤집는 것이다. 즉 모든 남성과 여성에게 적용되는 보편적인 평등주의 모델을 반대하면서, 두개의 자율적이며 상이한 주체성들로 이루어진 모델을 말한다. 이 모델은 상호 주관성을 확보하고 증진시키기 위한 것, 즉 양자가 건강한 관계와 대화를 촉진되도록 돕는 것이다.

사람의 차이를 이해하는 데에는 사상적 차이도 중요한 요소가 된다. 2002년 12월 대통령 선거에서 보수적 기성세대와 진보적 젊은 세대의 투표 성향이 크게 다른 양상으로 나타났다. 두 세대의 양극화는 선거 참여의 열기까지 불러일으켰다. 이 과정에서 기성세대는 젊은이들의 사고를 염려하였고, 젊은 세대들은 기성세대의 국가관과 미래관을 외면하려고 했다. 여기에는 대화와 타협이 좀처럼 일어나지 않을 것 같았다. 그러나 서로 생각의 차이가 있다는 것을 이해만 한다면, 서로 둘 '사이'에 연결고리만 찾을 수 있다면 더 긍정적인 국민투표가 될 수 있었을 것이라 본다.

우리는 흔히 서로 견해가 다르다는 말을 잘한다. 여기서 견해가 다르다는 것은 '생각의 차이'를 말하는 것이다. 그러나 '네 생각은 말도 안 돼.'라고 하거나 '너는 빨갱이야!'라는 말은 상대편 생각을 무시하는 것이다. 여기서 '차이와 차별'의 개념이 다르다는 것을 알 수 있다. '차이'는 서로 다른 존재이며, 각자의 삶을 인정해 주는 것이라면, '차별'은 상대편의 생각을 무시하고 짓누르려는 심산이 있는 어휘다. 흔히들 말하는 '차별에 의한 폭력'은 인권과 평화를 위한 폭력 문제를 다루는 것이 아니라 '사상적 차별'을 전제한다. 여기서 '사상적 차별'은 현대 사회가 안고 있는 '총체적 관계' 문제라 볼 수 있다. 국제적으로 세계화, 테러, 경제 위기, 종교적 갈등, 생태계 위기 등의 문제와 함께, 국내적으로 빈부격차, 빈곤 가구의 교육과 건강 문제, 노숙자, 중증만성 정신질환자, 외국인 노동자 문제, 여성 차별, 동성애,

낙태, 성매매, 평화와 통일, 병역 양심거부 문제 등이 그것이라 할 수 있다.

이러한 문제는 국내적인 차원뿐만 아니라 국제적 시각이 요청되며, 인간의 문제뿐만 아니라 자연의 문제까지 생각해야 한다. 나아가 현재의 문제에서 역사적인 사고까지 확장되어야 한다는 논리다. 즉 오늘의 인권은 총체적 시각에서 보아야 한다는 말이다. 모든 사고와 행위가 인간 중심, 자기중심적, 비대화적, 일방적으로 출발하기 때문에 지구와 인간, 자연과 역사의 위기에 와 있다는 것이다. 인간 중심의 형이상학은 이성 중심으로 발전하여 자연, 육체를 배제하고, 자아와 정신 중심의 사고를 하게 되었다.

사상적 차별의 예는 레드 콤플렉스(Red Complex)에서 찾을 수 있다. 우리나라는 민주정부, 국민정부, 참여정부로 나아가고 있다. 이미 많은 사람들이 북한에 다녀왔고, 금강산 구경도 꽤 많은 사람들이 다녀왔다. 물론 북한 동포들도 여러 방법을 통해서 남한을 방문하고 있다. 얼마 전에는 북한의 김정일 위원장이 남한을 방문할 계획이 있다는 소식을 접하기도 하였다. 뿐만 아니라 햇볕 정책, 남북 나눔 운동 등을 통해서 우리의 사랑과 나눔 정신이 북한에 전달되고 있다. 반면 전철 안에서나 길거리에서 아직도 쉽게 반공 포스타를 볼 수 있다. 도로변에 있는 반공 포스터만 해도 수십만 개를 넘는다고 한다.[5]

국민의 정부가 들어서고 반공 이데올로기가 사라졌다고 하지만, 반공주의가 사라졌다고 믿는 것은 순진한 생각이다. 반공주의는 이제 정치, 안보, 군사의 영역에서 확산되어 오히려 우리의 일상적 사고에 깊게 스며들어 있다. 그것은 단순히 북한 공산주의에 대한 적대적, 비이성적 정치 논리와 정서만을 의미하지 않는다. 한국의 반공주의는 단순한 북에 대한 적대적 감정과 비난이면서 동시에 그것과 교묘하게 결합된 고도의 계산적이고 이성적인 목적 활동의 성격을 갖는다. 이것은 일종의 그것에 순응하고 굴복하는 대중의 처세술적인 사리판단을 복에 대한 적대적 감정이나 정서와 결합시키는 구조라 할 수 있다. 그리고 그것은 지금도 지속되고 있는, 권력을 유지하고 지속시키기 위하여 분단 현실을 이용하여 국가보안법의 현존과 반공주의의 이데올르기적 헤게모니를 확보하려는 행위다.

우리는 여기서 크게 두 가지의 레드 컴플렉스(Red Complex)를 생각할 수 있다. 첫째, 모든 비판적 생각과 운동, 주류 이탈적 사고나 행위는 '좌경', '불순', '용공', '친북'의 혐의로 즉각 연결되어 사고한다는 점이다.[6] 좌익에 대한 알레르기적 반응은 스탈린주의에서 유럽식 사회민주주의에 이르기까지 모든 진보적 사상을 '좌익 불순 사상'의 카테고리로 단순화시킨다. 그 예는 우리의 사고 구조에서도 나타나지만 길거리나 전철에 나붙어 있는 반공 포스터에서 잘 드러나 있다. 반공 표어들은 주로 좌익세력, 사회혼란, 좌익폭력 등이 곧 불손하거나 불온하며, 민주 안정과 민주 화합을 저해한다는 식이다. 민주적 주장, 불순한 행동, 수상한 행위 등은 모두 좌익 혐의로 고발되고 만다. 결국은 개인적이거나 민주적인 주장을 하는 사람들은 수상하고 ― 불순하며 ― 좌익이라거나 좌경 ― 친북 ― 용공 ― 간첩이라는 구조다. 지배논리에 따르면 토니 블레어를 포함하여 서구의 많은 사회주의자들, 노동 운동가들, 노동당들도 불온세력이라는 말이다.

둘째, 혼란, 분열, 해이는 즉각 불순 책동, 북한의 도발 위험, 안보 불안과 동일시된다.[7] 혼란과 방심과 분열은 안정, 안보, 단결, 번영을 해치는 것으로 사고하게 만든다. 혼란, 분열, 해이는 전체적 지배구조에 동참하지 않는 존재와 행위를 말한다. 이것은 분열 공포와 이완 공포를 만들어내고, 전 국민이 다른 생각과 의견이나 행동을 하면 사회의 혼란을 초래한다는 것을 교육하는 것이다.

스마트 밀은 『자유론』에서 우리의 일상생활에서 "대립에 대한 의견이 동등한 자유를 가지고 표현되고 동등한 재능과 정력을 가지고 옹호되고 이행되지 않는다면, 양쪽 모두가 자기 몫을 획득할 기회를 잃게 된다."[8]고 하였다. 해결하기 어려운 중요한 문제를 다룰 때 찬반 의견보다 더 중요한 것은 관용을 베풀고 격려해주어야 한다면 그것은 다름 아닌 특정한 시각에 특정한 장소에서의 소수 의견이다. 이것은 자아가 아닌 타자의 사상과 자유를 인정하는 것이며, 정신적 복지를 펼치는 일이라 할 수 있다.

1948년에 발표된 세계인권선언 제18조에 "사람은 누구를 막론하고 사상, 양심 및 종교의 자유를 향유할 권리를 가진다."고 되어 있는 것처럼 모든 사람은 자신의 양심과 사상을 형성·결정하고, 소극적으로 지키고, 실현할 자유를 지니고 있다.[9]

3) 나와 타자 사이

우리는 지구와 인간, 자연과 문화, 역사와 현실, 정신과 육체, 나와 타자를 상호 존재적(interbeing)인 것으로 개념화할 필요가 있다. 이를 위해서 '나와 타자의 차이' 이해를 고찰해 보자.

사람은 관계를 통해서 타자를 이해할 수 있다. 만약 '나와 타자' 사이에 차이가 없다면 거기에는 상호성도 없을 것이다. 따라서 올바른 인간 관계를 위해서는 '타자성'(alterity)을 이해하는 것이 중요하다.[10] 이 말은 데리다의 차연(differance)과 같은 맥락에서 이해할 수 있다.

그런데 테일러는 '타자 본위'(他者本位, altarity)[11]라는 말을 사용하는데 이 말은 타자의 세계를 존중하는 한편, 타자를 읽으려는 생각이 내포되어 있다. 타자 본위라는 말은 타자를 '또 다른 자아'(alter ego)로 보는 차원이 아니라 타자를 자기보다 우선적 또는 선차적인 존재로 인식할 수 있기 때문이다. '타자 본위'는 자유보다 책임이 더 중요한데, 그 이유는 자유가 자기 중심적이라면 책임은 타자 지향적이기 때문이다. 타자 지향성은 '내향성'이 아니라 '외향성'이며, '자아 중심적 관계'가 아니라 '다른 사람들의 세계와 사물과 관계'를 향하는 것이다. '여기'가 아니라 '다른 곳'이며, '여기 안에서'가 아니라 '저기 밖에서'를 사고의 실마리를 찾으려는 시도이다. 레비나스는 이것을 윤리적 '탈존재론'(meontology)이라고 보았다. 말하자면 존재의 모토는 '안으로 들어가지 말고 밖으로 나가라.'는 것이다. 이것은 '폐쇄'가 아니라 '드러냄'에서 가능한 일이다.[12]

'차이'를 이해하는 것은 동일성을 부정하는 것이고, 관계성을 긍정하는 것이다. 동일성은 대화가 필요없지만 관계성은 대화가 요청된다. 하이데거의 '다름으로서의 차이'(Difference as Untershied)라는 말에는 관계성이 내포되고 있다고 하였다. '다름으로서의 차이'는 나·너 사이의 차이와 관계성 모두를 동시에 연결시키고, 보존하며, 증진시킨다. 그래서 '차이성'은 대화 변증법의 원리에 기초를 두고 있으며, 상대편의 '차이'를 인식하는 것이다.[13] 타인도 나와 같다는 인식은 타인과의 동일 존재로 이해하기 때문에 독백적이지만, 차이의 논리는 나와 타인이 다르다는 것을 인식하고, 타인에게도 존재를 이해한다는 점에서 대화적이다.[14] 다른 사람과의 '차이'를 인식하지 않는다면, 대화는 단지 두 개의 독백이 모여 있는 것에 불과하며, 이미 대화라고 할 수 없다. 대화 변증법은 타인의 타자성을 중시하기 때문에 자기 중심적이기보다는 '타인중심'이다.[15]

레비나스에 따르면 이것은 '책임'에 기초한 사상으로 자아 중심성을 타자 중심성으로 받는 것에서 주는 것으로 변형시키는 것이다. 타자를 위해 자기를 '희생'하는 것이며 기독교적 접근이라 할 수 있다. 자율성 또는 자유 없는 책임은 거짓이지만, 그렇다고 자율성이 책임성에 반대되는 것은 아니다. 오히려 보조적이라 할 수 있다. 우리는 책임지지 않으면서 자율적일 수 있지만, 먼저 자율적이지 않고는 책임질 수 없기 때문이다.[16]

언어학자인 바흐친에 따르면 '나'와 '너'는 혼자만으로는 아무런 의미도 가질 수 없으며, 오직 '우리'만이 의미를 가질 수 있다. 자아와 타자가 함께 '우리'라는 관계를 형성하며 대화의 공동 참여자인 까닭이다. 바흐친은 '말을 거는 것'을 대화의 생명이며, 대답의 중요성을 강조하고 있다. 즉 모든 말은 대답을 향하고 있으며, 대답의 영향에서 벗어날 수 없다. 대답은 (대화의) 본질을 활성화시키는 가장 중요한 것이며, 말하는 사람이 대화에 적극적으로 몰두할 수 있는 이해의 기반을 제공한다.[17]

4) 보살핌과 여성적 특성

타자 이해는 지구와 자연을 이해하는 것도 중요한 화두가 된다. 자연을 지배하는 결과가 지구를 병들어 가게 만들었던 것은 남성 중심의 정복과 파괴를 일삼았던 남성과 인간을 향한 반란이라 할 수 있다. 병들어 생명력을 잃어 가는 지구를 치유하는 길은 자아 중심주의와 인간 중심주의를 거부하는 '보살핌'이 요청된다. 보살핌은 언제나 부드러운 마음과 배려, 포용이다. 또한 보살핌은 정신적인 것이 아니라 육체적인 친밀성을 필요로 한다. 보살핌은 타자 중심이며, 사랑의 실천이다. 따라서 정복과 파괴를 일삼았던 남성 중심, 타자 중심에 대한 우리의 과제이며 책임이다. 그것은 타자를 전제로 한 사회적 책임의 원형이다.

보살핌에는 상대가 있으므로 상호적이라는 말을 놓칠 수 없다. 인간은 상호 존재적(interbeing)이다. 인간은 창세기에서도 표현했듯이 존재적으로 홀로 살 수 없다. 여기서 '홀로 살 수 없다.'라는 말은 인간과 인간의 관계만을 말하지 않는다. 인간은 서로 연계하며 관계를 맺으면서 살아가는 존재다. 사람, 땅, 하늘, 물, 나무, 꽃, 풀 한 포기…, 이 모든 것이 인간이 살아가는 데 필요한 존재다. 그런데 생태적 위기는 이 관계를 자기중심적인 것으로 해석하는 바람에 문제가 생긴 것이다. 우리가 숨 쉬는 공기, 매일 접하는 식탁 등에서부터 음악, 영화, 예술, 종교에까지 연결된다.

위기는 자본주의, 사회주의 구별 없이 자아 중심 또는 인간 중심에서 출발된 결과다. 인간과 인간 아닌 것들 모두를 포함하는 지구를 지탱하기 위해서 우리에게 타자 중심적인 보살핌의 책임윤리가 필요하다. 이것이야말로 모든 인간이 보살피는 자가 되는 진정한 의미에서의 지구 보살핌의 윤리라 할 수 있다. 생산, 성공, 편의주의에 빠진 현대인들이 참된 '자연'의 힘과 가치를 궁극적으로 이해하고, 그에 순응해야 할 대각성이 필요하다. 서구 사상을 지배해온 소유, 공리, 개인주의(홉스와 로크)를 극복한 '사회계약'을 보완하여 '자연계약'으로 발전시켜야 한다. 땅이 공기, 불, 물 등을 포용하듯이 인간과 자연이 공존하는 총체적 존재 개념을 인식해야 한다. 이것은 지배의 구조에서 공존의 구조로, 주인 의식에서 나눔 의식으로 변화되어야 한다. 이 일을 위해서는 교육(앎과 실천)이 필요하다.

5) 여성적 특성

21세기가 되면서 크게 화두로 떠오르는 것은 '여성'과 '몸' 이야기다. '여성'은 패미니즘(feminism)과 함께 여성학, 여성 지도자론, 여성신학 등으로 발전되고 있다. 과거에 숨겨졌던 여성의 능력과 가치를 찾으려는 움직임은 여권 확장 운동, 여성 해방론, 남녀 동권주의를 논하고 있다. 과거의 남성 우월주의는 전쟁과 정복과 파괴를 일삼았던 20세기 이전의 산물이며, 힘과 권력의 사회의 결과였다. 21세기는 정복과 파괴, 힘의 논리보다는 땅처럼 부드러우며 모든 것을 포용할 수 있는 여성의 힘이 더 필요하게 되었다는 말도 된다.

흔히 우리는 '아버지는 하늘이고 어머니는 땅'이라는 개념에 익숙했는데, 과연 여성은 땅의 특성과 맞먹는다 해도 과언이 아닐 것이다. 땅은 위로부터 오는 모든 것을 포용한다. 더러운 오물이나 물을 받은 땅은 그것을 정화시키고 생산을 가능하게 한다. 땅은 딱딱한 씨앗을 품으면 새싹을 올리는 힘도 지니고 있다. 땅은 그 속에 생명을 살리는 온갖 식물을 자라게 해 주며, 심지어 땅 깊이 뿌리박은 나무는 공해로 찌들은 세상을 정화시키게 한다. 땅은 모든 만물을 보살피고 보듬는 힘을 지니고 있다. 이 힘은 정복과 파괴와는 전혀 다른 능력이다.

남성적인 형태인 자연을 인간의 정복하고 지배하고 파괴하는 일은, 이제 여성적 형태로 해방시키는 일을 감당해야 한다. 남성은 자연을 정복한다면, 여성은 자연과 어울리는 삶이라 할 수 있다. 여성과 자연은 동일한 '육체의 달력'을 갖고 있다는 점에서 본질적으로 생태철학적이라 할 수 있다. 여성적인 삶이 자연의 순환적인 리듬과 공명하고 일치되게 한다. 즉 '여성적인 것과 생태론적인 것'이 연결되고 있다는 말이다. 여성적 특성은 타자 중심적이며 보살핌의 윤리를 지니고 있기 때문이다.

여성의 '기쁨'은 신체 페미니즘의 니르바나(無我境) 원리다. 남성은 시각 중심적이며 자아 중심적이며 지배적이라 한다면, 여성적 촉각 중심적이며 타자 중심적이다. 여성의 명민성은 윤리적이며 심미적이며 친밀하며 근접하며 보살피는 '총체적 기쁨'이라 할 수 있다. 이리가레이는 이를 '전신적 기쁨'(jouissance)라 한다.[18] 여기서 말하는 '기쁨'(jouissance)은 형태상으로 마음과 몸, 자아와 타자, 문화와 자연 사이의 교차점에 있는데, 이것은 '육체적 이해'의 여성적 계기를 말한다. 프랑스어 jouissance를 고쳐 써보면 "j'ouis sens"(나는 의미를 듣는다.)가 된다. 그것은 여성적 차이의 목소리에 주의 깊게 귀를 기울이고, 소리를 내면서 느끼는 희열이나 에로티시즘을 경험하게 된다. 그것은 소리를 듣고 소리를 내는 일에서 경험하는 희열이거나 심지어 에로티시즘이지만, 분명히 남성적인 특성인 시각적 쾌감과는 질적으로 다르다. 여성의 문화는 냄새 맡고, 맛보고, 만져 보고, 듣는 것을 우선적으로 여긴다. 여기에 여성들이 갖는 기쁨이 있다. 그러나 남성은 보는 것을 귀중하게 여김으로써 신체적 관계를 빈곤하게 만들었고, 그 순간은 몸은 몸이라는 신체적 물질성을 잃어버리고 정신적 주시만 남게 된다. 전통적으로 촉감은 천민적인 감각으로 여겨져 왔다. 그러나 (육체적) '기쁨'을 통해 느끼고 경험하고 사고한다는 것은 천박한 학문으로만 여겨왔던 과거를 뒤엎는 일이다. 과거의 정신적 주지는 공동체적 '친밀감과 접촉감'을 놓치게 된다.

6) 접촉, 여성적 몸의 교류

친밀감이나 접촉감은 몸을 통해서 일어난다. 사람은 스스로 애무할 수 없고, 피부를 통하지 않은 접촉이란 없다. 우리가 스스로 가지럼을 먹일 수 없는 것이 그 한 예다. 피부는 인간적 접촉에서 감각의 첨병이다. 따라서 접촉은 '피부간의 거래'이므로, 반드시 '타자의 인지'가 필요하다. 따라서 접촉은 타자와의 접촉으로만 가능하다.

특히 접촉감은 남성보다 여성이 훨씬 우월하다. 이 말은, 접촉은 독특한 여성적 의미를 갖는다 할 수 있다. 가벼운 손과 손의 접촉부터 몸과 몸의 결합을 통하여 오는 즐거움과 친밀함은 대단한 순간을 경험하게 한다. 접촉은 교섭을 낳으며, 교섭이란 상호적인 '동의'를 요구한다. 접촉은 공간적으로 공존의 나눔을 말하며, 시간적으로 체험의 연장을 말한다. 교섭을 통한 접촉은 시각적인 간격이 필요하지 않다. 악수와 같이 쌍방이 역동적인 결합을 만들고, 눈의 교섭(eye contact)은 은유적으로 깊은 촉감을 불러일으킨다.[19]

손은 접촉과 교섭의 수단이다. 하이데거는 '생각하는 손'이라고 하였다. 그는 《사유란 무엇인가》에서 사유를 (여성적인) '손의 지혜'로서 정의한다. 그는 이른바 가장 비지적(非知的)인 감각기관을 경멸하면서 인간을 '시각적 존재'로 간주해 온 전통에 반대했다. 하이데거에 따르면, 손이란 인간만이 가진 독특한 기관이며, 사람의 손과 짐승들의 발이나 발톱 또는 이빨 사이에는 심연이 있다고 했다. 손은 그 민감성, 사귐성, 그 표현력과 사고력에서 인간의 인간 됨, 즉 인간의 다른 것들과의 차이를 드러내 준다. 그래서 "모든 손 동작에는 사유의 요소가 들어 있다. 모든 손 일은 사유에 뿌리를 박고 있다."고 했다.

손은 단순히 삶의 도구가 아니라 생각의 표현이라는 것이다. 즉 손은 산 몸이며, 조직화된 유기체이며, 범감각적인 것이다. 손은 듣고, 보고, 말하고, 노래하는 행위와 같은 다른 감각들의 작용을 활성화한다. 실제로, 손은 감각들의 '사귐성'을 육화한다. 따라서 손은 단순한 '연장'이 아니라 통합된 몸이다. 메를르-퐁티는 손은 '함께 일하는'(synergic) 존재라 했다. 간단히 말하여 촉감은 감각의 왕이다.

우리가 기도할 때 두 손은 어떤 포즈를 취하는가? 기도 행위를 육화시킨다. 무엇을 요구할 때의 손, 뭔가를 강조하고 싶을 때의 손, 나의 사랑할 때의 손, 생각할 때의 손은 어떻게 하는가? 로댕의 <생각하는 사람>에서 두 손은 예술적으로 사고(思考)의 영상화시키고 있다. 이것은 두 손이 촉감적인 표현을 육체화시키고 있다. 또한 <대성당>에서도 두 개의 오른손이 서로 부드럽게 만나는 장면을 묘사함으로써 인간적 공존의 신성함과 경건함[20]을 드러내고 있다.

토니 모리슨은 《연인, Beloved》에서 미국 흑인들에게 자신들의 육체를 찬미하라고 촉구하였다.

> 오, 내 동포들이여, 그들은 여러분의 손을 사랑하지 않아요. 여러분의 손을 그들은 오직 이용하고, 묶고, 구속하고, 찍고, 빈손으로 만들 뿐이에요. 여러분의 손을 사랑하세요! 사랑해야 해요. 손을 들어 입맞추세요. 다른 손들을 만져 보고, 쓰다듬어 봐요. 그 손들을 가지고 여러분 자신의 얼굴에 갖다 대 보세요. 그들은 여러분의 손도, 얼굴도 사랑하지 않아요. 여러분이 그걸 사랑해야 해요!

우리나라에는 수지침이 홍행을 하고 있다. 손은 우리 몸에 흐르는 경맥이 그대로 축소되고 있다고 한다. 몸의 어떤 부분이 아플 때 그에 해당되는 손의 어떤 부분에 침을 놓으면 치료할 수 있다는 것이다. 또 수상술, 즉 손금을 통해서 한 사람의 운명을 예언할 수 있다. 파라셀수스의 수상술[21]은 자연을 인간처럼 몸을 가진 것으로 인격화함으로써 자연을 해석하는 친근한 기술이다.

많은 페미니스트들에 따르면, 시각을 중시하는 귀족적 태도는 두드러지게 남근 중심적이고, 가부장적이며, 어머니 혐오적인 태도가 많다. 그리고 시각주의가 갖고 있는 객관화 논리는 남성중심의 논리다. '구경꾼의' 시각이 남성적인 것인 반면에 '참여적인' 촉감은 여성적인 것이다. 여성화한다는 것은 시각의 유령을 쫓아내고, 촉감을 강조해야 한다. 이것은 마음과 몸을 이원화시킨 데카르트적 이분법을 종식하는 첫걸음이라 할 수 있다.

3. 개신교 교회의 위기감

1) 교회의 이미지와 문화적 흐름

많은 사람들이 교회의 위기를 공감하고 있다. 특히 교회의 사회 이미지에 대한 의식을 찾으려는 움직임이 적지 않다. 교회의 위기감은 교회나 성도의 숫자에만 국한되는 것은 아니다. 사회의 이미지도 한몫을 한다. 예를 들면, 모 전화국 광고에 성직자가 등장하였다. 그들은 수녀와 스님이었다. 그러나 다른 광고에서도 성직자가 등장을 했지만 그 어떤 곳에서도 개신교 성직자는 나오지 않았다. 특히 모 방송국 저녁 9시 뉴스에 불교 모종파의 문화담당 총무가 선정되었다고 나왔는데, 우리 개신교는 교단장이 누가 되었다고 신문에도 나오지 않는다. 이렇게 개신교가 매스컴에서 홀대를 당하는 이유가 무엇일까? 아니 홀대를 당하는 것으로 끝난다면 문제가 아니다. 오히려 중요 고발 프로그램에서 개신교 목사가 자주 등장하고 있다.

이런 모습은 개신교의 위상이 하락했다는 것을 단적으로 보여 주고 있다. 난무하는 교회, 부패와 부정에 참여하는 교회 지도자들, 교회 재산과 권익 문제로 법정까지 가서 난장판이 되고 있는 현실…. 어쩌면 우리 교회의 위상은 우리가 추락시키지 않았나 하고 생각해 본다. 110년 동안 경이적인 성장과 민족을 위해서 쌓아온 공든 탑이 무너지고, 외부가 아니라 내부에 의해서 스스로 붕괴되고 있다는 두려움이 앞선다. 이 두려움은 밖의 문제보다는 안의 문제에 기인한다고 볼 수 있다. 우리 교회 지도자나 공동체가 자기 본질을 찾지 못하고 있다. 특히 과거에는 사회와 시대를 위해서 앞장섰던 교회가 이제는 그 흐름에 따라가지 못하고 있는 형편이다.

2) 교세의 둔화

최근에 나타나고 있는 개신교 교세의 성장 둔화는 개신교 교회가 과연 자신의 정체성을 제대로 가르쳐 왔는가를 의심케 한다. 1960년대 개신교 교세의 평균 성장률은 25%, 70년대는 56%, 80년대는 30%, 90년대에 와서 24%로 점차 성장이 둔화되고 있으며,[22] 1985-1991년 사이의 성장률을 자세히 보면 1.4%로 격감된 사실을 알 수 있다.[23] 또한 한국 교회의 대표적인 6개 교단(예장 통합, 합동, 고신, 기장, 감리교, 하나님의 성회)의 지난 3년간 교세 성장률을 비교해 보면 그 심각성을 더 잘 알 수 있다. 1994년도 예장 통합의 교세 성장률은 2.4%, 예장 합동은 0.5%, 고신은 0.9%, 기장은 0.99%, 감리교는 0.003%로 격감했다. 그리고 1995년도에는 예장 통합이 0.01%, 합동이 0.005%, 기장은 0.99%, 감리교는 0.07%, 하나님의 성회는 0.4%로써 지난 3년간 1% 이상 성장한 교단이 하나도 없다.[24]

김영한은 한국 교회가 이렇게 성장이 둔화된 원인을 교회 내적 원인과 대사회적 원인(對社會的 原因)으로 구분하고 그 요인을 분석하였다.[25] 첫째, 교회 내적 원인을 다음과 같이 들고 있다. ① 교회 정체성의 약화, ② 영성의 쇠퇴, ③ 자기 중심적 교회, ④ 교회의 세속화, ⑤ 내적 성장에 대한 신학적 정립의 부재, ⑥ 기업식 교회 운영, ⑦ 십자가와 부활에 대한 메시지 결여, ⑧ 은둔 공동체, ⑨ 교회간의 단절과 생존 경쟁, ⑩ 교회 내 신분 계층화, ⑪ 권징과 권위를 상실한 교회, ⑫ 세상 문화에 뒤쳐지는 비전 없는 교회, ⑬ 말씀 궤도를 벗어난 감정적 부흥회, ⑭ 기도원 운동의 영적 변질, ⑮ 신학교 난립으로 말미암은 목회자의 자질 결핍, ⑯ 선교 단체의 선교 열정 냉각과 도덕성 쇠퇴, ⑰ 명분 없는 교단 분열과 반목질시, ⑱ 개교회의 분열과 불화, ⑲ 세속주의 물결, ⑳ 왜곡된 신학 등이다.

둘째, 대(對) 사회적 원인으로 다음과 같이 4가지의 원인을 들고 있다. ① 교회의 예언자적 역할(사회 봉사와 사회적 예언자 역할)의 외면, ② 사회적 신뢰 실추(목회자와 교인들의 윤리성 결여로 말미암은 사회적 신뢰 실추), ③ 도시빈민 선교 정책의 부재(해외 선교의 열정 속에 국내 도시빈민과 농어촌 선교는 잊혀지고 있다.), ④ 사이비 종파로 인한 불신 초래(시한부 종말론과 각종 사이비 종파로 말미암은 불신 초래) 등이다.

한편 이원규는 종교사회학적 관점에서 한국 개신교 교회의 성장 둔화가 비단 개신교만의 현상은 아니라고 지적하면서, 또한 1990년대 이후 한국 개신교의 성장 둔화 요인은 크게 두 가지로 본다. 그중 하나는 기독교뿐만 아니라 모든 종교에 해당될 수 있는 상황적 요인이고, 다른 하나는 교회적 요인이라고 주장했다. 상황적 요인은 사회적 요인과 사회심리학적 요인으로 구분되어 논의할 수 있다. 사회적 요인으로는 대체 종교의 발달이나 인구 구조의 변화를 들 수 있고 사회심리학적 요인으로는 정치, 경제, 사회 변동 상황으로 말미암은 심리적 요소로서 경제적, 심리적인 박탈감과 정치적 안정으로 말미암은 종교적 동기 약화 등이 그 예라 할 수 있겠다.[26]

대체 종교라 함은 교회와 같은 종교 단체가 수행해 온 기능을 대신해 주는 것으로 최근에 들어와서 레저 산업(leisure industry)이나 민족주의, 사회주의 같은 이데올로기나 정신의학과 상담과 같이 종교가 지닌 치유적 기능을 대신해 주는 것을 말한다. 인구 구조의 변화도 또한 개신교 교세의 감소를 설명하는 원인이 된다. 1995년 통계청의 한국의 사회지표에 따르면 개신교 인구의 연령층별 구성은 15-29세가 제일 많고, 그 다음이 30-49세까지의 연령층이다. 타종교에 비해 상대적으로 젊은층이 많은 개신교는 젊은층의 인구가 감소되거나 대체 종교에 이들을 빼앗길 경우 결정적인 타격을 받는다고 분석할 수 있을 것이다. 더욱 흥미로운 사실은 여성의 사회 진출과 취업 기회의 확대로 말미암아 개신교 교세의 과반수이상을 차지해 왔던 여성 교세가 감소하는 것은 여성의 종교 참여와 관심이 상대적으로 약화되기 때문일 것이다.

교회적 요인으로는 교인 이탈과 교회의 부정적 인상을 들고 있는데 그 내용은 김영한의 분석과 그 맥을 같이한다. 중요한 사실은 하트만(W. J. Hartman)의 언급대로 교회에서 교인이 수용되지 못하고, 사랑받지 못하고, 소속감을 느끼지 못할 때, 다른 교인들이 관심을 보이지 않을 때, 교회가 제공하는 서비스(교육과 봉사와 친교)가 적절치 않을 때, 개인적으로 너무 바쁘거나 여가를 추구할 때, 교회를 떠나기 쉽다고 말한다.[27] 즉 교회가 나눔과 돌봄을 제대로 행하지 않을 때 신자들은 교회를 이탈하게 된다. 실제로 고홍배의 연구에 따르면, 매년 새신자 중 41%가 교회에 출석하지 않고 있으며, 그 이유로는 '특정한 이유 없이'가 45%, '낙심 때문'이 25%이며, '타종교로의 개종'도 7%나 된다.[28] 이에 덧붙여, 개신교 신자의 자기 종교에 대한 만족도를 알아보면, 1990년 현재 49%로써 5년 전보다 22%나 감소된 것으로 나타났으며 개신교 신자의 종교 만족도는 계속적으로 떨어지고 있다. 자기 종교에 대한 불만족도는 비단 한국 개신교인 만의 문제는 아니라고 한다. 그러나 이 사실이 새신자뿐 아니라 기존 신자에게까지 퍼지고 있다는 것이 더 우려되는 사실이다.[29]

현재 한국 개신교 신자의 종교적 서비스 만족도는 50%를 넘지 못하고 있다. 이것은 개신교의 성장이 둔화의 요인이 되기도 하지만, 그동안 교회가 성장과 함께 병행되어야 할 교회적 역할과 사명을 제대로 수행하지 못했다는 것을 암시하는 것이다. 그 문제를 두 가지 차원에서 인식할 수 있다. 첫째는 교회는 대(對) 사회적으로 행해야 할 사명과 역할을 크게 인식하지 못하였고, 그 결과 사회변혁에 영향력을 끼치지 못하였다. 더욱이 교회는 급격하게 변화되는 사회에 대한 대처와 대안을 제시하지 못했기 때문에 교인들은 교회와 사회의 삶을 이중적으로 살 수밖에 없었다. 둘째로, 교회는 대내적으로 교인들의 양적 성장에 따른 질적 성숙에 대한 노력을 기울이지 못했다는 것이다. 교인의 질적 성숙을 위해서 자긍심과 정체성을 키워 주지 못하였기 때문에, 그들은 기독교 공동체의 구성원으로 확고한 신앙을 지니지 못하였다. 새신자가 교회에 들어오면 간단한 세례교육을 행하고 세례의식을 베풀면 교회의 구성원으로 인정하였다. 그리고는 그들을 위한 공적인 교육은 더 이상 베풀지를 않는 형편이다. 이것은 교회에 교인들이 들어오기는 하지만, 계속적인 교육과 양육을 통한 변화의 과정이 없기 때문에 교회 안에서나 대 사회적으로 그리스도인으로서 삶을 키우지 못한 것이다.

3) 교회교육의 위기

교회는 선교 2세기의 역사를 지나면서 교육적으로 많은 공적(功績)을 남겼다. 선교 초기에는 한국 사학(私學)의 대부분을 설립해 한국 사회의 근대화와 문맹 퇴치에 앞장섰고, 중기에는 많은 젊은 지성들을 교육시켜 교육입국(敎育立國)에서 중요한 역할을 담당했으며, 현대에 와서는 한국 사회와 정치 민주화를 위한 빛과 소금의 역할을 다해 왔다. 그러나 개신교 교회는 내적으로 체계적이지 못한 교회교육과 비전문가의 교육 활동, 열악한 교육환경 등으로 정작 발전되었어야 할 개신교를 위한 교회교육은 세속교육에 비해 크게 뒤떨어져 왔다. 물론 교단별로 볼 때, 교회의 교육 시설이나 교육과정, 교사교육 부분에서는 점진적인 변화와 변혁이 있었던 것도 사실이다. 예를 들어, 교육과정의 변천만 보더라도 통일공과(uniform lesson)에서 계단공과(graded lesson), 그리고 학년별 교육과정의 시대로 개선되어 왔고, 교육과정의 내용 설계와 교재 집필에서도 초기의 그것보다는 상당히 발전되어 훨씬 수준 높은 교재를 학생들이 받아볼 수 있게 되었다. 뿐만 아니라 교육방법과 교육관(敎育館)도 제대로 없었던 시절에 예배실에서 각급 학교 여러 학년이 무슨 전당대회라도 하듯이 동시 다발적으로 가르치던 원시적 방법에서, 이제는 별도의 교육관과 분반실에서 소그룹의 학생들과 교사가 개별식 교육을 행할 수 있게 되었다. 교육 시설과 기구 면에서도 흑판 하나도 제대로 없었던 선교 초기의 주일학교에 비하면 오늘날은 투시환등기와 액정 화면식 투영기(LCD projector)에 이르기까지, 비디오와 오디오가 동시에 방출되는 동영상(動映像)의 성서교육도 가능하게 되었다. 물론 이러한 외양적인 발전이 아직 모든 개신교 교회에서 다 성취된 것은 아니다. 대도시의 중형 교회 이상의 상황에 국한된 것이라 해야 보다 더 정확할 것이다. 농어촌과 도서 벽지의 작은 개척교회에서는 위에서 언급한 것들이 아마도 먼 미래에 성취될 소망일 것이다.

새로운 세기를 맞이한 한국 교회가 개선해야 할 시급한 과제는 교육 시설과 같은 외양의 발전도 중요하지만 개신교 교회가 궁극적으로 추구하는 기독교 신앙교육의 본질을 재점검하고 그것을 위해 개신교 교회가 이룩해 온 교육을 비판적으로 성찰하여 21세기 개신교 신앙 공동체가 필요로 하는 참된 그리스도인의 정체성을 확립하는 일이다. 점차 다원화되는 한국의 종교 사회 속에서 개신교 그리스도인으로서의 확고한 정체성 없이는 타종교와의 대화도, 그 속에서의 생존도 불가능하다. 자신이 믿는 공동체의 정체성을 확신하지 못한 채 타종교가 공존하는 사회 속에서 조화롭게 살아가기란 용이하지 않기 때문이다.

더욱이 현재 한국 개신교 교회는 새신자들이 기독교로 개종하면서부터 기독교 신앙을 체계적으로 받을 만한 공식적인 교육적 체제가 없기 때문에 간접적이거나 잠재적으로 터득해야 한다. 이들을 위한 세례교육도 체계 있고 철저하지 못하며, 세례를 받은 후에도 그들을 위한 지속적인 교육 체제가 없는 형편이다. 따라서 교회가 제공해야 할 말씀과 예배, 교육과 봉사, 친교와 교제의 서비스가 만족스럽게 되기 위한 교회의 노력이 시급히 마련되어야 한다. 교회나 여타의 종교 단체와 기관에서 제공하는 것을 서비스(service)라고 하는 이유를 심각하게 인식할 필요가 있다. 그러기 위해서는 무엇보다도 개신교 교회가 교인 정체성(identity)을 확고히 심어주어야 한다는 요청에 따라 최근에 성서공부, 영성훈련, 제자훈련 등의 프로그램이 개발되고 있다. 그러나 이러한 프로그램은 기독교의 정체성을 심화시키는 단편적인 프로그램이기는 하지만, 전인적이고 지속적인 프로그램이 되지 못하고 있다.

교회교육도 문화적 흐름을 인식하고 패러다임의 변화를 기도해야 한다. 남성과 정복 중심에서 여성과 보살핌 중심으로, 시각과 단일문화에서 촉감과 차이문화로 전이되고 있다. 이는 초기교회가 시도했던 촉감교육, 보살핌과 멘토에 대한 경향을 재탐구하며 오늘의 현대교회를 위한 방향을 찾을 수 있으리라 생각한다. 특히 한국 기독교교육학이 이론적으로 외국의 수입 경향이 강하며, 그 이론 역시 기독교교육의 정체성에 대한 자문을 구하지 않을 수 없다. 교회 현장에서는 이론과의 괴리를 체득하지 않을 수 없으며, 더욱이 교회 교사들은 이론 없는 현장 경험과 방법만 난무할 따름이다. 이는 기독교교육의 위기감뿐만 아니라 한국 교회의 미래에 우려를 자아내게 하는 중요한 항목이라고 본다.

4) 방향

인문학계에서는 문화적 흐름의 변화에 위기를 인식하면서 코페르니쿠스 적인 새로운 전환을 시도하고 있다. 그것은 전술했던 문제를 깊이 논의하고 있다는 점이다. 인류가 20세기까지 남성적 지배력을 발휘해 왔다고 해도 과 언이 아니다. 인간은 이기주의적인 사고로 산업화와 과학문화 그리고 첨단 정보를 통한 디지털 문화에 이르기까지 서로 침략하고 정복하고 지배해 왔 다. 그러나 21세기가 되면서 산업화가 되고, 인간 소외와 공동체의 상실로 말미암아 따뜻하게 보살피고 보호하고 이해하는 여성적 지도력이 요청되고 있다. 이것은 한마디로 성장과 지배를 위한 인간 중심적 사고하는 문화였다 는 것이다.

21세기 우리 사회는 총체적 생태계 문제를 안고 있다. 생태계의 문제는 단순히 자연이나 환경의 문제로만 끝나지 않는다. 오히려 생태의 문제는 자 연과 인간과 우주 그리고 미래의 문제와도 직결된다. 이것은 개발과 성장만 을 추구했던 인간 중심, 차이를 인정하지 않는 나 중심, 공존하면서 남성만 을 계보로 인정했던 과거의 문화의 결과라 할 수 있다. 따라서 공존문화와 상생의 삶이 요청되며, 특히 21세기는 새로운 문화적 흐름을 감지하지 않으 면 안 된다는 것이다. 미래학자들과 함께 인문 부분의 학자들은 새로운 패 러다임의 문화가 밀려오고 있다는 것을 지적하고 있다. 이것은 근대화에 집 중되었던 인간 중심적 학문에서 벗어나야 한다는 것이 강조되고 있다. 그 중에서 남성 지도자 중심에서 '여성 지도자'의 중요성을 인식해야 한다. 자 기중심적 사고에서 '타자 이해'가 중요하다. 타자 이해는 나와 다른 사람과 의 차이를 인정해야 한다. 그 차이는 차별이 아니라 서로의 차이를 존중하 는 일이다. 신체의 모양이 다르거나 생각이 다르다는 차이를 인정할 때 올바른 만남이 있을 수 있다. 자기중심적·시각적·근육적·남성적 형태에서 타자 중심적·촉감적 보살핌의 여성적 형태로 전이를 말한다. 이 일을 위해서 먼저 타자 이해가 필요하며, 타자 이해는 서로의 차이를 인정하는 데서 출발한다. 특히 정신과 몸의 이원론에서 총체론적 몸 이해는 21세기의 중요한 화두로 등장하고 있다.

21세기의 문화적 흐름이 변하고 있지만, 우리 교회는 이 흐름에 대해 민감하지 못하고 있다고 해도 과언이 아니다. 특히 21세기가 디지털 시대가 되었는데도 교회의 반응은 처참하리만큼 뒤늦다 할 수 있다. 오늘의 교회는 이러한 사상적 흐름에 따르지 못하고, 교육과 목회에서 아직도 지배적·남성적·시각적 교육에 머물고 있다. 이웃에 선교하는 일도 강대국가가 약소국가에 구호물자를 던져 주듯이 성탄절이나 연례적으로 가난한 사람들에게 전해 준다. 그리고는 주보에 광고를 한다. 이웃은 구호물자를 전해 주는 대상이 아니다. 이웃은 엄연히 하나님의 창조물이고, 하나님께서 사랑하는 사람이다. 우리는 그들을 위해서 무엇을 전해 주는 것이 아니라, 우리가 그들이 되어야 한다. 우리는 그들과 함께 어울릴 수 있을 때 21세기의 흐름에 걸맞는 일이 아닐까 생각한다.

따라서 기독교와 교회교육은 21세기의 화두인 '타자 이해, 자연, 돌봄, 여성, 몸'과 같은 개념을 재해석하고 그 방향을 찾아야 할 것이다. 또한 물론 지금까지 교회교육을 되새기며, 교회가 어떻게 세상의 변화와 함께 새로운 것만 추구할 수 있느냐고 반문할지 모른다. 하지만 기독교 초기에 많은 도전과 변화에 맞서 초기 교회교육 나름대로의 교육 체제를 유지했던 것처럼, 이 시대에 걸맞는 교육 체제를 요청된다고 생각한다.

4. 기독교교육의 과제 찾기

우리 사회는 첨단과학의 급진적인 발전으로 말미암아 다양한 변화와 체험을 경험하고 있다. 특히 정보와 컴퓨터의 발전으로 인간 사회는 새로운 국면을 맞이하게 되었고, 학문 전체에도 다양하고 새로운 변화와 발전을 도모하게 되었다. 특히 이러한 변화는 우리 사회의 교육적인 영역에 하나의 힘과 기능으로 나타나고 있으며, 미래를 향한 새로운 방향을 이끌어 주는 지침이 되기도 한다.

21세기가 정보화 사회라면, 교회교육은 그 정보를 잘 활용할 수 있어야 한다. 정보화의 특성 중 하나는 네트워크(network)이다. 서로 각기 다른 개체가 서로 연결하여 정보를 나누고, 삶을 나눌 수 있다는 말이다. 교회가 하나님의 사람들이며, 그리스도의 몸이라고 말하는 것은, 몸이 지니고 있는 개체의 네트워크를 생각할 수 있다. 몸은 다양성을 가지며(고전 12:14), 서로 조화를 이루어 서로 도우며(고전 12:24-25) 지체는 많아도 몸은 하나다.(고전 12:20) 글로벌 정보화 사회는 교회의 역할과 사명이 될 수 있으며, 교육의 좋은 방법이 될 수 있다.

정보화 시대를 위해서 우리의 신앙교육적 위상은 과연 그러한 변화를 마음껏 누리고 있는지 묻지 않을 수 없다. 사회는 급변하고 있는데, 신앙교육은 현실과의 크나큰 괴리를 체감하지 않을 수 없다. 물론 교육신학적 노력은 다변화 현상과 함께 발전했지만, 교회교육의 현장은 참담하리만큼 뒤떨어져 있다. 또한 과학의 발전으로 교육공학은 첨단화되었지만, 비전문가로 구성된 교사들이 교재만 들고 가르쳐야 하는 상황에서 벗어나지 못하고 있는 실정이다. 그래서 윙크(F. W. Wink)는 기독교교육의 위기를 다음과 같이 말하고 있다.

> 기독교교육은 파산 위기에 빠져서 중대 국면에 봉착해 있다고 진단받고 있다. 이렇게 위기에 빠진 것은 기독교교육이 학문적으로 생기가 없어서가 아니다. 또한 이미 파산 위기에 빠졌다고 말하는 것은 기독교교육이 학문적으로 가치가 없다거나 학자들이 열심히 일하지 않는다는 것도 아니다. 문제는 학문적으로 할 일이 무엇인지를

찾지 못한다는 것이다.[30)]

윙크의 말처럼, 기독교교육의 위기와 갈등을 넘어서서 기독교교육을 방향을 찾아야 한다고 생각한다. 이러한 방향 추구는 기독교교육이 안고 있는 문제를 중심으로 찾아보고자 한다. 즉 기독교교육의 위기는 여러 가지 점을 지적할 수 있지만, 그 중에서 현대의 기독교교육의 위기는 '기독교교육의 전문성과 사회성의 갈등', '교육과 목회의 괴리 현상', '평신도 지도력의 상실로 말미암은 인적 자원의 결핍'이라고 말할 수 있다. 이러한 문제는 곧 기독교교육의 '전문성과 사회성의 만남', '목회와 교육의 통합', '평신도 지도력의 개발'이 그 방향이라고 전제한다.

1) 전문성과 사회성의 만남

기독교교육학자들은 기독교교육에 대한 심각한 위기감을 표출하기 시작하였다. 기독교교육의 학문적 접근을 처음 시도한 호레스 부쉬넬(Horace Bushnell)은, 1815년경에 주일학교가 부흥회와 전도 중심으로 이어지고 있는 비교육적인 현실을 보면서 주일학교의 무용론을 외쳤다.[31)] 에글스톤(Edward Eggleston)은 교회학교가 교육적인 과정을 무시하고 지식 전수에 머물렀다고 비판하였고, 코어(Geoge A. Coe)는 '주입식 교육'(transmissive education)에 반감을 표시하였다.[32)]

현대에 와서 일반 교육학자인 일리히(Ivan Illich)는 국가 주도적인 교육이 인간성의 획일화와 기술교육의 문제를 남겼다고 지적하면서 "학교는 죽었다."고 선포하였다.[33)] 일반교육의 탈학교화(Deschooling)처럼, 기독교교육도 이와 같은 범례에서 벗어나지 못하고 있다는 생각이 발전되었다. 또한 로버트 린(Robert W. Lynn)과 함께 웨스터호프(John Westerhoff III)는 "오늘의 기독교교육의 뿌리가 흔들리고 있다."[34)]고 하면서, 교회학교의 죽음을 선언했다. 교회교육이 학교교육의 모형(schooling-instructional paradigm)을 따랐기 때문에 교회교육에 크나큰 문제가 생겼다고 한다. 즉 기독교교육이 세속교육의 패러다임(paradigm) 안에 갇혀서 희생되었다고 주장한다.[35] 그는 이 위기를 극복하기 위해서 교사훈련의 강화나 교육기술의 개발, 교육 전문가 양성과 새로운 교육과정 등을 개발한다고 해결될 문제가 아니라고 했다.[36]

웨스터호프와 함께 제임스 리(James Michael Lee)도 교회교육을 비판하고 나선다. 그런데 웨스터호프는 교회교육의 위기의 원인을 학교식 교육(schooling education)에 두고 있는 데 반해, 리는 학교식 교육이 실패한 원인을 전문성의 부재에 있다고 주장한다. 그는 기독교교육이 지금까지 신학적 접근(the theological approach)에 매여 있었기 때문에 신학에 종속된 한 분야(a branch of practical theology)로 여겨져 왔다면서, 이것은 신학의 메시지(내용)를 전달하는 심부름밖에 되지 않았다는 것이다. 즉 종교교육은 기본적으로 다른 어떤 종류의 교육과 다르지 않다고 주장하면서 기독교교육도 신학의 방법에 지나치게 의존하지 말고, 사회과학의 방법으로서 더 효과적으로 이루어진다고 생각하였다.[37]

교회교육의 위기에서 극복하는 방법은 사회과학적인 접근에 의해 교육의 전문화 (Professionalization)를 이루어야 한다는 것이다. 오늘의 종교교육이 신학에 너무 지나치게 의존하지 말고, 사회과학에 종속되어야 한다고 말한다.[38]

한미라 교수는 네이스비트(John Naisbitt)의 21세기 조망에 근거하여 기독교교육의 변화 현상에 대해서, 미래의 교회교육은 리더십의 양상이 달라지며, 팀 중심의 목회와 교육이 될 것이라고 예견하였다. 여기서 한 교수는 교육의 전문화를 위한 연구와 훈련이 요청된다는 것을 강조하고 있다.[39] 리는 교회교육이 일반교육과 내용의 차이는 있지만 양식적인 관계가 동일하다고 볼 수 있다. 일반학교에서 중요하게 여기는 프로그램과 교사 모집과 훈련 감독을 교회학교에서는 그 비중을 가볍게 여기는 데 문제로 삼았기 때문이라고 했다.[40] 이와 함께 한 교수도 "21세기를 맞이하는 한국 교회학교 교사는 동화 수준의 훈련에서 벗어나 조절학습으로 훈련되는 전문교육이 필요하다."[41]고 강조하였다. 이 견해는, 기독교교육의 위기가 교회의 지도자들이나 행정 구조가 모두 비전문성에서 비롯되었다고 보고, 교육의 전문화를 추구해야 한다는 것이다.

우리는 교회교육을 비판하고 나선 두 견해의 차이점을 볼 수 있다. 웨스터호프는 교회교육이 '학교교육의 모형'을 포기하고 교회교육의 탈학교화해야 한다는 것을 주장하였다.[42] 그러나 반대로 리는 비전문화로 이루어진 교회교육의 구조와 내용과 방법을 사회과학의 입장에서 전문화시켜야 한다는 것을 강조하였다. 교회교육의 프로그램이 삶의 상황(context)에서 만들어지므로 교사의 전문적인 교수-학습의 기술을 습득해야 한다는 것을 강조한다.[43]

이 두 견해를 통하여 우리는 다음 사항을 생각할 수 있다.

첫째로, 우리의 교육이 학교화의 패러다임을 따랐기 때문에 기독교 신앙 공동체의 본질과 특성을 유지하거나 회복하지 못하고 있다는 점이다. 이것은 교회의 본질인 유기체적인 모습을 교육으로 체제화시키지 못하고 있다는 문제다. 즉 단순히 교육은 시도하고 있지만, 신앙교육의 공동체성을 구현하지 못하고 있다는 것을 알 수 있다.

둘째로, 신앙교육에서 전문성의 결여는, 신앙교육은 단순히 신앙적인 내용만 전달하면 된다는 사고에서 나왔으며, 현대 사회와 교회 현실의 괴리 현상을 대변해 주고 있다. 엄격히 말하면 교회교육은 살아 있는 하나님의 말씀을 '나누는 일'을 하는 것이기 때문에 더욱 전문적인 노력이 요청된다고 생각한다.

셋째로, 두 접근이 교육의 내용보다 전달과 방법에 두고 있는 데 반해 우리는 내용에 치중하고 있다는 점이다. 그러나 문제점보다도 이 두 견해의 강점과 약점을 분석하고, 교회교육의 성숙을 위해서는 두 견해의 공통성이 무엇이며, 그 방향과 패러다임이 무엇인지를 찾아야 할 과제가 놓여 있다는 것이다.

2) 목회와 교육의 통합 요청

교회교육의 두 번째 문제는 '목회와 교육의 분리'라는 점이다. 목회자는 대체로 성인과 교회행정, 성례와 예배 등과 같은 제한된 목회에 집중된 역할을 감당하고 있다. 그리고 교회학교 교사와 지도자들은 아동, 청소년, 청년 등을 위한 교육적인 영역과 목회 업무를 중심으로 한 역할을 담당하고 있다. 이러한 역할 분담은 목회와 교육의 현저한 분리 현상을 자아내었다. 그래서 정일웅 교수는, 이러한 분리 현상의 원인을 신앙교육의 문제로 삼고 있으며, 그 원인을 "주일학교 운동이 잘못 전수되어서"[44] 오늘의 교육이 진통을 겪고 있다는 것이다. 즉 주일학교 또는 교회학교가 어린이와 청소년을 위한 교육으로만 인식하는 데서 생겨난 문제이고, 주일학교의 '학교화'라는 의식적이 그 문제를 더욱 크게 만들었다는 것이다. 이러한 문제 중에서 가장 큰 것이 곧 현대 '교회의 목회와 교육'이라는 이중적인 교회 사역 구조를 만들어 낸 것이다.

사실, 목회의 영역을 세분화시키거나 교육의 목회의 한 분야로 나누는 일은 전문화에는 도움이 되지만, 너무 전문화되어서 총체적이고 통일적인 목회가 이루어지지 않는다는 문제가 있다. 이것은 유기적인 교회 공동체적 목회를 이루기가 힘들게 되고, 통합적인 체제를 구축하기 어렵다는 점도 간과할 수 없는 점이다. 행정적인 차원에서도 목회의 이원 구조를 만들어 내며, 목회의 본래적인 요소인 전인적인 차원을 외면하기가 쉽다.

그러나 기독교 공동체는 배움의 공동체로, 기독교 신앙을 시대와 세대를 넘어서서 끝 날까지 가르치는 일을 해야 한다. 이러한 가르침은 대개 말씀의 전달과 예배, 성찬의식, 목회를 통하여 이루어지고 있지만 특별히 교리문답, 신앙문답, 기독교교육 등의 면밀한 노력을 통하여 구체적으로 이루어지

고 있다. 이 모든 일에 목회자는 기독교 신앙의 교사로서 임명받았다.[45]

기독교교육의 온전한 목적은, 사람들이 그들의 창조자가 계획한 목표에 도달하도록 그들의 삶을 형성시켜 주는 것이다.[46] 이러한 목적은 그들의 삶에서 전인적인 변화와 형성을 목표로 삼고 있다. 즉 예수 그리스도의 모범과 가르침을 배워서 인간적 삶의 전 영역에서 통합적으로 터득해야 한다.[47] 여기서 말하는 전 영역은 아동기나 청소년기에만 해당되는 것이 아니라는 뜻이다. 다시 말해서 삶의 전 영역과 동시에 전인적인 접근을 말한다.

또한 교회는 그리스도의 몸이며 유기체(organism)이다. 교회가 유기체라면 그 조직 또한 유기체적이어야 한다. 유기체는 한 부분만 다루어지는 교육이나 목회가 되어서는 안 된다는 것을 말하고 있다. 오히려 교회 공동체의 전 유기체를 향한 목회적 배려가 일어나야 한다. 그러므로 한국 교회는 목회와 교육의 이분화를 떠나서 교회 공동체가 배우고 증거 하는 교육 공동체로 발전되어야 한다.[48] 이것은 기독교교육과 목회의 미래는 목회자와 전 회중이 다양한 프로그램과 공동의 노력 가운데서 성숙되어 가야 한다는 점을 요청하고 있다.

최근에 대두되고 있는 새로운 목회적 접근은, 회중들을 교회 활동에 적극적으로 참여하게 하는 목회 스타일을 원하고 있다. 미국 교회에서도 회중 참여의 목회 스타일과 신앙 공동체 창조의 경향이 강하다.[49] 이것은 교회의 교육적 목회(educational ministry)의 중요성이 강조된다는 점이다. 그래서 회중교육(Congregational Education), 교사로서의 회중(Congregation as Teacher), 평신도 신학(theology by the people)이라는 새로운 개념이 등장하고 있다. 이러한 새로운 흐름은 목회와 교육의 성격을 바꾸고 있으며,[50] 그리고 소위 총체적이고 종합적인 접근 방식(integration and wholistic approach)이 나타나고 있다. 그 대표적인 학자가 그룹 (Thomas G. Groome)이라 할 수 있다.[51]

목회자는 특수한 교육과정의 복합성을 깊이 유념해야 하며, 단순히 인간의 지능이나 기술 또는 재간에만 의존하고 있는 그러한 교육을 시도해서는 안 된다.[52] 특히 교육에 대한 목회자의 책임은 여러 방면에 걸쳐 있는데 여기에는 가족과 예배 공동체, 교회학교와 교리문답 공부(어떤 교구에서는 교구학교 또는 고등교육이 포함되어 있다.) 등이 포함되어 있다. 이런 모든 노력의 효과는 전체 양떼의 영적인 목회 지도자가 어떻게 직접 관계를 맺느냐에 전적으로 달려 있다.[53]

그러나 이보다 직접적으로 목회자는 예배와 설교를 통하여 교육적인 일이 일어난다는 사실을 명심해야 한다. 설교는 '가족적인 상황과 모든 인간 상호간의 영역에서 철저하게 준행'되어야 한다.[54] 그리고 공적인 예배 외에도 결혼식, 생일, 세례식, 견신성사나 장례식과 같은 특별 행사나 심방 등을 통해서 교육적인 행위가 일어난다. 이때의 행위는 전인적인 교육과 목회 행위가 함께 일어난다.

그러므로 진정한 교육의 방향은 목회와 통합적인 구조로 방향을 정립해야 하며, 교육은 단순히 교수-학습의 단편적인 행위뿐만 아니라 목회 전반적인 것과 관련되어야 한다는 사실을 기억해야 한다. 여기서 우리는 새로운 교육의 방향을 추구하는 데서, 단순히 주일학교나 교회학교에 한정된 교육이 아니라, 목회와 교육의 통합적인 구조를 찾는 것이 우리의 과제라 할 수 있다.

3) 성직자와 평신도의 위상 변화

이것은 교회의 인적 자원 문제다. 이러한 인적 자원 문제에 대하여, 한미라 교수는 "교회는 자원봉사자들로 구성된 공동체다. 교회 산하의 모든 기관은 기본적으로 자원 봉사자들 (volunteers)에 의해서 운동되고 유지된다."[55]고 하였다. 즉 인적 자원은 교회가 목적하는 모든 행위와 관련된 일이라고 강조하면서, 인적 자원을 향한 교육적 목회적 배려를 더욱 철저하게 과학적이고 계획적인 작업이 필요하다는 것이다. 여기서 우리는 인적 자원은 곧 몸 된 교회 안에 구성되고 있는 그리스도인이며, 교회의 모든 성직자와 평신도들을 말한다. 그러나 성직자는 몸 된 교회 안에서 그 역할을 하고 있는데, 평신도는 그 위치와 역할을 못하고 있다는 오늘의 문제가 있다. 월리와 크레이그(C. Robert Worley, & Robert H. Craig)는 오늘의 교회가 평신도가 교회의 지체라고 하면서, 이 '지체들'의 요구와 기술과 자원을 너무도 오랫동안 방치해 왔다고 말하고 있다.[56]

평신도는 원래 '이방인들'에 반대되는 뜻으로서의 '하나님의 백성'이라는 의미를 갖고 있다.[57] 이것은 택함 받은 민족과 이방민족의 차별을 의미하였고, 하나님의 고대 백성(God's ancient people)이라는 연속선상에 있는 존재로 보았다.[58] 그러나 중세기 이전부터 평신도와 성직자의 구별이 생기고, 이 구별로 말미암아 평신도의 직분의 차별화가 일어났다.[59]

루터(M. Luther)는 "그리스도인 귀족에게 보내는 글"(An Open Letter to the Christian Nobility)에서 평신도와 사제, 제후와 주교, 즉 교회인과 세속인은 직무나 행위에 의한 것 외에 아무런 차별이 없으며, 양자 사이에 어떤 신분상 차별도 존재할 수 없다는 귀결을 도출했다.[60] 그는 "인간의 영혼을 자유롭게 할 수 있는 것은 인간의 행위가 아니라 하나님의 말씀이며, 이것은 오직 신앙에 의해서만 가능하다."[61]라고 하면서, 로마 가톨릭 교회의 전통, 교리, 제도에 갇힌 평신도의 위치를 재정립시켰다.

그러므로 우리는 참된 목회와 교육을 추구하기 위하여 평신도의 신학적 입장을 정립하는 일이 중요하다고 생각한다. 이정배 교수는 "교회를 가정이란 모델로 이해하라."는 두한(L. Doohan)의 말을 참고하면서, 평신도 신학 정립을 위해 교회의 미래적 모델로서 '살림 공동체 모델'을 제안한다.[62] 이 제안은 삶의 양식을 변화시키게 하고, 교회가 하나의 유기체적인 구실을 찾도록 돕도록 하였다. 즉 이 유기체적인 구실은 그리스도인 개인과 교회라는 전체가 서로 삶을 공유하도록(롬 6:4, 7:6) 돕는 일이다.[63] 그는 이러한 '개인과 교회'의 공유적인 관계를 '가정과 교회'의 공유성으로 유비시켰다. 즉 가정의 교회 됨, 교회의 가정 됨을 말한다. 이것은 초기교회와 같이 가정으로서의 삶의 양식에 대한 좋은 본보기가 되고 있다.64)

목회자는 '교회의 사역'을 담당하고, 평신도는 '가정의 사역'이라는 두 고리가 있다. 그런데 이 둘은 교회생활과 가정생활이라는 고리와 연결되고, 이 둘 사이에 역동적인 상호 관계가 존재한다는 것을 확인할 수 있다. 그러므로 교회와 가정이 상호 관계를 통해서 발전해 나가는 개념을 생각할 수 있다. 따라서 이 둘은 각기 분리될 수 없고, 서로 연결고리를 지니고 있다는 점을 간과해서는 안 된다. 우리는 현대의 '목회와 교육'은 교회와 가정의 연결이라는 고리를 찾는다. 이러한 입장은 새로운 평신도의 역할과 신학을 찾을 수 있다는 것이며, '목회와 교육'의 자원을 개발할 수 있도록 접근할 수 있을 것이다.

평신도의 역할을 재정립하기 위하여 교회와 가정의 유기성을 회복하는 일이 중요하다. 이 일은, 목회와 교육을 통하여 교회의 모든 사람들에게 주어진 하나님의 직임임을 소명으로 인지하도록 돕고, 참된 그리스도인과 올바른 시민을 만드는 것이다. 이것은 루터가 말하는 소명(召命)으로 신앙과 생활(聖과 俗)이 하나로 만나는 교육의 장으로 이해될 수 있다. 또한 교회교육과 가정교육이 만나는 자리가 되기도 한다. 그러므로 우리는 목회와 교육에서 성직자와 평신도의 목회적 구조를 찾을 수 있고, 또 지극히 요청되는 부분이라고 본다.

5. 디지털 사회의 대안 찾기: 카테키시스의 회복

1) 디지털 시대의 신앙교육

디지털 시대의 정보화는 복음의 전파를 가속화하고 지역적 관계, 공간적 제한을 뛰어넘을 수 있게 한다. 과거의 시각 중심, 시간과 공간 제한 속에서 일어났던 교육이 그 모든 것을 초월할 수 있게 되었다. 과거에는 학생들을 편지와 대면으로만 가능했던 만남이 이제는 사이버 카페에서 채팅을 하거나 인터넷이나 화상전화로 만나서 교육할 수 있다. 뿐만 아니라 국가, 교단, 지역, 세대에 한정되었던 교육자료도 전 세계적으로 공유할 수 있다. 이러한 변화는 교회교육의 새로운 전환을 맞이하게 하였다. 오늘의 디지털 글로벌 시대를 예견한 지적이라 보며, 이를 위한 신앙교육의 방향을 연구 검토하지 않으면 안 될 것이라 본다.

2) 백미러로 현재를 본다

현대 교회교육에 두 가지 위기를 생각할 수 있다. 첫째는 '구텐베르그의 위기'다. 즉 근대화가 되면서 두뇌적인 지식과 신앙에 대항하여 1950년대 종교교육 운동으로 제기되었다. 지식적이며 관념적인 신앙보다는 영적 뿌리나 개인적인 힘을 강조하는 것이다. 둘째는 매체와 인문 과학이 삶의 모든 분야에 깊숙이 침투하여 신앙의 지적 기초를 급속히 붕괴시키면서 일어난 위기다. 오늘날 디지털 글로벌 시대는 세계의 준비되지 않은 기성세대의 삶과 교육 체제의 변화를 요구하고 있다. 특히 시간적, 경제적 여유로 말미암아 교회에 출석하는 기회가 줄어들고, 교회 밖의 일에 관심이 고조되고 있다. 이는 교회 공동체가 지니고 있는 의식, 교육, 선교, 목회 등의 변화를 요구하는 것이라 할 수 있다.

우리는 과거를 돌아보아야 한다. 맥루한(Marshall McLuhan)은 '백미러'로 현재를 바라본다(We look at the present through a rear-view mirror)고 하면서, 세계가 유향적이기보다는 계속 시각적이라고 주장한다. 맥루한은 우리가 '백미러 접근'(rear-view mirror approach) 방식이 전혀 새로운 것이 아니라는 점을 인정한다. 그리스는 길잡이로서 호머의 시대를 돌아보았고, 로마는 그리스를 돌아보았으며, 르네상스는 로마를 되돌아보았던 것이다. 과거에 어떠했는가에 더 집착하게 된다. 맥루한은 교육이 그 전형적인 예라고 생각했다.

초등학교에 처음 들어가는 아이들은 태어나면서부터 약 1만 시간 이상 TV를 보고 난 후에 학교에 가게 된다. 그들은 이미 TV나 비디오의 일차적인 교육 수단에 집착해 있는데, 학교에서는 그것을 보조 수단으로 생각하고, 교육매체에서 빼앗는다는 것이다. 오히려 생소한 인쇄매체에 아이들을 머물게 하여, 심층개입(in depth involvement)을 갈망하는 아이들에게 직선적 분리(linear detachment)를 가르친다는 것이다. 이것은 교사들이 아이들의 정보 수준을 침해할 뿐만 아니라 아이들의 삶을 이해하지 못하고 있는 실정이라 할 수 있다.

중고등학생의 경우에는 휴대폰과 인터넷에 대한 심층적 개입이 강하게 주장되고 있다. 그들은 사이버 세계에서 시공을 초월하여 넘나들며, 남녀노소 구별하지 않고 만나며, 정보를 공유하고 있다. 그런데 학교나 교회에서는 학교 밖의 심층적 관심을 끊고, 책·공간·폐쇄·제도로 옭아매고 있다. 따라서 디지털 글로벌 시대의 교회교육은 그들의 관심과 사고의 틀 안에서 탐험하도록 도와야 할 것이다. 교육은 설명하는 것이 아니라 탐험하는 것이다.("I don't explain — I explore.")

3) 매체가 곧 메시지다

맥루한은 '매체가 곧 메시지'(the medium is the message)라는 기술 결정론(technological determinism)을 선언했다. 이 말은 과거에 메시지를 중요하게 여겼던 시대에 대한 혁명이다. 그러나 오늘날 젊은이들이 멀티미디어와 이웃한 삶을 살고 있다는 것을 생각한다면, 맥루한이 얼마나 앞서서 미래를 예견하였는지 알 수 있다.

그런데 과거에는 시청각 자료를 활용한 교육이라는 말을 사용했지만, 요즘은 신앙교육을 하는 데 교육 기자재의 혼합된 유형을 언급하지 않을 수 없다. 이는 '스테레오 신앙교육' 또는 '멀티형 신앙교육'이라 불러도 무방할 것이다. 즉 가능하면 교육 내용을 새 시대의 언어로 번역해야 한다. 즉 학생들에게 가르칠 교육 내용을 멀티미디어(그림, 음악, 동영상 등)에 담아서 전달하고, 공유하고, 체험할 수 있는 시스템이 되어야 한다는 말이다.

특히 기독교교육은 일반교육과 달리 기독교만이 지니고 있는 영성, 역사와 전통, 교리, 성물, 상징물 등이 있다. 또한 목회적 차원에서 예배, 기도, 상담, 예배의식 등이 있다. 교육은 목회 자료나 교회 성물과 무관한 것이 아니다. 오히려 그런 자료를 활용할 수 있고, 마땅히 활용해야만 참된 기독교교육이 될 수 있다. 교회가 지니고 있는 무한한 자원을 활용하며, 연대를 맺는 것은 오히려 디지털 시대의 좋은 교육 대안이 될 수 있다.

4) 안을 들여다보는 교육

우리는 디지털 시대의 교육을 통해서 내면의 세계도 볼 수 있도록 가르쳐야 한다. 그동안 우리의 눈은 밖을 내다보는 데만 쓰였었다. 하지만 내부의 세계를 들여다보는 훈련이 되어 있지 않았다. 하비 콕스는 "우리 시대의 병은 내부로 향하는 움직임이 아니라 그것이 사라지는 것이다. … 현대 서구 영성에 대해 쓰는 작가들은 우리를 외부의 신호에 갇혀 있어 우리 내부의 소리를 들을 수 없는 사람들이라고 보고 있다. … 그 사람들이 가르치는 방법은 꼭 필요하다. 그들의 도움으로 숨소리와 맥박 듣는 법, 충동을 받아들이는 법, 내부로부터 느끼는 법을 배우고 있다."고 하였다.

우리는 디지털이 아닌 내면의 세계를 가르칠 수 있는 방법의 하나로 '맛 교육'과 대비할 수 있다. 어떤 음식물을 살 때 직접 맛을 보지 못하는 경우가 많다. 그 경우에 음식물을 파는 사람이나 주변 사람의 말을 듣고 구매할 수 있으며, 믿을 수 있는 상표를 보고 구매할 수 있다. 상표는 그 물건에 담겨 있는 내용물을 일러주는 가치이며 신뢰이다. 가르침도 하나의 음식물을 구매를 돕는 상표 — 법, 원칙, 습관 등 — 를 보는 능력을 길러주는 것과 흡사하다. 즉 음식물 안에 담긴 맛을 알고 경험하고 구별할 수 있는 내적 능력을 길러주는 일이다. 맛을 알 수 있는 교육은 두뇌나 지성으로 가능하지 않다. 먼저 맛을 일깨워 주는 사람이 오랜 기간에 경험하고 체득한 것을 일러주어야 한다. 제자는 맛에 대해서 경험을 함께 공유하고, 의견을 교환하면서 다른 것과 분별할 수 있도록 세밀하게 성찰하고, 그 안에 담긴 특성을 체득해야 한다. 그 다음에 그것에 대하여 비판하고 발전시킬 수 있는 소양을 지닐 수 있다. 다시 말해 참된 교육은 스승과 집단 안에서 함께 살고 행함으로써 체득할 수 있다. 이것은 디지털 글로벌 세계가 줄 수 없는 것이다. 이 방법은 본래 경험과 분위기에 근거한 교육이다. 맛은 맛을 보면서 배우고, 자유는 자유롭게 된 사람과 접촉하며 배우게 된다.

내면성이라는 것은 안정성과 진실이다. 내부의 집은 이미지와 방법일 뿐이다. 내면성은 직접적이고 극히 개인적인 체험의 결과다. 그것은 이성도 아니고 감수성이나 감정도 아니고 지성이나 본능도 아니다. 또한 여기에는 기독교의 영성, 상담, 기도 등도 포함되는 덕목이다. 이 모든 것을 합한 것이고 그 위에 무엇인가가 덧붙여진 것이다. 내면성은 자신의 소리에 귀를 기울이는 사람이다. 이는 복음서의 '좋은 땅'이다. 말씀의 씨앗이 싹트고 자라고 열매를 맺을 수 있는 깊은 땅이다.

5) 역사의 보고인 카테키시스

우리는 첨단과학 시대에, 교육공학과 학문의 다원화 속에서 기독교교육의 정체성을 찾기 위하여 탐구를 시도해야 한다는 것을 전술하였다. 이러한 정체성 탐구의 과정은 역사적인 과정을 통해서 탐구할 수 있다. 덴디(Marshall C. Dendy)는 다음과 같이 말하여 역사의 보고의 중요성을 주장하였다.

> 역사는 이야기가 있는 땅에서 아주 귀중하고 부유한 것을 실은 배와 같다. 처음 세기에 살았던 사람들의 번영은 우리에게 값진 화물과 같은 것을 제공하는 것과 같다. 역사의 가장 가치 있는 보고 중의 하나는 우리 조상이 발견하고 보호했던 지식이다. 이러한 보고의 가장 값진 것은 하나님을 향한 인간의 지식이다.[65]

과거의 일은 과거에만 묻혀 있는 것이 아니다. 과거에 일어났던 일은 그 시대뿐만 아니라 현재에도 타당성이 있는 일이다. 과거에 직면했던 수많은 문제들이 오늘에도 일어나고 있고, 그때 당면했던 문제들이 오늘에도 야기되고 있다는 것을 말한다.

이 책은 과거의 교육, 즉 기독교의 시작 때 실시되었던 신앙교육을 통해서 기독교적·교육적 방법과 패러다임을 추구하고자 한다. 그러나 이 노력은 단순히 과거로 귀환하려는 것이 아니다. 오히려 역사적인 사고를 넓히면서 초기교회 신앙교육의 본질을 찾으므로, 새롭게 열리는 3천년 대(third millennium) 신앙교육의 비전을 찾으려고 한다. 이러한 탐구의 근거를 초기 기독교의 교육목회의 전통인 카테케시스(Catechesis)와 종교개혁 때 새롭게 변형된 카테키즘(Catechism)이라고 생각한다.

6) 카테키시스 연구와 회복

기독교 초기에 교회가 시작되면서 예배와 함께 카테키시스가 있었다. 초기교회부터 있었던 설교는 오늘날까지도 중요한 목회적 기능으로 생각하고 있지만, 카테키시스의 중요성에 대해서는 부정적으로 생각하는 편이다. 이러한 부정적인 견해로 말미암아 카테키시스가 과거의 교육으로 전락되었고, 카테키즘은 단순히 '교리교육'으로만 여기는 형편이 되었다.[66]

카테키시스와 기독교교육은 주로 가정 내 집단(a domestic in-group)의 호의적으로 작업한 것이다. 이 작업은 오랫동안 "교의와 선행, 교리적인 일치에 중점을 두었고, 기본적인 무신론자의 문제를 제거"[67]하려는 노력이었다. 이러한 노력은 기독교인을 양육하는 데 중요한 열쇠가 되었다.

카테키시스의 좋은 근거가 바로 신약성서라 할 수 있다. 즉 초기교회에서 신약성서는 기독교를 믿는 사람들과 믿지 않는 사람들을 위한 복음이다. 복음은 단순히 설교(Kergma)의 요소나 전도의 요소만 안고 있는 것이 아니다. 라너(Karl Rahner)의 말에 따르면, 신약성서는 가르침의 '형태'에 관하여 그다지 언급하지는 않았지만, "신약성서 그 자체가 카테키시스"[68]였다. 더욱이 바울의 글들은 초기교회의 교인들에게 기독교적 삶을 가르치고 훈련하고 관리하기 위한 글들이었다. 이 글은 당시의 시대적 상황 속에서 바울의 신앙과 신학을 피력하였고, 자신의 신학과 교리를 가르쳤던 수단이었다. 이것이 바로 카테키시스라 할 수 있다.

또한 루터가 만든 카테키즘에 대하여 새롭게 생각할 필요가 있다. 카테키즘을 출판할 때 하나님의 말씀에 의한 복음적인 설교를 회복시키려 했다. 그것은 루터가, 원래 로마 가톨릭 교회에서 행하는 성찬 중심의 신비적 예전을 개혁하기 위한 방법으로 '전통적인 신앙교육의 변화'를 추구했던 것이다. 그래서 말씀에 의한 올바른 이해를 예배와 신앙교육에서 찾았고, 예배와 신앙교육이 올바르게 이루어지도록 새로운 신앙의 가르침의 책이 필요하게 되어서 출판하였다. 이것이 곧 루터가 출판한 두 권의 카테키즘(Katechismus)이다.[69]

여기서 카테키즘 연구의 당위성을 살펴보면 다음과 같다. 첫째로, 카테키즘은 하나님의 행위에 응답하는 '신앙고백서'의 역할을 한다.[70] 덴디는 카테키즘이 기독교 신조를 담고 있는 보고로, 성서와 함께 기독교 신앙을 연구하는 자료의 가치가 있다고 하면서 다음과 같이 카테키즘 연구의 중요성을 언급하고 있다.

> 하나님을 아는 지식은, 그 자신을 우리에게 알게 하신 하나님이 여러 세기를 통하여 내려주신 것이다. "옛적에 선지자들로 여러 부분과 여러 모양으로 우리 조상들에게 말씀하신 하나님이 이 모든 날 마지막에 아들로 우리에게 말씀하셨으니 이 아들을 만유의 후사로 세우시고 또 저로 말미암아 모든 세계를 지으셨느니라."(히 1:1-2)의 표현대로 히브리서의 기록에서 분명하게 선포하고 있다. 교회는 그리스도의 하나님 복음을 받았다. 이 값진 보고(寶庫)는 유일무이한 성서가 보호받는 것이다. 그러나 이 보고가 하나님의 계시에 의해

인간에게 주어질 때, 이 보고에 대한 인간의 이해는 성령에 조명해 준 것으로 연구와 기도와 경험의 열매다. 보고는 책, 신조, 카테키즘 안에 기록되었다. 이러한 저작물은 과거 세대의 신앙 공동체의 기록된 증언을 제정한 것이다. 그리고 우리의 연구는 값진 지식의 결과가 될 것이다. 이러한 보고를 발견하는 것은 교회의 카테키즘의 객관적인 연구의 하나가 될 것이다.[71]

카테키즘 그 자체가 하나의 신조이며, 선조로부터 내려주신 신앙의 유산이며, 공동체의 고백이다. 그러므로 카테키즘 연구는 신앙고백과 신학적 방향을 연구하는 귀중함이 있다. 물론 이 작업은 신학적인 일이므로 이 책에서는 언급하지 않을 것이다.

둘째로, 기능적인 중요성은 교육적·목회적 차원에서 생각할 수 있다. 즉 카테키즘은 '기독교 신앙을 가르치는 책'으로 교육 내용을 다루는 책이기도 하다. 그러나 이 책은 단순히 신앙교육의 교재로 머물지 않는다. 정일웅 교수는 카테키즘의 중요성을 기능적인 측면에서 언급하면서 카테키즘을 통하여 교육을 받은 사람들은 "카테키즘이 그리스도인들에게 예전서로서, 설교자로서, 목회 상담자로서의 기능을 한다."라고 했다.[72] 이 말은 카테키즘 연구는 신앙교육과 목회를 위한 통합적인 사고가 가능하게 하며, 그 근거를 역사적으로 교육적으로 제시해 준다고 볼 수 있다.

물론 이 연구 작업은 과거에도 일어났던 일이기는 하지만, 연구의 방향이 필자의 연구와 차이가 있음을 밝히고자 한다. 종래의 연구는 주로 독일을 중심으로 접근하고 제기되었던 카테키즘 연구였다. 그들의 교리교육 연구는 주로 교육의 내용을 중심으로 일관되어 왔다. 하지만 이 연구는 초기교회의 카테키시스와 종교개혁기에 있었던 카테키즘을 통하여 이 시대에 요청되는 신앙교육의 지혜를 얻고자 한다. 그것은 초기교회의 신앙교육을 연구함으로써 신앙교육의 역사적인 접근을 통해 기독교교육의 정체성을 회복하고, 이러한 역사의 맥락에서 오늘 이 시대에 새로운 교육적 방향을 제시할 수 있다고 믿는다.

사실 웨스터호프는 교육의 목회 사역적인 사고를 오늘의 시대와 맞물려서 생각하면서, 기독교교육을 카테키시스라 정의하고 복음을 위한 목회 사역(Pastoral discipline)이라고 하였다.[73] 그러므로 '카테키시스의 연구'는 초기 기독교교육의 모형을 통해서 전술했던 현대 기독교교육이 안고 있는 문제를 극복하고자 한다. 즉 '기독교교육의 전문성과 사회성의 갈등'을 회복하고, '교육과 목회의 괴리현상'을 통합하며, '평신도 지도력의 상실로 인한 인적 자원의 결핍'을 극복하여 성직자와 평신도가 함께 참여하는 목회 구조를 개발하고자 한다.

7) 개신교 카테키시스를 위한 접근

21세기를 향한 한국 교회는 개신교적 그리스도인의 신앙과 영성(靈性) 그리고 개신교의 삶의 윤리를 시급하게 요구하고 있다. 이러한 교회의 교육적 요구에 부응하기 위해서 개신교 그리스도인으로서 정체성을 심화시키고 기독교 신앙을 강화할 수 있는 대안을 카테키시스와 체제 이론에서 찾으려고 한다. 카테키시스는 기독교 공동체의 입문교육이며 기독교 정체성을 심화시키는 교육 패러다임이며, 체제 이론(system theory)은 전 공동체가 참여하는 총체적 사고의 틀이라 할 수 있다.

먼저, 카테키시스는 초기 기독교 교회부터 교회로 유입된 새신자들을 공동체의 정식 구성원(full membership)으로 만들었던 신앙교육이었다. 그러나 교회 역사의 흐름 속에서 카테키시스(또는 카테키즘)는 신자의 구성원 형성교육이라는 본질이 퇴색되어 분화(分化)된 예식만 존재하게 되었다. 즉 기독교 공동체의 구성원과 정체성 형성이라는 입문과 세례 준비교육을 목적했던 카테키시스는 세례, 성만찬, 견진례라는 예전으로 간소화되거나 분화되었으며, 그 의미의 강도도 많이 약화되어 쇠퇴의 길로 접어들었다. 로마 가톨릭 교회의 신적 권위와 그에 따른 장황한 예식과 형식에 반기를 들고 봉기된 개신교의 정신은 교회가 예배의 자유와 신앙고백의 개별성과 은총설을 강조함으로써 초기교회의 예전적 요소를 많이 간소화하거나 축소하기에 이르렀다. 이런 발전 과정 속에서 현재까지 잔존하는 고대와 중세 카테키시스의 유산은 입문과 세례를 준비하는 과정인 예비 세례 단계, 신앙고백의 인증과 확신(견진) 과정 등이 사라지고 목회자의 고유한 기능으로 전유(專有)되었다. 물론 개신교에서 세례의 학습 과정이라는 것이 있기는 하지만 의미나 교육이 철저하고 체계적이지 못하게 운영되다 보니, 사실상 세례를 위한 개신교적 카테키시스는 부재하다고 해도 과언이 아니다. 뿐만 아니라 개신교 교회는 세례이후의 체계적인 신앙교육도 지속적으로 제공해 주지 못하고 있다. 그것을 찾아 굳이 본다면 교인이 선택적으로 참여할 수 있는 '제자훈련학교'라든지 속회나 구역회, 청년회, 남녀 선교회의 간헐적, 비정규적 성서공부나 세미나 등이 이런 범주에 속한다고 볼 수 있을 것이다.

다음으로, 체제 이론의 특징은 모든 존재의 유기체성과 통합성으로 접근하는 사고의 틀이다. 이것은 교회의 구성원들이 상호 관계를 통하여 자신의 신앙과 삶을 나누고 인식하고 터득할 수 있다는 것이다. 교회의 조직과 교육은 모든 구성원들의 유기적인 관계가 중요하며, 각 개인의 삶과 신앙이 개별적으로 성숙되도록 도울 수 있다. 나아가 각 개인의 개체성은 독립되어 있는 것이 아니라 유기적이므로 공동체 안에서 하나로 통합된다. 이러한 신앙교육의 체제적 접근은 그동안의 신앙교육이 교회학교라는 제도적이며, 비성인(非成人) 중심의 체제에서 벗어나서 전 교인의 체제적 교육 모델이 요청된다는 것을 말한다. 뿐만 아니라 체제 이론은 철저한 '투입-변환-산출'의 과정을 중요하게 여기고 있다. 이것은 개신교 교회는 교회 성장으로 말미암아 많은 사람들이 교회로 '투입'(投入)되었지만, 그들을 위한 올바른 '변환'(變換) 과정을 마련하지 못했기 때문에 사회와 교회를 향한 '산출'(産出)이 일어나지 못했다. 이것은 앞서 논의한 교회 성장이 둔화되고 있는 이유의 하나이며, 오늘의 교회가 다시금 곧추 세워야 할 요청이라고 본다. 이런 맥락에서 볼 때 한국 개신교 교회를 위해 새롭게 설계할 카테키시스 체제는

21세기 한국 개신교 교회의 교육적 과제를 해결하는 하나의 대안이 될 것이다.

6. 카테키시스 연구사

카테키시스(catechesis)라는 말은 광범위하고 사용되고 있는 용어인데 목회신학과 교회사의 입장에서 오랫동안 입문 과정 또는 세례 과정으로 연구되어 왔다. 초기교회에 실시되었던 카테키시스(catechesis)는 중세 이후에 쇠퇴되었다가 종교개혁 이후에 카테키즘(catechism)이라는 이름으로 재생(再生)되었다고 할 수 있다. 카테키시스의 재생은 카테키즘의 회복을 위해서 많은 사람들이 연구하였고, 초기교회에 있었던 카테키시스의 회복을 위해서 중세기에 많은 학자들의 노력을 기울여 왔다. 이 책에서는 교육신학적 입장에서 그 연구의 과정을 조사하려고 하지만, 과거의 자료에서는 카테키시스의 교육신학적 접근을 찾기란 쉽지 않다.

근대와 현대에 와서 카테키시스 연구는 대체로 두 가지 방향으로 전개되었다. 첫째 방향은 대부분의 학자들이 카테키시스를 종교개혁 이후에 파생된 카테키즘을 교리교육과 신앙교육서(信仰敎育書) 차원으로 접근하였다. 로마 가톨릭 교회의 카테키즘 연구와 교리교육 연구가 대표적인 예라고 할 수 있다. 로마 가톨릭 교회는 교리교육의 차원에서 협의회를 실시했고, 국가와 지역에서 그들 나름대로의 '교리교육서'를 개발하였다. 카테키즘의 현대화 작업을 위해서 많은 노력과 시도를 했지만, 주로 카테키즘의 내용과 방법 면을 연구한 자료가 많이 쏟아졌다. 개신교에서는 독일을 중심으로 신앙교육서로서 카테키즘을 접근하고 연구하였다. 그들의 연구는 주로 교육의 내용인 카테키즘(신앙교육서)을 중심으로 일관되어 왔다. 이러한 방향의 국내 연구는 정일웅은 종교개혁자들의 카테키즘을 신앙교육서로서 인식하고 분석하면서 교육목회와 접근을 시도하였다. 그는 여러 편의 논문을 『교육목회학』(솔로몬, 1993)이라는 이름으로 묶어서 출판하였다. 송순재는 루터의 카테키즘을 교수 방법의 가능성을 탐구하기 위하여 면밀히 분석해서 "루터의 교리문답과 그 교수학적 가능성"(「신학과 세계」 27호)으로 발표하였다.

다른 방향은 초기교회에서 있었던 카테키시스의 교육 체제의 모형을 회복하려는 움직임이다. 이러한 움직임은 카테키시스의 예전적 요소를 회복하기 위하여 초기교회의 카테키시스를 연구한 자료가 있었는데, 그것은 오래된 문서인 『젤라시아 성례전』(Gelasian Sacramentary)[74]과 『로마의 신품(神品) XI』(Ordo Romanus XI)[75]이다. 이 자료는 카테키시스의 예전적 의미와 중요성을 회복하기 위하여 만들어진 것이지만, 초기 기독교 공동체의 다양한 카테키시스의 형태를 하나의 형태로 통일시키고 자료화하는 데 공헌을 했다. 그러나 이 자료들은 카테키시스의 본질을 쇠퇴시키고 분화시키게 된 요인이 되기도 했다.

그리고 현대 가톨릭 교회에서는 듀자리어(Michel Dujarier)의 연구를 외면할 수 없다. 그의 A History of the Catecumenate: The First Six Centuries에서 기독교 초기부터 6세기까지의 카테키시스에 대해서 심도 깊은 연구를 하였다. 그는 고대 자료와 문헌을 통해서 카테키시스의 본질이 무엇이며, 어떤 과정으로 진행되었는지를 밝히고 있다. 토마스 핀(Thomas M. Finn)은 시리아 지역의 기독교 초기의 세례와 카테큐메너트를 조사 연구하였다.(Early Christian Baptism and the Catechumate — West and East Syria) 고대 자료의 연구는 카테키시스의 본질을 규명하는 데 귀중한 자료가 되고 있는데, 그 자료들은 다음과 같다. Daniel B. Stevick, "Christian Initiation: Post-Reformation to the Present Era," Made, not Born: New Perspectives on Christian Initiation and the Catechumenate (Notre Dame, Ind.: University of Notre Dame Press, 1980), The Catechumenal Process: Adult Initiation and Formation for Christian Life and Ministry (N.Y.: Church Hymnal, 1990) 등이

다. 그리고 현대를 위한 카테키시스를 새롭게 접근한 사람들이 있다. 총체적인 입장에서 접근한 윌키(Wilkie Au, S. J.)의 "Holistic Catechesis: Keeping Our Balance in the 1990s," *Religious Education* 86, no. 3 (Summer 1986)와 위폰(William C. Spohn, S. J.)의 "The Moral vision of the Catechism: Thirty Years That Did not Happen," *America* 162, no. 8 (March 3, 1990) 등이 있다.

개신교에서는 카테키즘에 대한 새로운 조명을 시도한 사람은 웨스터호프(John Westerhoff III)이다. 그는 카테키시스를 신앙교육으로 인식하고, 신앙 공동체 교육을 탐구하는 작업을 하였다. 특히 그는, 카테키시스가 기독교 교육이라고 할 만큼 카테키시스의 중요성을 부각시켰다. 그가 쓴 글들은 다음과 같다. "A Call to Catechesis," *The Living Light* 14:3 (Fall, 1977); "Formation. Education. Instruction," *Religious Education* 82. no. 4 (1987); "Framing an Alternative for the Future of Catechesis," *A Faithful Church: Issues in the History of Catechesis*, ed. by John H. Westerhoff III (Connecticut: Morehouse—Barlow Co., 1981); *A Faithful Church: Issues in the History of Catechesis* (Connecticut: Morehouse—Barlow Co., 1981). 그리고 국내에서는 임창복의 "초기 및 고대 교회의 세례지원자의 교육에 관한 소고", 「교육교회」 (1990년 9월)가 있다.

미국에서는 카테키시스에서 분화(分化)된 견진례(堅振禮, confirmation)의 교육적인 연구를 시도하고 있는 경우가 많다. 견진례는 개신교에서 무시되고 있는 "세례 신앙의 공적 고백교육"이라 할 수 있다. 견진례에 관한 연구는 다음과 같다. Arthur C. Repp, *Confirmation in the Lutheran Church* (St. Louis: Concordia Publishing House, 1964); *Current Concepts and Practices of Confirmation in Lutheran Churches* (Philadelphia: Board of Parish Education, Lutheran Church in America, 1967); Evenson C. Richard, "The Purpose of Confirmation Education," *Confirmation and Education*, ed. by W. Kent Gilbert (Philadelphia: Fortress Press, 1969); A. P. Milner, "The Theology of Confirmation," Theology Today Series 26 (Indiana: Fides Publishers, Inc., 1971); *Confirmation Guidelines* (Wisconsin: Archbishop of Milwaukee, 1981); United Methodist Church, *Follow Me* (Nashville: Cokesbury, 1993); United Methodist Church, By Water and the Spirit: *A Study of Baptism for United Methodists* (Nashville: General Board of Discipleship, 1993); Robert L. Browning and Roy A. Reed, *Models of Confirmation and Baptismal Affirmation: Liturgical and Educational Designs* (Birmingham: Religious Education, 1995).

초기교회의 카테키시스와 중세 종교개혁기의 카테키즘의 관계에 대한 연구 자료를 찾기가 힘들었다. 고대와 중세와 현대의 카테키시스를 하나의 신앙교육 체제로 연결하려는 작업을 한 논문은 아직 발표되지 못하고 있다. 이 책은 초기교회의 카테키시스와 종교개혁기에 있었던 카테키즘을 통하여 이 시대에 요청되는 신앙교육의 지혜를 얻고자 한다. 그것은 초기교회의 신앙교육을 연구함으로써 신앙교육의 역사적인 접근을 통해 기독교교육의 정체성을 회복하고, 이러한 역사의 맥락에서 오늘 이 시대에 새로운 교육적 방향을 제시할 수 있다고 믿는다.

각 주 ─────────────────────

1) 하이데거는 존재(Being)와 인간 존재(being human)를 그릇되게 동일시함으로써 '존재론적 차이'를 망각해 버리고 모든 종류의 인간 중심주의를 반대하였다고 했다.

2) H. Arendt, *Eichmann in Jerusalem* (New York: Penguin Books, 1977), 49.

3) 문홍, "탈냉전 시대와 근본주의적 이념들", 「기독교사상」 (1995. 3), 46f.; Martin E. Marty, "What is Fundamentalism? Theological Perspectives," *Fundamentalism As An Ecumenical Challenge* (SCM Press, 1992), 3-12. 근본주의는 "성서나 경전의 문자적 의미로 돌아가려는 믿음"이라고 정의한다. 실천적 차원에서 다른 신앙과 구분되는 몇 가지 특징들을 지키고 있다. 첫째로 철저한 적대 관계의 확립, 둘째로 반해석적(antihermeneutical), 셋째로 다원주의와 상대주의를 거부, 넷째로 진화와 발전에 반대, 다섯째로 계시적 천년왕국설을 믿음, 여섯째로 현대성이 가져다주는 인류문명의 폐해와 신앙의 방해 행위에 일관성 있게 반대한다.

4) John Stuart Mill, 김형철 역, 『자유론』(서울: 서광사, 1992), 72.

5) 권혁범, "내 몸 속의 반공주의 회로와 권력", 『우리 안의 파시즘』 (서울: 삼인, 2000), 50. 필자에 따르면 반공 표어판은 아무리 떨어져도 약 20-30km 간격으로 또 해변이나 비무장 지대 근접 도로에서는 500m 간격으로 평균 약 5-7km마다 반공 표어판을 발견할 수 있다고 한다. 과연 이 수많은 반공 표어판은 간첩 신고와 안보 강화를 위한 것인지 물어보아야 할 일이다.

6) Ibid., 55-58.

7) Ibid.., 58-62.

8) John Stuart Mill, 김형철 역, 『자유론』, 66.

9) 조국, 『양심과 사장의 자유를 위하여』 (서울: 책세상, 2001), 12-17.

10) Hwa Yol Jung, 박현모 역, 『몸의 정치』 (서울: 민음사, 1999), 19.

11) 'altarity', 'altar'라는 말은 원래 '높은 곳'을 뜻하는 라틴어 'alta-re'에서 유래한 것이다.

12) 『몸의 정치』, 20.

13) 차이(difference)의 논리는 우선 이종론적이며 타자 중심적이다. 대화 변증법이 'dia/tactics'로, difference가 'dif/ference'로 분철될 때 볼 수 있는 것처럼, 이

때의 차이는 차이에 근거한 관계, 즉 '사이-나눔'(Unter-Schied)이다.

14) 『몸의 정치』, 53.

15) Ibid..

16) Ibid., 25-26

17) Mikhail Bakhtin, *The Dialogic Imagination*, ed. by Michael Holquist, tr. by Cary Emerson and Michael Holquist (Austin: University of Texas press, 1981), 280-282.

18) 이 말은 데카르트의 '코기토'의 탈근대적이며 남근주의적인 이원론을 뒤엎는 이론이다.

19) 마샬 맥루한은 전자미디어, 특히 텔레비전을 촉감적인 것으로 분류하였다.

20) 경건성은 육체와 정신의 교합이라 할 수 있다. 그리스와 로마의 종교에서 내려오는 이야기에 따르면, 로마의 여신 피에타스를 위해 세운 신전에는 한때 한 어머니가 감금되어, 자신의 딸의 젖으로 생명을 유지하고 있었다고 한다. 이 이야기는 육체적이면서 동시에 정신적인 주고받음의 자연스런 호혜적 순환의 의미를 말한다. 이 이야기는 키워 준 이와 그것에 보답하는 이 사이의 절대적 호혜 관계에 대해 말하고 있다.

21) 파라셀수스는 식물의 성장을 한 인간의 성장에 비교하였다. "식물도 인체의 피부와 같은 껍질을 가지고 있으며, 머리와 머리털 같은 뿌리가 있다. 식물도 몸과 감각을 갖고 있다. 사람이 듣고 보고 말하는 능력으로 자신을 표현하는 것처럼 식물도 꽃과 열매로 자신을 장식한다." 거꾸로 파라셀수스는 인체를 '자연화'한다. 인간의 몸은 "나무이며, 삶은 그 나무를 소진시키는 불"이라는 것이다.

22) 이원규, "종교사회학적 접근", 『한국 교회 성장둔화 분석과 대책』 (서울: 숭실대학교출판부, 1998), 143-144.

23) 자료. 1950, 1960, 1970년 통계, 한국종교사회연구소, 한국종교연감(1993), 1977년 통계, 문화공보부, 종교법인 및 단체 현황(1977), 1985년 통계, 인구 및 주택 센서스(1985), 1991년 통계, 통계청, 한국의 사회지표(1991), 1994년 통계, 통계청, 한국의 사회지표(1994): 이 자료를 근거로 개신교 교인수의 증가 현황을 비교하면 <표 1>과 같다.

<표 1> 개신교 교인수의 증가 현황

연 도	1950	1960	1970	1977	1985	1991	1994
교인수	500,198	623,072	3,192,621	5,001,491	6,489,282	8,037,464	8,146,556
증가율	24.6%	412.4%	56.7%	29.7%	23.9%	1.4%	

24) 이종윤, "한국 교회 성장둔화 — 그 원인과 대책", 『로잔 위원회 보고자료』, 1996.

25) 김영한, "기조강연", 『한국교회 성장둔화 분석과 대책』, 한국 기독교 문화 연구소 편 (서울: 숭실대학교출판부, 1998).

26) 이원규, 『한국 교회의 사회학적 이해』 (서울: 성서연구사, 1992), 242.

27) Warren J. Hartman, *Membership Trends: A Study of Decline and Growth in the United Methodist Church 1949—1975* (Nashville: Disciple Resources, 1976).

28) 고홍배, "중간 지도자 육성을 통한 새신자 양육이 교회 성장에 미치는 영향", 목회학 박사학위 논문 (감리교신학대학교, 1993), 76.

29) 한국 갤럽 조사 연구소, 『한국인의 종교와 종교의식』(1990), 132.

30) W. Wink, *The Bible in Human Transformation* (Philadelphia: Fortress, 1980), 1.

31) Horace Bushnell, *Christian Nurture* (New Haven: Yale University Press, 1888). 이 책은 현대 기독교교육의 학문적인 접근을 처음 시도한 노력으로 가치가 있다. 특히 성인과 부흥회의 신앙각성 운동 중심을 비판하고, 아동 중심과 가정 중심의 교육을 주창하였다.

32) 은준관, 『기독교교육 현장론』 (서울: 대한기독교출판사, 1988), 146.

33) Ivan Illich, *Deschooling Society* (New York: Harper and Row, 1970). 일리히는, 학교의 죽음을 선언한 이유를 학교가 조직화되면서부터 학교에서 인간이 외면되고, 삶이 외면되었다는 것이다. 즉 학교화 현상은 교육을 제도 속에 묶었고, 학생과의 만남이 외면되고, 점수와 조직 안에서만 가치를 인정하고 있다고 하였다.

34) John Westerhoff III, *Will Our Childern Have Faith?* (New York: Seabury Press, 1986), 1.

35) John Westerhoff III, *Will Our Childern Have Faith?*, 9.

36) John Westerhoff III, *Will Our Childern Have Faith?*, 5

37) James Michael Lee, *The Flow of Religious Instruction: A Social Science Approach* (Mishawaka: Religious Education Press,1973), 269; J. L. Seymiur & D. E. Ed. Miller, *Contemporary Approaches Christian Education*, 대한예수교장로회 총회 교육부 역 (서울: 대한예수교총회교육부, 1982), 21.

38) James Michael Lee, *The Flow of Religious Instruction: A Social Science Approach*, 269.

39) 한미라, "21세기의 교회학교상", 「교육교회」 (1995. 12): 17-18.

40) James Michael Lee, *The Shape of Religious Instruction: A Social Science Approach* (Mishawaka, Ind.: Religious Education Press, 1971), 48-51, 279ff.

41) 한미라, "21세기의 교회학교상", 20.

42) John Westerhoff III, *Will Our Childern Have Faith?*, 9.

43) James Michael Lee, *The Shape of Religious Instruction: A social Science Approach*, 161-176.

44) R. Raikes는 원래 사회주의 운동가였고, 주일학교를 순전히 문맹자 퇴치 운동의 일환으로 이끌었기 때문에 원래 주님의 교회의 신앙교육과는 무관한 교육이었다고 생각된다. 정일웅, 『교육목회학』 (서울: 솔로몬, 1993), 329.

45) Thomas C. Oden, *Pastoral Theology*, 이기춘 역, 『목회 신학』 (서울: 한국신학연구소, 1995), 213.

46) R. M. Rummery, *Catecesis and Religious Education in a Pluralist Society* (Indiana: Our Sunday Visitor, Inc., 1975), 130.

47) Pope Pius XI, *Divini Illius Magistri Magistri* (London: Catholic Truth Society, 1929), par 119, 44.

48) 손삼권, "1990년대의 기독교교육의 현실과 전망", 「기독교사상」 (1990. 1), 373, 34.

49) Thomas H. Groome and Sharing Faith, 한미라 역, 『나눔의 목회와 교육』 (서울: 기독교대한감리회 홍보출판국, 1997), 64-67.

50) 세계적인 기독교 교육신학적인 경향이 국가, 교회, 사회 관계의 문제를 다루었고, 사회의 상황(context)에 입각하여 평신도 교육, 토착화 교육, 인간화 교육, 해방의 교육, 민중교육, 정의와 평화교육(민주화와 통일) 등이 나타났다.

51) 토마스 그룹은 처음에 기독교교육의 프락시스적인 접근을 시도하여 새로운 기독교교육적 사고와 방법을 제안하였다. 그리고 후에 발전하여 교육과 목회의 통합을 주장하는 책을 펴냈고, 한국에 두 차례 방문하여 '나눔의 교육과 목회'를 중심으로 워크샵을 실시하기도 하였다.

52) Thomas C. Oden, *Pastoral Theology*, 214.

53) Thomas C. Oden, *Pastoral Theology*, 218-219. 이 일은 예배의식과 말씀의 선포와 목회사역을 통하여 나타나며 또한 특별히 가르치는 일 — 교회학교의 여러 학급과 성서공부반, 하기 교회 수양회와 평신도 신학원을 통하여 — 가운데 직접 나타난다.

54) 칼빈, 『그리스도교 강요』. 김문제 역 (서울: 세종문화사, 1980), 4-9.

55) 한미라, "21세기의 교회학교상", 19.

56) C. Robert Worley & Robert H. Craig, *Dry Bones Live: Helping Congregations Discover New Life*, 강형길 역, 『교회갱신을 위한 목회 활성화 방안』 (서울: 한국장로교출판사, 1994), 17.

57) 성서에서 종종 나타나는 헬라어 κληρος는 영어 Cleric이나 Clerk의 의미를 지니고 있다. 이 말의 본래 의미는 lot, portion, heritage이다. 흔히 평신도의 의미

로 흔히 사용되는 Lay에 해당하는 헬라어 Λαικος는 Auila, theodotion과 Symmachus 번역판에 한두 군데 예외적으로 나오는 것 외에는 성서에 나오지 않는다. Yves M. J. Congar, *Lay People in the Curch*, tr. by Donald Attwater (The Newman Press, 1967), 3. 형용사 Λαικος에서 나온 Λαοσ는 성서에서 종종 사용된다. 성서에서 이 말은 마태복음 26:5, 마가복음 14:2, 누가복음 7:29, 히브리서 2:17 등에서와 같이 '백성'의 의미로 쓰였다. 구약에서 사용된 Λαος는 본래 עם이라는 히브리어가 70인역(Septuagint)에서 번역된 것이다. Neil Braun, *Laity Mobilzed* (Willian B. Eerdmans Publishing Company, 1971), 102.

58) Neil Braun, *Laity Mobilzed*, 103.

59) C. Robert Worley & Robert H. Craig, *Dry Bones Live: Helping Congregations Discover New Life*, 강형길 역, 『교회갱신을 위한 목회 활성화 방안』, 62. 초기 교부들은 기독교 신도들이 제사 직분을 가지고 있다는 것을 강조하였고, 초기 4세기에는 많은 지방교회에서 새 감독을 선출하는 데에 평신도들의 영향이 컸다. 그러나 이그나티우스(Ignatius)와 키프리아누스(Cyprianus) 시대부터 '교회적-계급적' 사고방식이 지배하고 있었고, 성직의 기능을 하나님과 그리스도의 표현으로 보았다. 그래서 성직은 거룩한 범주이고, 평신도는 낮은 위치로 여겼다.

60) M. Luther, "An Open Letter to the Christian Nobility," *Works of Martin Luther*, vol. II, ed. and tr. by C. M. Jacobs (Philadelphia: A. J. Holman, 1915-1930), 68.

61) M. Luther, "The Freedom of a Christian," *Luther's Works*, vol. XXXI, gen. eds. by Jaroslav Pelikan and Helmut T. Lehmann (Philadelphia and St. Louis: Muhlenberg & Concordia Press, 1955), 348.

62) 교회라는 용어가 헬라어 퀴리아케 오이키아(Kyriake Oikia, '주님의 가정')라는 말에서 유래되었고, 가정이란 평신도들이 이 세상에서 가장 기본적으로 경험하는 것이라는 사실이 이 제안에 대한 타당성을 부여한다. 이정배, "평신도 신학의 전망과 교회의 미래적 모델: 살림 공동체", 『미래교회와 새 사역』 (서울: 미래교회연구원, 1996), 300-305.

63) 두한의 이론은, 교회는 그 구성원들이 하나의 연합적인 인격체를 이룬 가정이고 한 몸이며, 새로운 피조물이며 성령으로 충만한 공동체라는 것이다.

64) 신약성서의 그리스도인들은 성령의 임재에 대한 강한 확신을 가졌다. 그들이 성령에 의해 함께 부르심을 받았으며 세례를 통해 성령의 능력과 생명을 받게 되었음을 알고 있었다.(고전 12:13, 롬 8장) 그리고 지역 공동체는 성령을 통해 사랑 안에서 하나가 되었다.(롬 8:9, 15, 엡 4:3) 그들은 이 사랑의 증인이 되도록 부름 받았으며, 그 모임을 섬기기 위해 성령의 은사를 받았다.(고전 12장) 그것은 예수에 대한

기억이 곧 교회의 전통이 되었고, 같은 성령을 통해 주님에 관해 기록하였고, 예수께서 교회에 주셨던 영적인 생명이 드러나고 있다. Leonard Doohan, *Lay Centered Church*, 심광섭 역, 『평신도 중심의 교회』 (서울: 평신도신학연구소, 1994), 106-107.

65) Marshall C. Dendy, *A Study of the Catechism: The Westminster Shorter Catechism for Families* (Virginia: CLC Press, 1966), 11.

66) 정일웅, 『교육목회학』, 370-371.

67) Adolf Exeler, "Education and Catechetics," *Catechetics for the Future*, ed. by Aiois Müller (New York: Herder & Herder, 1970), 36.

68) Karl Rahner, ed., *Encyclopedia of Theology* (New York: The Seabury Press, 1975), 174.

69) 정일웅, 『교육목회학』, 317. 이 책이 1580년에 출판된 이래로 신앙의 표준서로 사용되고 있으며, 평신도 성서(Laienbibel)라 할 수 있다, 기독교 구원의 진리를 요약한 것으로 가장 근본적이고(Fundamente), 핵심적이며(Elemente), 본보기(Exemplare)가 되는 신앙교육의 내용이 된다. 이것이 신앙교육의 특징인데 오늘날의 교회가 포기하지 말아야할 이유가 된다. 정일웅, 『교육목회학』, 328.

70) *Evangelischer Erwachsenen Katechismus* (Gütersloh, 1975), 412ff. 이 책은 독일 개신교의 성인들을 위한 교육서이다. 신앙고백은 온 성도들의 신앙이 하나로 연결된 한 목소리요, 통일성을 나타내는 것이다.

71) Marshall C. Dendy, *A Study of the Catechism: The Westminster Shorter Catechism for Families*, 11.

72) 정일웅, 『교육목회학』, 388-390.

73) John Westerhoff III. and C. O. Edwards, *A Faith Church: Issues in the History of Catechesis* (Wilton: Morehous-Barlow, 1981), 357.

74) E. C. Whitaker, ed., *Documents of the Baptismal Liturgy*, Alcuin Club Collections, 42 (London: SPCK, 1960), 156-186; Vatican, *Reginensis*, 316 참조.

75) E. C. Whitaker, ed., *Documents of the Baptismal Liturgy*, 186-194.

2장
카테키시스의 개념 이해

1. 초기 기독교 공동체의 두 가지 교육 형태

초기 기독교 공동체가 후기로 접어들어 '가르치는 교회'로 전환되면서 교육 패러다임이 카테키시스로 자리잡게 되었다. 특히 초기 기독교 공동체는 그들이 안고 있는 문제, 공동체의 확장에 따른 문제 등을 해결하기 위해서 교육적인 접근을 하였다. 그들의 노력은 공동체에 새롭게 들어오는 새신자들에게 기독교 신앙을 체계적으로 교육시켜야 할 필요성에 의해 탄생된 것이라 할 수 있다. 그들이 접근한 방법은 기독교 공동체의 구성원에 대한 배려로 시작되었다. 즉 유대인과 비유대인에 대한 배려이다. 따라서 그들은 유대 출신 그리스도인을 위한 교육 형태와 이방인 개종자들을 위한 교육 형태를 구분하였다.

1) 유대인을 위한 교육

초기 공동체의 구성원은 공동체에 입문하는 대상, 즉 유대인과 이방인에 따라서 교육 형태를 달리하였다. '유대인을 위한 교육 형태'는 교육 대상이 유대교 신앙을 지닌 개종자들이라는 특수성을 감안하였다. 유대인들은 이미

'종교교육의 의무'[1]를 받아왔던 사람들이기 때문에 기본적으로 성서 읽기를 해왔고, 좀 더 발전적으로 율법을 읽고 연구하는 고등교육을 추구해 왔다. 그들의 교육적인 책임은 어린이부터 학교에 들어갔을 때까지 부모의 책임으로 성서에 명확하게 명시되어 있다.(신 4:9, 6:7, 20, 11:19, 잠 1:8, 6:20) 더욱이 유대인 개종자들 대부분은 히브리인으로 이미 교육적인 책임이 부여되어 있었고, 하나님을 믿었으며, 모세법을 실천하고 있었기 때문에 초기교회는 이들을 위한 신앙교육을 간소화시켰다.

초기교회의 유대인 개종자를 위한 교육 행위는 세례 전에 준비 기간을 전혀 가지지 않았다. 그들이 기독교의 복음인 고난과 부활과 예수 그리스도의 말씀을 가르쳤고, 그들이 신앙고백만 하면 즉시 세례를 주었다. 유대계의 예비 세례자들에게는 일반적으로 세례 전에 가르치는 '두 가지의 길', 즉 생명의 길(The way of Life)과 사망의 길(The way of Death) 같은 윤리적 강론은 행하지 않았다. 유대인들은 이러한 종류의 도덕교육을 이미 회당에서 받았기 때문이다.[2]

2) 이방인을 위한 교육

다른 교육 모델은 '이방인들을 위한 교육'이다. 여기서는 사람들의 삶과 행위의 결단을 촉구하도록 돕는 '두 가지의 길'을 가르치는 것이다. 이것은 주로 유대인들의 초보적인 교육 형태로 초기 기독교 공동체에도 적용된 모델이라 할 수 있다. 그들은 사람의 삶과 행위에는 '선과 악', '빛과 어둠'이라는 두 가지의 길이 있으며, 그 중에서 한 가지를 선택해야 할 기로에 존재한다고 믿었기 때문에, 이러한 '선과 악'이라는 두 가지의 길에서 빛의 길인 선을 선택하고 결단하도록 가르치는 것이다.

윤리적 결단을 촉구하는 교육을 위해서 사용된 자료는 『디다케』와 『바나바 서신』이었다. 『디다케』는 '삶과 죽음'이라는 신앙생활에서 삶의 길을 선택하도록 도우며, 교회의 의식과 규례를 중심으로 편집되어 있다. 이 책은 나중에 '규정집'과 함께 편집된 것으로 추측된다. 『바나바 서신』은 종말론적 배경을 근거로 '빛과 어둠'과 같은 두 가지 길로 비유된 초기 신앙교육의 정형들을 제공한다. 특히 이 책은 윤리의 실천을 중심으로 기록되었다.[3]

몬타누스주의자들은 『바나바 서신』과 『헤르마스의 목자』(the Shepherd of Hermas)를 신약성서 자료들과 함께 사용하였다. 알렉산드리아의 클레멘트(Clement of Alexandria)가 『디다케』를 성서와 마찬가지로 인용했다는 것을 보면, 이 문서가 4-5세기의 이집트 저술가들과 편집자들에 의해서 많이 이용되었다는 사실을 알 수 있다. 이집트 이외의 지역에서 『디다케』를 중요하게 사용한 유일한 예는 4세기의 시리아인이 편집한 '사도헌장'이다. 이들은 여기에다 고난과 부활의 기독교 복음과 예수의 말씀들(공관복음서들이 가능한 곳에서는 이들 중의 하나로 대치하여 가르쳤음), 히브리 성경을 헬라어로 번역한 가르침이 있었다. 예수의 말씀으로 이루어진 Q 문서는 예수의 추종자들을 위한 교육 자료, 또한 안내서나 새로 개종한 사람들을 위한 입문서로도 사용되었을 것으로 본다.[4]

2. 카테키시스의 어원

초기 기독교 공동체에서 실시했던 교육 패러다임에는 유대인과 이방인을 위한 교육적 배려가 달랐다. 특히 이방인들이 기독교 공동체에 입회하려는 사람들을 위한 신앙교육은 엄격한 교육을 시도하려고 하였다. 그것이 카테키시스의 체제라 할 수 있다. 카테키시스(catechesis, κατήχησις)는 신약성서에 직접 나오는 말은 아니다. 그러나 성서에서는 이 단어의 헬라어 동사형인 '카테케오'(κατηχέω), '카테케사이'(κατηχέσαι), '카테케인'(κατηχείν) 등이 사용되었다. '카테케사이'(κατηχέσαι)는 '알려주다, 말로 가르치다'의

뜻이며, '카테케인'(κατήχειν)은 '교수(敎授)하다'의 의미다. '카테키시스'(κατ
ήχησις, catechesis)는 '울려 퍼지다, 메아리치다'(to resound or echo), 또는
'세상에 알리다, 모방하다'(to celebrate or imitate), '다른 사람의 말이나 행위
를 반복하다'(to repeat another's words and deeds) 등의 뜻도 담겨 있다.[5]

'카테케시스'는 헬라어의 eco라는 말에 가르침이라는 의미가 내포되어,
가르침이 사람의 마음뿐만 아니라 행동에 울려 퍼진다는 것이다. 헬라어 '카
테케인'이라는 단어는 원래의 의미가 변화되어 하나님의 율법의 교수나 가
르침을 의미하였다.[6] 예를 들면 "그는 이미 주의 도를 배워서 알고 있었고
열심히 예수의 관한 일을 말하며, 정확하게 가르쳤다…."(행 18:25, 표준새번
역)에서처럼 가르침의 뜻으로 사용되었다. 로마서 2:18과 갈라디아서 6:6에
도 같은 의미로 사용되었다.

라틴어 cătēchésis는 '학습의 복송(復誦)' 혹은 '구두 교수'(口頭 敎授)[7]의
의미가 있다. 종교 개혁자 루터(Martin Luther)가 독일어로 사용한 카테키즘
(catechism)이라는 말은 라틴어 cătēchísmus를 독일어로 옮기면서
Katechismus가 되었고, 이 말의 영어식 표현이 catechism이다. 카테키시스나
카테키즘은 어원상으로 동일한 개념이지만 우리나라에서는 대체로 카테키즘
을 '교리문답'(敎理問答) 또는 '요리문답'(要理問答)이라고 번역하여 사용하고
있다.

3. 카테키시스의 활용

성서에서는 카테키시스와 관련된 단어가 여러 곳에서 활용되고 있다.
'카테케인'(κατήχειν)이라는 말은 초기 기독교 공동체 안에서 가르친다는 의

미로 사용하였다.

이는, 이미 배우신 일들이 확실하다는 것을
귀하께서 아시게 하려는 것입니다.(눅 1:4, 표준새번역)

그런데 그들이 당신을 두고 하는 말을 소문으로 듣기로는
당신이 이방 사람 가운데서 사는 모든 유대 사람에게 할례도 주지
말고 유대 사람의 풍속도 지키지 말라고 하면서 모세를 배척하라고
가르친다는 것입니다.(행 21:21, 표준새번역)

그들은 단순히 카테케인을 가르침의 의미로만 사용하지 않았고, 거기에
기독교 공동체 안에서 종교적인 의미를 부가시켰다. 즉 하나님을 믿고 따르
려는 신도들을 가르치는 교육적인 뜻을 강화했다.[8] 예를 들면, 고린도전서
2:18, 14:19, 그리고 갈라디아서 6:6은 신앙교육의 본질과 관련된 것으로 '신
앙의 내용을 어떤 사람에게 가르치는 것을 의미하는 데' 사용되었다는 것을
볼 수 있다.

그분의 뜻을 알며 율법으로 가르침을 받아서
옳고 그른 것을 분간할 줄 안다고
자부하는 사람이 있습니다.(롬 2:18, 표준새번역)

그러나 나는 교회에서 방언으로 만 마디 하는 것보다도,
다른 사람들을 가르치려고
내 이성으로 다섯 마디 말을 하는 것을 원합니다.
(고전 14:19, 표준새번역)

말씀을 배우는 사람은
가르치는 사람과
모든 좋은 것을 같이 나누어야 합니다(갈 6:6, 표준새번역)

'카테키시스'는 원래 사용했던 의미보다 더욱 풍부하게 변화되었는데, 특별한 문화적 역사적 표현과 현상을 첨가하여 사용하게 되었다. 이것은 초기 기독교 공동체에서 종교교육적인 의미로도 사용되었다. 우리가 일반적으로 이해하고 있는 기독교의 내용을 교육학적으로 가르치는 것이 아니다. 교회에서 일반 교육학의 이론이나 방법을 이용하는 것도 아니다. 오히려 교회 나름대로 가지고 있는 고유한 종교교육의 용어로 활용되었다. 즉 카테키시스는 하나님의 말씀과 율법에 대한 가르침을 말하며, 기독교만이 지니고 있는 신앙교육이라는 의미가 된다. 이는 교육의 방법이나 기술적인 의미로 사용되었다고 할 수 있다.[9]

따라서 초기 기독교 공동체에서 '카테케인'이 구두 교수(口頭 敎授)라는 처음 개념이 발전되어 주로 도덕 교수(道德 敎授, moral instruction)라는 의미를 뜻하게 되었다. 그러나 이 단어는 우리가 알고 있는 말씀의 선포 또는 설교를 의미하는 '케리그마'와는 구별되는 의미로 사용되었다. 카테케인이 세례받지 않은 자들을 위한 가르침이라면, 케리그마는 이미 세례 받은 사람들에게 '하나님 왕국'을 선포하거나 교리적 교수인 디다스칼리아(didascalia)와도 구별되었다.

카테키시스 활용은 바울 서신과 베드로, 유다서에 나타나고 있다. 여기서 초기교회는 두 가지 형태의 카테키시스를 지니고 있었다.

첫째는, 레위기 성결법전(레 17-19장)에 기초한 사람으로서 유대교에서 전향한 개종자를 위한 것이고, 둘째는 기독교 교회로 입교하기 위한 필수적 요소로써 부정함과 우상숭배를 버리고 세례를 위한 예루살렘 사도의 신조(Apostles' Creed)[10]를 따르기 위한 것이다. 초기 기독교 교회의 카테키시스는 우상숭배와 상반되는 진리로서의 하나님 말씀과 형제애와 자선의 의무를 강조하였다. 카테키시스는 예배에 교수(敎授)를 포함시켰고, 빛의 자녀(눅 16:8)로서 그리스도인은 남보다 더 선을 행해야 한다는 훈계가 내포되어 있었다.

신약성서에서는 그리스도의 산상수훈에 기초한 카테키시스가 다양한 양식으로 나타나고 있다. 그들은 가르침을 위해서 선악의 목록을 만들고, 그 목록의 가르침을 위한 몇 개의 본문군(本文群)으로 나뉘고 있는 것 같다.

복 있는 사람

³ 마음이 가난한 사람은 복이 있다. 하늘 나라가
  그들의 것이다.
⁴ 슬퍼하는 사람은 복이 있다. 그들이 위로를 받을 것이다.
⁵ 온유한 사람은 복이 있다. 그들이 땅을 차지할 것이다.
⁶ 의에 주리고 목마른 사람은 복이 있다. 그들이 배부를
  것이다.
⁷ 자비한 사람은 복이 있다. 그들이 자비함을 입을 것이다.
⁸ 마음이 깨끗한 사람은 복이 있다. 그들이 하나님을 볼 것
  이다.
⁹ 평화를 이루는 사람은 복이 있다. 그들이 하나님의 자녀라고 불
  릴 것이다.
¹⁰ 의를 위하여 박해를 받은 사람은 복이 있다. 하늘 나라가
  그의 것이다.
¹¹ 너희가 나 때문에 모욕을 당하고, 박해를 받고,
  터무니없는 말로 온갖 비난을 받으면, 너희에게 복이
  있다.(마 5: 3-11, 표준새번역)

복과 화의 선포

²⁰예수께서 눈을 들어서, 제자들을 보면서 말씀하셨다.
  너희 가난한 사람은 복이 있다. 하나님의 나라가 너희의
  것이다.
²¹너희 지금 굶주리는 사람은 복이 있다. 너희가 배부르게

될 것이다.

너희 지금 슬피 우는 사람은 복이 있다. 너희가 웃게 될
것이다.

²²사람들이 너희를 미워하고, 인자 때문에 너희를 배척하고,
욕하고, 누명을 씌울 때에 너희는 복이 있다.

²³ 그날에 기뻐하고 뛰놀아라. 보아라, 하늘에서 받을 너희의
상이 크다.

그들의 조상이 예언자들에게 이와 같이 행하였다.

이 본문들은 초기 기독교 공동체에서 신도들에게 선악을 대비하는 가르침이었고, 신앙적 결단을 촉구하기 위한 대비적 가르침이라 할 수 있다. 가르침은 카테키시스의 과정에 활용된 것으로 보인다.

초기 기독교 공동체에서 말씀을 가르치기 위한 교육 자료로『디다케』를 사용하였다. 이 책은 구약성서(신 6:5, 레 19:18)와 황금률[11]을 근거로 그리스도께서 이웃으로 선택한 사람들과 하나님에 관한 사랑과 율법을 선포하였다. 여기에는 신자들이 선과 악을 구별하고 선택하도록 가르쳤고, 세례 준비를 통해서 각각 삶과 죽음의 의미를 제시하였으며, 성찬(聖餐)에 참여하는 것에 관해 설명한 내용이 담겨 있다. 이에 반해『바나바 서신』은 그리스도의 고난을 모방하고 따를 것을 강조하였고, 종말론적 배경에 관하여 가르쳤으며, 지식과 이해와 성실과 지혜에 관한 덕을 가르쳤다.

그리고 카테키시스에는 전술한 교육 자료 외에 다양한 방법도 활용하였는데, 대표적으로 엑소시즘(exorcism), 금식 그리고 세례 보증인들의 검증 등이라 할 수 있다.

4. 카테키시스와 관련된 단어 개념

카테키시스의 의미를 좀 더 자세히 분석하기 위하여 카테키시스와 관련된 단어를 살펴보면, 그것은 카테큐멘(catechuman), 카테키시스트(catechesist), 카테큐메너트(catechumenate), 카테키티칼(catechetical), 카테키즘(catechism) 등이다.

첫째, 카테큐멘(catechuman)은 카테키시스에 들어오는 사람, 즉 기독교에 입문하려고 교육과 성례전에 참여하는 것을 준비하는 사람을 말한다. 이들은 정당한 세례를 받지 않은 사람이나, 세례를 받았지만 사람들 앞에서 확언(確言)을 받거나 공표받지 않은 사람을 뜻한다. 그들의 세례가 교회의 성만찬에서 확증을 받지 않은 사람이다. 전자는 그들이 처음으로 교회의 신앙과 성례전 입문에 들어온 것이므로 문자적으로 완전한 카테큐멘이다.[12]

둘째, 카테큐메너트(catechumenate)는 카테큐멘이 된 사람의 지위를 나타내며, 한편 카테큐멘의 견습 기간(period)과 이들을 그리스도인으로 준비시키는 기관(institute)을 동시에 일컫기도 하였다.[13]

셋째, 카테키시스트(catechesist)는 카테큐멘을 가르치는 교사를 뜻하고, 간혹 선교지 교회에선 가르치는 직분의 원주민 그리스도인을 뜻하기도 한다.[14]

넷째, 카테키티칼(catechetical)은 카테케티칼 학교(또는 예비 세례자 학교, catechetical school)의 의미와 설립을 보면 분명해진다. 즉 알렉산드리아(Alexandria)나 안디옥(Antioch)에 있었던 초기 기독교의 모든 학교를 지칭하며, 그곳에서는 성스러운 학문과 세속 학문이 모두 탐구되었다.

다섯째, 카테키즘(catechism)은 전술한 바와 같이, 카테키시스의 번역의 과정에서 나온 단어로 카테키시스와 같은 의미다. 그러나 요즘 카테키시스와 혼용하여 쓰기도 하지만, 대체로 기독교 교리에 대한 것을 종합적으로 요약한 책을 일컫기도 하며, 질문과 답변(question & answers) 형식으로 만든 가르침을 말하며, 이것을 사전에서는 도덕과 종교적 가르침에 대한 구두교수(口頭 敎授)라고 설명한다. 일반적으로 카테키시스는 카테큐멘을 구두로 가르치는 것과 문서로 된 공식적인 강론(講論) 또는 가르침을 뜻한다. 이에 반해, 카테키즘은 교리나 도덕적 가르침을 가르치기 위한 책(manual) 또는 문서다. 이 안에서는 교회가 제시한 질문에 대한 정답이 시리즈로 제시된다.

정일웅은 카테키즘은 "'교리 문답', '요리 문답' … '교리교육'이란 말 자체가 바로 종교개혁 시대에 나타난 신앙교육서를 뜻한다고 볼 수 있다."[15]고 하였다. 일반적으로 카테키즘을 교재의 의미로 보는 것은 종교개혁 이후에 신학자들이 성서에서 발견되는 중요하고 본질적인 가르칠 내용을 간략하게 요약한 것으로, 질문과 대답의 형태로 진술이 연속되어 있기 때문이다.[16] 그러나 카테키시스는 단순히 교리교육이 아니라 초기 기독교 공동체 교육의 한 체제를 지니고 있다. 필자는 오늘 우리가 흔히 말하는 주일학교 또는 교회학교가 하나의 교육 조직을 이루고 있는 것처럼, 초기 기독교 공동체에서도 교육 체제를 이루고 있다고 전제한다.

5. 초기 기독교 공동체 카테키시스의 요청과 발전

1) 공동체의 교육

기독교 초기는 역동적인 성장과 함께 해결해야 여러 가지 문제가 놓여 있었다. 그들은 신앙과 생활에 관련된 수많은 질문들을 직면하게 되었고, 특히 신생 종교 단체로서 그 문제를 현명하게 해결해야만 했다. 그 문제는 다음과 같다.

첫째로, 신생(新生) 기독교 공동체에 직면한 다양한 문제와 대처하기 위해서 신앙과 교리의 확립이 요청되었다. 기독교에 도전하는 이단 문제, 공동체의 유지와 생존 그리고 조직 문제, 특히 유대의 회당에서 신앙생활과 규범을 어떻게 적용해야 되는지의 문제, 그리스도의 즉각적인 재림에 따른 문제,[17] 세상살이와 결혼, 안식일과 십일조의 법(the laws of the sabbath and the tithe)으로부터 자유로움을 의미하는 것에 관한 질문들도 있었다.[18] 이 문제를 해결할 만한 관례가 없었으므로 현명한 방법을 찾아야만 했다. 따라서 초기교회는 신자들이 현실 속에서 올바른 갖도록 가르치기 위해 연구하게 되었고, 더 나아가 신앙의 구체적이고 궁극적인 질문에 대한 논제도 가르쳐야만 했다.

둘째로, 그들이 직면한 또 다른 문제는 신앙과 현실의 관계였다. 대표적으로 재림에 관련된 문제였다. 그들이 기다리는 재림의 문제는 현실의 삶과 신앙의 문제로 대두되었다. 즉 그리스도의 즉각적인 재림이 선포되었는데 결혼하는 것이 현명할지 아닌지에 대한 사례들이다. 다음으로, 현실을 부정하고 오직 다른 세계를 동경하는 마음만 가지고 살아야 하는가에 대한 확실한 방향을 제공해 주어야 했다. "세상과 동떨어져 사는 그들"[19]은 확고한 신앙으로 현실에 직면하여 살아야 했고, 또 현실적으로 적응해야 할 신앙적인 문제도 만만치 않게 중요한 문제가 되었다. 이에 교회는 신자들이 현실과 신앙의 관계에 따른 문제를 해결할 수 있도록 면학의 기회를 제공해야 할 필요가 있었다.

이러한 문제를 해결하기 위해서 기독교 초기 공동체는 '기독교 입문' 과정을 설치함으로써 해결하려고 했다. 즉 기독교 계시의 완전한 실제 ― 구속, 삼위일체, 그리스도 중심, 교회, 종말론, 윤리 등 ― 를 하나의 간단한 의식으로 모아 실제 예배에 참여하기 전에 가르침, 검증, 세례, 입문 등의 의식을 거친다. 입문의식은 공동체에 새롭게 들어온 사람들을 확실하게 준비시켜서 구성원으로 받아들인다. 오늘 우리 교회의 새신자보다도 더 강한 구속력과 결단력을 요구받았다고 말할 수 있을 것이다.[20]

셋째로, 기독교 공동체가 확장되면서 정체성을 유지하기 위하여 교육적 요청이 뒤따랐다. 이미 공동체에 들어온 기존 신자와 외부에서 들어온 신자들의 이질감을 극복하고, 구성원의 신앙적 일치감을 위해서 분명한 방향을 가르치고 제시해야 했다. 특히 기존 유대교 신자들이 아닌, 타종교 신도들이나 무신론자들이 기독교 공동체의 구성원이 되면서 그들의 신앙과 삶에 대한 분명한 가르침이 필요했다. 이들이 예수에 대한 고백, 교리적인 문제부터 세상에서 자신이 섬기는 주인과는 어떤 관계를 맺으며 살아야 하는지에 대한 구체적인 가르침이 필요했다.

그들은 초기에 종래의 유대교 교육을 '실행의 안내서'(manual of operation, 유대교 신앙과 구약성서)[21]로 기초로 삼고, '기존 신앙을 전승하는 교육'을 했다. 구성원에게 할례(창 17:12, 레 2:3)를 베풀고, 하나님의 백성으로 성결예식을 행하고, 하나님과의 계약을 맺은 백성으로 교육을 시작하였다. 물론 구약 시대의 어린이 교육은 주로 가정에서 부모들에 의해서 행해졌다. 이스라엘 부모들은 자기의 자녀를 참신앙인으로 양육해야 할 책임을 지고 교육했다.[22] 이에 초기 기독교 공동체는 이 문제를 '기독교 입문' 과정을 설치함으로써 해결하려고 하였다. 즉 기독교 계시의 완전한 실제 ― 구속, 삼위일체, 그리스도 중심, 교회, 종말론, 윤리 ― 를 가르치고, 검증하고, 세례를 베풀고 나서, 기독교 공동체의 구성원으로 입문시키며, 공적 예배에 참예시키는 것이다. 이러한 입문의식은 믿음에 대한 확실한 준비를 통해서 공동체 구성원으로서 받아들여지므로, 현재 교회의 새신자보다도 더 강한 구속력과 결단력을 요구받았다고 말할 수 있을 것이다.[23]

카테키시스의 현실과 출발은 옛 전통을 답습을 넘어서서 신흥 그리스도인들을 위한 새로운 패러다임(new paradigm)으로 '새로운 견지와 중요성'[24]을 추구하게 되었다. 그것은 기독교 공동체의 '구성원 교육'으로 설교와 가르침에 중점을 두게 되었다. 왜냐하면 그들은 시작부터 구성원이 '이방 국가와 종교로부터 개종해 오는 사람들'이 많았기 때문에 교육적 패러다임이 다를 수밖에 없었다.[25] 그리고 이 시기의 기독교 공동체가 안고 있는 또 다른 문제는 그리스도인을 박해하는 유대인과 로마 지배하에서의 삶의 자세, 이방 종교와 이단들을 향한 신앙의 무장이 요청되었다. 강겔과 벤슨(Kenneth O. Gangel and Warren S. Benson)은 이러한 문제 때문에 초기 기독교 공동체가 '철저한 교육적인 집단'으로 강화되어야 했다고 말한다. 이후에도 계속되는 박해와 이단 문제 때문에 "교회 교부들과 초기교회의 변증자들이 교육적으로 심오하고 실천적인 데 관심을 가질 수밖에 없었다."고 하였다.[26]

2) 초기 카테키시스의 발전

2세기 호교론자(護敎論者)들은 케리그마와 카테키시스를 합성하여, '그리스도인의 삶의 양식'이라는 것을 공표하였다.(저스틴, 아테나고라스, 안디옥의 테오필러스) 이때에 이르러 그리스도인을 위한 기초교육의 필요 때문에 카테키시스의 부분적 회복이 일어났다. 고급 교리 문답 학교라 불리는 카테키티칼 학교(catechetical school)는 세기 말에 생기기 시작하였고, 감독들은 세례 후보자들(catechumenoi)에게 엑소시즘(exorcism)과 금식을 수반하는 경건 훈련과 도덕 교수를 실시하였다. 그리고 카테키시스는 주로 가정교회에서도 행해졌고, 신조(traditio)의 낭독과 고백으로까지 인도되는 하나의 형태를 취하게 되었다.

기독교 교회의 공인(서기 313년)과 더불어, 기독교의 교수(敎授)는 더욱 형식적 특성을 띠기 시작했다. 예루살렘의 시릴(Cyril of Jerusalem)에 의한 카테키티칼 강의(Catechetical Lectures)[27]라든지, 암브로스(Ambrose)의 『성례전과 신비』(De Sacramento & De Mysteries) 등에서 잘 나타나고 있다. 그리고 어거스틴(St. Augustine)은 그가 쓴 『초신자를 위한 신앙교육 안내서』(De catechizandis rudibus)에서 카테키시스의 방법론에 대해 논의하면서 구원사와 연결시킨 교육을 주장하였다. 카테큐멘을 신앙에서 희망으로, 희망에서 신앙으로 인도하였고, 나중에 유아세례의 확산과 더불어 카테키시스는 일반적으로 어린이의 가정 교수(家庭 敎授)로 대치되면서, 교회에서는 예식적 설교로 대신하였다.

각 주 ──────────────────────────

1) Isidore Epstein, *The Jewish Way of Life* (London, 1946) cited in William Barclay, *Educational Ideals in the Ancient World* (Philadelphia: Westminster Press, 1974), 15.

2) 임창복, "초대 및 고대교회의 세례 지원자의 교육에 관한 소고", 「교육교회」 (1990. 9): 23-24.

3) M. H. Shepherd, "디다케", 『기독교대백과사전』 (서울: 기독교문사, 1983), 809.

4) 유재국, 『교리교육사』 (서울: 가톨릭교리신학원, 1990), 27-28.

5) John H. Westerhoff III, *A Faithful Church: Issues in the History of Catechesis* (Connecticut: Morehouse-Barlow Co., 1981), 2.

6) F. L. Cross, ed., *The Oxford Dictionary of the Christian Church* (London: The Oxford University Press, 1974), 248.

7) 유재국, "교리교육의 과거와 현재", 「신학전망」 59호 (1982): 33.

8) Karl Rahner, ed., *Encyclopedia of Theology* (N.Y.: The Seabury Press, 1975), 173.

9) Klaus Wegenast, "Katecheo," *The New International Dictionary of New Testament Theology*, ed. by Colin Brown (Grand Rapids: Zondervan, 1978), 3: 771; F. X. Murphy, "Catechesis I," *New Catholic Encyclopedia*, vol. 3 (Washington D.C.: The Catholic University of America Press, 1967), 208; Longman Group Limited, *Longman Dictionary of Contemporary English* (Bath, England: The Pitman Press, 1983), 162.

10) Monsignor Eugene Kevane, *Creed and Catechetics: A Catechetical Commentary on the Creed of the People of God* (Philadelphia: Westminster Press, 1975), 39. 원래 '사도의 신조'는 역사 속에 성육신하시는 하나님 아들의 교회 안에서 전능하신 하나님의 행위에 의해 유지되고 교권을 위한 사도들의 신앙고백, 케리그마, 사역의 완수를 위하여 만들어진 것이다.

11) Thomas M. Finn, ed., "Didache," *The Fathers of the Church*, vol. 1 (Washington, D.C.: The Catholic University of Ameirca Press, 1947), 1-2.

12) Aidan Kavanagh, *The Shape of Baptism: The Rite of Christian Initiation* (Collegeville, Minnesota: The Liturgical Press, 1991), 188.

13) Thomas M. Finn, *Early Christian Baptism and the Catechumenate-West and East Syria* (Collegeville, Minnesota: The Liturgical Press, 1992), 4; Jungmann Josef Andreas, *Handing on the Faith: A Manual of Catechetics*, Revised tr. by A. N. Fuerst (N.Y.: Herder & Herder, 1974), 11. 융만(Josef Jungmann)은, 중세 시대에 과거 기독교 입문자와 입문을 가르치는 카테큐메너트를 수업(授業)으로, 그리고 카테키시스를 교육 방법(方法)이라고 진술하였다.

14) 이상훈, 『교리교수법 개론』 (서울: 가톨릭교리신학원, 1985), 23.

15) 정일웅, 『교육목회학』 (서울: 솔로몬, 1993), 387.

16) Marshall C. Dendy, *A Study of the Catechism: The Westminster Shorter Catechism for Families* (Virginia: CLC Press, 1966), 13.

17) Marshall C. Dendy, *A Study of the Catechism: The Westminster Shorter Catechism for Families*, 81.

18) Kenneth O. Gangel and Warren S. Benson, *Christian Education: Its History and Philosophy* (Chicago: Moody Press, 1983), 78.

19) Kenneth O. Gangel and Warren S. Benson, *Christian Education: Its History and Philosophy*, 81. 바울은 데살로니카 전서 4: 11-18과 고린도 전서 7: 29-32에서 그리스도의 즉각적인 재림에 관하여 언급하였다. 데살로니가 사람들은 일상적인 생활을 버리려 했지만, 바울은 그들의 '다른 세계'의 태도를 억제하도록 했다. 그는 그들에게 주의 재림에 대해 계속적인 가능성을 도외시하지 않고 일터로 돌아가도록 가르쳤다.

20) Daniel B. Stevick, *Baptismal Moments, Baptismal Meaning* (N.Y.: The Church Hymnal Corporation, 1987), 65.

21) Werner C. Graendorf, *Introduction to Biblical Christian Education* (Chicago: Moody Press, 1981), 26.

22) J. D. Smart, 장윤철 역, 『교회의 교육적 사명』 (서울: 대한기독교교육협회, 1980), 60. 유대인들은 민족적으로 교육을 중시한 민족이었기 때문에 교육을 그들의 상위의 가치로 삼고 있다. 그래서 랍비 유다가 "세상은 학교 어린이들의 숨결에 의해서만 존재한다."고 하였다. William Barclay, *Educational Ideals in the Ancient World* (Philadelphia: Westminster Press, 1974), 11. 요세푸스(Josephus)도, "우리의 땅은 선하며, 우리는 최대한으로 일해야 한다. 그러나 우리의 주요한 야망은 우리의 자녀들을 교육하는 것이다."(Josephus, *Against Apion*, 1, 12)라 하였다.

23) Daniel B. Stevick, *Baptismal Moments, Baptismal Meaning*, 65.

24) Kenneth O. Gangel and Warren S. Benson, *Christian Education: Its History and Philosophy*, 78.

25) Kenneth O. Gangel and Warren S. Benson, *Christian Education: Its History and Philosophy*, 81. 베드로가 그들에게 '이방인'으로 간주하는 말 때문에, 이방문화의 상황은 특별히 신랄하게 생각했다. 히브리서의 기자는 그의 독자에게, 아브라함은 "외국에서 … 외국인"(히 11: 9-10)이라는 말을 상기시켰다.

26) Kenneth O. Gangel and Warren S. Benson, *Christian Education: Its History and Philosophy*, 77.

27) Saint Cyril, "Archbiship of Jerusalem," *The Catechetical Lectures*, tr. by E. H. Gifford, A Select Library of Nicene and Post-Nicene Fathers of the Christian Church, vol. VII (N.Y.: The Christian Literature, 1984).

3장

카테키시스의 목표

1. 카테키시스와 회심

신약성서의 3세대 기간에 기독교 입문을 예전화하는 과정이 모든 면에서 시작되었을 뿐만 아니라 발전을 고려할 수 있는 차원에까지 도달했다는 사실을 암시하고 있다. 성서에 나타난 많은 구절에서 회심과 세례예전에 대해서 언급하고 있다.[1] 여기서 우리는 초기 카테키시스와 회심과 관련된 내용을 살펴보고자 한다.

1) 유대의 언약과 회심의 관계

유대 성서의 전체는 3가지, 곧 모세의 시내 산 언약, 다윗의 언약, 시온 외 전통을 준신으로 집중되어 있다고 할 수 있다.

첫째, 고대 근동 계약의 형태를 따랐는데, 야웨와 관계를 맺은 이스라엘이 하나님의 종으로서 묘사되었다. 이스라엘이 종으로서 야웨와 맺은 조약(언약)의 조항을 준수할 수 있기만 한다면, 야웨는 그들을 보호할 것이라는 내용이다. 여기서 주권자가 종에게 내리는 주요한 요구는, 이스라엘이 야웨만이 주님으로 인식하는 것이다.(참고. 출 20:3) 이스라엘이 그의 충절을 지키지 않는다면, 신명기 28장에서 효력 있게 보호해 준다는 조약은 무효화되고 저주를 받을 것이다. 이러한 국제 법률의 은유는 하나님과 이스라엘이 단순히 감정적인 관계 고리를 차단하는 것이 아니다. 고대 조약에서 주권자와 종의 관계는 '사랑'과 '지식'이라는 말로 묘사되기 때문이다.(참고. 호세아 6:6) 계약의 파트너는 그들의 제휴가 인격적인 차원으로 승화되는 것을 시도한다.[2]

둘째, 다윗의 언약(삼하 1장, 시 89편)은 대기하고 있는 다윗과 그 가족에게 야웨의 일방적인 언약을 맺는다. 다윗의 가족은 '아무 문제없이'(시편 89:31-38) 영원히 예루살렘을 통치할 것이다. 시내 산 언약과 달리, 다윗의 언약은 상호간의 계약이 아니다. 다시 말해서 야웨가 그의 약속을 물려주기 위하여 스스로 맺은 것이다. 어떠한 약정도 없이 주사위는 다윗의 가족에게 부과되었다. 이러한 언약의 형태는 고대 이후의 모델로 나타난다. 근동의 왕이 백성들에게 은혜를 베풀 때 주는 것이다. 즉 통치자만이 이 형태의 언약을 맺을 수 있다.[3]

셋째, 시온의 전통은 예루살렘과 야웨 사이의 일방적인 관계를 지각하는 것이었다. 자폰 산의 바알(Baal with Mount Zaphon)처럼 모든 동방의 신성은 산과 관련을 맺고 있다. 야웨는 시온 산에서 성전을 향한 특별한 방법으로 관련을 맺는다. 시온 산은 우주의 중심이며, 물이 흘러서 비옥하게 하는 자원이며, 가장 높은 산으로 신비로운 말로 묘사되었다.(참고. 시 46, 48편) 이러한 신앙의 대중적인 결론은 시온에서 현존하시는 야웨가 다윗의 적으로부터 그의 수도를 침범치 못하게 하는 것을 보증한다. 하나님이 이스라엘과 약속한 시온의 전통과 다윗의 언약에서 나타난 강조점은 야웨를 향한 이스라엘의 순종을 강조하는 모세 종교로 재확인시키는 것이라 할 수 있다.[4]

2) 회심의 성서적 견해차

일반적으로 회심(conversion)은 히브리 성서나 신약성서는 명사적 객관성을 초월하여, 히브리어 שׁוב('돌아오다')와 헬라어 μετανοͨέω('전향하다')가 동사라는 것을 명백하게 보여 준다. 회심은 '정적'이거나 '사건'이 아니라 대체로 '과정'이나 '행위'를 말한다. 행위는 3가지 언약의 전통, 즉 모세의 시내 산 언약,[5] 다윗의 언약,[6] 시온[7]을 상기하고, 그 언약을 지키기 위하여 '돌아오라, 전향하라'는 행위적인 의미가 담겨 있다. 그러나 회심의 교리에는 접근하는 초점이 다를 수 있으며, 여러 가지 의견차가 있다. 회심에 관한 성서적 견해차는 다음과 같이 열거할 수 있다.[8]

첫째, 일반적으로 회심을 하나님과 인격적인 관계를 내포하고 있다. 하나님과 인간관계를 맺는 뼈대가 회심이며, 이 관계를 맺는 결정적인 근거는 개인적이다. 예를 들면 이스라엘의 예언자에게서 히브리어의 '회심하다'(שׁוב)는 "야웨에게"(암 4:6 ff.)라는 단어를 사용하면서 개인적인 대상과 함께 전치사구를 병행하여 자주 사용한다. 회심 또는 돌이킴은 사람들 사이에서 충성을 재조정되는 것을 말한다. 따라서 '회심'은 언약을 회복하는 일이다.

둘째, 성서적 회심은 모든 인간의 능력, 곧 이성, 의지, 감정 등을 수용한다. 예레미야 24:7, 에스겔 18:30-31, 시편 51:9-12에 따르면, 만약 인간이 새로운 영과 새로운 마음을 허락받는다면, 이러한 하나님과의 새로운 관계(예레미야와 에스겔의 새로운 언약)가 가능할 수 있다. 특히 회심은 의지적이고 감정적인 능력에 대한 것이다. 심지어 회심은 하나님에 의해 주시는 은혜이기도 하지만, 인간에게 자유의지로 남아 있는 것이다. 게다가 회심은 '마음의 변화'보다 모든 '인간의 변화'를 중시한다. 호세아에서 남편이 불성실한 아내와 화해하는 것을 회심으로 비유하였다. 이 비유는 회심이 마음의 변화보다 삶의 변화라는 것을 암시해 주기 위하여 적절하게 재편성해 준 매력적인 작품이라 할 수 있다.

셋째, 회심은 인성과 신성 사이의 신비한 상호 작용(신인협력설, synergism)을 제시한다. 사람이 회심하려는 의욕을 지니는 것은 전적으로 하나님의 은사다. "여호와여 우리를 주께로 돌이키소서 그리하시면 우리가 주께로 돌아가겠사오니 우리의 날을 다시 새롭게 하사 옛적 같게 하옵소서."(애 5:21)라고 하였다. 그에 대한 응답은 오로지 인간에게 있다는 것이다. 여기서 우리는 성육신의 정신과 하나님의 계획을 간파하게 된다.[9]

넷째, 또한 이러한 명령은 공동체성을 지니고 있다. 명령적인 회심은 정상적으로 복수이며, 이스라엘 백성과 교회에게 충고하는 것이다. 개인적인 명령은 시내 산 언약으로 창조되었던 사람들로 돌아가며, 새로운 언약교회(ecclesia)로 들어가라는 명령이다.

다섯째, 성서를 통하여 회심은 피할 수 없는 교훈이다. 사실 회심된 것은 그들의 변화된 행위로 그들의 새로운 관계를 증명하는 것이다. 하나님을 향하여 전향하는 것은 특별히 죄로부터 멀어지는 것이다. 이러한 윤리적 차원은 특별히 에스겔("너의 악한 길로부터 돌아서서")과 누가복음에서 강조되고 있다.

여섯째, 유대인과 기독교 성서는 일반적으로 회심을 '사건'이 아니라 진행되고 있는 '과정'으로 묘사하고 있다. 그들은 '여정'이라는 비유를 사용함으로 상징화한다. 그래서 회심은 이집트의 노예로부터 야웨와 함께 시내 반도로 새로운 관계로 여행하는 출애굽, 종종 험하고 지루하고 고된 이스라엘 사람들의 여행으로 연상된다. 누가복음은 이것을 '길'과 관련을 시킨다. 부활절 전에 세례를 받고 성인 그리스도인의 회심하는 것이 이상적이라는 것은 출애굽 상징주의에 근거를 두고 있다. 예레미야는 회심을 계속적인 가능성을 향한 것으로 서술했다. 즉 우리가 야웨 하나님을 향하는 과정이다.(렘 8:4-5) 이 과정은 단 한 번 일어나는 일이 아니며, 한 개인에게만 일어나는 것도 아니다. 오히려 계속적으로 모든 사람에게 일어나는 일이다. 그래서 예레미야는 유다를 계속적으로 '돌아오는 사람'으로 묘사하였다. 이 사람들은 항상 하나님께 돌아오라고 명령하는 존재와 직면할 수 있는 가능성에 있었다는 것이다.

일곱째, 유대와 기독교 성서에서 회심은 종종 상징적 행위와 연관시킨다. 예언자 요엘은 참회의 축제를 묘사하고 있는데(1:13-14, 2:12-17), 이것은 성전에서 공동체의 기도와 금식으로 완성된다. 시편 51편은 물을 살포하는 것을 참회와 관련시키며(51:4, 9), 기독교 성서에서 참회를 물세례와 연결시킨다.

3) 공관복음에 나타난 회심

마태복음 3:2ff., 마가복음 1:4, 누가복음 3:7에서 세례 요한은 사람들에게 회개(μετ᾿ νοια)를 선포했다. 처음 두 복음서에서의 외침은 임박한 종말론이다. "종말이 다가왔으니 회개하라!"고 했고, 마태복음에서는 죄인의 과거생활을 완전히 청산하고 하나님께로 돌아오라고 명령한다. 이것은 죄인에게 선포되는 '마지막' 기회다. "이미 도끼가 나무뿌리에 놓였으니 좋은 열매 맺지 아니하는 나무마다 찍혀 불에 던지우리라."(마 3:10)는 긴박한 선언이다. 마태복음과 마가복음에서 긴박하게 "너희 생활을 개혁하라!"는 것은 "하나님의 영역이 임박했다."(마 4:17, 막 1:15)는 것을 암시한다. 세례 요한이 구약성서 예언자의 선포를 계승되는 것으로 묘사되기는 하지만, 그의 어투는 긴급한 종말론적이다. 이러한 변화는 즉시 주어진다. '약속된 시간'은 당도했다(마 1:15)는 것이다. 긴박한 약속된 시간은 이방인들(눅 3:14)은 물론이고, 유대인(마 3:7ff.)에게도 마지막 기회다.[10]

회개는 또한 신자의 행위를 나타낸다. "그러므로 회개에 합당한 열매를 맺으라."(마 3:8) 여기서 '열매'는 묵시문학에서 자주 사용되는 말이다.(마 7:19, 12:33, 눅 6:43-44) 마태복음의 '열매'(단수이다.)는 일반적인 행동과 근본적으로 변화된 태도를 제시한다. 이러한 회개는 죄의 용서를 이끌어 내는 데, 최초 헬라어 구약성서에서 발견되지 않는 초기 기독교 신앙이라 할 수 있다.(행 2:38, 5:31, 10:43, 엡 1:7, 골 1:14) 세례 요한 앞에 있었던 모든 예언자들처럼, 그는 물세례라는 상징적 행위로 고지(告知) 임무를 완수하였다.

누가복음에서 회심은 특별히 중요하게 간주된다. 동사 '회개하다'는 공관복음에서 16회나 나오며, 누가복음에서는 9번 나온다. 누가복음에 따르면 회심은 '예수의 선교'를 정의하는 본질적인 말이다. 즉 "내가 의인을 부르러 온 것이 아니요 죄인을 불러 회개시키러 왔노라."(눅 5:32)가 그것이다. 마태복음 9:13과 마가복음 2:17의 병행구절에서, 우리는 "회개하기 위하여"라는 구절을 찾을 수 없다. 이것은 누가가 예수의 선교적 목적을 이해하는 특별한 생각이다.

누가가 그린 세례 요한의 모습은 특별한 회개의 견해를 분명히 밝혀 주고 있다. 누가만이 세례 요한의 윤리를 상세하게 묘사하고 있는 구절을 기록하고 있다.(눅 3:10-14) 여기서 세례 요한은, 회심이 사회 질서를 붕괴하는 것이 아니라 필수품을 나누고 만족하는 것으로 충고하였다. 이것은 거의 절박한 종말의 윤리가 아니다. 마태복음 3:8과 병행되는 누가복음에서 복음주의자들은 회개의 '열매들'(마태복음의 단수와는 달리 여기서는 복수로 사용되고 있다.)을 맺기 위하여 회개를 명령한다. 누가는 죄인이 그/그녀의 회개가 순수한지를 증명함으로써 도덕적 행위가 완전히 일어나는 것을 말하고 있다. 누가는 마태복음이나 마가복음에서 발견되는 종말론적인 긴박함을 덜 강조했고, 대신에 회심의 윤리적인 차원을 강조한다. 이것은 단수보다는 복수를 사용한 사실에서 입증되는데, 누가의 회심에 대한 새로운 이해의 경우는 아주 빈약하지만, 여기에는 일관된 형태가 있다. 무엇보다도 누가는, 마태복음 4:17과 마가복음 1:15에서 마지막 날의 긴박한 상황에서 회개를 언급하고 있는 종말론적인 구절을 생략하고 있다. 두 번째로 누가는 회개를 '죄인들'이라는 말과 자주 연결시켜서 '윤리성'을 부여한다.[11]

4) 요한복음의 회심

요한복음에서는 회개의 개념이 공관복음과 차이가 있다. 요한은 공관복음이 좋아하는 회개라는 단어를 피했지만, 회개는 요한복음에서 주요한 역할을 하고 있다. 요한은 주님과 연합하는 변화를 정의하기를 '믿다'라는 단어를 사용하였다. 이 동사가 다른 복음서 모두에서는 34회 나오는 데 비하여, 요한복음에서 98회나 사용된다. 실로 요한은 '믿음'이라는 말을 요한복음 전체의 목적으로 정의한다.[12] 그는 요한복음을 쓴 목적을 아래와 같이 진술한 것을 보아 '믿음'이 얼마나 중요한 개념인지를 보여 주고 있다.

> 예수께서는 이 책에 기록하지 않은 다른 많은 표적도 제자들 앞에서 행하셨다. 그런데 여기에 이것이나마 기록한 목적은 여러분으로 하여금 예수가 그리스도요 하나님의 아들이심을 믿게 하고, 또 그렇게 믿어서 그의 이름으로 생명을 얻게 하려는 것이다.(요 20:30-31, 표준새번역)

요한에 따르면 주님 안에서 생활하는 회개는 인간적인 가능성이 '아니다.' 요한은 "예수께서 또 말씀하셨다. 그러므로 내가 너희에게 이르기를 아버지께서 허락하여 주신 사람이 아니고는 아무도 나에게로 올 수 없다고 말한 것이다."(요 6:65, 표준새번역) 그리고 니고데모의 이야기에서도 이것을 예증해 준다.(요 3:1-21) 무엇보다도 "할 수 있도록"이라는 말은 구절상 중요하다. 이 단어가 3:2, 3, 4(두 번), 5, 9에 계속적으로 나온다. 인간적으로 말하자면 신앙은 믿기 어려운 것이다. "사람이 거듭나지 아니하면 하나님 나라를 볼 수 없느니라."(3절) 더욱이 이것은 다음 이야기에서 강하게 나타난다.(27절) 요한은 인간('육체')과 하늘('영'과 '하늘로부터')을 대조적으로 부각시켰다. 요한에게서 육체는 바울주의의 죄인 됨의 의미를 따르지 않으며, 인간을 신적인 권능과 영적 세상 안에서 생활을 의미한다. 영만이 믿음을 낳을 수 있다는 것이다. 이러한 삶을 낳는 존재로서의 영의 역할은 예수의 죽음과 부활과 함께 신앙이 연결될 수 있다.[13]

특히 요한의 강조점은 성찬 중심주의에 있다. 이는 다른 그리스도인의 저작물보다 더 명백하게 나타난다. 그는 회개를 세례와 연관시키고 있으며, 회개의 세례적 해석은 니고데모 이야기부터 나타나고 있다. 나면서 눈먼 사람의 치료 이야기(요 9장)에서도 회개를 세례로 연결시킨 것을 알 수 있다.

눈먼 사람의 치료는 실로암 못이 동할 때 물 속에 들어가는 것이다. 요한이 말한 '보내신 분', '보내신 이'이라는 번역은 자주 예수 자신을 묘사하는 데 사용되었던 구절이다.[14] 나면서 눈먼 사람의 기적 이야기를 통하여 죄로 눈 먼 사람을 말하고 있으며, 특히 강조점은 (재)탄생의 세례적 언어를 제시한 것이다.[15]

요한복음에서 신앙은 단순히 예수를 '믿는 것'만이 아니라 인격적으로 모든 것을 위탁하는 것이라 생각했다. 요한복음 1:11에서 회개는 예수를 '받 아들이는 것'으로 언급되고 있다. 일반적으로 요한은 이러한 새로운 관계를 의미하는 '안에서 신앙'을 표현하는 인격적인 형태를 좋아한다. 또한 예수를 따르기 위한 제자라는 말을 사용하였다. 여정으로서의 회개는 이 복음서 안 에서 입증하고 있다. 요한은 종종 회심하는 것을 "예수께 오는 자"(6:35)라 고 표현하기를 좋아한다. 이 증거는 특별히 처음 제자를 부르시는 장면에서 묘사되고 있다.[16] 요한이 회개를 세례와 연결시키는 것은 그의 신앙적 견해 안에는 교회 공동체가 선재되어 있다고 볼 수 있다. 교회 공동체에 들어와 서 구성원이 되기 위해서 회개와 세례가 필요하다는 것이다. 그것은 포도나 무의 이야기(요 15장)와 양의 이야기(요 10장)가 상징하는 데에서 명백히 알 수 있다.

5) 바울의 회개 이해

바울 서신에서의 회개 개념은 다소 차이가 있다. 공관복음서에서 회개라 는 말을 자주 사용한 것은 μετανο'ω와 μετ'νοια인데, 바울은 이 말을 잘 사용하지 않거나 한결같이 사용하지 않았다. 그는 70인역 성서를 인용하거 나(고후 3:16) 전통적인 신앙고백을 지키거나(살전 1:9-10), 중립적인 의미(갈 4:9 참고)를 사용하였다. 또 거의 압도적으로 헬라어 ἐπιστρ'φω('…로 돌리 다')를 사용하였다. 요약하면, 바울은 처음 공관복음서에서 증거한 회심의 신학을 단순히 발전시키기 위한 내용을 사용하지 않았다. 그는 자신의 특별

한 견해를 표현하기 위하여 그 자신의 언어를 창조했다.[17]

바울은 회심에 관한 일상적인 말인 μετανο´ω와 μετ´νοια(롬 2:4)를 사용하였다. 그는 가끔 이 단어를 사용하기는 하였지만, 계속적으로 사용한 것은 아니다. 그는 헬라어 ἐπιστρ´φω('전향하다')라는 말을 자연적인 의미로 사용하였고(갈 4:9), 주로 70인역을 인용하거나 보존되고 있는 전통적 신조문에서 인용하였다.(살전 1:9-10) 요약하면 바울은 내용뿐만 아니라 공관복음에서 증언된 회심신학을 발전시켰다고 볼 수 있다. 그는 자신의 특별한 견해를 표현하기 위하여 그 자신만의 언어를 창조하였다.[18] 그래서 바울은 회심을 '변형'(變形)[19]과 '새로운 창조'[20]의 개념으로 사용하였다. 회심은 그리스도인이 되거나 세례를 받는데 전제 조건이 된다. 회심을 한 사람만이 기독교 공동체에 들어올 수 있는 자격을 갖게 되므로 회심은 기독교 입문교육의 실질적인 시작이라 할 수 있다.

6) 회심과 예전적 여정

초기교회는 회심이 외면상으로 변화된 삶으로 드러난다는 신념이 확고했다. 그들은 많은 전도를 통해서 회개의 유형을 잘 알았기 때문에 나름대로의 전도의 구조를 지니고 있었다. 처음에 비그리스도인에게 홍미로운 관심을 일으키는 이야기부터 시작하였다. 그 내용은 예수 그리스도의 부활, 즉 하나님께서 우리들 사이에 예수 그리스도로 오신다는 이야기와 성령을 선물로 주신다는 이야기 등이었다. 비그리스도인에게 중요한 것은 예수 그리스도의 삶과 믿음, 그리고 예배와 함께 동반되어야 함을 필요로 했다. 이렇게 소개한 후에 그들이 잠재적인 회심자들이 될 수 있는 기회를 제공하는 것이다. 그러나 그들이 지니고 있는 이러한 관심이 과연 3년 이상이 지속될 수 있으며, 그리스도인이 되기를 바라는 마음을 계속 지닐 수 있었을까? 초기교회는 그들이 '그렇다'라고 답한다면, 회심의 과정으로 들어가도록 이끌었다.[21] 그리고 나서 교회는 회심자들을 위한 과정을 철저하게 진행하였다.

회심자들은 그리스도인이든 유대인이든 이교도이든 간에 옛 삶의 방식에서 새 삶으로 전환하려면 거쳐야 할 주요한 과정이다. 즉 회심하고 개종한 신자가 카테키시스의 과정을 거쳐야만 기독교 공동체의 구성원이 될 수 있다는 뜻이다. 로너건(Bernard Lonergan)은 카테키시스의 목표가 회심이라고 주장하면서 회심을 3가지로 구분하였다.[22] 즉 지적인 회심, 도덕적 회심, 종교적 회심이다.[23] 회심은 한 개인의 과정이지만, 공동체 안에서 복잡한 예전적 과정을 거치도록 되어 있다.

카테키시스의 핵심은 회심은 신앙을 위한 여정을 첫 출발이다. 과거에 '살아왔던 방법'을 벗어나서 전혀 새로운 삶을 위한 변환과정('전향', epistrephein, conversio)되기 위한 행위다.[24] 이것은 새로운 삶을 살아가기 위한 예전적 영역이기도 하다. 고대인들은 기독교적 회심을 위한 통과의례로서 '방법'을 통찰했으며, 그 여정은 분명하게 다음과 같이 몇 가지 단계를 거쳐 왔었다.

첫째, 가르침과 검증을 강조하고, 개인적인 갈등을 해소시키기 위한 준비의 기간이다.

둘째, 가르침으로서 묘사될 수 있는 세례를 위한 두 번째 준비로 검증과 예전적 갈등이다.

셋째, 침례 단계다.

넷째, 세례 후에 성만찬을 실시하는 '환영'(homecoming) 축제다.

이 단계는 2세기 로마에서 3년 동안 실행되었다. 5세기 북아프리카에서 그들은 일생 중에 더 많은 부분을 취했거나 사순절 기간에만 실시했다. 5세기 동서 시리아와 팔레스타인에서 날짜의 문제가 있었다.

7) 회심과 카테키시스
회심과 카테키시스의 관계를 고찰해 보면 다음과 같다.

첫째로, 회심은 신앙교육의 전제 조건이 되며, 그리스도인이거나 유대인이거나 혹은 이교도이건 간에 옛 삶의 방법에서 새 삶으로 통과하는 주제가 된다. 그러나 중요한 것은 그들이 '다시 태어났다'는 것이다. 새로운 관계와 책임적인 연결 망, 새로운 가치, 사회에서의 새로운 상황으로 나아가게 된다. 이것을 고대의 표현대로 하면 '새로운 집과 가족'(new home and family)에 들어가는 것이다. 인류학자들은 이것을 '통과의례'(通過 儀禮, rites of passage, 때때로 '초보의례'라고 함) 과정이라고 부르는 것이다. 통과의례는 형태론적으로 다음과 같은 세 가지 현상이 나타난다.

(1) '옛 방법'으로부터 분리된다는 예전적 상징 행위다.

(2) 옛것과 새 것 사이에서 '한계' 상황을 강조하거나 경계 영역에서 옛 것에서 새 것으로 변화하는 예전적 효과다.

(3) 삶의 새로운 방법으로 들어가는(또는 새롭고 다른 상황으로 옛것을 재통합하는) 초보자를 위한 예전적 영역을 말한다.

둘째로, '회심'은 이러한 통과의례로서 분리, 경계, 새로운 방법 등의 형태론으로 들어가는 것이다. 이 말은 회심은 이교도에서 기독교로 개종하는 사람들이 새로운 영역으로 들어와서 공동체의 새로운 구성원이 되는 첫째 관문이다. 이것은 초기 기독교 공동체는 회심한 사람들만이 기독교 공동체의 구성원이 될 수 있도록 하였다. 그래서 그들을 위한 입문교육으로서 '카테키시스'를 마련하였고, 이것은 하나의 신앙 여정처럼 전개해 나갔다.

셋째로, 회심은 그리스도인이 되어 가는 첫 번째 관문이라 할 수 있다. 예수의 부활과 승천 이후에 일어난 오순절 사건은 예수를 따르던 사도와 무리들에게 새로운 신앙과 삶을 위한 전환점이 되었다. 회심은 신앙의 기점이 되며, 점진적으로 '그리스도인'이 되어 가는 출발점이다. 이교도들처럼 창조자로서 하나님을 믿거나 유대인들처럼 구약성서의 하나님을 믿는 것만이 아니라, 세상의 구원을 위하여 성육신하신 예수 그리스도의 하나님을 믿는 신앙의 전환을 말한다. 회심은 신앙의 기준점이 바뀌는 것이다.[25] 기준점은 회심자들이 하나님의 구원에 대한 고백할 수 있도록 하는 것이며, 이를 위해서 점진적으로 발전하도록 도왔다. 그 기준점에 대한 한 예를 데살로니가전서에서 찾을 수 있다.

> … 어떻게 해서 여러분이 우상을 버리고 하나님께로 돌아와서 살아 계시고 참되신 하나님을 섬기는지, 어떻게 해서 여러분이 하나님께서 죽은 사람 가운데서 살리신 그분의 아들, 곧 장차 닥쳐 올 진노에서 우리를 건져 주실 예수께서, 하늘로부터 내려오시기를 기다리는지를 퍼뜨리고 있습니다.(살전 1:9-10, 표준새번역)

초기 기독교 공동체는 회심한 사람들에게 관심을 갖고 있었고, 그들을 기독교 공동체의 구성원으로 만들기 위하여 교육적 관심을 기울였다. 개종하여 공동체에 들어오는 '구성원'이 기독교 신앙으로 성숙해지도록 가르치기 위하여 단계적으로 진행하였다. 그것은 '회심, 후보자 교육, 입문(세례, 견진, 성만찬)의식'의 과정으로 이것은 초기교회의 카테키시스 전 과정이었다. 이 과정은 회심자들의 삶과 신앙을 '검증'했는데, 검증은 그들의 삶과 신앙의 신실함과 신뢰성에 대한 근본적인 시험이었으며, 항상 도덕적 '회심'에 바탕을 두었다.[26] 그러므로 카테키시스는 기독교 공동체의 구성원이 되기 위한 과정이며, 이 과정에 들어오기 위하여 회심을 검증하는 것이 첫 관문이었다.

2. 카테키시스와 세례

1) 세례의 구속사적 이해

처음 기독교는 고대 언어(아르메니아어, 콥틱어, 헬라어, 라틴어, 시리아어)를 사용했기 때문에 여러 가지 복잡한 역사와 문화에 둘러싸여 있었다. 그들은 오래된 세계에 살면서 그들의 심도 깊은 체험을 신화, 상징, 드라마를 다양한 언어로 표현하였다. 즉 그들이 알고 있는 것을 쉽게 말하거나 접근하지 못했기 때문에, 그들이 말하고 듣고 이해하기 위해서는 다양한 도움이 필요하다.[27]

그들은 그들의 신앙 행위에 의미를 부여하고, 의식을 통해서 그 의미를 체득할 수 있는 방법을 사용하였다. 세례 행위도 기독교 공동체의 구성원이 되었다는 통과의례와 선포식의 의미가 담겨 있는 것도 이러한 범주로 이해할 수 있다. 세례는 고대에서나 현대에서도 기독교 정체성 변화에 따라 의미를 부여했다고 할 수 있다. 그러나 의전이 오늘의 기독교 정체성에 대하여 드러내고 이해하기 위하여 고대에 의미했던 것을 분명하게 이해해야만 한다.[28]

기독교의 시작부터 세례의 의미를 강조하고, 세례를 위한 교육을 시도하였다. 죄의 용서를 위한 세례, 즉 한 분이신 주님과 한 신앙을 위한 세례를 베풀었고 신조를 가르쳤다. 그러나 의식은 많은 형태를 제공했고, 다양한 형태를 채택했으며, 많은 의미의 차이를 초래하기도 했다. 따라서 세례의 설화적인 역사는 실제적이거나 묘사될 수 있는 것이 아니다. 실제적이지 않다는 것은 사람들의 마음에 깊은 문제로 다가올 때, 즉 이러한 구원의 경우에 가급적 사람들이 그들 스스로 말하도록 했기 때문이다.[29]

이스라엘에서 세례는 양자의 선택 개념과 일치한다. 그들은 자연적으로 야훼의 소산이 된 것이 아니라 양자(養子)로 부름을 받았으며,[30] 이러한 부름을 받는 특별한 계약의식(inauguration of a covenant)을 의미하는 구속사(Heilsgeschichite)를 중요하게 생각하였다.[31] 따라서 구속사의 과정에 들어가는 계약의식의 일환으로 할례를 받았다.[32] 이스라엘의 종말론적 희망이 성장하면서 하나님의 새 백성들을 위한 새로운 구속사를 제정하게 되는 희망을 갖게 되었다. 그리고 이스라엘 민족은 요단 강을 건너서 약속의 땅으로 들어간 후에 세례를 '할례'(circumcision)라고 불렀고, '제2의 할례'라고 명명되었다.(수 5:2-7)33)

유대 종말론은 메시아 시대의 시작에서 출애굽기 시대의 경험, 홍해 바다를 통과할 수 있었던 사건을 유추할 수 있다.[34] 바울은 유대교 전통의 맥락에서 모세의 지도 아래 이스라엘 사람들이 홍해를 건너간 것과 기독교 신자들의 세례에 대하여 분명히 아날로기로 묘사하고 있다.(고전 10:2). 구약성서의 할례로부터 기독교 세례라는 일직선상의 연결은 나오지 않지만, 속사도(subapostolics) 시대에 대부분은 할례가 하나님 백성의 구성원이 연결점이 된다고 말한다. 그렇다면 옛 계약이나 새 계약 아래 있는 사람들은 자연적이거나 탄생되는 것이 아니라 구속사로 삽입됨으로써 가능하다는 것이다.[35]

기독교 세례의 직접적인 기원은 분명히 세례 요한에 두고 있다. 그는 "미래적 종말론의 정화를 위한 세례의식을 창조"[36]했는데, 공관복음서는 예수께서 세례를 실행하셨다는 것[37]에 대해서는 침묵하고 있다.

요한일서의 저자는 "이분은 오셔서 물과 피를 거치신 분인데, 곧 예수 그리스도이십니다. 그는 물만이 아니라, 물과 피로 오셨습니다"(5:6, 표준 새번역)라고 했다. 그는 아마도 신비적 상상의 날개를 편 것도 아니며, 다음 세대를 위한 세례와 성만찬 성례의 그리스도의 제정을 세우려는 근거를 마련하려는 것도 아니었을 것이다. 더욱이 그는 예수는 세례로만 그리스도가 되었으며, 예수가 고난을 받기 시작할 때 그리스도가 되었다고 주장하는 초기 영지주의의 견해를 논박하였다. 요한일서의 저자가 주장한 것은 예수 그리스도께서 성육신하신 삶에 대한 역사적 현실을 주장하려는 것이다. 그는 "예수 그리스도는 살과 피로써 세례를 받았고, 살과 피로 죽었다."[38]고 말했다. 아마도 이것은 요한일서 저자가 예수 그리스도의 성육신의 삶을 역사적인 사실이라고 주장한 맥락에서 '의미와 상황' (meaning-context)을 서로 연결하여 사용하는 말로 공명(共鳴)을 사용한 것이다. 여기서 말하는 '의미-상황'은 부활 이후의 교회생활을 말한다.

네 번째 복음서인 요한복음도 단순히 예수의 인간적인 삶의 사건을 자세히 언급하였을 뿐만 아니라, 그분의 삶을 조심스럽게 비유적이고 상징적으로 다루었다. 그들의 현재생활이 어떻게 공동적이고 영구적(즉 교회적이며 종말적인 것)으로 이루어졌는가를 묘사하는 것이다.[39] 기독교 생활의 형태가 발전될 수 있는 것 — 기도, 윤리, 신비주의, 예배를 포함하여 — 은 신약성서 저자들이 시작했던 권위 있는 본문의 배급을 기다리는 것이 아니었다. 오히려 이 본문들은 초기 그리스도인들이 생활했던 내용과 형태를 기록하였고, 그들의 지식으로 그 내용을 말한 것이다.[40] 이러한 예는 바울이 교회와 세례 영역에 기독론을 두고 세례를 설명한 것에서 찾을 수 있다.

> 여러분을 위해서 죽었고, 이제 여러분은 홀로 남았으며, 다른 사람의 이름이 아니라 그의 이름으로 여러분에게 세례를 주었다(고전 1:13-17)

이러한 바울의 확언은 그들이 랍비적, 법률적, 교회적인 것보다 덜 신비적이다. 그러나 슈낙켄부르크(Schnackenburg)는 대조적으로 바울의 세례에 대해서 다음과 같이 말하고 있다.

> 모두가 그의 교회에서 세례를 받았고, 그가 그리스도의 몸(고전 12:13, 갈 3:27ff.)을 가르쳤다는 사실을 보아, (세례는) 그의 교회신학을 지배하였다. 그는 세례를 마치 외부의 몸인 것처럼, 즉 신학적 구조로부터 떨어져서 다른 공간에서 있었던 것처럼 여기지 않았다. 더욱이 그는 세례가 점차적으로 그리스도와 관련이 있는 구원의 교리라는 모퉁이돌로 생각하였다.41)

세례는 십자가에 근거를 둔 비유를 규정한 것이 아니다. 세례는 신자들 사이에서 실제로 세워진 십자가의 능력이다. 그러므로 세례는 바울이 설교에서 도출해 낸 복음의 가장 직접적인 한 면이다.[42]

바울에게서 세례는 서술적이라기보다는 암시적이다. 세례 형태의 실존을 가정해 보면, 저자들은 주로 그들이 알고 있는 형태이거나 그들이 수행했던 형태의 방법에 대한 보고서 형태라고 볼 수 없다. 물론 그들이 신약성서 기간에 행했던 세례 예식에 대해서 전혀 몰랐던 것은 아니다. 우리가 알고 있는 것은 다음과 같다. 첫째로, 의심할 여지가 없이 기독교의 실천의 영역에서 발전되었던 여러 가지 성찬기, 정화의식, 유대교의 '세례'에 대한 특별한 사항이다. 둘째로, 신약성서 저자의 암시는 때대로 세례의식의 실행에 대하여 상세하게 제시하였다. 셋째로, 신약성서 문서가 즉시 모든 것이 만들어진 것이 아니라, 예수의 죽음 이후에 아마도 3세대 기간에 있었던 내용이라 볼 수 있다. 그렇기 때문에, 『디다케』(Didache, c. 100)에서 세례에 대한 설명이 나오고 있고, 순교자 저스틴(Justin Marty, c. 150)이 더욱 자세하게 설명한 완전한 입문 구조에서도 볼 수 있다. 이것은 세례를 활발하게 집행했고 발전했던 시기가 처음 2세기였음을 보여 준다.[43]

사도행전에 나오는 세례의 의미를 '죄의 용서' 또는 '사면'(赦免, ἀφεσις ἀμαρτιων),[44] '엑소시즘',[45] '물과 성령의 은사[46]로 설명할 수 있다. 초기 공동체에서 세례의 또 다른 중요한 점이 기록되었다. 사도행전은 세례에 관해서 '부가된' 것으로서 초기 기독교 공동체의 입문에 중점을 두고 있다.[47]

개종자의 세례의식을 후기 유대주의에서 기본적인 세정식(洗淨式) 진행 과정을 실제로 설명하고 있다. 이것은 물 몇 방울을 최소한 뿌리는 것이 아니라, 물의 전체를 생각하여 완전히 목욕(tebilah)하는 것을 의미한다. 물론 사용될 물의 종류는 비가 매우 적은 건조한 지방에서 가능한 것을 의존하는 것이지만, 의식용으로 사용할 물은 가치가 매우 높은 6가지 차원의 물이어야 한다. 그 내용은 아래와 같다.

첫째, 진흙의 물

둘째, 빗물로 모은 것

셋째, 40개로 '봉'한 그릇에 담은 물

넷째, 샘에서 나온 물

다섯째, 소금기가 있는 물이나 온천수

여섯째, 시냇물이나 강물과 같이 자연적인 도랑의 차갑게 '흐르는' 물[48]

2) 카테키시스의 목표: 세례

초기 기독교 공동체는 새롭게 입문하는 신도들을 위하여 세례를 베풀었다. 세례는 유대교와 이방인들이 지니고 있던 신앙을 기독교 공동체의 신앙의식을 확립시켜 주며, 입문자 자신의 신앙을 고백하는 행위이기도 하다. 터툴리안(Tertullian)은 카테키시스의 목표를 세례라고 하였다.[49] 그러나 교회로 입교하는 모든 사람들에게 바로 세례를 베풀지 않았다. 초기교회는 유대교와 이방인들이 기독교로 개종한 사람들을 교회의 정식 교인으로 인정받기 전에 예비신자 교육을 실시하였다. 예비신자 교육이 곧 카테키시스였다. 카테키시스는 초기 기독교 신앙 공동체에서 실시한 기독교 개종자의 예비신자 교육이며, 그들이 카테키시스의 과정을 통해서 세례를 받고 기독교 공동체에 정식으로 입문하는 것이 목표였다.

터툴리안은 자신이 쓴 "회개에 관한 논문"과 "세례에 관한 논문"에서 기독교 개종자들이 기독교 공동체 안에서 하나님의 말씀의 '청취자'가 되어 기독교 정신과 신앙에 맞지 않는 직업과 도덕적 행동에서 실제로 돌아서며, 과정이 끝나면 신조를 낭독하고 세례를 받는다고 하였다.[50] 그의 설명은 카테키시스의 가르침과 의식을 통하여 '신앙의 확신'을 갖도록 하는 목적이 있다. 이것은 교회의 의식적인 과정을 통해서 교육의 목표를 이루려는 강한 의도가 담겨 있다는 것을 알 수 있다. 이것은 사도 바울의 "그리스도가 네 안에 형성될 때까지"(골 4:19)라는 목표처럼, 기독교의 목표는 분명하게 우리의 삶과 신앙에서 그리스도가 형성되는 것이며, "그리스도의 신비에 참여하는 것"이며, 이러한 구체적 과정을 실천함으로써 카테키시스의 궁극적인 목표를 이룬다고 보는 것이다.[51]

카테키시스는 신자들을 공동체의 세례를 받도록 그 시작부터 죄의 용서를 위한 세례, 한 분이신 주님과 한 신앙을 위한 세례를 베풀었다. 세례는 철저하게 그들이 신앙을 고백하고 신조를 따르도록 가르친 후에 실시하였다. 세례의식은 많은 형태로 변화되었고, 여러 가지 양태를 채택했으며, 그 의미와 형태에는 지역과 시대마다 차이가 있었다. 따라서 초기 기독교 공동체에서 실시했던 세례의 모형이나 역사를 한 가지 형태로 묘사하기는 쉽지 않다.[52]

세례의식은 오순절 사건 이후부터 기독교 공동체에 입교하는 사람들에게 실시하였다.(행전 2:28, 41) 이 의식은 회개와 성령을 받는 것이 전제되어 있었으며, 말씀을 듣고 받아들이고 믿는 것을 요구한다.(행 2:37-38, 41, 8:12, 6:14-15) 말씀은 사람들로 하여금 그리스도가 하나님의 아들이고, 구세주라는 신앙을 고백하도록 돕고, 그들 자신의 삶이 변화되게 한다.

세례 방법은 유대주의의 개종자들을 입문시키는 의식에 영향을 받았다. 그들은 세례의 구조를 가르침, 금식, 침례, 성만찬의 순서로 진행하였다. 이 의식은 율법의 가르침과 수용, 동기에 대한 질문, 할례, 세례의 침수(일반적으로 7일 후), 희생제물 등이었다.

요약하면, 카테키시스의 목표는 개종자들이 회개하고 세례를 받아 기독교 공동체에 입문하는 것이었다. 초기교회에서 세례 교육의 좋은 점은 그들의 세례교육과 실천(baptismal teaching and practice)의 형태가 주어졌고, 일반적으로 기독교는 이것을 듣고 따랐다. 이 형태에 대해서는 설교, 찬송, 교회 규칙서(Church-order book, 목회자의 의식과 규칙서)가 오늘날까지 전해지는 기록을 보면 알 수 있다. 즉 이탈리아와 북아프리카에서 전해 주는 다양한 문서들, 북아프리카에서 기록된 세례의 논문, 동시리아와 이집트에 남아 있는 격언 모음집 등에서 그 형태를 엿볼 수 있다.[53] 카테키시스는 문맹자가 많았던 당시에 거의 구두로 가르쳐졌으며, 예비신자들은 거의 신명기에서 말한 것처럼 '청취자'(auditor)의 자세로 카테키시스에 임했다. 그래서 세례 직전에 뚜렷한 신앙의 확증을 보여 주는 상징적 예식이 필요했을 것이다. 일반적으로 '카테키시스'(catechesis)라고 불리는 종교교육의 특별한 형태로 매우 엄밀하게 가르쳤다. 청중들은 신실한 사람과 세례를 받을 사람들이었다. 특별한 형태, 환경, 의식은 각 독서와 연결되어 있다.[54]

3) 신앙과 카테큐메네이트

회심이나 세례는 신앙을 전제로 한다. 신앙은 하나님으로부터 부여하는 것이며, 공동체 안에서 함께 고백하고 나누는 것이다. 카테키시스에 들어오는 카테큐멘의 신앙에 대한 명백한 개념을 정리하면 다음과 같다.

첫째로, 신앙은 보편적이므로 양면성을 띠고 있다. 카테큐메네이트의 중심 된 관심은, 거짓 된 신앙이 하나님 안에서의 믿음을 좋아하는 것을 재인식하고 잘못된 신앙을 거부하도록 우리의 마음 깊은 곳으로 그 복음의 빛을 허락할 수 있게 하는 것이다. 물론 하나님은 그리스도를 통하여 그 자신을 계시하시고, 계속적으로 오늘의 남녀에게도 자아를 계시하는 분이다.[55]

둘째로, 신앙은 신학적이다. 신앙은 신학적 가치의 하나다. 그것은 하나님에게만 있다. 하나님은 우리의 세상을 창조하시고 부양하시며, 우리 자신과 모든 피조물을 믿으라고 우리를 부르실 뿐만 아니라 그분만이 믿으라는 것이다. 그리고 그분은 그들을 계속 일으키시며, 그분의 아들을 굴송시키시고, 죽음에서 구해주셨다.56)

셋째로, 신앙은 종말론적이다. 신앙은 항상 하나님과 대면하면서 종말적 성격을 띠고 있다. 오늘이야말로 하나님을 만나고, 이웃을 만나는 종말적인 시간이라는 인식을 가질 때 진지해질 수 있다.

넷째로, 신앙은 성례적이다. 신앙은 마음에만 있는 것이 아니라 전인적으로 존재하는 것이다. 그러므로 그것을 체득하기 위하여 우리의 능력을 초월해 있거나 분명하게 드러나는 것이다. 우리의 전적인 삶의 스타일과 이야기에 드러나는 것이다. 우리가 누구이며, 우리가 살아가는 신앙을 발견하는 다른 자아와 자료의 보편성으로 우리 자신과의 계속적인 상호 작용이 일어난다. 그리고 반대로 같은 과정을 통해서 우리는 하나님을 향하여 믿음 있는 순종과 우리가 선택한 것을 구체화함으로써 우리의 삶과 세계를 형성하기 위하여 우리의 자유를 훈련하고 있다.[57]

다섯째로, 신앙은 은사이다. 신앙은 우리가 간직하거나 구할 수 있는 것이 아니라 하나님으로부터 받는 은혜이고 축복이다.

여섯째로, 카테큐멘은 신앙의 식구에 속해 있다. 만약 카테큐멘이 교회에 속해 있다는 말은 법률상의 의미에서 소속을 이해할 뿐 아니라, 이미 그리스도의 신앙에 의하여 살아가고 있는 사람이라는 인식을 하게 된다. 이것은 신앙 공동체의 어떤 신조나 주장을 카테큐멘에게 주는 효과가 되기도 하며, 교회에서 제도적인 구성인의 개념으로 발전할 수 있다. 교회는 베드로가 고넬료의 가족을 만났던 대면을 항상 기대해야만 한다. 이 대면은, 진실 된 신앙을 일깨우는 데 작업상 정신을 인식하기 위한 도전이며, 심지어 이 대면은 보이는 교회의 법률적인 한계 밖에서도 일어난다.[58]

4) 세례신앙의 성례전

(1) 세례

세례를 베푸는 데 사용되는 물은 신약성서 시대에 종교적인 의미로 사용되었고, 그 의미를 여러 가지 '의식적 정화'로 이해하였다. 그 내용은 다음과 같다.

첫째, 가르침의 주요 부분이 이방인 세례를 중심으로 되었다. 이것은 객관적인 의식의 순수함과 관련되었을 뿐만 아니라, 완전한 회심 과정을 담고 있는 내적 윤리와 '입문적 관점'을 지니고 있다. 환경은 아직도 이 과정에서 중요한 역할을 맡고 있지만, 랍비 학교는 점차적으로 물의 목욕을 강조하기 시작했다.

둘째, 이방인 세례를 중심으로 하는 '가르침의 중심부'(the body of teaching)는 초기 기독교 세례의 카테키시스를 위하여 풍부한 이미지 목록과 과정을 의미 있게 준비했다. 그럼에도 불구하고 '세례의 기독교 원형'은 이방인 세례보다는 요한이 예수에게 주었던 세례에 있다.

셋째, 초기 교부들에게 유대인의 세례 침수와 기독교의 세례를 비교할 수 없으며, 유대인과 기독교의 실천 사이에 발전되었던 아날로기가 일치되지 않았다는 것을 알아야 한다.[59]

넷째, 그리스도인이 기독교적인 유대교의 세정의식을 도덕 사건을 깊이 내면화시켰다 — 죽음이 '신앙'의 조짐으로 '바뀐다'거나 제사장적인 종교가 예언자적으로 변한다. — 고 생각하는 근거가 없다.

다섯째, 후기 유대교에서 이방인이 유대인이 될 수 있었다는 데에 대한 의심이 없듯이, 초기 그리스도인에게서도 이방인이 그리스도인이 될 수 있었는지에 대해서도 의심의 여지가 없다.[60]

물로 베푸는 세례는 개인적 삶의 깊은 데에서 역사와 함께 출발을 시작하였는데, 새로움과 은혜와 신선한 성례전이다. 그리스도와 그의 백성이 함께 열어 가는 삶의 시작이다. 이것은 항상 오래된 교회와 함께 다가오지만, 젊은 교회인 새로운 삶의 징조다. 그리스도 안에서 새로운 시대를 선포하고 열매 맺는, 행위적으로 기독교 복음이다. 세례는 세상에서 교회로 넘어 들어오고, 교회가 세상으로 펼쳐 가는 신비로운 방법의 의식적 측면을 지니고 있다.[61] 이 새로움은 예수 그리스도 안에 그 자원이 있다. 세례는 그 안에서 중심이 되는 실제적인 위대한 구원을 의미하고 전달한다.[62]

교회의 공동생활은 개인적으로 시작했다. "한때 우리를 위해서 했던 것은 우리 안에서 일어나야만 한다."[63] 세례는 그리스도께서 모든 것을 구원하기 위해서 개인이 구원의 행위로 들어가게 하는 성례전이다.[64] 따라서 신앙은 성례전이라는 예전적 의식을 통하여 표현하고 고백할 수 있다. '성례전'이라는 말이 카테큐메네이트의 예전적 의식을 모두 포함하며, 여기에는 시초부터 '재료와 형상'(matter and form)으로 규정할 수 있다. 가톨릭에서 말하는 7가지 성례전보다 더 넓은 의미에서 사용되었다는 것을 인지할 수 있다. 예전적 의식은 크게 두 가지로 나눌 수 있다. 하나는 '변화 예전'으로 카테큐멘 되기, 선택, 부활절 성례 등이 있으며, 다른 하나는 '강화 예전'으로 엑소시즘, 축복, 조사, 신조와 주의 기도문 주기, 비법전수 기간의 카테큐메네이트의 세계 축전과 성만찬의 부활절 축제 등이 있다. 예전들은 가톨릭의 7가지 성사가 동일하게 중요한 것으로 취급하듯이, 초기 기독교에서의 예전도 대부분 중요한 예전으로 취급되었다. 그 모든 예전은 그리스도 정신의 현존을 통하여 영향을 받는 예배와 성화의 교회적 행위로서 보이도록 제시된 것이기 때문이다.[65]

(2) 입문의식

기독교 입문의식도 중요한 성례전의 하나이며, 이 의식은 신앙과 성례전이 연결고리를 가지고 다양하게 접근했었다. 여기서 입문의식의 성례전적 의미를 다음과 같이 새길 수 있다.[66]

첫째로, 의식은 양면적이다. 우리는 모든 신앙이 기독교 신앙이 아니라고 본다. 그리고 심지어 종교적인 신앙은 왜곡될 수 있다. 그러나 기독교 예전적 의식은 동일하며 하나의 진리를 지니고 있다. 사람들이 개인적인 위탁이나 생활의 불필요한 회심을 일으키는 몇 가지 신비한 형태를 사용하려고 할 때, 기독교 의식은 참된 신앙에서 벗어나려는 위기와 불안전 모습으로부터(무의식적으로) 그들을 보호하기 위한 것이 될 수 있다. 반면에 의식은 성례전의 이론이나 실천이 의식의 신비한 이해 또는 가르침의 방법이 되거나 공동체의 신앙적 확신을 고양시키는 방법이 될 수 있지만, 오히려 기독교 공동체에서(무의식적으로) 형태에 얽매여서 그 의미를 감소시킬 수 있다.

둘째로, 의식은 개방적이다. 초기교회에서 카테큐멘이 성례전 의식에 따라서 기독교 공동체에 입문하였을 때, 그 이후에도 자주 입문의 성례전을 많이 가르쳤다. 예를 들면, 예루살렘의 시릴(Cyril of Jerusalem)이 성례전의 중요성을 새신자(neophytes)에게 말하였다. "나는 오래 전부터 이러한 영적이고 천상적인 신비에 대하여 여러분에게 말하기를 원하였다. … 그러나 보는 것이 듣는 것보다 더욱 설득력 있다는 것을 잘 아는 바와 같이, 나는 지금까지 기다리고 있었다."[67] 이것은 우리가 맹목적으로 과거 시대에서 행했던 일을 재현하려는 목적이 아니다. 그러나 우리는 세례의 중요성이나 가치에 대해서 먼저 자세히 설명하고 실시했던 것이 아니라는 점을 잘 알고 있다. 오히려 세례를 받으라는 선포와 함께 세례 행위가 먼저 있었던 것을 기억해야 한다. 성례전이 가지고 있는 장점은 이해와 준비보다 보이지 않는 더 큰 힘에 있다. 성례전을 준비하는 모든 것이나 개인이 실제로 준비하고 기대하는 것만 일어나는 것이 아니다. 따라서 성례전적 카테키시스는 교회와 성서의 지도 아래 그들의 경험에 반영하는 초신자들에 의하여 기본적으로 수행되어야만 했다. 성례전 수행 이전의 가르침은 성례전이 무엇을 의미하는지를 먼저 설명해야만 되는 것은 아니다. 오히려 세례 후보자들이 가능한 말씀과 상징을 주의 깊게 수용하도록 준비하는 것이 더 중요하다.

셋째로, 성례전은 거기에서 관찰되는 것이다. 성례의식이 우리 자신을 위하여 창조된 어떤 것이라는 이미지를 강하게 주고 있다. 그러나 언어와 같이 예전은 우리가 태어날 때 지니고 있는 것보다 우리 자신을 위해서 창조된 것이 많지 않다는 점이다. 우리가 예전을 진행하면서 만들었던 것이 아니라, 그 자원과 상징에 참여하면서 창조적인 것을 찾고 살아가도록 배우는 것이다.[68]

넷째로, 카테큐멘은 예전 기도의 예수에 이끌리게 될 필요가 있다. 예전에 나오는 다양한 행위와 언어의 중심은 예수에 있다. 우리가 의식에 참여하면서 예전에 매료되는 것이 목적이 아니라 예수에게 이끌리도록 해야 한다. 예수가 예전의 중심이 되어야 하며, 예수가 우리 고백의 중심이 되어야한다.

5) 지금의 상황: 좌절과 희망

기독교 세례는 과거의 삶의 단절과 새로운 경계로 넘어가는 변화의식이다. 세례는 교회와 비교회 사이에 경계를 만든다. 교회와 사회 사이의 관계를 변화시키는 것은 세례의식의 기능을 변화시키는 것이다. 이것은 마치 의전에 관심 두어야만 하는 경험의 형태를 변화시키는 것과 같다. 한 가지 상황에서 기독교 입문은 사람이 사회화되는 것과 그리스도인이 되는 것 사이에서 공동체를 표현할 수 있다. 교회의 세례 명부는 실제로 사회의 중요한 통계치가 될 수 있다. 다른 상황은 기독교 입문은 불연속성을 표현한다. 십자가 성호를 그리는 것은 사람이 사람을 표시하는 것일 수 있다.[69]

그러나 우리가 기독교 후기 사회에서 기독교 입문을 위해서 해야할 '모델'이 무엇일까? 간단하게 대답한다면, 기독교 왕국이 만들어지기 전의 교회 모델을 찾는 것이라 볼 수 있다. 그 일을 하는 것이 부당하거나 적어도 감지할 수 없는 사회였다. 그 과제는 절충적인 헬레니즘 사회에 대항하여 충분히 강해지는 신자의 선택된 공동체를 형성하는 것이다. 이 공동체는 사회로부터 자신을 구별함으로써 사회에 효력 있게 할 수 있는 자신의 소명을 아는 공동체다. 여기에는 오늘의 세상-교회에서의 요소가 있다. 그것은 그들이 세상과 교회 사이에서 마주치는 기독교 왕국의 세기를 형성하는 상황보다는, 기독교 문화를 더욱 밀접하게 접근하는 이전 시대의 상황을 재생하는 것이다. 어느 정도 초기교회는 역사가들이 관심을 두고 있는 과거의 공동체가 아니다. 오히려 그것은 우리 시대에 있다. 우리는 우리가 해야 할 일이 무엇인지, 그 어떤 것을 하기 위하여 그것으로부터 배울 수 있다.[70]

그 변화는 기독교 문화의 과거 중심에서 일어나는 것이라는 동시에, 신학과 기독교 입문의 실천이 '제3세계 교회의 도래'에 다소 영향을 받는다. 제3세계의 땅에서 기독교 공동체는 급속히 성장하고 있다. 21세기에 세계 기독교 인구의 태반은 라틴아메리카, 아프리카, 아시아에 있을 것이 분명하다.[71] 이러한 새로운 성장의 대부분은 성인 회심자를 통해서다. 신앙으로 들어오게 하는 이러한 회심자를 이끌어 내는 것은, '젊은 교회'가 카테큐메네이트를 재창안하는 것이다. 특별히 훈련받은 성직자는 조금 공급되는 곳에 평신도 카테키시스트는 지도력이 고조시켜야 한다. 교회는 세례 후 훈련의 문제에 직면해 있다. 입문은 초기교회가 복음화할 때 공동체가 다시 기능적이었던 것처럼, 입문은 기능적인 구조가 되어야 한다.[72]

서구의 기독교 이후에 무엇이 일어나고 있는 것은, 이상하게 동양과 남방세계에서 일어났던 것과 역사적 유사성을 지니고 있다. 만약 우리가 북미의 기독교 이후 사회(post-Christian society)로 옮겨간다면, 우리는 한때 있었고, 기독교 전 또는 비기독교 사회에서 지금 되고 있는 교회 실천의 기독교 '입문 모델'을 발견할 수 있다. 만약 우리가 문화적 기독교 왕국의 소멸 속에서 기독교 사회를 유지하기 위해서 형성된 입문의 실천을 영속시키기를 시도한다면, 우리는 가장 확실히 오도될 수 있을 것이다. 우리의 상황은 우리가 제3세계 교회와 초기교회 시대가 이웃처럼 가까이 접근하도록 할 수 있는 것이다.[73]

각 주 ─────────────────────────

1) Aidan Kavanagh, *The Shape of Baptism: The Rite of Christian Initiation* (Collegeville, Minnesota: The Liturgical Press, 1991), 23.

2) Michael Brennan Dick, "Conversion in the Bible," *Conversion and the Catechumenate*, ed. by Robert D. Duggan (New York: Paulist Press, 1984), 46.

3) Michael Brennan Dick, "Conversion in the Bible," *Conversion and the Catechumenate*, 46-47.

4) Michael Brennan Dick, "Conversion in the Bible," *Conversion and the Catechumenate*, 47.

5) 시내 산 언약은 이스라엘이 야웨만을 주님으로 인식하고(참고. 출 20:3), 그분과 나누는 교제는 '사랑'과 '지식'이라는 말로 묘사된다.(참고. 호 6:6)

6) 다윗의 언약(삼하 1장, 시 89편)은 야웨께서 일방적으로 대기하고 있는 다윗과 그 가족과 맺은 언약이다. 시내 산 언약과 달리, 다윗의 언약은 상호간의 계약이 아니다.

7) Michael Brennan Dick, "Conversion in the Bible," *Conversion and the Catechumenate*, 47. 시온의 전통은 예루살렘과 야웨 사이의 일방적인 관계를 지각하는 것이었다. 시온 산은 우주의 중심이며, 물이 흘러서 비옥하게 하는 자원이며, 가장 높은 산(참고. 시 46편, 48편)으로 신비로운 말로 묘사되었으며, 신앙의 대중적인 결론은 시온에서 현존하시는 야웨가 다윗의 적으로부터 그의 수도를 침범치 못하게 하는 것을 보증한다. 이것은 곧 야웨를 향한 이스라엘의 순종을 강조하는 것이다.

8) Ibid., 44-46.

9) Ibid., 44.

10) Ibid., 54.

11) Ibid., 55.

12) Ibid., 56.

13) 요한복음 7:39, 19-30, 34-35.

14) 요한복음 3:17, 34, 5:36, 38.

15) Michael Brennan Dick, "Conversion in the Bible," *Conversion and the Catechumenate*, 57-58.

16) 요한복음 1:40, 47f., 참고. 요한복음 3:2, 26, 4:30.

17) Michael Brennan Dick, "Conversion in the Bible," *Conversion and the Catechumenate*, 59.

18) Ibid., 59.

19) Ibid., 60-62. 바울의 서신에서 형태(morphe)와 모양(schema)을 회심의 '변형'으로 사용하였다.(살전 1:10-3:12-13, 롬 8:29, 12:2, 빌 3:21, 갈 4:19)

20) Ibid., 62-63. 새로운 창조로서의 회심은 고린도후서 5:17, 골로새서 3:9-11, 로마서 6:3, 20-22, 갈라디아서 4:9를 참고하라.

21) Office of Evangelism Ministries, *The Catechumenal Process: Adult Initiation & Formation for Christian Life and Ministry* (New York: The Church Hymnal Corporation, 1990), 6.

22) Berard L. Marthaler, *Foundations of Religious Education*, ed. by Padraic O'Hare (New York: Paulist Press 1978), 86-87.

23) Bernard Lonergan, *Method in Theology* (New York: Herder & Herder, 1972), 238. 지적인 회심은 개인이 매개된 의미의 지평을 넓히는 것을 뜻하며, 도덕적 회심은 개인적 선택과 회심이 개인적 만족의 토대 위에서가 아니라 가치들의 토대 위에서 이루어지도록 개인의 지평을 변화시키는 것을 뜻한다. 또한 종교적 회심은 개인 존재의 터전에서의 변화를 뜻하며, 궁극적 관심에서 사로 잡혀 있는 상태를 뜻한다.

24) Bernard Lonergan, *Method in Theology*, 2.

25) Michel Dujarier, *A History of the Catecumenate: The First Six Centuries* (New York: Sadlier, 1979), 19.

26) Ibid., 6.

27) Thomas M. Finn, *Early Christian Baptism and the Catechumenate-West and East Syria* (Collegeville, Minnesota: The Liturgical Press, 1992), 1.

28) Thomas M. Finn, *Early Christian Baptism and the Catechumenate-West and East Syria*, 1.

29) Ibid., 1.

30) R. Fuller, "Adopt, Adoption," *A Theological Wordbook of the Bible*, ed. by A. Richardson (London: SCM Press, 1950)을 참고.

31) 모세오경에 이스라엘의 구원 역사와 관련된 두 가지 기본적인 계약이 나온다. 즉 창세기 15장(J)과 17:1-14(P)에서 아브라함에게 준 두 가지 비전이 있고, 출애굽기 21장 이후에서 모세에게 준 비전이 나온다.

32) 할례의 기원은 처음에 신학적으로 모세와 관련을 지을 수 있으며(출 4:

24-26), P문서는 아브라함과 관련을 짓는다.(창 17:9-27) 유배 후에 그것은 이스라엘 계약을 맺기 위하여 필수적인 입문의식이 되었다.

33) Thomas M. Finn, *Early Christian Baptism and the Catechumenate-West and East Syria*, 33.

34) J. Jeremias, *Infant Baptism in the First Four Centuries*, tr. by D. Gairns (London: SCM Press, 1960), 31-32.

35) Reginald H. Fuller, "Christian Initiation in the New Testament," *Made, not Born: New Perspectives on Christian Initiation and the Catechumenate* (Notre Dame, Ind: University of Notre Dame Press, 1980), 7-8.

36) G. W. H. Lampe, *The Seal of the Spirit* (London: Longmans, 1951), 25-27.

37) Michael Brennan Dick, "Conversion in the Bible," *Conversion and the Catechumenate*, 57-58.

38) G. R. Beasley-Murray, *Baptism in the New Testament* (New York: Macmillan, 1962), 237.

39) Aidan Kavanagh, *The Shape of Baptism: The Rite of Christian Initiation*, 3-4.

40) Ibid., 3-4.

41) R. Schnackenburg, *Baptism in the Thought of St. Paul*, tr. by G. R. Beasley-Murray (Oxford: Blackwell, 1964), 20-21.

42) Aidan Kavanagh, *The Shape of Baptism: The Rite of Christian Initiation*, 5-6.

43) Ibid., 6.

44) Rudolf Karl Bultmann, *Theology of the New Testament I* (London: SCM Press, 1983), 39. 이것은 기독교 공동체의 시작 초기부터 기독교 세례의 참된 진리였다고 말한다.

45) Ibid., 40. 바울은 고린도전서 1:13과 6:11의 논쟁에서 "그리스도의 이름으로"라는 헬라주의 교회의 세례(ἐπι το ὀνοματι Ἰησου χριστου) 관례를 언급하였다. 불트만은, "이러한 모습은 단순히 엑소시즘 방법을 사용했던 초기 공동체는 헬라 공동체의 원시적인 엑소시즘 방법의 의미를 획득하는 것이며, 예수의 인격과 연결되는 성례전적 관계와 그분의 이름의 보호 아래 놓는 것"을 말한다.

46) Ibid., 137-138. 사도행전에 나오는 베드로의 설교에서 και라는 말을 사용하여 세례로부터 성령 받는 것을 분리시켰다. 즉 "회개하라 … 세례를 받으라 … '그리고'(και) '너는 성령을 받으라."로 나온다. 영(靈)은 시간적으로 세례 다음에 받게 되지만 필연적으로 세례의 수단을 통해서 받는 것이 아니다. 이 사건의 종결은 공관복음서에서 예수의 세례 이야기를 반영하고 있다. 성령을 받는 것을 물세례로부터 떼

어놓았다. 사도행전의 저자는, 이 구절이 시간적으로 성령을 물세례로부터 완전히 분리시켜서 방법론적으로 다소 확장하고 있거나 외적인 기미를 종결하기 위한 것으로 첨부하였다. 불트만은 그 문제를 헬라 공동체로 돌아가야 한다고 말한다. 초기교회의 세례의 논쟁에서 어떤 것도 세례를 언급하지 않았다. Rudolf Karl Bultmann, *Theology of the New Testament I*, 39-40.

47) C. Maurer, *Theological Dictionary of the New Testament VIII*, ed. by Gerhard Friedrich, tr. & ed. Geoffrey W. Bromiley (Grand Rapids: Wm. B. Eerdmans, 1972), 168. 참고. 사도행전 2:41, 47, 5:14. 그리고 바나바의 안디옥 내용이 나오는 11:24에 나온다. 이 요약된 구절은 그 당시의 형태에서 작업이며, 동사 προστίθημι는 70인역에서 공동체의 입문을 의미하는 데 사용되었다.

48) 참고. *Didache* 7.

49) Johannes Hofingers, *The Art of Teaching Christian Doctrine: The Good News and Its Proclamation* (Notre Dame, Ind: University of Notre Dame Press, 1963), 19.

50) 임창복, "초기 및 고대교회의 세례지원자의 교육에 관한 소고", 「교육교회」 (1990. 9): 26.

51) Johannes Hofingers, *The Art of Teaching Christian Doctrine: The Good News and Its Proclamation*, 19.

52) Thomas M. Finn, *Early Christian Baptism and the Catechumenate-West and East Syria*, 1.

53) Ibid., 2.

54) Ibid..

55) Mark Searle, "Faith and Sacraments in the Conversion," 75.

56) Ibid., 75-76.

57) Ibid., 76.

58) Ibid., 76.

59) 예를 들면, Justin의 *Dialogue with Trypho* 80 (c. 160).

60) Aidan Kavanagh, *The Shape of Baptism: The Rite of Christian Initiation*, 11-12.

61) Daniel B. Stevick, *Baptismal Moments, Baptismal Meaning* (N.Y.: The Church Hymnal Corporation, 1987), 1.

62) Ibid., 1.

63) Neville Clark, "Christian Initiation," *Studia Liturgica* 4 (1965): 161.

64) Daniel B. Stevick, *Baptismal Moments, Baptismal Meaning*, 2.

65) Mark Searle, "Faith and Sacraments in the Conversion," 77.

66) Ibid., 77-83.

67) Cyril of Jerusalem, *Mystagogical Catechesis* I, 1.

68) Mark Searle, "Faith and Sacraments in the Conversion," 83-84.

69) Daniel B. Stevick, *Baptismal Moments, Baptismal Meaning*, 31-32.

70) Ibid., 32-33.

71) Walter Buehlmann, *The Coming of the Third Church: An Analysis of the Present and the Future of the Church* (Maryknoll, NY: Orbis Books, 1977).

72) S. L. Greenslade, *Shepherding the Flock: Problems of Pastoral Discipline in the Early Church and in the Younger Churches Today* (London: S.C.M. Press, 1967).

73) Daniel B. Stevick, *Adult Baptism: Getting Back to the Beginning* (Cincinnati: Forward Movement, 1984), 17.

4장
초기 카테키시스의 과정

1. 초기 카테키시스의 자료

기원후 200년경 로마에서 히폴리투스(Hippolytus)가 기록한 『사도의 전승[1]』은 기독교 초기교회의 입회와 세례에 대하여 자세하게 기록했다. 그의 저술에 따르면, 기독교 공동체 입회를 회심과 양육의 장기 교육과정으로 보았다. 입회와 세례는 최종 목표였다. 따라서 교회에 입회하기 원하는 사람들은 먼저 이방 종교로부터 회개를 해야 하며, 회개에 대한 신중한 검증을 받았다. 엄격한 심사를 통과한 사람들은 카테큐멘이라 불렸고, 그들은 철저하고 긴 입회 과정을 실시하였다. 카테큐멘은 그들을 가르치는 교사(카테키시스트)와 함께 보통 3여 년 동안 정규 과정에 따른 가르침을 받았다. 그들은 주로 주일에 성서읽기를 하거나 설교를 들었지만 성만찬에는 참여할 수 없었다. 3여 년 동안의 훈련 기간이 지나면, 다시 섬증(시험)을 받고 세례 후보자 심사를 받았다. 여기서 그들의 생활이 기독교 공동체의 생활에 완전히 참여할 준비가 되었다고 인증되면 세례 과정에 들어가게 한다.

세례는 주로 부활절 전날 철야를 한 후에 태양이 뜨기 전에 거행한다. 세례는 '이방적인 것과 과거의 것'으로부터 단절하고, 모든 죄를 씻어내는 회개, 새로운 삶으로 거듭나기 위해서 물에 잠긴다. 세례는 사탄, 종 된 삶, 개인 욕심 등을 포기한다는 의미도 담겨 있다. 세례 후에는 사제의 엑소시즘, 성유 행위(기름 바름), 입맞춤 등으로 이어진다. 그리고 나서 주일 아침에 공동예배에서 자신들의 신앙을 고백하고(확증), 교회는 그들을 위한 첫 성만찬 축하의식을 베풀었다.

앞서 설명한 바와 같이 기독교 초기교회에 입회하고 세례 받는 과정은 하나의 체제가 되어 있었다. 이 체제는 카테키시스로 일련의 과정을 유지하고 있었다. 회개, 검증, 승인, 훈련, 시문과 검증, 예비 세례자, 세례의식, 확증의식, 성만찬 등이 그것이다. 이 과정은 초기 기독교 공동체의 신앙을 위한 교육적인 형태다.

초기 기독교 공동체는 회심한 이교도 개종자들을 기독교 공동체의 구성원이 될 수 있도록 일반적으로 '카테키시스'(catechesis)라고 부르는 특별한 형태의 종교교육을 실시했으며, 세례받기를 원하는 신실한 개종자들을 매우 엄격하게 가르치는 과정을 구성하였다. 이 과정에서 실시했던 세례교육과 실천(baptismal teaching and practice)의 형태는 '듣고 따른다'는 것에 중점을 두었다. 그러나 단순히 말씀을 가르치고 배우는 차원만이 아니라, 설교와 찬송과 교회 규정집(Church-order book, 목회자의 의식과 규칙서)이 함께 병행되었다. 즉 그들을 위해서 특별한 형태의 가르침과 환경 그리고 의식(儀式)을 성서읽기와 결부시켜서 진행하였다.[2] 이것은 이탈리아와 북아프리카에서 이러한 규칙서를 사용한 물증에서 나타나 있었고, 북아프리카의 '세례 논문'과 동시리아와 이집트의 '격언 모음집' 등이 이를 잘 반증한다.[3]

이 자료들은 초기 기독교 공동체의 세례자를 위한 자료로 사용되었는데, 초기 기독교 공동체가 개종자들을 입문시키는 카테키시스의 과정을 어떻게 운영했는지를 잘 설명해 주고 있다. 그러나 카테키시스의 과정은 지역과 시대마다 달랐지만, 대체로 개종자들이 공동체의 구성원이 될 수 있을 때까지 카테키시스의 '점진적인 과정'을 진행하였다. 이 과정은 대체로 몇 가지 단

계로 진행되었다. 즉 개종과 입회승인 단계, 예비 세례자 단계, 세례의식 단
계 등으로 크게 나눌 수 있다.

2. 초기교회 카테키시스의 과정

기독교 초기에는 입문 과정이 하나의 형태로 규정하거나 입법화하지는
않았지만 대체로 비슷한 유형을 지니고 있었다. 그러나 유대교의 전통과 지
역적 특성을 감안하여 대체로 하나의 통일된 체제로 운영되고 보급 확산되
었다.[4] 그러다가 기독교가 로마로부터 공인을 받으면서 입문 과정의 진행이
시간적으로 형식적으로 분화되기 시작했다.

'입문'(initiation)이라는 말은 이 글에서 카테키시스와 관련된 단어로 포
괄적으로 사용되고 있는데, 그것은 그리스도인을 '만드는'(made) 모든 행위
를 내포하고 있다. 어거스틴이 그리스도인은 태어나는 것이 아니라 만들어
지는 것(not born, made)라고 말했듯이, 초기 그리스도인은 개종자들을 카
테키시스의 과정을 통해서 기독교 공동체의 일원이 되도록 훈련시키고, 공
동체의 구성원으로 입문시키는 것이다. 이 과정은 개종자들의 삶의 변화, 회
심, 신앙 행위를 확인하고, 확인을 거친 사람들이 카테큐멘(catechumen)으로
인증 받고, 기독교 공동체의 구성원을 '형성'시키기 위한 과정에 들어가게
된다. 여기서 그리스도인의 신앙과 삶을 위한 '예비 세례자'[5]를 거쳐서 '세
례'를 받고, 공동체의 구성원이 되었다는 축하 잔치인 '첫 성만찬'에 참여하
는 것이다.

초기 카테키시스의 과정은 로마의 기독교 공인 이후부터 점차 분화되었
다. 분화는 요즘 우리가 사용하는 학습, 세례, 입교(견진) 형태를 말한다. 이
전까지 카테키시스는 성례전과 가르침이 밀접한 관계를 이루고 있었다. 물

론 그 당시는 원시 기독교이기 때문에 전문화되지 않았다고 말할 수 있지만 오늘날 추구하고 있는 목회와 교육의 통합이라는 차원으로 이해할 수 있다.

초기 기독교 공동체 카테키시스의 과정은 하나의 과정을 이루고 있는 체제라 할 수 있다. 첫째로, 개종과 입회다. 이 단계는 카테키시스에 들어오기 전의 단계이며, 회심과 개종이 필수적인 조건이 된다. 여기서 개종자의 삶과 신앙을 검증하고 카테큐멘으로 인증한다.

둘째로, 예비 세례자 기간(견습 기간)이다. 세례를 준비하는 견습 단계이며, 카테큐메너트의 과정이라 할 수 있다. 이때 엑소시즘, 안수, 그리고 찬양, 성서읽기, 가르침 등을 행한다.

셋째로, 세례의식이다. 세례 후보자가 되면 세례를 받기 위한 일련의 절차와 과정을 거친다. 그들은 세례를 받기 위해 준비하고, 세례의식에 참여한다. 신앙의 증언, 세례의식 등을 하였다.

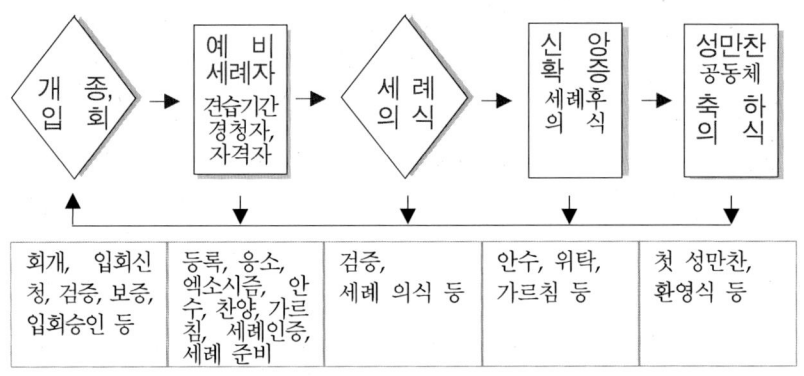

〈그림 1〉 초기교회 카테키시스의 전 과정

넷째로, 신앙의 확증의식이다. 세례를 받은 사람의 신앙과 삶을 위해서 안수하고 위탁하는 단계다. 이 단계에서 감독들은 세례 받은 사람들의 신앙과 삶을 확증(confirmation)해 준다. 여기에는 안수와 위탁선언 등을 한다.

다섯째로, 성만찬 축하의식이다. 세례를 받은 사람들이 공동체에서 그들의 신앙을 고백하고 세례, 성만찬에 참여하고, 공동체는 그들을 위해서 첫 성만찬을 베풀고 축하잔치를 마련한다.

카테키시스의 과정은 '세례'가 중심이 되는 철저한 입문 과정이며, 기독교 공동체의 구성원을 형성하기 위한 일련의 과정으로 진행하는 하나의 신앙 여정이라 할 수 있다. 이 과정을 도표로 그리면 <그림 1. 카테키시스의 전 과정>과 같다.

3. 개종과 입회 과정

1) 개종자의 회심

초기 기독교 공동체 당시 이집트와 팔레스타인에서는 기독교로 개종한 사람들에게 즉각적으로 세례를 주지 않았다. 이방신앙을 가진 사람들이 기독교 신앙으로 개종하고 회심하였을 때 세례를 준비할 수 있는 기회를 부여하는 것이다. 회심의 절대적인 성실은 'sin qua non'가 되도록 고려되었다. 터툴리안과 오리겐이 진술했던 것처럼, 세례는 개인적으로 하나님의 율법에 따라 사는 것을 거부할 때 효력이 없어지는 것이다. 쿰란 공동체에서는 위선자에 대한 규정이 엄격했다. "이러한 사람은 거룩한 사람으로 정화(淨化)시키는 물에 들어가지 못하게 하라. 왜냐하면 사람이 그의 악으로부터 회심하지 않는다면 순수해지지 않기 때문이다"[6]

회심에 대한 성서적 자료는 베드로의 설교에서 나타나고 있다. 베드로가 설교한 후에 '회심한 사람'들에게 세례를 주었다고 기록되었으며(행 16:30, 22:8-10), 회심자들의 신앙을 유지하도록 계속적으로 가르치고 양육하는 과정을 운영하였고, 그들이 공동체에 들어오기 위해서 거쳐야 할 단계를 만들었다.

2) 개종자의 회심 검증

개종한 사람들이 기독교 공동체의 구성원이 되기 위해서 거쳐야 할 다음 단계는 기독교 공동체로부터 인증을 받는 것이다. 그들이 기독교 공동체에서 회심했다는 인증을 받게 되면, 기독교 입문 과정인 카테키시스 과정에 입회할 수 있다는 '입회 허가'를 받는다. 검증 과정은 첫 과정이며, 나중에 입회한 후에 견습 기간을 거쳐서 세례를 위한 인증 과정이 있다. 이때는 세례를 베풀기 전에 세례 받을 사람의 삶과 신앙에 대한 검증을 재확인하는 것이었다.

개종자를 위한 검증 시문(試問) 형태는 1세기 말부터 시행되었는데 2세기가 되면서 세례의식을 성문화하였다. 이 자료들은 이교도들이 개종하여 '선택된 백성'(Chosen People)이 되기를 원하는 이유가 무엇인지를 조사하는 입문 시험이 있었다는 것을 언급하고 있다. 여기서 그들은 세상에서 유대인의 박해가 있으므로 회심을 고무하려고 노력했다. 아래의 인용문은 회심의 특성을 검증한 후에 개종자에 대한 회심을 검증하고 승인한 내용을 진술한 예다.

> 만약 (사람들이) 개종자가 되어 도착한다면, 그는 다음과 같이 충고를 해야만 한다. 즉 "여러분이 개종자가 되기를 원하는 이유가 무엇인가? 여러분은 이 시대에 이스라엘이 박해와 억압과 굴욕과 굴복 당하는 것을 알지 못하는가? 그리고 그를 압도하는 고통을 알지 못하는가?"라고 묻는다. 만약 그가 "나는 압니다. 그리고 나는 가치 없는 인간입니다."라고 대답하면, 그를 즉시 받아들였다.[7]

보떼(Dom Bernard Botte)에 따르면 카테큐멘을 선발한 '원칙적인 내용'을 언급하였는데, 교회에 입문하려는 사람들의 검증 작업은 신앙적인 면만 검증받는 것이 아니었다. 그들은 교사가 회심자들을 데리고 가서 그들의 생활 태도를 시험한다고 기록되어 있다. 그리고 그들이 사회적으로 문제없이

기독교 신앙으로 살 수 있도록 가르쳤다.[8)]

> 그의 주인이 이방인이라면, 문제가 생기지 않도록 그의 주인을 기쁘게 하도록 가르쳐라. 만약 어떤 남자가 부인이 있거나 여자가 남편이 있으면, 남자는 그의 아내와 함께, 여자는 그의 남편과 함께 그들이 만족하도록 가르칠 것이다. 그러나 만약 어떤 남자가 아내와 함께 살지 않으면 사통하지 않도록 가르칠 것이며, 합법적으로 아내를 취하거나 아니면 혼자 살도록 하여라.

초기교회가 갖고 있던 검증 기간은 유대인들의 관습과 유대인 공동체의 의식과 관습에서 많은 영향을 받았다.(행 3-15장) 동양과 서양, 유대-기독교 환경에서 적어도 유대인들의 의식의 영향을 받았을 것으로 보인다. 그러나 초기 기독교 공동체는 유대의 입문 과정을 기독교의 새 계약 공동체의 과정으로 재조정하였다. 유대교회의 입문 과정을 재조정한 발자취를 남겨 놓게 되었다는 것을 보면 놀랄 일이 아니다. 2세기와 3세기에 기록된 몇 편의 글에서 카테큐멘을 '그리스도의 개종자'라고 통칭하는 것을 보면 알 수 있다. 그리고 새 계약에 들어가는 사람들은 모두 성실하게 대답하도록 강요하였다.[9)] 이것을 보면, 옛 계약으로 들어가는 것이 아니라 새 계약으로 들어가는데 초점을 두고 있다는 것을 알 수 있다.

기독교로 개종한 사람들이 카테큐메너트의 허락을 받았다 해도 동기가 불순한 사람들은 거절될 수도 있었다. 청원 받은 설교자들과 교회의 동역자들은 카테큐멘을 위하여 증언을 해야 한다. "당신은 카테키시스 동안에 '말씀을 들을' 신잉이 충분합니까?" 심지어 후원자가 어떤 그리스도인의 종업원이라면, 그 그리스도인 고용인의 견해도 물어 본다.[10)] 그 사항에 대해서 다음과 같이 진술하고 있다.

> 처음으로 말씀을 듣기 위해 앞으로 나아오는 사람을, (교회의) 모든

사람들에게 데려가기 전에 교사를 집으로 데리고 갈 수 있다. 교사
가 그들이 왜 신앙을 위하여 나아왔는지 그 이유를 시험하게 하라.
그들이 말씀을 들을 수 있는지 없는지 증거하라. 그들의 생활 모습
에서 아내가 있는지 없는지, 노예인지 아닌지 질문하라. 만약 그의
주인이 신자로서 말씀 듣기를 허락한다면, 말씀을 듣게 하라. 만약
그의 주인이 그에게 증언하는 것을 참지 못한다면, 그에게 증언하
기를 거부하라. 만약 그의 주인이 이방인이라면, 그를 가르쳐서 아
무 문제가 없도록 '그의 주인에게 기쁘게' 하라.[11]

세례를 받기 위한 검증 내용은 성서에서도 나타나고 있다. 고넬료가 기
독교 공동체로부터 세례를 받기 위해 증언해 줄 사람이 필요했다. 그러나
그를 위해서 증언해 줄 사람이 없자, 하나님의 성령이 증언했던 일(행 10:44,
11:15)이 나온다. 이 내용은 초기 기독교 공동체의 세례의식 단계를 잘 대변
해 주고 있다. 사도행전 이야기는 카테키시스의 기간에 있었던 두 가지 시
험 단계에 대해서 언급하고 있다. 그 단계를 고넬료의 입회 단계를 통해서
정리하면, 첫째는 "카테키시스 입회의 신청"(행 10:21-22, 30), "신앙의 검
증"(10:4, 31)이요, 둘째는 "시문(試問)과 보증"(10:22), "카테키시스 입회의
승인"(10:23, 27)이다.

부모들은 자녀들이 카테큐멘이 될 수 있도록 사제에게 안내하는 것이
관습으로 되어 있었다. 하나의 필수적인 의식으로서 소금의 맛을 보는 과정
도 있었다. 어린이의 보증인으로서 어른들에게는 철저한 시험을 요구했다.[12]
부모들이 자녀들을 대신해서 '대답'하는 것이므로, 자녀들의 세례를 위해 카
테키시스의 강의와 예배의 여정에 참여하는 것이 정상적이었다.[13]

개종자의 시험 단계는 신약 시대부터 시작되어, 저스틴(Justin Martyr)과
유세비우스(Eusebius)까지 거쳐가면서 점진적으로 발전된 것이다. 이때 입회
시험을 했던 세례 기간이 처음으로 공식화되었고, 카테큐멘 기간(견습 기간,
커테큐메너트라고도 한다.)도 제도화되었다. 입회 기준(entrance criteria)도

명백하게 형성되었으며 예비적인 전도 기간의 필요성도 강조되었다.[14] 이 단계는 지역과 시대에 따라 양상이 다소 상이했지만, 상술한 대로 대체로 검증, 시문(試問), 승인이라는 단계를 거치고 있는 것이 보편적이다.

4세기 말의 문서인 『겔라시아 성례전』(Gelasian Sacramentary)과 『로마의 신품(神品) XI』(Ordo Romanus XI)[15]에서 히폴리투스(Hippolytus)는 일반적으로 카테큐멘을 어떻게 선발했으며 시험을 쳤는지에 대하여 진술하고 있다. 이 내용은 안수와 엑소시즘처럼 덜 예전적이기는 하지만, 적어도 4세기 말부터 로마에서 사순절 시작 때 입문 성례를 위해서 카테큐멘을 선발했던 내용이 나오고 있다. 그리고 『겔라시아 성례전』 문서에서 기독교 공동체는 사순절 주일에 카테키시스에 참여하는 카테큐멘에게 '정밀한 조사'로 알려진 의식으로 '시험'을 쳤다는 기록이 있다.[16]

4. 예비 세례자 단계

카테큐멘을 향한 검증 과정은 230-240년경에 이집트와 팔레스타인에서도 나타나고 있다. 개종자는 누구나 기독교 공동체에 입문하기를 원할 수 있지만 무조건 카테큐메네트의 입학을 허락받는 것이 아니었다. 기독교 공동체의 구성원이 되기 위해서 먼저 '청원자'라고 부를 수 있는 '사전교육'(formation)과 '견습 기간'이 필요했다. 이 기간이 지난 후에 청원자들이 케리그마를 받아들이고, 삶의 변화를 주도하는 회심이 명백하며, 헌신하는 것을 보증 받은 후에, "카테큐멘의 사람으로 입회"하도록 허락되었다.[17]

> 회심한 철학자들이 공식적으로 말씀을 듣는 청취자로 바로 선발되는 것이 아니다. 어느 누구든지 바로 말씀을 들으려는 관심이 있지

만, 그렇게 되지 않았다. 그들이 말씀을 들으려면, 개인적으로 그 사람의 영혼을 검증받아야만 한다. 즉 공동체에 들어오기 전에 청취자들은 그들 스스로 선한 삶을 살도록 열망하고 있으며 충분히 헌신하는 것으로 보일 때, 그들은 교회로 안내된다.[18]

예비 세례자 단계는 예비 세례자 등록, 카테큐멘, 견습 기간과 과정, 안수와 엑소시즘(Exocism)의 단계가 있다. 이 단계에 대해서 고찰하기로 한다.

1) 예비 세례자 등록

검증을 위한 시문 단계를 거친 다음에 카테큐메너트에 입회할 수 있는 사람들은 먼저 초기 기독교 공동체의 구성원이 되고자 하는 뜻을 증명해 보이는 일이 중요하다. 그것은 교회 공동체에 들어오려는 후보자들이 옛 생활 방식과 단절한다는 신호가 되며, 앞으로 기독교 공동체의 구성원이 되겠다는 의지로서 카테키시스의 의식에 참여해야 한다. 이것을 '등록' 또는 '응소'(應召)라 부르며, 그들의 사생활과 삶의 상황, 그리고 직업에 대하여 탐구하는 의미가 있다.

이렇게 함으로써 비로소 기독교 공동체 구성원의 후보자(카테큐멘)가 되어, 카테키시스의 과정을 시작하고 그들의 이름을 교회 공동체의 명부에 올리게 된다. 이어서 그들은 기독교의 신앙과 삶에 관한 종교적, 도덕적 가르침을 받는다. 이 과정에서 엑소시즘(exorcism) 행위가 수반되었다.[19]

2) 카테큐멘

기독교로 개종하고, 시험과 승인을 받고, 카테큐메너트에 등록한 사람들은 기독교 공동체에서 제공하는 교육의 과정에 참여할 수 있게 된다. 이 과정에 참여할 수 있다는 승인을 받은 개종자들은 일반적으로 입문자라는 의미를 넘어서서 카테큐메너트에 참여하는 사람들(catechumate)을 지칭하기도

하였고,[20] '카테큐멘'(catechumen)이라고 하기도 하며, '그리스도의 개종자'(proselyte of Christ)라는 의미로도 사용되었다.[21] 이집트의 교부 클레멘트(Clement)는 북아프리카의 기독교 공동체에서 '카테큐멘'이라는 단어가 사용되었다고 언급하고, 그들에 대한 내용을 상세하게 소개하였다.[22] 그는 202-203년에 기독교 신앙으로 개종하였다가 체포된 한 카테큐멘의 집단에 관한 이야기를 다음과 같이 기술하고 있다.

> 젊은 카테큐멘인 Revolcatus와 Felicity가 체포되었다. 체포된 사람들 중에는 그의 노예 친구들인 Saturninus와 Secundulus도 포함되어 있다. 그들은 귀족 출신인 Vibia Perpetua와 함께 교육을 잘 받은 사람들이다. 그들은 결혼을 한 기혼부인으로, 아직 그의 아버지, 어머니 그리고 두 명의 동생이 살아있는데, 카테큐멘 중의 한 사람이다.[23]

터툴리안도 클레멘트가 키프리안(Cyprian)에서 발견된 자료에서 '카테큐멘'이라는 말을 사용하였다고 했다. 그는 가끔 이 말을 '군인'(miles)과 반대되는 '신병'(tiro)이라는 말로 사용하였다. 터툴리안의 참회에 관한 논문에서 카테큐멘을 프랑스 군대에서 '덜 교육 받은'(les classes)[24] 사람이나 '풋내기'(noviciol)[25]라고 불렀거나 '군대 초년병'(복수로 tirocinia)을 뜻하는 의미로 사용하였다. 이 명칭은 터툴리안이 마르시온 사람들(Marcionites)을 비판했을 때, 그들을 '카테큐멘'과 '신실한 사람'으로 차별하였는데 그 내용을 살펴보면 다음과 같다.[26]

> 카테큐멘과 세례 받은 신자들의 구별이 불확실하다. 만약 어떤 사람이 입문할 기회를 얻게 되면, 심지어 이방인까지도 그들 모두는 똑같이 책망을 받았고, 그들 모두는 똑같이 말씀을 들었고, 그들 모두는 똑같이 기도하게 된다. 그들은 "거룩한 것을 개에게 주고 (거

짓임에도 불구하고) 진주를 돼지에게 던지는 사람"일 것이다. … 카테큐멘은 확실히 교육을 받기 전에 입문하는 사람이다.

기원후 230-240년에는 이집트와 팔레스타인 지역에서 카테큐메너트가 기독교 신앙과 도덕적으로 형성시키기 위하여 힘을 실었던 시기로 나타나고 있다. 오리겐은 이 시기의 카테큐멘이 두 그룹으로 구성되어 있었다고 소개한다.

첫 번째 그룹은 "초보적인 가르침을 받은 최근의 초심자로 구성되어 있고, 이들은 아직 순수하다는 표시를 받지 못하였기 때문에 개인적인 수업을 배정 받았다. 그들은 어떤 다른 수업을 받는 것보다, 가능하면 그리스도인이 되기 위해 입증 받는 것을 열망하는 사람들이다."[27]이라고 했다. 어거스틴은 이 그룹의 카테큐멘은 기독교 공동체의 초보자를 의미하는 사람들이라고 하였다. 이 사람들은 기독교 공동체의 구성원이 되고자 열망하는 사람들이다. 그래서 그들의 삶이 그리스도인으로 입증되기를 열망하는 것이다. 이 그룹의 사람들은 개종하여 기독교 공동체에 처음 들어오는 사람들이며, 첫 번째 시문을 받은 사람들이다.

두 번째 그룹은 "사실상 (신앙의) 형성 과정을 마친 사람들이며, 선택된 사람들"이었다. 그들은 자신이 세상에서 그리스도인으로서 살아갈 수 있다는 것을 회중 앞에서 고백하고 나타내 보이며, 교회에서는 그들이 이 세상에서 그리스도인으로서 살아갈 수 있다고 판정한 사람들이다. 그들은 교회에서 세례를 받을 수 있는 사람이고, 세례의식의 과정을 준비하는 사람들이다.[28] 이 사람들에 대해서 오리겐은 다음과 같이 언급하고 있다. 이 그룹의 사람들은 모든 카테키시스 과정을 마치고 세례받기 직전에 해당되는 사람들이며, 두 번째 시문을 받은 사람들이다.

격려를 받은 몇 사람들이 (신앙적으로) 발전되었고, 그들이 로고스에 의해서 순수해졌다는 것이 보였을 때, 그리고 그들의 능력을 통

해서 모든 것이 좋은 삶을 살도록 행동할 때, 우리는 그들을 우리의 거룩한 성례로 초청한다.[29]

마탈러(Berard L. Marthaler)는 이처럼 기독교에 들어오는 개종자들을 교회 공동체에서 그대로 승인하지 않고, 철저한 카테키시스를 통해서 구성원이 되도록 했던 1세기 카테키시스에 대하여 다음과 같이 설명한다.[30]

> 1세기 교회의 카테키시스는 예비 세례자의 기간을 길게 하여, 그들의 삶의 스타일을 철저히 점검하고, 신조를 외우고, 주의 기도를 공부하도록 카테큐메너트라는 제도를 만들었다. 그들은 입문의식에 세례, 성유식(聖油式), 성만찬에 참여시킨 후에, 개종자들이 '새로운 탄생'을 경험하고 신비적 교리(라틴어로는 sacraments이다.)를 성찰하고, 더욱이 그리스도인이 되는 방법이 무엇인지를 가르치는 내용을 배우게 했다. 마지막 단계는 비법(mystagogy) 또는 비법 카테키시스(mystagogical catechesis)를 배우게 했다.

3) 견습 기간

『사도의 전통』(Apostlic Tradition)에 따르면, 예비 세례자 단계는 세례를 받기 위한 '견습 기간'이 있으며, 그 기간은 일반적으로 3년간 실시했다. 그 기간은 카테큐멘이 자신의 진지한 인내력에 따라 크게 좌우하며 유연성 있게 진행하였다.[31] 카테큐멘이 카테키시스트와 함께 배우는 수업 운영 형태가 있다. 그 내용에 대해서 히폴리투스(Hippolytus)은 다음과 같이 언급하였디.

> 카테키시스트들이 그의 가르침을 마칠 때에, 신앙이 부족한 카테큐멘에게 기도하도록 했다. 기도를 마친 후에, 카테큐멘은 평화의 키스를 해 줄 수 없다. 그들의 기도는 아직 순수하지 않기 때문이다. 교사들이 기도를 한 후에 그들에게 안수를 하고 해산시킨다. 교사

들은 교회의 성직자나 평신도들이 할 수 있다.[32]

카테큐메너트의 견습 기간에 대한 내용은 요세푸스(Flavius Josephus)로부터 잘 알려지게 되었다. 쿰란(Qumran)에서 발견된 에세네파의 입문의식에 관한 것인데, 다음과 같은 단계로 진행되었다고 보고하였다.[33]

첫째, 입문 청원자는 먼저 1년간의 견습 기간이 필요하다. 이 기간에 그는 새로운 삶의 스타일을 실천하지만, 아직은 공동체 안에 들어갈 수는 없다. 그리고 그들 중에서 "염려되는 태도를 지닌 후보자들은 즉각적으로 입회되지 않는다. 그들은 1년 동안 신도회(信徒會) 안에 들어오지 못하고, 그들 자신의 삶을 통제하도록 규정하며 …"라 하였다.[34]

둘째, 입문 청원자로 1년 동안 견습 기간을 마치고 나서, 2년 동안의 수련을 쌓은 후 점진적으로 공동체의 활동에 참여하도록 되어 있다. 그러나 모두가 다 그렇게 견습과 수련 기간을 쉽게 통과되는 것은 아니다.[35] 그들을 위해서 철저한 검증을 통해서만 단계를 넘어가도록 되어 있다. 그에 대한 내용은 다음과 같다.

> 그가 견습 기간 동안 제시된 절제 규정에 따라서 진행했다. 즉 거룩한 물(성수)을 순수한 마음으로 나눌 수 있도록 허락을 받는다. 그러나 성수를 받는다고 공동체의 회합에 들어오는 것은 아니다. 이것은 인내의 과정으로 그들의 삶의 모습을 2년 정도 검증을 받아야만 한다. 그리고 그들이 입회할 수 있다는 점을 발견하게 될 때, 신자 공동체는 그들을 명부에 올리게 된다.[36]

이 단계의 사람들, 즉 예비 세례자들(catechumenorum)은 두 등급으로 나누어져 있다는 것을 알 수 있다. 첫째 단계는 '경청자'(hearer)이며, 두 번째 단계는 '자격자'(competentes)이다. 경청자 단계는 1년 동안 견습 기간을 지내며, '예비 세례자의 모임'(missa catechumenorum)에 참여하여 교육을 받는다. 경청자들은 기독교 예배의 첫 번째 부분에 참여할 수 있다. 카테큐멘은 성직자나 평신도로 구성된 카테키시스트로부터 수업을 받아야 한다. 그들은(훈련 중인 그리스도인) 선을 베풀면서 함께 사역할 수 있었다. 견습 기간이 끝날 무렵, 주일 성만찬에도 참여하지만, 성서읽기와 설교만 들을 수 있었다. 말씀의 '경청자'의 영적 생활과 실제 생활을 조사하여, '자격을 갖춘 자'로 인정한다. '자격자'가 되면, 세례를 위한 마지막 준비 단계에 들어가게 된다. 이것은 사실상 예비 세례자의 도덕 심사가 되었다. 로마의 히폴리투스 (Hippolytus of Rome)가 보고했던 것처럼, 카테큐멘 단계의 최종 목표는 그들이 입회 승인을 허락받기 위함이며, 이를 위해 특별히 도덕과 삶의 스타일을 '검증'하는 것이다.[37]

쿰란 문서는 요세푸스(Flavius Josephus)가 서술했던 글이 완전하다는 것을 말해 준다. 청원자로부터 견습까지의 이행(移行)이 전체 공동체의 승인을 필요로 했다는 점은 특이하다. 2년 동안의 견습 기간의 수련을 마친 후에, 그들이 세례 받을 수 있는지에 대한 여부를 기독교 공동체 구성원들의 의견에 의해 좌우되었다. 여기서 통과된 사람들은 세례 후보자로 한 차원 높은 단계로 이행하는 것이다.[38]

4) 안수와 엑소시즘

카테키시스에는 카테큐멘을 신앙적으로 가르치고 결단하도록 돕기 위해 안수와 엑소시즘을 행하였다. 그들은 이 행위를 '공동체 축제 동안 일반적으로 아침에 일하기 전에 있던 곳'에서 실시하였다. 카테큐멘은 특별한 그룹이나 공동체의 완전한 구성원이 아니었지만, 그들은 이미 교회에 속해 있었기 때문에 회합에서 특별한 장소에 앉아 있도록 지정을 받았고, 신실하게 말씀의 의식에 참여하였다.[39] 그러나 카테큐멘은 평화의 키스를 나누지 못했지만, 공동체는 그들을 위해서 마지막 의식 순서에 카테키시스트들이 그들을 위해서 안수와 특별한 기도를 실시하였다. 이 행위는 카테큐멘을 위한 엑소시즘(exocism)이었다.

엑소시즘을 행하는 이유는 그들의 신앙과 삶이 확연하게 기독교적 삶에 정착하는 데 방해되는 유혹과 미련을 쫓아 버리는 것이다. 카테큐멘은 기독교 공동체의 구성원이 되기 위해서 숫한 '신앙적인 투쟁'을 엑소시즘 행위를 통해서 보여 준다. 그들이 이제 "신앙을 가지고 말씀을 듣는다"면, 삶과 신앙이 순수하다는 것이 명백할 것을 알 수 있다.[40] 이에 대해서 『헤르마스의 목자』(the Shepherd of Hermas)에서는 이 점을 다음과 같이 강조하고 있다.

> 하나님의 말씀을 듣고, 주님의 이름으로 세례를 받기를 원하는 사람들. 그들이 오직 진리를 요구하는 성결을 기억할 때만이, 그들의 마음이 변화되고, 다시 악한 마음으로부터 돌아설 것이다.[41]

엑소시즘 의식은 크게 두 가지 형태가 있다. 즉 세례 이전에 실시하는 엑소시즘과 세례 이후에 실시하는 엑소시즘이다. 세례 이전 엑소시즘(pre-baptismal exorcism)에서 중요한 것은, 후보자들을 위하여 세례를 준비하는 일에 개인적으로 도움이 될 수 있도록 하며, 그들에게 목회의 살아 있는 요소를 공급해 주는 것이다.[42] 세례 이전의 엑소시즘을 위해서 며칠간 의식적으로 준비 기간을 정했다. 이것은 이미 1세기 말에 시리아의 관습이 되었는데, 그것에 대하여 『디다케』(Didache)는 다음과 같이 진술하고 있다.

> 세례를 실시하기 전에, 세례 받은 사람들과 세례를 받는 사람들과 세례를 받을 수 있는 사람들에게 준비하게 하라. 그리고 너는 하루나 이틀 동안 세례 받는 사람들에게 엑소시즘을 할 수 있다.[43]

세례 준비 기간에 실시하는 안수와 엑소시즘에 참여하는 것은 일회적인 행위가 아니라 세례받기 전후에도 매일 지속적으로 실시하였다.

초기 기독교 공동체에서 안수는 성유(聖油)를 사용하는데, 이것은 기름 부음을 받으신 분의 행위를 상징한다. 안수의 과정은 엑소시즘과 함께 카테키시스에서 중요한 자리를 차지하고 있다. 그것은 안수 행위 자체가 성결, 정화, 그리스도인으로서 정결함을 상징하는 것이다. 입문의식에서 안수 과정의 필요성에 대해서 요한 부제(John the Deacon)가 500년경에 세나리우스(Senarius)에게 설명한 내용을 통해서 자세하게 알 수 있다.[44]

> '카테키시스'는 가르침을 위한 헬라어이다. '카테큐멘'의 머리에 손을 얹어 축복함으로써 교회의 사역을 통하여 가르치는 것이다. 즉 이 일을 통해서 그는 누구이며 무엇을 할 것인지를 알게 된다. 다른 말로 표현하면, 그가 거룩하게 되도록 요구받는 존재가 되고, 그가 불의로부터 의로운 존재가 되도록, 마지막으로 종 된 존재가 아들이 되게 하는 것이다. 또 이 일은 첫 번째 어버이가 그를 파멸로 이끌었던 사람이었지만, 두 번째 어버이의 선물로 회복되도록 하고 아버지의 유산을 상속받는 자가 되기 위한 것이다. ⋯ 또한 모든 육체가 소금으로 건강을 지키는 것을 의미하는 소금의 축복을 받는다. 그래서 이 세상의 물결 속에 흠뻑 젖고 나약해진 마음이 하나님의 말씀의 지혜와 설교를 의미하는 소금과 같이 된다. ⋯ 자주 손을 얹어서 창조주의 축복을 받음으로 이것을 성취하게 된다. ⋯
> 45)

카테키시스는 공동체의 구성원으로 형성되기 위하여 가르치는 행위와 사역과 엑소시즘은 카테큐멘의 신앙적인 '투쟁'은 그들이 새로운 삶을 살려고 노력하는 네 유혹과 반목(反目)에서 극복할 수 있도록 가르치고 양육하는 교육과 목회의 행위라 할 수 있다.

5. 세례의식

교회에 입교하려는 새신자들에게 세례 성례전을 바로 허락하지 않았다. 그들이 세례를 받을 수 있는지에 대해서 확인하는데 그것은 그들의 삶과 신앙에서 '진실된 회심'을 검증받는 것이 우선이었다. 즉 교회는 세례 성례를 수여할 수 있다는 확증이 있을 때 세례 행위에 참여하도록 했다.

세례의식에는 두 부분이 있었다. 피셔(Lukas Vischer)가 초기교회 카테키시스의 세례의식에 대해서 말하는 것을 보면, 1세기의 세례가 두 부분으로 되어 있다는 것을 알 수 있다. "물에 침수하는 것과 그 후에 의식을 베푼다는 것이다. … 첫 번째 부분은 죄의 용서이며 …, 두 번째 부분은 신뢰나 확증으로 구별된 과정을 통해 진행되었다."[46] 두 과정으로 구별한 것은 카테큐멘이 엄격한 카테키시스의 과정에 들어와서 계속적으로 하나님의 말씀에 순종하고, 공동체의 구성원으로 살아가도록 가르치기 위한 것이며, 이 모든 과정은 점진적으로 그들이 세례의 성례전에 참여하면서 신앙적 형성과 고백을 할 수 있도록 돕는 것이다.[47]

비셔가 말하는, 카테큐멘에게 행하는 세례의식 이전에 실시하는 '죄의 용서'와 세례 이후에 실시하는 '확증'은 구별되어 있다. 세례 이전 의식은 죄의 사면과 씻김의 의미가 있다면, 세례 이후 의식은 신앙을 확증하는 견진이다. 카테키시스는 '용서와 확증'을 중심으로 점진적으로 발전되었다는 것을 알 수 있다. 그러나 이 두 의식은 단절된 행위가 아니라 '죄의 용서'를 의미하는 세례의식 과정(세례 준비와 세례의식)과 '신앙의 확언 과정'(세례 이후 의식)이 연속적으로 일어났었다.

카테키시스는 세례 이전과 이후의 프로그램이 다르게 진행되었다는 것을 알 수 있다. 세례를 중심으로 세례 전후에 실시하는 프로그램이 연속적이면서도 차별 있게 이어졌음을 알 수 있다. 세례 전후의 카테키시스는 중세 초기에 이르러서 세례와 견진례(堅振禮)로 분화되기 전까지 하나의 체제로 운영되었다.[48] 즉 중세 이전에는 하나의 카테키시스 체제로 집행되었지만, 중세 초기가 되면서부터 세례의식, 견진례, 첫 성만찬 형태로 세분화되었다.

초기 기독교 공동체에서 실시한 세례의식은 크게 세례 준비를 위한 세례 전야의식과 세례의식으로 구분하여 논의할 수 있다.

1) 세례 전야의 가르침과 의식

세례 준비를 위한 카테키시스는 세례 전야의 준비 가르침과 세례 준비 의식으로 나눌 수 있다.

(1) 세례 준비 가르침

핀(Thomas M. Finn)은 초기 기독교 공동체는 세례교육과 실천을 잘 진행하였다고 말한다. 이때의 가르침과 실천은 "일반적으로 카테키시스라는 종교교육을 통해서 신실하고 세례 받을 사람들을 위해서 특별히 엄격한 한 형태로 진행되었다."[49] 그리고 특별한 곳에서는 설교와 찬송과 교회 규정집[50]의 낭독이 있었다. 이러한 입문교육을 뒷받침하는 물증이 이탈리아와 북아프리카에서 있었다. 북아프리카의 '세례에 관한 논문'과 동시리아와 이집트의 '격언 모음집'에서 그 내용들을 발견할 수 있다. 이 자료들을 통해서 알 수 있는 것은, 세례는 기독교 공동체를 지속하기 위한 '입문 행위'로 간주하고 있다. 또한 이 자료들은 세례 가르침과 행위를 통해서 선조들의 신앙과 전통을 각 세대로 '전승'해 주는 것이라 할 수 있다.[51]

초기 기독교 공동체는 그 시작부터 세례 공동체가 되었다. 어거스틴은 세례를 '신앙의 성례전'이라고 불렀고, 곧 '생명의 길'로 이끄는 것이라고 믿었다.[52] 성서에서 제공하고 있는 처음 기독교의 설교에서도 "주께서 내게 생명의 길을 알려 주셨으니, 주님 앞에서 나에게 기쁨을 가득 채워 주실 것이다 하였습니다."(행 2:28, 표준새번역)라고 하였다. 이 문구에서 '생명의 길'이라는 표현을 볼 수 있다. 이 표현은 초기 기독교 공동체에서 흔히 사용하는 단어로 카테키시스의 형태로 추정할 수 있다.

세례는 단순히 기독교 공동체에 들어오는 것만을 목적으로 삼는 것이 아니다. 오히려 그들이 교회 공동체에서 함께 어울릴 수 있도록 그 공동체의 감각을 익히도록 돕는 입문교육이 필요할 것이다. 그들은 신앙 공동체를 소개해 주고 특별히 새로운 소속감을 강하게 느낄 수 있도록 도왔으며, 그들에게 이중적인 요구를 감수할 수 있도록 지침을 주었다. 즉 그들은 그들이 속해 있는 교회에게 요구할 수 있고, 반대로 교회가 그들에게 요구할 수도 있다.[53] 이러한 상호 요구는 세례교육과 세례의식이다. 세례교육은 교회가 그들에게 가르침을 통해서 요구하는 것이고, 세례는 그들이 교회로부터 받는 특혜다. 따라서 세례의 가르침과 의식은 초기 기독교 공동체 입문자들에게 중요한 관문이며, 카테키시스의 특징이라 할 수 있다.

세례 준비교육은 세례 인증(認證)[54]을 위한 강의 요목(要目)이 있었는데 그 내용은 4세기부터 거의 변함 없이 '니케아 신조'였다. 요목을 가르치는 카테키시스트(항상 주교가 실시했다.)는 세례 이전에 구두(口頭)로 신조의 내용을 간략하게 전하였다. 이 의식을 "traditio symboli"(신조를 전해 주다.)라고 불렀는데, 그때 가끔 긴 항목은 간략하게 해석하기도 했다. 세례를 받을 때가 가까워지면 신조를 기억할 수 있도록 도왔고, 때때로 의식의 한 부분으로 공적인 자리에서 신앙고백을 하도록 요구하였다.(redditio symboli, 신조의 회답)[55]

(2) 세례 준비의식

카테키시스의 과정은 세례를 준비하는 사람들이 카테키시스 교수를 통해서 점진적으로 신앙의 증진을 돕는다. 듀자리어(Michel Dujarier)는 "카테키시스는 점진적으로 신앙을 발전시킨다."고 하면서, 이 신앙은 세례를 통해서 배우게 된다고 하였다. 그 내용을 다음과 같이 소개하고 있다.[56]

세례를 받는 순간, 그 사람의 신앙은 성령의 가르침을 받는다. 새로운 카테큐멘이라고 말하는 사람의 몸은 아직 그리스도 안에서 '작은 사람'에 불과하다. 그러나 사도가 성령에 의해서 신앙을 지니고 있는 사람들에게 성령의 이름으로 세례를 준다. … 카테키시스에 참여한 사람들은 [세례의] 정화를 받는다.

세례 준비의식은 세례 자격의 검증과 보증, 포기와 준비의식이 있는데, 그 내용은 다음과 같다.

① 세례 자격의 검증과 보증

초기 기독교 공동체에서 기록한 많은 문서에서 가르침을 받은 카테큐멘만이 다음 과정인 세례의식에 참여할 수 있다고 하였다. 그러나 세례의식에 들어가기 전에 먼저 그 사람의 신앙과 삶에 대한 검증을 받아야만 하였다. 세례 이전에 실시한 검증 이야기는 고넬료의 세례 이야기(행 10:1-11)에서 확연히 보여 주고 있다. 이 이야기는 1세기 말에 기록되었으며, 초기 카테키시스에서 행하였던 '세례의 과정'이 있었다는 것을 제시한다.[57]

먼저 서론적인 항목으로, 그 과정에 대한 다양한 상황을 묘사하고 있다. (행 10:10, 17, 25) 이것은 베드로가 세례를 베풀기 전에 베드로에게 일어났던 일에 대한 것이다. 그 후에 전통적으로 질문자의 권위 있는 전통적인 질문으로 접근하였는데, "당신은 무슨 일로 왔느냐?"(행 10:21, 29)라고 묻는다. 세례 후보자인 고넬료는 "의인이며 하나님을 경외하는 자"(행 10:22, 30)를 의미하는 것으로 대답한다. 대답은 카테키시스를 에 참여할 수 있도록 허락해 달라고 부탁하는 것이다.

다음 단계는 세례 후보자가 보증을 받아야 한다. 보증은 세례 후보자의 후원자나 다른 사람이 지원해 주는 것이다. 그런데 고넬료의 경우는 보증을 해 주려는 사람이 없었다. 고넬료가 세례를 받으려고 했지만, '6명의 신도'가 호의를 베풀려고 하지 않았다. 이때 하나님 자신이 증언을 마련해야 할 필요가 있어서(행 15:8), 그의 성령을 공동체에 보낸 것이다.(행 10:44, 11:15) 그 보증은 천사의 증언(행 10:4, 31), 3가지 발문(행 10:22), 유대 공동체(행 10:22)의 보증으로 나타난다. 그리고 집으로 들어가는 장면이 나오는데, 이 것은 카테키시스에 입회할 수 있다는 승인을 받는 것(행 10:23, 27)으로 해석할 수 있다.[58]

고넬료 이야기는 초기 기독교 공동체가 세례를 베풀 때, 먼저 검증을 받아야만 한다는 것을 잘 보여 주고 있다. 카테큐멘으로서 결격 사유에 대하여 더 이상 논의의 여지가 없다는 것을 확인한 후, 공동체는 그에게 세례를 베풀도록 결단한 것이다.(행 10:44-48) 그리고 성인이 아닌 어린아이에게 세례를 주기 위해 시문(試問)을 할 경우를 위해서 지침을 하고 있다.

> 그들은 처음에 작은 어린이들에게 세례를 베풀어라. 그 자신을 위해서 대답할 수 있다면, 대답하도록 하라. 할 수 없을 때 그들의 부모나 그들의 가족이 대답하게 하라.[59]

아이의 경우에는 자신의 신앙을 시문할 능력이 없다고 판정하고, 그들을 위한 보충교육을 시도하였다. 보충교육은 복음을 가르치고 신앙고백을 확인할 수 있도록 가르쳤다. 그리고 나서 어린이들이 부활절에 세례를 받게 하였다.[60]

② 포기와 준비의식

이 단계는 세례 후보자들이 과연 어떤 신앙적 입장을 갖고 있는지를 확인하는 것이다. '포기'는 세례 후보자가 공식적으로 사탄의 유혹을 이겨낼 수 있는지, 비신앙적인 개인적인 일을 '포기'한다는 고백이 있는지를 검증한다. '포기'(renunciation)는, 북아프리카에서는 엄격하게 실시했는데, 세례 이전 한 주간부터 포기를 위한 조사를 시작하고, 이때부터 세례의 시작을 뜻한다고 할 수 있다.[61] 포기와 헌신의식은 초기 기독교의 확신을 극적으로 전개한 것이다. 일반적으로 의식 과정을 통해서 세례 후보자들(catechumens)이 점차적으로 옛 삶의 방식의 강한 힘을 무너뜨리고 새로운 방식을 수용하기 위한 자유를 획득하는 것이다. 여기에는 틀에 박힌 것은 하나도 없으며, 자동적인 과정도 없었다는 것을 알 수 있다. 이 말은 조사를 회피하거나 포기하는 일을 회피하지 못하게 하였다는 것이다.[62]

만약 세례 후보자들이 확실하게 사탄의 유혹은 비신앙적인 개인생활을 포기하겠다는 결단이 서게 되면, 그는 공동체의 가르침을 받도록 허락을 받는다. 이것은 하나님의 계명과 형벌이 미래의 개종자뿐만 아니라 지금 과거의 행실을 포기하는 사람들에게 연관된다는 것은 알게 되고, 그들을 위해서는 둘 또는 세 가지의 증언이 제시되면, 그는 세례를 받게 된다.[63]

> 만약 그가 받아들여지면, …그는 세례를 받는다. 그리고 나서 두 명의 식견이 있는 사람이 그의 곁에 서 있어야 하며, 최소한 몇 가지의 내용과 주요한 계명을 일러주어야 한다. 그가 침수로부터 나오게 될 때, 그는 모든 점에서 이스라엘 사람으로서 대우를 받게 된다.[64]

세례 준비 의식은 부활절의 성주간(Holy Week)이 시작되기 전 토요일부터 시작되었다. 대주교는 제단 뒤쪽에 있는 성가대 뒤쪽에 자리 잡았으며, 감독이 세례 후보자들에게 충고하고 나서 후보자는 한 사람씩 그에게로 걸어가서 신조를 암송한다.[65] 그리고 감독은 다음과 같이 세례 후보자들에게 충고한다.

> 여러분은 7주간 동안 완전한 성서의 율법의 가르침을 받았다. 여러분은 신앙과 몸의 부활에 대해서 들었다. 카테큐멘으로서 여러분이 할 수 있는 신조 내용의 모든 것을 배웠다. 세례 그 자체에 대한 가르침은 더욱 신비로운 것이며, 여러분은 카테큐멘으로 있을 때는

그것에 대해서 들을 권리는 없다. 결코 그것을 설명해 줄 것이라고 생각하지 말라. 여러분은 세례를 받은 후에 부활절 기간의 8일간 그 모든 것을 들을 것이다. 그러나 여러분이 카테큐멘으로 있을 동안에는 하나님의 심오한 신비를 말할 수 없다.[66]

이러한 충고는 세례의 신비를 위해서 언급하는 것이다. 세례 준비에 대해서 아주 엄격하여, 세례 받을 날을 선정하였을 때부터 그들에게 매일 안수를 받게 하고, 매일 엑소시즘을 하도록 되어 있다. 세례 받을 날이 가까우면, 감독 자신이 그들이 순수해질 수 있도록 그들 각자에게 엑소시즘을 행한다. 그런데 만약 순수하지 않은 사람에 대해서 다음과 같이 말하고 있다.

그들이 신앙으로 가르침의 말씀을 듣지 않았기 때문에 다른 쪽으로 보류해 두라. 왜냐하면 악과 이상한 영이 그에게 남아 있기 때문이다. 세례 받을 사람은 50일 동안에 그들 스스로 정결하게 하도록 가르쳐라. 또 만약 어떤 여자가 생리 중이라면, 그녀를 따로 두어서 다른 날에 세례를 받도록 하라.[67]

북아프리카에서는 예비 세례자들이 부활절에 세례를 받기 전에 주일에 배로 모여 있는 회중들 앞에서 신조를 '고백'하는 것이 관례였다. 예비 세례자들은 세례 준비를 생각하면서 여러 날 동안 공동체 금식의식에 참여한다.[68] 이러한 명백한 입문의식의 행위들은 신념 있는 신앙이 있다는 것을 보여 주며, 세례의 총체적인 부분으로 간주하는 관습이 되었다.

3) 세례수와 세례반(洗禮盤)

이방인들이 유대인이 되는 완전한 과정은, 급속한 변화를 강조하는 가르침의 중심을 제시하고 있다. "이교로부터 유대주의로 회심하는 것은 새로운 삶, 즉 죽고 나서 다시 살거나 새 탄생"이라는 견해는 탈무드에서 확고하게 입증되고 있다.[69] 새로운 탄생을 위한 세정식(洗淨式)은 큰 의미가 있다. 개종자의 세례의식은 후기 유대주의에서 실시한 기본적인 세정식 진행 과정을 많이 따랐다. 세례에 사용될 세례수는 오늘날처럼 최소한 물 몇 방울을 뿌리는 것이 아니라, 물에 완전히 잠기는 목욕(tebilah)을 의미하였다. 최초에 기록된 세례 문서(baptismal document)인 『디다케』는 세례에 대해서 언급하면서 세례에 사용될 물은 흐르는 '생수'(living waters)를 사용해야 된다고 언급하였다.[70] 물의 종류는 의식용으로 가치가 매우 높은 물이어야 한다. 초기교회가 세례에 사용될 물을 엄격하게 지정하였다. 물을 전술한 바와 같이 그 물은 진흙 물, 빗물 모은 것, 40개로 봉한 그릇에 담은 물, 샘물, 소금기 있는 물이나 온천수, 시냇물이라 강물처럼 자연적으로 흐르는 물 등이다.[71]

세례수도 정하게 여겼지만, 세례를 베풀 장소도 중요하게 생각하였다. 초기 기독교 공동체에서 실시했던 카테키시스에 참여한 카테큐멘의 기독교 입문의식은 '시간의 과정'에 따라 정교하게 꾸며져 있다. 입문의식은 세례를 중심으로 하나의 축제처럼 전개되었다. 입문의식에서 세례는 기독교 공동체의 구성원으로 입문하는 목적을 이루기 위한 절정의 과정이라고 할 수 있으며, 카테큐메너트는 세례반(洗禮盤, baptismal font)에 들어가는 것이 그 목표가 된다.

세례반은 대부분 교회에 설치되어 있었는데, 일년에 한번 부활절 세례 때 사용하였다. 3세기경에는 세례반이 실내 욕조 시설로 개조되었고, 성만찬을 집행하는 방으로부터 떨어진 곳에 있었다. 모양은 정교한 십자가형과 8각형 또는 평평한 마루에 8각형의 돔형 구조를 띠고 있었다. 4세기 이후가 되면서 교회에서 세례반 시설에 관한 공식적인 규정을 내렸다.

4) 세례의식 순서

세례는 대체로 부활절에 많이 실시하였다. 세례는 아무 때나 일어날 수 있지만, 주의 수난이 극에 달했으며, 우리가 세례를 받는 부활절이 적절하다고 했다. 그때는 부활절 후의 50일간의 특별한 축제로 지정되었으며, 오순절 동안 세례를 수여할 수도 있었다.[72]

세례를 위한 입문의식은 지역과 시대마다 다르다는 점을 감안한다면, 정확한 세례의 과정을 묘사하기란 그리 쉬운 일이 아니다. 그러나 각 지역과 시대마다 기록된 자료를 통하여 대체로 다음과 같이 세례의 단계를 진행했다는 것을 알 수 있다.

(1) 세례 이전의 의식

세례의식은 세례 이전부터 시작된다고 할 수 있다. 세례 이전의 의식도 세례의식만큼이나 중요하다. 세례 이전의 의식은 전술했던 안수(Handauflegung), 엑소시즘(Exorzismus), 성서읽기로 이어지는 의식이다. 히폴리투스는 그 장면을 다음과 같이 묘사하고 있다.[73]

> 안식일에 감독이 세례 받을 사람들을 한 장소에 모아서, 그들에게 기도하고 무릎을 꿇게 할 수 있다. 그의 손을 그들에게 얹어서 모든 악령을 쫓아낼 수 있다. … 앞으로는 악령이 결코 그들에게 돌아오지 않도록 하여라. 감독이 엑소시즘을 마쳤을 때 그들의 얼굴에 입김을 불어넣고 그들의 이마와 귀와 코에 성호를 긋고 나서, 그들을 일으켜 세우게 한다. 그리고 나서 그들에게 성서를 읽고 가르치면서 밤이 새도록 한다.

시리아 교회(Syrian Church)의 경우에는 세례 이전에 안수와 엑소시즘은 있었지만, 세례 이후의 안수가 없었다.[74] 4세기의 크리소스톰(John Chrysostom)은 안디옥의 의식에서 세례 후에는 안수가 없었으며, 세례를 베풀 때 '물과 사제의 손을 통하여' 성령이 물 안으로 내려왔다는 것이 나온다고 하였다. 다른 지역의 교회에서는 감독이 세례 받은 사람에게 안수를 하고, 그들의 손 위나 발을 씻기는 곳에 십자가의 표시를 하였다.[75]

(2) 세례의식

시리아 교회에서 실시했던 세례의식 행위에 관한 자세한 내용은 다음과 같이 소개되고 있다.

마지막 세례 준비의 날의 가르침과 철야기도 후에, 세례 받을 사람들은 부활절 아침 새벽이 되기 전에 세례 받을 물이 있는 곳으로 간다. 물은 집 바깥이나 안에 있을 수 있고, 흐르는 물이 적당하다. 후보자들은 모든 옷과 장신구를 곁에 두고 물속으로 들어간다. 때때로 서쪽으로 방향을 향하는데, 예비 세례자들은 모든 이방신을 향한 충성 — 사탄! 그의 노력과 허영 — 을 단념한다는 것을 의미한다. 그리고 나서 동쪽으로 방향을 돌리고, 세 가지 질문을 받는다. 그것은 사도 신경에서 나온 것을 세 가지로 세분화시킨 것으로, "당신은 전능하신 아버지이신 하나님을 믿습니까? … 그분의 독생자이신 예수 그리스도 안에 있는 주님을 믿습니까? … 성령과 교회와 영생을 믿습니까?"이다. 예비 세례자들은 "나는 믿습니다."라고 대답한 후에, 그들은 세례를 받을 수 있게 된다. 종종 이 부분의 의식은 장로들에 의해서 진행될 수 있다. 또한 여자 집사나 여성들도 여기에 참여할 수 있다. 그런데 교회는 세례 받을 때 나체를 주장하기도 했지만, 그 일 때문에 추문이 없도록 하였다. 스스로 대답을 못하는 어린아이의 경우에는 그들의 가족과 함께 세례를 받게 했고, 다른 사람이 대신 대답하기도 했다.

『로마의 신품(神品)』(Ordo Romanus)에는 부활절 축일 전야에 '촛불의 축복'(blessing of the candle)으로 시작하여, 그 다음날인 부활절 당일에 해당되는 과목을 배우게 한다고 되어 있다.[76] 『갈레시아의 성례전』(Gelasian Sacramentary)은 철야기도 시간에 기도를 하고, 그 다음에 구약성서의 내용을 중심으로 수업을 한다.[77] 그리고 연도(連禱)로 노래할 때, 감독과 성직자와 예비 세례자들이 세례 받을 장소로 나아간다. 감독은 거룩한 목적을 완수할 수 있도록 하나님께 성령의 권능을 보내 달라고 간구하고, 세례반의

물을 신성화시킨다.[78]

(3) 동시리아와 아르메니아의 세례의식

'입문의 예배의식'의 첫 번째 형태는 동시리아와 아르메니아의 예배 자원인 '토마스'의 시리아 행전인 *Didascalia Apostolorum*과 *Armenian Ordo*(3세기에서 5세기까지 마지막으로 편집되었다.)에 나와 있다.[79] 세례 순서는 이러한 문서의 초기 단계에서 드러났다. 그것은 다음과 같이 요약할 수 있다.

첫째, 머리에 올리브 기름(meshha)으로 '안수'한다. 4세기 기록 자료에는 물에 목욕하기 전에 머리에 '구세주'의 이름으로 안수하고, 몸 전체에 안수하는 치유법과 기름으로 행하는 공식적인 축복이 예배에서 시작되었다는 내용이 첨가되었다. 이러한 부분은 지중해 해안을 따라 헬라어로 말하는 교회에 영향을 주어 나중에 첨가된 것으로, '성유'(chrisma)[80]를 담은 물에 목욕하고, 다시 안수를 했을 것으로 보인다. 첫 번째 안수는 rushma(표시하는 것)라고 부르며, 나중의 것은 성유(聖油)를 가지고 hatma(인증하는 것)의 의미로 안수하는 것이다.[81]

둘째, 삼위일체의 이름으로 세 번 물에 침수한다. 다른 자료에는 부활절 새벽에 세례 후보자들이 세례를 받기 위해서 세례반으로 나아가는 과정을 묘사하고 있다. 후보자들은 (무덤에 묻힌 예수의 3일을 상징하는) 세 계단 아래로 내려와서 모자이크로 장식되어 있는 세례장(洗禮場)으로 들어가서, 흐르는 물 속에서 세 번 침수한다. 그들이 물에서 나왔을 때, 다시 세 계단을 올라가서 옷을 입는다. 그리고 나서 감독과 세례자들은 그들의 세례를 서로 확증해 줄 수 있는 성만찬 방으로 들어간다.[82]

셋째, 성만찬 방에서 세례 받은 자와 함께 '성만찬'에 참여한다.[83] 성만찬은 집전자(執典者)가 감사의 기도를 하기 위해서 빵과 포도주를 식탁으로

가져온 다음에 평화의 키스로 시작된다.[84)

(4) 동시리아와 그레코 라틴 서부

동 시리아와 그레코 라틴 서부의 세례에 관한 원래 형태에 대해서 언급하고 있다. 5세기에 '유아세례'는 더욱더 일반적으로 실천되었고, 다소 비공식적으로 세례와 입문의식을 진행하였다. 그럼에도 불구하고 전통적인 카테큐메너트 실천의 흔적은 밀라노의 암브로스와 히포의 어거스틴(d. 430)의 가르침과 강론에서 찾아볼 수 있다. 특히 어거스틴은 중세의 카테키시스의 전통을 유지했으며, 카테키시스트가 구원의 역사를 탐구하는 질문자를 위하여 기본적인 방법과 기술을 제안하였다.(De catechizandis rudibus) 가장 간략한 형태로 기독교 교리의 본질을 요약해 달라는 요청에 대한 대답으로 기록된 '안내서'(Enchiridion)는 우리에게 잘 알려진 '믿음, 희망, 박애'(Faith, Hope, and Charity)를 썼다. 그는 "우리가 무엇을 믿어야만 하는 것, 우리가 희망해야 하는 것, 우리가 사랑해야만 하는 것"을 설명하기 위하여 세례의 신조, 주의 기도, 사랑의 이중적 계명을 세 가지 다른 부분으로 나누어 집필했다. 이 자료는 현대의 많은 카테키즘이 이러한 세 가지로 나누어진 분류 자료로 계속 사용하게 된 근거가 되었다.[85)

입문 예배의식의 다른 형태는 좀더 서쪽지역 교회에서의 기록한 저스틴의 『첫 번째 변명』(First Apology)에서 알 수 있다. 히폴리투스의 『사도의 전통』(Apostolic Tradition)과 터툴리안의 『세례에 관하여』(On Baptism)에서 후대 세대에 대한 견해를 언급하였다. 『변명』(Apology, c. 150)과 『사도의 전통』(Apostolic Tradition, c. 215)은 헬라어를 사용하는 로마교회와 관련이 있다. 카르타고의 라틴어를 사용하는 교회의 『세례에 관하여』(On Baptism, c. 200)는 이미 언급된 시리아 문서보다 먼저 기록되었거나 동시대의 작품이라고 생각된다.[86)

세례를 베푸는 카테키시스의 과정은 가르침만 행하는 것이 아니라 예전과 연결되어 있다. 카테키시스는 예비 세례자들을 위한 교육뿐만 아니라, 세례 받은 자를 위한 방향으로 발전되었다. 그 이유는 이교의 가르침에 오염되는 것을 막기 위한 호교적(護敎的) 요청에 의한 것이다. 그것은 영지주의 사상에 대하여 기독교 신앙의 진리가 무엇인지를 교회 신앙생활과 기독교 선교적 차원에서 밝혀야 할 필요성이 대두된 것이다.[87]

5) 세례 이후와 공동체 축하의식

처음 교회 규범집인 『디다케』는 세례 이후의 의식과 가르침에 대해서는 언급하지 않았다.[88] 2세기 후반의 로마 문서는 교회 장로가 의식을 진행하면서 세례 받는 사람들에게 인사하기 위하여 세례반으로 나왔다는 기록이 있다.[89] 이것은 초기교회의 세례 이후의 의식이 있었다는 것을 말하며, 그리스도와 그의 백성에게 들어가는 것을 의미하는 의식이라는 것을 알 수 있다. 세례의식은 단순히 세례의식으로만 끝나지 않았다. 세례 준비교육, 세례의식, 세례 이후의 의식과 가르침이라는 일련의 과정이 연결되었다.

따라서 카테키시스의 과정은 세례만 행하는 하나의 성례전이라기보다는 '기독교 공동체의 구성원으로서의 신앙 여정'이라고 할 수 있다. 이에 대해서 피셔(Lukas Vischer)는 세례의식을 세례 후속 프로그램이 연결되었다는 점을 다음과 같이 주지하고 있다.[90]

> 우리는 『사도의 전통』(traditio apostolica)에 나오는 세례 규범에서 교회 감독이 세례자를 물에 침수하는 세례의식을 집전하였다는 것을 읽었다. 감독은 그의 손을 세례받는 사람에게 올리고, 하나님의 자비가 그에게 있기를 기원하며, 그에게 십자가의 성호를 긋는다. 그래서 우리는 1세기에 세례는 두 부분이 있다는 것을 알 수 있다. 즉 물에 침수하는 것과 그 후에 의식을 베푼다는 것이다. 첫 번째 부분은 주로 죄의 용서를 표명한다. 두 번째 부분은 '신뢰'(consignatio) 또는 '확언'(confirmatio)으로 세례에 성령의 은사를

강조하는 것이다.[91]

피셔의 지적은 세례 이후에도 의식을 계속 진행했다는 것이다. 그것은 세례의식과 성만찬의 종교적 중요성을 인지시키는 것이며, 기독교 신앙에서 '카테키시스의 신비'(mystagogical catechese)를 전하는 것이다. 세례 이후의 교육(postbaptismal instructions)은 초기 기독교 세례의 의미를 발견하게 된다. 이것은 초기 기독교의 신학이 상징성과 깊은 관계가 있다는 것을 암시한다. 특히 세례는 교회의 다른 절기보다는 부활절에 실시했던 세례와 세례 이후에 교육을 진행했다는 것을 인지할 수 있다. 고대교회가 실시한 세례 이후의 과정, 특히 세례의식을 신비한 의식으로 실시하였다. 교회는 이미 그 전부터 만연했던 '예전적 드라마의 의미'[92]에 친숙했으며, 교회 입문자들도 그것을 이해했다고 볼 수 있다.

대부분 많은 교회에서 세례받은 사람은 물에서 나와서, (초기에는 세례 후보자들이 흰색 긴 웃옷을 받아서 입고) 사제들은 항상 그들의 몸 전체에다 안수를 했다. 세례 이후의 안수는 성령의 의미가 담겨 있는 성유(聖油)로 집행하였다.

히폴리투스의 『사도의 전통』[93]에 따르면, 처음에 그들은 그리스도의 이름과 성유(聖油)로 안수를 받았다. 그들의 몸이 다 마르고 나면 다시 옷을 입고 교회에 들어가게 된다. 그때 감독은 세례자의 손에 안수하고, 죄의 세례의 사면(赦免), 재탄생, 은혜에 대하여 기도한다. 그리고 나서 각자 포용하고, 그들의 머리에 기름을 부으면서 축복하며, 이마에 십자가의 성호를 그리고, 키스하면서 포용한다. 새롭게 세례를 받은 사람들은 회중과 함께 기도를 하고, 평화의 키스로 환영을 받으며, 처음으로 성만찬에 참여하면서 축하를 받는다. 즉 안수를 받은 사람들은 다시 스스로 옷을 입는다. 그리고 나서 그들은 처음으로 성만찬 집회로 안내되고, 평화의 키스와 사람들의 기도를 나눈다. 그들은 자신들을 위하여 제공하는 빵과 포도주를 준비하고, 그리스도의 몸과 피를 받는다.[94] 감독은 부활절 후에 며칠 동안 신조와 성례전의 의미를 가르친다.[95] 이 축하 잔치에서 교회 공동체는 그들에게 꿀을 섞은 우유컵(빵과 포도주를 첨가한)과 물 잔을 준다. 여기서 축하 잔치에 참여한 그들은 '첫 성찬식'(First Communion)의 신비를 감지하게 되며, 또한 여기에는 감독이 새롭게 세례 받은 사람들에게 곧바로 축하의식의 의미를 설명하는 설교가 포함되어 있다.

마지막으로 감독은 세례 받는 사람에게 "당신이 했던 일을 기억하시오. 나는 그 의미를 당신에게 설명하겠소."라고 말한다. 초기교회는 효과 있게 하기 위해서 설명을 추구했고, 어떤 경우에는 풍부하고 힘있게 설명을 요구하는 경우도 있었다.[96]

고대세계에서 기독교 세례의 실천은 물로 씻고 기름으로 안수하는 관습은 욕조를 정교하게 하는 관습의 영향을 받았다는 것이 의심의 여지가 없다.97) 이것은 왕권과 사제권(司祭權)을 뜻한다. 몇 명의 교회 교부는 안수를 세례 이후 행위라고 설명했다. 기름부음 받은 분(the Anointed One)이신 그리스도께서 말씀하시는 것이 세례 이후 행위라고 설명했다. 시릴(Cyril of Jerusalem)는 안수의 이미지를 그리스도와 연결하였는데, 세례 받은 그리스도인에게 '지금 당신은 그리스도'(christs, Christoi)[98]라고 선언한다.

세례 이후의 의식은 곧 세례의 확언(confirmatio)을 받는 것을 말하며, '확언'을 통해서 성령의 은사를 배우게 되고 세례에 대한 다짐의 의식을 하게 된다. 이것은 초기에 '한 가지 단순한 행위'였던 입문의식이 나중에 분화되어 오늘날 말하는 '견진례'(Confirmation)가 되었다.[99]

요약하면, 초기교회의 세례의식 과정은 하나의 입문의식으로 세례전 의식과 세례의식과 세례 이후의 의식으로 나눌 수 있다. 세례 이전의 의식은 예비 세례자의 세례 준비를 위한 가르침과 의식을 행하였고, 세례의식은 세례 자체의 거룩성을 제공하며, 세례 이후의 의식은 세례를 확증해 주는 가르침과 의식을 말한다. 이 의식들은 세례의식을 중심으로 세례의 신뢰, 세례 행위, 세례의 확증이라는 의미가 담긴 일련의 의식적 행위임을 알 수 있다.

6. 초기 카테키시스의 교수 자료

대주교 캐링톤(Archbishop Carrington)에 따르면, 초기교회에는 다양한 형태의 카테키시스 교수 자료(敎授 資料)가 있었다고 전언하였다.[100] 1세기 말부터 2세기에 카테키시스는 카테큐멘을 위해서 세 가지 종류의 교육 형태로 발전되었다.

첫째로 초보자와 예비적인 가르침으로 『디다케』(Didache), 『헤르마스의 목자』(the Shepherd of Hermas),[101] 이레네우스의 『사도적 설교의 논총』(Ἐπ ιδειξις τοῦ ἀποστολικοῦ κηρύγματος), 그리고 『데오필러스가 아토리쿰에게 주는 글』이다.

둘째로 예배 시간에 제시되는 교수 자료다. 카테큐멘(예비 세례자들)은 세례받은 사람들과 함께 성서 본문을 읽는 것을 듣고, 설교나 다른 형태의 구두(口頭)의 가르침을 받았다.

셋째로 유능한 선생님을 통해서 보다 정교한 가르침을 받거나 이레네우스나 저스틴 그리고 다른 2세기의 변증학자들의 작품을 읽는다. 180년경에는 유명한 카테키시스트의 저작물과 함께, 카테키시스를 제도화시킨 '카테큐메너트'(catechumate)가 탄생하게 되었다.[102]

먼저, 카테키시스 교수 자료 중에서 가장 비중을 차지했던 『디다케』에 대해서 살펴보자. 이 자료는 1875년에 발견된 초기 기독교 공동체의 문서로서 사도의 권위를 보여 주고 있으며, 이집트나 시리아의 소공동체(小共同體)

에서 1세기 때 시작되어 2세기 중엽의 것이며, 아마 전도자를 위한 소책자인 것 같다. 120년경에 기록되었다고 추정되기도 하지만,[103] 1883년까지 알려지지 않았던 초기교회의 규칙서로 가장 오래된 것으로 알려져 있는 있다.[104] 이 책은 사도의 권위를 숨기고 있는데 완전한 제목은 『열두 사도의 가르침』(Teaching of the Twelve Apostles)이며, 기독교 공동체의 조직, 윤리 규범과 가르침, 예전, 관습에 관련되어 있는 내용을 집대성하였다. 성례전, 미사경본(Missals), 시간의 책 그리고 같은 것은 그들의 중간 후계자 사이에 있다.

세례 후보자들이나 여러 이교도들이 그리스도인이 되기 위하여 공동체에서 디다케를 공부하게 되어 있었다. 첫 세기 말에 시리아에서 카테큐멘은 『디다케』[105]를 가지고 일정 기간 기독교 입문을 배우도록 전제되어 있었다. 『디다케』는 기독교로 개종한 이교도들을 위하여 헬라 분위기와 친숙한 '두 가지의 길'[106]을 중심으로 편집되었고, 초기 기독교 공동체는 헬라어를 사용하는 집단과 유다 디아스포라 사람들의 신앙적 가르침을 위하여 구술적 방법을 사용하였다. 이 교수 자료는 구약성서의 황금률[107]에 근거해 그리스도께서 하나님과 이웃에 대한 사랑의 법을 선포하고 있다. 이 책은 2세기 초엽까지의 초기 공동체의 생생한 모습을 보여 주고 있다.[108]

『디다케』의 1부(1-7장)는 세례의 가르침과 세례의 전례법규(典禮法規)가 담겨 있다. 2부(8-16장)는 금식, 주의 기도, 성만찬, 전도자, 공동체 지도자, 주의 날, 종말적 기도 등의 내용이 담겨 있다. 1부에서 '두 가지 길'(The Two Ways)을 중심으로 도덕적 교훈을 수집한 내용이 수록되어 있다. '두 가지 길'은 아마도 유대인들의 안내서에서 기독교 교회로 넘어온 것 같으며, 『디다케』에서 말하는 '두 가지 길'은 '생명과 죽음'을 말한다. '생명의 길'은 이렇게 시작한다. "이것이 생명의 길입니다. 여러분은 먼저 당신을 창조하신 하나님을 사랑하십시오. 그리고 두 번째로 여러분의 이웃을 당신의 몸처럼 사랑하라는 것입니다. …"[109] 생명의 길에서 제시하는 이러한 질문은 개종자를 위한 유대교의 가르침을 기독교화했다는 것을 알 수 있다.[110] '두 가지 길'에서 괄목할 만한 것은 그 안에 극도의 실용적인 표현이 나온다는 사실이다. '생명의 길'의 마지막 부분에 "… 여러분이 누구에게 선을 베풀 것인지를 알 때까지, 여러분의 자선금(慈善金)을 소중히 간직하십시오."[111]라고 실천적으로 제시한다. 그리고 '두 가지 길'의 마지막 부분과 산상설교의 구절에서 기록되어 있는 내용을 통해서 확인할 수 있다.

> 만일 여러분이 주님의 멍에를 온전해질 수 있다면, 여러분은 완전해질 수 있을 것입니다. 그렇지 않더라도 최선을 다하여 행하십시오.[112]

> 여러분은 감각적이고 육체적인 욕망을 버리기 바랍니다. 만일 누가 오른쪽 뺨을 때리면, 그에게 다른 쪽 뺨도 돌리시오. 그러면 여러분은 완전해질 것입니다. …[113]

이러한 실천적인 가르침은 아마도 어른뿐만 아니라 어린이들에게 주는 좋은 충고가 되었을 것이다. 『디다케』에 제시되고 있는 내용은 세례 후보자들 중에 어린이가 포함되어 있지 않았기 때문이다. 또 다른 곳에서는 노예나 종의 아들과 딸도 세례 받을 자로 포함되어 있기는 하지만, 신분적으로는 아직도 노예 그 자체로 말하고 있다.[114]

『디다케』는 다음 세대의 교사들이 해야 할 일을 몇 가지 종류를 보증해 주고, 교사의 직임을 감당하기 위하여 결정적인 질문에 대한 답을 생각하도록 규정하고 있다. 즉 신뢰할 만한 그리스도인의 행위는 무엇인가? 기독교 신앙을 가르치기 위한 믿음직한 메시지는 무엇인가? 가르치기에 모범적인 훌륭한 예언자는 누구인가? 가르치기 위하여 어떤 예전적인 말이 적당한가? 그리고 기독교 신앙을 양육하고 돌보기 위한 올바른 목회는 무엇인가?[115] 등을 구체적으로 제시해 준 책이라 할 수 있다.

둘째, 바나바의 편지와 성서다. 초기 기독교 공동체의 교육은 헬라문화의 바탕과 로마 정치 세상 안에서 발전되었다. 이러한 바탕은 카테키시스 교수의 또 다른 자료인 『바나바 서신』(Epistle of Barnabas)에 영향을 주었다. 이 문서는 '두 가지의 길' 형태의 문학 장르(genre)를 이루고 있으며, 아마도 유대교의 두 가지 문서에 기초를 두었다고 볼 수 있다.[116] 『디다케』와 『바나바 서신』이 기록된 지 몇 년 지나서 안디옥의 이그나티우스가 세례는 감독의 제안으로만 실시될 수 있다고 말한 사실을 발견할 수 있다.[117] 불행하게도 그는 카테키시스의 가르침에 대해서 구체적인 내용을 언급하지 않았다.[118]

초기교회에서 성서는 카테큐멘을 위한 좋은 교수 자료가 되었다. 성서를 듣고 배우는 일은 그들에게 좋은 교리를 인지할 수 있는 교수 내용이라 할 수 있다. 초기교회에서는 마태복음은 카테키시스의 좋은 교수 자료가 되며, 신약성서의 많은 내용이 '믿을 만한 교리'(authoritative doctrine)로 전수하였다. 그것은 '복음'(good news)으로서 그리스도를 통한 구원의 메시지를 담고 있는 것이다.[119] 3세기 중엽이 되면서 일반적인 카테큐멘(catechumen)을 위하여 거의 매일 교회에서 성서를 읽고 해석하였다. 예를 들면, 3세기 중엽의 케사르(Origen's Caesarea)는 카테큐멘이 세례를 받을 때까지 여러 해 동안 구약성서와 신약성서를 몇 가지 선택하여 듣게 했다.[120] 성서는 카테키시스를 통하여 신앙교육을 실시한 것은 신앙의 체제에 대한 가르침뿐만 아니라, 이단과 의견 차이와 불신의 출현에 대항하여 방어하는 합법화 작업이기도 하였다. 더욱이 처음 기독교는 그들의 신앙을 다른 사람과 나누는 데 종사하였고, 다른 사람의 복음이 항상 자신의 신앙을 강건하게 하는 가장 확실한 방법의 하나였다.[121]

7. 요약과 분석

우리는 초기 기독교 공동체에서 실시했던 카테키시스의 교수 과정을 살펴보았다. 카테키시스는 이교도에서 기독교로 개종하는 사람들에게 실시하는 신앙교육이었으며, 그들이 세례를 받고 기독교 공동체의 구성원으로 '형성'하기 위한 '입문교육'이었다.

이교도들이 먼저 기독교의 복음을 듣고 회개하면, 그들이 카테큐멘으로 교회 공동체에 등록하기를 원한다. 이때 교회는 먼저 시문(試問)과 검증을 통해서 카테큐멘으로 승인을 한다. 세례 준비 과정인 카테큐메네트는 첫째로 개종과 입회, 둘째로 예비 세례자 단계(견습 기간), 셋째로 세례의식, 넷째로 신앙의 확증 단계(세례 이후 의식), 다섯째로 성만찬 축하의식(공동체 축하의식)을 베풀었다. 이 과정은 지역과 시대마다 약간씩 차이점이 있기도 하지만 대체로 3년간의 과정으로 이어진다.

카테키시스의 과정은 단순히 입문자를 가르치는 차원으로 끝나지 않았다. 철저하고 엄격한 '가르침과 의식', 즉 교육과 목회의 통합적인 사역으로 접근해 들어갔다. 카테키시스트(catechesist)는 사제와 평신도들이 함께 참여하였고, 성서낭독, 기도, 안수, 엑소시즘 등의 다양한 방법을 구사하였다. 이 방법은 구술, 의식, 접촉, 체험 등의 총체적인 접근을 하였다는 것을 알 수 있다. 카테키시스의 교육 내용은 성서교육만 아니라, 기독교의 삶과 신앙이라는 통합적인 내용을 다루었다. 오늘날 세례자를 위한 일회적이고 단편적인 교육이 아니라, 지속적이고 계획적인 프로그램으로 운영되었다는 것을 인지할 수 있다.

카테키시스의 과정은 입문자들이 공동체의 구성원으로 형성될 수 있도록 도운 것이다. 이 과정을 통해서 형성된 그리스도인들은 '올바른 신앙과 순교적인 삶'으로 살 수 있도록 만들어 가며, 외적인 박해와 내적인 갈등을 극복할 수 있는 신앙적 힘을 양성시켜 줄 수 있었을 것이다.

초기 기독교 공동체의 카테키시스는 몇 가지 중요한 점을 생각할 수 있다.

첫째, 카테키시스는 기독교 공동체의 구성원으로 형성하기 위한 '입문교육'이었다. 입문교육의 과정은 하나의 신앙교육을 위한 여정처럼 단계적으로 진행했다. 카테큐멘이 이 신앙의 여정 프로그램에 참여하면서 점진적으로 신앙이 발전될 수 있도록 꾸며져 있었다. 특히 초기교회는 신앙적 투쟁이라는 과제가 있었기 때문에 더욱 엄격하고 철저하게 진행했을 것으로 보인다. 그러나 신앙적 갈등이 사라지면서 엄격하고 철저한 신앙훈련의 여정이 약화되었고, 자연스럽게 쇠퇴했을 것이다. 여기서 우리는 초기교회처럼 신앙적 투쟁이나 고통의 과제가 없는 오늘날의 교회에서는 어떻게 카테키시스의 과정을 활용할 수 있을까? 초기교회에서 실시했던 것과 달리, 현대인의 문화적 삶의 양식에 맞으면서 신앙의 발전을 위한 여정을 꾸며갈 수 있을지를 찾아야 할 것이다. 예를 들면, 우리가 현대 사회 속에서 교회 됨이 무엇인지를 추구하고, 이 시대에 교회 공동체가 안고 있는 위기를 극복하기 위해서 교회의 정체성 형성 추구를 성장과 성숙 또는 공동체 형성으로 찾을 수 있다. 이 일은 교회 구성원들을 카테키시스의 체제 안에서 교회 공동체 형성을 추구하고, 대외적으로 신앙적 삶을 살 수 있도록 형성시켜 주어야 할 수 있다. 물론 카테키시스의 체제는 복잡한 현대 사회 속에서 다소 단순하면서 다양한 체제 그리고 참여와 고백을 통해서 실천적인 신앙으로 발전되도록 꾸밀 수 있어야 할 것이라 본다.

둘째, 카테키시스는 단순히 지식의 가르침이 아니라, 삶과 신앙이 통합되고 전인적으로 실시되었다는 점이다. 그것은 개종자들이 기독교로 입문할 때, 그들의 직업, 주종 관계, 결혼 문제 등 신앙과 삶의 모든 점을 다 시문(試問)했다는 점을 보아서 알 수 있다. 이것은 신앙교육에서 삶의 문제를 구체적으로 접근하였다는 것을 시사한다. 물론 이 문제는 사생활 침해라는 문제도 있을 수 있지만, 진정한 공동체의 구성원으로 형성하기 위해서 과감하고 투쟁적인 단절과 결단을 통해서 하나님과 공동체의 만남과 나눔의 과정이 일어날 수 있을 것이다. 특히 신앙과 삶이 별개의 모습대로 살아가는 현대인들에게 통합적인 삶을 추구하는 것은 당연한 일이라 본다. 그러나 이 일은 그리 쉽게 해결될 문제만은 아닐 것이다. 우리는 초기교회처럼 단순한 문화와 직업과는 다른 시대에 살고 있다. 미래세계의 문화와 직업의 다변화와 전문화 시대 속에서 어떻게 신앙적 삶을 살도록 도울 수 있는가라는 과제가 있다. 또한 사생활을 공개하기를 꺼려하는 이 시대에 진정으로 삶을 나누고, 신앙적인 교류가 일어날 수 있는가 하는 것도 중요한 과제가 될 수 있다.

셋째, 카테키시스는 교육과 목회의 통합적인 패러다임을 이루고 있다. 초기 기독교 공동체의 카테키시스는 개종부터 세례를 받고 구성원이 될 때까지의 지속적인 과정은 단순히 교육과정의 차원을 넘어서서 하나의 체제라고 할 수 있다. 이 차원은 가르침과 의식, 교육과 목회의 통합 체제이며, 나아가 삶과 신앙을 나누는 신앙 공동체의 패러다임을 이루고 있다는 점이다. 그러나 오늘의 교회교육은 일반 교육 영역이 강하게 주장되고, 운영 체제가 학교형 패러다임에 가깝다. 이러한 학교형 패러다임은 목회와 공동체적인 접근을 어렵게 할 수 있다. 오늘날 전문화 시대에 교육과 목회의 통합적인 패러다임이 유용한지 자문할 수 있다. 참된 전문화는 통합 속에서 일어날 수 있고, 다양한 체제와의 관계를 통해서 신앙교육의 전문성도 살릴 수 있을 것이다. 카테키시스가 교육의 패러다임이 아니라 교육과 목회의 통합이 요청된다.

넷째, 카테키시스는 신앙교육 방법에서 '총체적인 방법'을 시도했다고 본다. 카테키시스의 가르침과 안수와 엑소시즘과 세례와 기도 등의 통합적인 방법을 활용하였다는 점이다. 이것은 신앙적 체험을 위해서는 다양한 방법과 장르가 구사되어야 한다는 말이다. 초기 공동체처럼 구두, 의식, 접촉, 안수 등의 방법과 함께 오늘날 발전되고 있는 시청각 자료까지 발전되어야 할 것이다. 그런데 오늘날 우리의 교회교육에서 초기 기독교 공동체에서 사용했던 비밀전승이나 예전 또는 상징적인 행위나 물건을 적게 사용하고 있다. 그 이유는 이런 행위가 부정적이고 미신적인 요소가 있기 때문이다. 이러한 행위를 교육적인 의미에서 부각시키다 보면, 겉으로 보이는 형식을 중요시 여길 수 있다는 문제가 있다. 오늘의 교회교육에서 상징적인 행위, 의식, 물건 등을 사용해야 하는지에 대해서는 논란의 여지가 있을 수 있지만, 이것은 우리에게 '교육과 목회'의 통합적인 방법을 일깨워 준다.

다섯째, 카테키시스는 신앙교육의 내용적인 면에서 기독교 공동체의 총체적인 내용을 가르쳤다. 기독교 공동체가 지니고 있는 전통, 역사, 관습과 전례, 교리, 성서 등을 가르쳤다는 사실이다. 신앙교육은, 오늘날 '성서교육' 차원으로 넘어서서 기독교 공동체 안에서 만남과 참여와 나눔을 체험해야 하며, 이 체험은 하나님과 이웃과 자연과의 만남이다.

여섯째, 카테키시스의 담당자들은 평신도와 사제의 협동적인 작업이었다. 오늘의 신앙교육은 주로 교육 목사나 담당자나 교사들에 의해서 교육을 기획하고 가르친다. 카테키시스는 목회자와 평신도가 함께 과정에 참여하여 가르치고 배우는 사람이 될 수 있다. 모든 구성원들이 함께 참여하고, 모든 구성원들이 모두 교사이며 학습자의 체제를 이루고 있다. 여기에는 어린이와 젊은이만을 위한 교육으로 한정되지 않고 전인교육이 될 수 있다.

초기교회의 카테키시스는 기독교 공동체의 구성원을 형성하는 전 과정이고, 총체적 신앙교육의 패러다임을 지니고 있다고 할 수 있으며, 오늘날의 신앙교육의 새로운 대안이 될 수 있다는 가능성을 시사한다. 교육과 목회의 분화 현상, 공동체성 상실의 교육, 평신도와 성직자의 역할 분화 등의 문제를 안고 있는 오늘의 신앙 교육을 극복하고, 새로운 가능성을 추구할 수 있을 것이다.

각 주

1) Hippolytus, *The Treatise on the Apostolic Tradition of St. Hippoltus of Rome*, ed. by Gregory Dix (London: SPCK, 1968).

2) Hippolytus, *The Treatise on the Apostolic Tradition of St. Hippoltus of Rome*, 2.

3) Hippolytus, *The Treatise on the Apostolic Tradition of St. Hippoltus of Rome*, 2.

4) Nathan D. Mitchell, "Dissolution of the Rite of Christian Initiation," *Made, not Born: New Perspectives on Christian Initiation and the Catechumenate* (Notre Dame, Ind.: University of Notre Dame Press, 1980), 51.

5) Michel Dujarier, *A History of the Catecumenate: The First Six Centuries* (New York: Sadlier, 1979), 60.

6) Règle 5, 13-14, tr. by J. Carmignac, Les Textes de Qumrân, vol. 1, paris, 1969. quoted in Michel Dujarier, *A History of the Catecumenate: The First Six Centuries*, 23-24.

7) *Gerim I*, in Michel Dujarier, Le Parrainage des Adultes Aux trois premiers siècles de l'Eglise, Parole et mission 4, Paris, 1962, 82, quoted in Michel Dujarier, *A History of the Catecumenate: The First Six Centuries*, 24. 참고. 누가복음 7:1-10.

8) Geoffrey J. Cuming, "Hippolytus: A Text for Students," *Grove Liturgical Study* 8 (Bramcotte, Notts: Grove Books, 1976), 15. 라틴어 판은 분실되었고, 콥틱어 판만 남아 있다.

9) Michel Dujarier, *A History of the Catecumenate: The First Six Centuries*, 25.

10) Michel Dujarier, *A History of the Catecumenate: The First Six Centuries*, 48.

11) Hippolytus, *The Treatise on the Apostolic Tradition of St. Hippoltus of Rome*, 23.

12) Ibid.,

13) Ibid., 133.

14) Michel Dujarier, *A History of the Catecumenate: The First Six Centuries*, 71.

15) E. C. Whitaker, ed., "Ordo Romanus," *Documents of the Baptismal Liturgy* (London: SPCK, 1960), 186-194.

16) E. C. Whitaker, ed., "Ordo Romanus," *Documents of the Baptismal Liturgy*, 186-194. 주일 사건을 주중으로 변환시켰는데, 이 기간과 7세기 후에 카테큐멘의 훈

런이 약해졌다는 것을 암시하고 있다. 그리고 Michel Andrieu, "L'ordo XI et les sacramentaires romaines," *Les Ordines Romani du Haute Moyen Age*, vol. 2 (Louvain: Spicilegium Sacrum Lovaniense, 1948), 382를 참고하라.

17) Michel Dujarier, *A History of the Catecumenate: The First Six Centuries*, 60.

18) Origen, *Contra CelsuContra Celsum* 3, 51, tr. by Henry Chadwick (Cambridge: Cambridge University Press, 1953), 163. 오리겐의 글 "그리스도인에 대항하여"는 그 당시의 신플라톤주의의 근거를 가지고 카테큐메너트의 실존에 대한 증언을 기록한 것이다. 그는 그리스도의 말씀에 비추어서, "나의 어린 양을 먹이고, 나의 양떼를 먹여라."고 하였다. 이어서 "나는 양이 이미 완전의 신비로 나아온 신실하다는 것을 생각한다. 어린양은 아직 카테큐멘의 상태에 있고, 교리를 이방인의 우유로 양육되고 있는 그룹을 의미한다."(26)라고 하였다.

19) Thomas M. Finn, *Early Christian Baptism and the Catechumenate-West and East Syria* (Collegeville, Minnesota: The Liturgical Press, 1992), 4.

20) Michel Dujarier, *A History of the Catecumenate: The First Six Centuries*, 35; Aidan Kavanagh, *The Shape of Baptism: The Rite of Christian Initiation* (Collegeville, Minnesota: The Liturgical Press, 1991), 56. 140년 전후에 로마에서 '카테큐멘'(catechumen)이라는 용어가 아직 사용되지 않았다. 『헤르마스의 목자』(the Shepherd of Hermas)의 성례전 준비 과정에서 카테큐멘을 참된 여정에 참여하는 사람으로 증언하였다.

21) Ibid., 44.

22) Ibid..

23) "Passion of Perpetua And Felicity,"

24) Tertullian, *Tertulliam on the Testimony of Soul And on the 'Prescription of Heretics,'* tr. by T. Herbert Bindley (London: SPCK, 1914), 6. 14.

25) Tertullian, *Tertulliam on the Testimony of Soul And on the 'Prescription of Heretics,'* 6. 1.

26) Tertullian, *Tertulliam on the Testimony of Soul And on the 'Prescription of Heretics,'* XLI, 2, 4. 3가지 범주에서 지시한 것을 명확히 볼 수 있는데, "입문하지 않았던 이방인, 말씀을 듣는 카테큐멘, 기도하는 성실한 신자"이다.

27) Origen, *Contra CelsuContra Celsum*, 3, 51, 163.

28) Michel Dujarier, *A History of the Catecumenate: The First Six Centuries*, 63.

29) Origen, *Contra CelsuContra Celsum*, 3, 59, 168.

30) Berard L. Marthaler, *The Catechism Yesterday & Today: The Evolution of a Genre* (Collegeville, Minnesota: The Liturgical Press, 1995), 9.

31) Daniel B. Stevick, *Baptismal Moments, Baptismal Meaning* (N.Y.: The Church Hymnal Corporation, 1987), 8.

32) Hippolytus, "Apostlic Tradition 16-19," *Documents of the Baptismal Liturgy*, ed. by E. C. Whitaker (London: SPCK, 1960), 3.

33) Michel Dujarier, *A History of the Catecumenate: The First Six Centuries*, 22-23.

34) Ibid., 22-23.

35) Ibid., 23.

36) Josephus, "The Jewish War," *The Loeb Classical Library 203*, tr. by H. St. J. Thackery (London: William Heinemann, 1967), 375.

37) Michel Dujarier, *A History of the Catecumenate: The First Six Centuries*, 23.

38) Ibid., 23.

39) 이 내용은 Origen에 의해서 확인된다. Origen, "Homily of Jeremiah," *Homiles on Leviticus*, tr. and ed., Gary Wayne (Washington, D.C.: Catholic University of America Press, 1980), 100-112. 카테큐멘은 사랑의 식사에 완전하게 참여하지 못했지만 엑소시즘 의식에서 제공하는 빵만 받아 먹었다.

40) Leonel L. Mitchell, "The Development of Catechesis in the Third and Fourth Centuries: From Hippolytus to Augustine," *A Faithful Church: Issues in the History of Catechesis*, ed. by John H. Westerhoff III (Connecticut: Morehouse-Barlow Co., 1981), 52.

41) Hermas, "The Shepherd," vis. III, 2, 9와 7, 3.

42) William Telfer, *Cyril of Jerusalem and Nemesis of Emesa*, Library of the Christian Classics 4 (Philadelphia: Westminster Press, 1955), 33.

43) *Didache*, 7, 4,

44) Aidan Kavanagh, *The Shape of Baptism: The Rite of Christian Initiation*, 59.

45) E. C. Whitaker, ed., *Documents of the Baptismal Liturgy*, 145.

46) Lukas Vischer, *Ye Are Baptized*, tr. by the Department on the Laity (Geneva: World Council of Churches, 1964), 12.

47) Michel Dujarier, *A History of the Catecumenate: The First Six Centuries*, 42.

48) 지역과 시대마다 차이가 있기는 하지만, 유아세례를 받은 어린이들이 대체로 7-8세가 되면 견진례와 첫 성만찬을 받는 의식으로 나누어지게 되었다. 이것은 카테키시스의 통합성이 깨진 현상이다.

49) Thomas M. Finn, *Early Christian Baptism and the Catechumenate-West and East Syria*, 2.

50) 목회자의 의식과 규칙서(Church-order book)를 말한다.

51) Daniel B. Stevick, *Baptismal Moments, Baptismal Meaning,* 5.

52) Augustine, "Letter to Bonaus," *Letters,* tr. by Robert B. Eno (Washington, D.C.: Catholic University of America Press, 1989), 98: 9.

53) Louis John Cameli, "Caring for the Candidate: Insights of Spiritual Theology," *Conversion and the Catechumenate,* ed. by Robert D. Duggan (N.Y.: Paulist Press 1984), 16-17.

54) 세례 인증은 '자격 있음', '선발된', '세례자'라고 하였다.

55) Augustine of Hippo, *Confessions,* vol. 6, tr. by Vernon J. Bouke (Washington, D.C.: Catholic University of America Press, 1953), ch. 2.

56) Michel Dujarier, *A History of the Catecumenate: The First Six Centuries,* 41-42.

57) Michel Dujarier, *Le Parrainage des Adultes Aux trois premies siècles de l'Eglise,* Parole et mission 4 (Paris, 1962), 68-171. quoted in Michel Dujarier, *A History of the Catecumenate: The First Six Centuries,* 20.

58) Michel Dujarier, *A History of the Catecumenate: The First Six Centuries,* 20-21.

59) Hippolytus, *The Treatise on the Apostolic Tradition of St. Hippolytus of Rome,* 31.

60) A. Läpple, *Kleine Geschichte der Katechese* (München, 1981), 47.

61) Thomas M. Finn, *Early Christian Baptism and the Catechumenate-West and East Syria,* 7.

62) Thomas M. Finn, *Early Christian Baptism and the Catechumenate-West and East Syria,* 7.

63) Michel Dujarier, *A History of the Catecumenate: The First Six Centuries,* 24-25.

64) Michel Dujarier, *Le Parrainage des Adultes Aux trois premiers siècles de l'Eglise,* Parole et mission 4 (Paris, 1962), 89. quoted in Michel Dujarier, *A History of the Catecumenate: The First Six Centuries,* 25.

65) Leonel L. Mitchell, "The Development of Catechesis in the Third and Fourth Centuries: From Hippolytus to Augustine," *A Faithful Church: Issues in the History of Catechesis,* 62-63.

66) John Wilkinson, *Egeria's Travels* (London: SPCK., 1971), 145.

67) Hippolytus, "Apostlic Tradition 20," *Documents of the Baptismal Liturgy,* 4.

68) Thomas M. Finn, *Early Christian Baptism and the Catechumenate-West and East Syria*, 32-33.

69) G. R. Beasley-Murray, *Baptism in the New Testament* (N.Y.: MaCmillan, 1962), 15.

70) Thomas M. Finn, *Early Christian Baptism and the Catechumenate-West and East Syria*, 7-8.

71) *Didache*, 7 참조.

72) Tertullian, *De bapt*. 13, 2.

73) Hippolytus, "Apostlic Tradition 20," *Documents of the Baptismal Liturgy*, 4.

74) E. C. Whitaker, ed., *Documents of the Baptismal Liturgy*,

75) Daniel B. Stevick, *Baptismal Moments, Baptismal Meaning*, 9.

76) E. C. Whitaker, ed., "Ordo Romanus 89," *Documents of the Baptismal Liturgy*, 193. 처음부터 세 차례 수업은 창세기(창조, 노아와 홍수, 아브라함), 그리고 두 차례의 수업은 출애굽기를 다루며, 또 두 차례는 이사야를 가르친다. 그리고 각기 나머지 수업은 에스겔, 신명기, 다니엘서를 발췌한다. 열한 번째 수업은 시편 42편("목마른 사슴이 흐르는 강물을 찾듯이...")을 노래하는 것이다. 세례의 형태에 관한 내용을 해석한 다음에 기도한다. E. C. Whitaker, ed., "Gelasian Sacramentary XLIII," *Documents of the Baptismal Liturgy*, 176.

77) E. C. Whitaker, ed., "Gelasian Sacramentary XLIII," *Documents of the Baptismal Liturgy*, 176-178.

78) Aidan Kavanagh, *The Shape of Baptism: The Rite of Christian Initiation*, 61-62. 달(Nils Dahl)은 물의 신성화는 첫 번째 축복 기도자나 'berakah'에게 근거를 둘 수 있다고 생각하였다. 그래서 예전적 목욕을 취한 유대인들을 위한 랍비들의 민간전승을 묘사하였다.

79) Sebastian Brock, "Studies in the Early History of the Syrian Orthodox Baptismal Liturgy," *Journal of Theological Studies* 23 (1972): 16-24; idem., "The Syrian Baptismal Ordines," *Studia Liturgica* 12/4 (1978): 177-183; Gabriele Winkler, "The Original Meaning of the Prebaptismal Anointing and Its Implications," *Worship* 52 (1978): 24-45. "Acts of Thomas"의 세례에 관한 내용은 E. C. Whitaker, ed., *Documents of the Baptismal Liturgy*, 10-13; Didascalia Apostolorum에 관해서는 E. C. Whitaker, ed., *Documents of the Baptismal Liturgy*, 9-10을 보라. 또한 초기 문서인 아르메니아 문서(Armenian Ordo)는 Winkler, *Das armenische Initiationsrituale. EnTwicklungsgesnchichtliche und liturgievergleichende Untersuchung der Quellen des 3. bis 10. Jahrhunderts* (Rome: Oriental Institute, 1979). Ordo의 몇 가지는 E. C.

Whitaker, ed., *Documents of the Baptismal Liturgy*, 52-59에 번역되어 있다.

80) E. C. Whitaker, ed., "Act of Thomas," *Documents of the Baptismal Liturgy*, 11-12.(121장과 157장)

81) E. C. Whitaker, ed., "Act of Thomas," *Documents of the Baptismal Liturgy*, 27.

82) Daniel B. Stevick, *Baptismal Moments, Baptismal Meaning*, 9.

83) E. C. Whitaker, ed., "Act of Thomas," *Documents of the Baptismal Liturgy*, 27장과 132장.

84) Aidan Kavanagh, *The Shape of Baptism: The Rite of Christian Initiation*, 43.

85) Berard L. Marthaler, *The Catechism Yesterday & Today: The Evolution of a Genre*, 9-10.

86) Aidan Kavanagh, *The Shape of Baptism: The Rite of Christian Initiation*, 42.

87) 참조. K. Baus, *Von der Urgemeinde zur frühchristlichen Grosskirche*, *Handbuch der Kirchengeschichte I* (Freiburg, 1962), 315.

88) *Didache*, Ch. 1.

89) Thomas M. Finn, *Early Christian Baptism and the Catechumenate-West and East Syria*, 15.

90) Robert D. Dewey, *A Manual for Confirmation Education* (Boston & Philadelphia: United Church Press, 1968), 112.

91) Lukas Vischer, *Ye Are Baptized*, 12; Hyppolytus, *The Treatise on the Apostolic Tradition of St. Hippolytus of Rome*를 참고하라.

92) Thomas M. Finn, *Early Christian Baptism and the Catechumenate-West and East Syria*, 5.

93) Hippolytus, *The Treatise on the Apostolic Tradition of St. Hippolytus of Rome*, Ch. 1.

94) Daniel B. Stevick, *Baptismal Moments, Baptismal Meaning*, 8-9.

95) S. J. Edward Yarnold, *The Awe-Inspiring Rites of Initiation: Baptismal Homilies of the Fourth Century* (Slough, Bucks.: Paul Publications, 1971). 이 책은 세례의 충고에 관해 네 가지를 소개하고 있으며, 입문의식에 개요 후에 시릴(Cyril of Jerusalem), 암브로스(Ambrose of Milan), 크리소스톰(John Chrysostom), 데오도로 (Theodore of Mopsuestia)로부터 제시된 본문들이 나온다.

96) Daniel B. Stevick, *Baptismal Moments, Baptismal Meaning*, 10.

97) Leonel L. Mitchell, "Pagan and Secular Use of Oil," *Baptismal Anointing* (London: SPCK, 1966), 25-29.

98) St. Cyril of Jerusalem, *Lectures on Christian Sacraments*, tr. by F. L. Cross

(London: SPCK, 1952), 63. 헬라어로 '크리스토스'는 '안수하다'를 의미하며, 예수의 안수에 대해서는 사도행전 10:38, 이사야 61:1을 인용한 내용이 누가복음 4:18-21에 나온다.

99) Lukas Vischer, *Ye Are Baptized*, 12.

100) Archbihop Carrington, *The Primitive Christian Catechism* (Cambridge: Cambridge University Press, 1940).

101) 『헤르마스의 목자』(*the Shepherd of Hermas*)는 성례전 준비를 위한 참된 여정을 위해서 사용되었다.

102) Michel Dujarier, *A History of the Catecumenate: The First Six Centuries*, 35.

103) Robert Ulich, *A History of Religious Education* (N.Y.: New York University Press, 1968), 30.

104) 『디다케』에 관한 연구 자료는 아래의 책을 참고하라. K. Lake, *The Apostolic Fathers I* (Cambridge: Harvard University Press, 1945), 309, 311(ch. I). 또한 James A. Kleist, *The Didache* (Westminster, Md.: Newman Press, 1948). 초기 기독교에 관한 풍부한 자료는 다음을 참고하라. Ernst von Dobschütz, *Christian Life in the Primitive Church* (N.Y.: Putnam's Sons, 1905); Adolph von Harnack, *The Expansion of Christianity in the First Two Centuries*, tr. by James Moffat (N.Y.: Putnam's Sons, 1904); Adolph von Harnack, *The Constitution & Law of the Church in the First Two Centuries*, tr. by F. L. Pogson (N.Y.: Putnam's Sons, 1910); Ernst Troeltsch, *The Social Teaching of the Christian Churches*, tr. by Olive Wyon (London: Allen & Unwin, 1956); Rudolf Bultman, *Primitive Christianity in its Contemporary Setting*, tr. by R. H. Fuller (N.Y.: Meridian Books, 1959); Jaques Zeiller, *Christian Beginnings*, tr. by P. J. Hepburne-Scott (N.Y.: Hawthorne Books, 1960); 정기환 편, 『십이 사도의 교훈』 (서울: 성서연구사, 1977).

105) *Didache*, 1.

106) Thomas M. Finn, *Early Christian Baptism and the Catechumenate-West and East Syria*, 32-33.

107) *Didache*, 1. 2.

108) 유재국, 『교리교육사』 (서울: 가톨릭교리신학원, 1990), 27-28.

109) *Didache*, 1. 2.

110) Robert M. Grant, "Development of the Christian Catechumenate," *Made, not Born: New Perspectives on Christian Initiation and the Catechumenate* (Notre Dame, Ind: University of Notre Dame Press, 1980), 39-40.

111) *Didache*, 1. 6.

112) *Didache*, 6. 2.

113) *Didache*, 1. 4.

114) Robert M. Grant, "Development of the Christian Catechumenate," *Made, not Born: New Perspectives on Christian Initiation and the Catechumenate*, 40.

115) Marianne Sawicki, "Historical Methods and Religious Education," *Religious Education* vol. 82, no. 3 (Summer 1987): 386. 『디다케』는 많은 자료를 수집하여 편집되었는데, 헬라어 본문과 영어 번역은 Philip Schaff, tr. and Com., *The Teaching of the Twelve Apostles* (N.Y.: Funk and Wagnalls, 1889)로 나와 있다. 이 책은 정책적인 문서로, 방랑하는 예언자의 구전적 선언을 담고 있다. 그 선언을 공동체로부터 만들어지게 되었지만, 나중에 목회자적 지도력은 교사에게 넘어갔다. 교사는 공동체를 위한 감독과 집사를 선택하도록 요청되고 있다. *Didache* 15:2는 "그들이 아님에도 불구하고, 그들이 예언자와 교사와 함께 당신 사이에서 영예롭게 하는…"이라고 말했다.

116) J. P. Audet, ed., *La Didache. Instructions des Apôtres* (Paris: Gabalda, 1958). 그리고 R. A. Kraft, tr., *Barnabas and the Didache, The Apostolic Fathers* (N.Y.: Nelson, 1965), 4-16을 참조; idem., "The Epistle of Barnabas," *Ancient Christian Writers* no. 6, ed. by James A. Kleist (N.Y.: Paulist Press 1948).

117) Ignatius of Antioch, *Smyrn*, 8. 2.

118) Robert M. Grant, "Development of the Christian Catechumenate," *Made, not Born: New Perspectives on Christian Initiation and the Catechumenate*, 40.

119) J. N. D. Kelly, *Early Christian Creeds* (London: Longman, 1972), 7-8.

120) *Origen's Caesarea*, vol. 6. ch. 3. quoted in Thomas M. Finn, *Early Christian Baptism and the Catechumenate-West and East Syria*, 4.

121) O. C. Edwards, "From Jesus to the Apologists," *A Faithful Church: Issues in the History of Catechesis*, ed. by John H. Westerhoff III (Connecticut: Morehouse-Barlow Co., 1981), 44-45.

5장
초기 카테키시스의 변화와 분석

1. 카테키시스의 발전

카테키시스의 과정은 처음 기독교 공동체에서 사용되었던 『디다케』나 저스틴(Justin Martyr) 또는 히폴리투스(Hippolytus)의 『사도의 전통』과 같은 기독교 초기의 증거 자료에서 잘 묘사되고 있다. 이 자료들은 카테키시스의 세례 과정을 세례 이전 안수, 물의 세 번 침수례(浸水禮), 세례 이후 안수, 세례 성찬의 완전한 통합적 의식으로 표현되고 있다.[1]

카테키시스의 과정은 처음 3세기 동안 초기 기독교의 예비 세례자 교육이 "유대인과 이방인을 위한 교육"으로 나누어진 것으로 변화되었고, 나중에 '지역적 카테키시스'로 발전되어 과정과 형태가 지역적으로 차이가 생기게 되었다.[2] 그러나 로마의 기독교 공인 후에 카테키시스의 변화는 처음에 성인 개종자를 위한 교육으로 '카테큐메너트'(catechumenate)라고 불리는 교육기관 형태가 생겨났다. 이것은 '예비 세례자 모임'(missa catechumenorum)으로 가르침과 예배의식을 통하여 수행되었다. 기독교 존립과 확장을 위해서 예전을 극적인 형태로 발전시키게 되었다.[3] 그 후에 카테큐메너트의 학교형인 '예비 세례자 학교'(catechumenal school)와 정규 교육기관인 '고급 교리문답 학교'(catechetical schools)가 설립되게 되었다. '예비 세례자 학교'는 "남녀 노소와 국적을 초월"[4]하여 카테큐멘을 위한 학교이며, '고급 교리문답 학교'는 전문적인 교육기관이라 할 수 있다. '고급 교리문답 학교'는 클레멘트(Clement), 오리겐(Origen), 크리소스톰(Chrysostom) 등이 세웠으며, 성서와 신학뿐만 아니라 세속적인 자유로운 학문을 훈련하고 연구할 수 있도록 도왔다.[5]

1) 예비 세례자 학교

'예비 세례자 학교'(catechumanal schools)[6]는 초기 기독교가 설립한 최초의 공식 교육이었다. 훈련받는 사람(또는 카테큐멘)은 믿는 자의 어린이, 성인 유대인, 이방인 회심자들이었다. 그들은 세례를 받고 주의 성찬에 참여하기 전에 여러 해 동안 예비 세례자로 견습 기간을 지내야 했다. 학교의 교사는 초기에는 감독과 사제와 집사들이었으나(예를 들면, 오리겐) 나중에는 카테키시스 전담 강사나 전문 교사들이 주로 활동하였다. 때로는 탁월한 평신도들도 이에 참여하였다. 2세기부터 그들은 예배와 교육을 분명하게 구별하였는데, 이에 대해서 그레스험(Charles Gresham)이 다음과 같이 언급하고 있다.[7]

> 이것은 처음에는 예비 세례자의 모임(missa catechumens, mass of the catechumens)으로 알려졌다. 원래 유대교의 회당 예배를 본뜬 것으로 가르침의 예배(teaching service)를 말한다. 카테큐멘은 세례 받기 전에 가르침을 받은 사람들이며, 그들은 이러한 예배의 일부분 참여하도록 허락받았으며, '경청자'로 알려져 있다. '경청자'는 예배 참여의 허락을 받고 세례를 받은 신자가 되면, 신자의 모임인 '미사 피델리움'(missa fidelium)에 남게 된다. 이때 그들은 주의 만찬 의식에 참여하게 된다.[8]

이 학교는 기독교 세례를 준비하는 사람들에게 조직적으로 가르쳤다. 학교의 수학 기간은 2-3년이고, 학생들은 3등급으로 나누어서 등급별로 학급을 설치하여 교육을 실시하였다.

초급반은 '경청자'(Hearers)로 성서낭독을 듣고, 설교를 경청케 하여 근본적인 기초 교리와 신앙생활 원리를 터득케 했다.

중급반은 '기도반'(Kneelers)으로 수업 후에 기도를 하도록 요청되었다. 상급반에 진학하려면 생도들의 생활규범이 상급반에 합당하다고 증명되어야 한다. 이비(C. B. Eavey)는 이 단계를 '무릎을 꿇는 단계'라고 하면서 다음과 같이 말하고 있다.

> 이들은 경청자의 위치에서 기도자의 위치로 옮겨간 사람들이다. 그들은 좀 더 발전된 가르침을 받으며, 견습 기간의 마지막 단계에 들어가기에 적당하다는 것을 생활 태도로 증명되어야만 한다. 세 번째 단계에서 그들은 선택을 받고, 세례 준비로 철저한 교리, 예배 의식, 금욕 훈련(intensive doctrinal, liturgical, and ascetical training)을 받게 된다.[9]

고급반(the Chosen)은 보다 고차원적인 교육을 실시하였는데, 주로 교리와 예배, 의식, 세례에 필요한 예비 훈련이 있었다. 교육과정은 『디다케』(Didache), 『헤르마스의 목자』(The Shepherd of Hermas) 외에 이레네우스, 시프리안, 순교자 저스틴, 데오필루스와 같은 많은 사람들의 저술이었다. 더욱이 카테큐멘의 영적 도덕적 발전은 내용의 전달보다 더 중요하게 여겨졌으며, 그들의 삶이 신앙 안에서 성숙해졌다는 것이 증명될 때만이 그들은 세례를 받을 수 있고, 신앙을 지닌 사람으로 계수(計數)하게 된다.[10]

2) 고급 교리문답 학교

'예비 세례자 학교'와 함께, 카테큐멘을 지도하는 '고급 교리문답 학교'(catechetical school)[11]는 당시 헬라의 회의주의와 대결할 수 있는 높은 수준

의 학문을 연마했고, 이곳에서 기독교의 중요한 신조를 작성해 내기도 했다.[12]

알렉산드리아의 '고급 교리문답 학교'가 세워졌을 때 의미 있는 업적이 만들어졌다. 설립자 판테누스(Pantaenus)는 학교를 건강하게 탄생시켰고, 클레멘트와 오리겐, 그의 후계자들은 사람들이 헬라문화의 최고의 형태와 친숙해지기 위하여 훌륭한 말로 복음을 소개하는 데 숙련되었다. 지적인 존경을 받은 세련된 학자들이 문화적인 입장을 고려하여 학교를 세웠다.[13]

'고급 교리문답 학교'는 기독교를 과학적으로 접근하는 방법을 추구했는데, 이 학교는 광범위한 교육과정으로 자유로운 분위기를 추구하였으며, 진보적인 사상과 신학 연구 방법을 마련해 주었다는 것을 알 수 있다. 몇몇 학교는 나중에 성직자 훈련에 종사하는 신학교가 되었는데, 알렉산드리아, 안디옥, 에데사(Edessa), 케사르(Caesarea), 니시비스(Nisibis), 예루살렘, 카르타고에 있었다. 안디옥의 학교는 신학과 관련하여 루션(Lucian), 디오도루스(Diordorus), 모프슈티아의 데오도르(Theodore of Mopsuestia), 크리스토톰(John Chrysostom), 키루스의 감독(bishop of Cyrrhus) 등이 나왔다.[14] 안디옥은 알렉산드리아와 대조적으로 계시의 문제를 접근하는데, 플라톤의 철학에 기초해 있는 아리스토텔레스 방법으로 설명한다. 안디옥 학교는 귀납적인 방법으로 경험의 사실에서 출발하는데, 알레고리적 견해보다는 역사적 예수로부터 성서를 해석하는 역사적 예수에 관심을 가졌다.[15]

2. 카테키시스의 분화(分化)

1) 세례·유아세례와 견진례의 분화

카테큐멘의 가르침은 325-450년에 계속적으로 발전되다가, 450년이 지난 후에 카테키시스 가르침은 저하되었다. 콘스탄틴 시대에 기독교 개종의 수적으로 증가하였기 때문에 오랜 기간 철저한 준비를 하지 못하였고, 그들 대다수를 즉각적으로 교회로 받아들여야만 했다. 이것은 카테키시스 과정을 축소시키게 된 동인이 되었다. 대표적으로 어거스틴은 "초신자들을 위한 신앙교육 교수 안내서"(De Catechizandis rudibus)에서 세례 준비 기간을 부활절 이전 40일로 축소시켰다고 밝히고 있다.[16] 카테키시스가 해오던 종래의 오랜 준비와 과정의 변화를 맞게 되었다. 이 변화는 카테키시스 과정의 쇠퇴 현상을 언급하는 것이며, 세례와 견진례의 분화(分化)가 시작된 것이다. 여기서 말하는 세례는 유아세례가 되었고, 유아들이 장성했을 때 그들을 위하여 견진례를 베푸는 형태로 변화하게 된 것이다.

그러나 카테키시스를 회복시키기 위하여 사순절에 새로운 구조를 사용했다는 것이 여러 설교문에서 나타나고 있다. 설교문에서 회심자를 위한 4단계의 신앙 여정에 참여시키게 하였다. 회심자의 4단계는 다음과 같다. 첫째로 이방 사람이 복음의 선포를 '듣고' 회심하게 되며, 둘째로 '카테큐멘'이 되었고, 셋째로 사순절 기간에 '형성'(formation)되었으며, 넷째로 '세례'를 받았다. 이러한 4단계는 그레고리(Gregory of Elvira)의 '노아 방주'(noah's Ark)에서 카테큐멘과 노아 방주의 관계를 아날로기적인 방법으로 설명하고 있다. 그 내용은 다음과 같다.[17]

주님은 노아에게 교회의 모습과 같이 방 세 개를 둔 방주를 만들라고 명령했다. 첫 번째 방은 율법의 말씀이 몸 안으로 들어가는 것처럼 카테큐멘에게 침투해 들어갔다. 두 번째 방은 성례전의 신비가 아마포 비누처럼 지원자(competens)의 영혼의 비밀 안에 들어가는 것이며, 세 번째 방은 신실한 성령이 덕의 단계를 거쳐서 집 위에의 정상에 도달하는 것이다.

이 자료는 카테키시스가 입문의식과 연결되어 진행되었다는 것을 보여준다. 5세기 초에 카테키시스의 커다란 변화가 일어났는데, 그것은 성인 중심의 교육이 어린이 훈련으로 변화되었으며, 특히 교회가 급속하게 성장하는 곳에서 유아세례를 베푸는 교회가 발생하게 되었다. 유아세례를 받은 어린이들은 자신의 신앙과 결단과 관계가 없이 세례를 받았으므로 성인이 된 후에 자신의 신앙 확증, 곧 견진(堅振, confirmation)이 요청되었다. 신앙 확증은 교회생활과 성장하는 교회의 제도를 통제하는 데 필요하다. 코멜리우스(Cormelius)는 '감독의 확증'(sealing by the bishop)을 주장하게 되었고, 이러한 계기로 세례, 유아세례, 견진례의 분화 현상이 일어나게 되었다.18) 이때 유아 세례자는 사도신경, 십계명, 주의 기도, 세례의식과 주의 만찬의 의미를 배웠다. 유아세례를 받은 아이가 장성하여 시험에 임할 수 있는 나이가 되면, 교회 구성원의 확언을 받게 하였으며 그곳에서 공동체 회중들은 그를 구성원으로 받아들였다.[19] 이는 오늘의 교회에서 실시하는 입교의식이며, 견진례다.

일반적으로 4-6세기의 자료에 따르면 유아세례는 보편화된 의식이 아니었다는 결론에 도달할 수 있다.[20] 그러나 유아세례의 정착과 견진례의 분화 현상은 두 가지 변화를 일으켰다. 첫째로, 카테키시스는 4-5세기까지 성인을 위한 체제였다면, 그 이후부터 젊은이를 위한 종교교육의 체제를 도입하게 되었다. 둘째로, 카테키시스의 구조가 종교개혁 때 다시 소생되기 전까지 점차적으로 사라지게 한 원인의 하나가 된다.[21]

카테키시스의 분화는 5세기와 6세기 초에 성유식(聖油式)과 견진례에 관한 중요한 진술을 통하여 카테키시스의 분화가 일어났다는 것을 더 명확하게 알 수 있다.[22] 이것은 카테키시스의 원래의 틀에서 벗어나서 카테키시스가 기독교 입문으로 하나의 체제를 유지했지만, 세례와 견진례의 분화 현상을 일으키는 조짐을 볼 수 있다.

그러나 카테키시스의 입문의식을 계승시키고 증언하려는 문서가 기록되었는데, 그것은 『겔라시아 성례전』(Gelasian Sacramentary, Gelasianum)이다.

이 문서에 따르면 카테키시스는 사순절부터 시작하여 철야, 세례, 부활절 미사에 이르러 절정을 이루는 여정으로 꾸며졌다. 이것은 "온 회중이 참여하는 축제가 있는 곳"[23]에서 선택받기 위한 것이라 하였다. 축제는 카테큐멘이 성만찬을 준비하는 과정을 통해서 완전히 구성원이 되는 것이다. "기독교가 매년 행하는 중요한 축하연은 유아가 중심이 되어 버렸고, 대리인들은 그들을 위해 책임을 질 뿐 아니라 입문 이전 훈련의 정교한 행동을 연출해야만 한다."고 했다.[24]

『겔라시아 성례전』은 초기 기독교 교회 카테키시스를 계승하려고 노력했지만 카테키시스의 변질에 대한 두 가지 변화가 일어나도록 유도했다. 첫째로 카테키시스 과정인 세례에서 첫 성만찬이 분리되었다는 것이며, 둘째로 세례와 견진례의 시간차를 두었다는 것이다. 즉 아이들이 세례를 받고나서 성장한 후에 견진례를 받는 시간적 간격이 길어졌다는 것이다.[25] 이러한 분화로 말미암아 '대부모(代父母)의 교육적인 의무'와 '교회의 교육적인 기회'가 발전하게 되었다. 이것은 교회의 교육적인 책임이 부모에게로 넘어갔다는 것을 보여 준다.

대부모에게 교육적인 책임을 넘긴 것은 교회가 교육적인 준비와 의무를 상실한 것이며, 카테큐메네트의 교육적인 기능을 소멸시킨 것이라는 문제가 떠안게 되었다. 그리고 감독이 지역상으로 멀리 떨어져 있었기 때문에 사람들에게 성례전을 자주 집행하지 못하게 된 문제도 있었다. 이러한 지역적인 문제로 말미암아 감독이 부활절과 첫 성만찬 의식을 실시해야 하는 관례가 사라지게 되었다. 따라서 사람들은 성례전에 대한 경외심이 증가하게 되었으며, 그 결과 카테키시스의 검증 단계도 자연히 사라지게 되었고, 대부모나 후원자에게 교육의 책임을 맡기고 세례를 실시하게 되었다.[26]

그러므로 카테키시스의 변화는 "기독교 입문이 3가지 별개의 성례전, 곧 세례, 견진례, 성만찬으로 분화된 역사적 조짐을 만드는 결과를 초래하였다."[27] 이것은 오늘날 카테키시스는 "존재하지만, 그들이 적용했던 시대의 그 중요성을 상실했다."[28]는 점을 알 수 있다.

2) 카테키시스트 역할의 분화(分化)

교회의 교육적인 역할을 감독이나 사제 또는 교회 지도자들이 실시하지 못하고 대부모에게 물려주면서 카테키시스트의 역할이 바뀌게 된 것이다. 더욱이 카롤로스 대제(Carolos Magnus, 768-814년) 시대의 카테키시스는 통합적인 교육을 실시하지 않았고 고백성사(告白聖事)와 영성체(領聖體)를 위한 준비로 대치되었다.[29] 이 시대에 신자들의 카테키시스는 성직자인 사제와 부제의 설교로만 실시될 정도였다. 그 결과 초기교회부터 평신도와 사제가 함께 사역을 맡았던 신앙교육의 임무가 사제들에게만 맡겨진 것을 말한다. 주교들은 본당을 방문하여 사제와 부제들에게 정규적인 설교를 하였고, 성직자들은 주일과 대축일(大祝日)에 교회에서 교리를 가르쳤다.

교회의 가르침은 8세 이상의 어린이들을 위하여 사도신경과 주의 기도를 설명하는 것이다. 교리를 배운 어린이들은 고백성사를 하고, 영성체에 참여하게 하였다. 그러나 성서 구절을 해석하기보다는 기독교 진리와 도덕생활에 대한 동기를 밝히는 데 관심을 두었고, 성인 교리는 신경(信經)에 따른 교의와 몇 가지 공동 기도에 역점을 두고 가르치게 되었다. 결론적으로 "중세기에는 모든 실제적인 목적을 지닌 카테큐메너트는 더 이상 존재하지 않았다."[30]는 것이다.

이처럼 사제 중심의 교육은 카테키시스의 본래적 의미가 교회로부터 완전히 사라졌다는 것을 말한다. 카테키시스의 엄격하고 철저한 과정이 사라지면서 집단 세례의식까지 등장하게 되었다. 예를 들면, 1536년에 인디아에서 약 1만 명이 '집단'(en masse)으로 세례를 받았고, 6년 동안이나 세례 전후(前後)에 아무런 교육이나 목회적 돌봄도 없이 진행되었다고 보고하였다. 이러한 집단 세례는 신앙의 기초를 가르치려고 고심한 흔적이 남아 있지 않았다.[31]

그러나 위클리프(John Wycliffe)와 후스(John Huss) 이후부터 '세례 이후의 교육'은 '사도의 안수의식'을 동반하고, 신앙의 엄숙한 고백으로 종결되는 전통이 남아 있기는 했다. 그들은 그 당시 카테큐메너트에 대해서 무관심했다는 문제를 제기하면서, 세례 이후 카테큐메너트를 준비하기 위하여 새롭게 시도했다. 세례 이후의 의식을 카테키시스의 의식이라고 인식하기도 했다.[32] 세례 이후의 가르침도 카테키시스의 가르침이지만, 이것은 단순히 새롭게 '개선된 카테키시스'(remedial catechesis)라고 할 수 있다.[33]

3. 초기 카테키시스의 쇠퇴 이유

450년경이 지나면서 카테키시스의 가르침이 저하하게 되었다. 그 이유로는 순교 정신의 상실, 유아세례의 정착, 성례전 문서와 신앙교육의 쇠퇴 현상 등으로 들 수 있다.

1) 순교 정신의 상실
괴블(Peter Göbl, 1880)은 이러한 카테키시스의 새로운 양상, 즉 소멸과 변화에 대해서 깊이 연구하였다. 그는 『카테큐메너트의 쇠퇴기』(Verfall des Katechumenats)에서 기독교 초기에 전례된 법규와 중세 카테키시스의 표준적인 역사를 기록하였다. 즉 카테큐메너트와 카테키시스 교수가 '쇠퇴'하게 된 원인이 상호 관계에 있다고 보았다. 로마 제국이 기독교 국가가 되면서 카테큐멘의 수업이나 입문할 후보가 사실상 기능적으로 사라진 것이다. 게르만족과 슬라브족을 쳐부수고 그들을 회개시켜서 대중세례를 주는 개척지를 제외하고는, 카테키시스를 통한 성인세례를 추구하지 않았다는 것이다.[34] 또한 교회 지도자나 세례 입문자들을 위한 입문의식도 새로운 양식으로 변화되어야만 했다. 중세의 초기와 말기에 와서 이러한 통합된 예배의식의 카테키시스 체제가 새로운 양상을 띠게 되었다.

초기 기독교 공동체의 세례 후보자들은 엄격하고 어려운 입문 절차를 밟아야 했다. 그러나 새로운 양상이 생겼다. 그것은 기독교가 로마의 국교(國敎)가 되면서 그리스도인에게 가해지는 박해와 순교가 사라지게 되었고, 개종자들이 교회에 입문하는 데 필요한 복잡하고 힘든 절차도 감소하게 되었다. 즉 초기 기독교 공동체에서 요구하던 회심을 전제로 하는 입문교육이 약해졌다. 그러자 많은 사람들이 그리스도인이 되려고 카테큐메너트에 들어오는 사람들이 증가하게 되었고, 세례 후보자들은 예전처럼 복잡한 과정을 밟지 않아도 되었다. 이들은 전보다 훨씬 쉬운 방법으로 세례를 받고 '그리스도인'이라는 이름을 획득하려는 의도가 컸다. 이러한 추세는 그들이 참된 세례를 열망한 것이 아닐 수 있으며, 오히려 기독교가 국교화되면서 생기는 그리스도인에게 주어지는 특혜나 득을 노렸다는 것을 짐작할 수 있다.[35] 즉 그들은 진심으로 기독교와 결혼하고 순교하려는 정신이 사라졌기 때문에 옛처럼 신앙적 자세가 뜨거운 열망을 지닌 자들이라 할 수 없다.[36]

2) 유아세례의 정착

기독교 공동체라는 개념이 국가화되면서 성인세례가 거의 사라지고, 유아세례의 관습이 계속적으로 유럽으로 확장되어 갔다. 교회는 믿는 사람들이 점차적으로 늘어났기 때문에 가능하면 어린아이가 태어난 후에 세례를 받아야만 한다고 가르쳤다.[37]

유아세례는 부활절과 오순절 축제 때에만 거행되었다고 주장되며,[38] 특별히 장소와 시간을 고려해야만 했다. 그 이유는 감독이 멀리 있을 경우에 감독이 방문하는 시기에 맞추어야 했기 때문이다. 입문의식은 부활절과 오순절 전야에 지정해서 실시하였다. 15세기에는 유아 출생 8일 이내에 "장로가 집행한다."는 보편적인 관습이 있었다. 만약 새로 탄생한 어린이가 죽음의 임박한 위험이 있다거나 꼭 필요할 경우에는 평신도들이 초기에 세례를 집행할 수 있었다.[39]

유아세례의 발전은 카테키시스 퇴보의 가장 큰 원인으로 꼽을 수 있다. 유아세례는 종전의 체계 있는 카테키시스의 입문 과정을 변화시켜야만 했지만, 유아를 위한 교육과정은 마련하지 않았다. 그 때문에 교회가 행해야 할 카테키시스의 의무와 형태를 쇠퇴시키는 결과를 낳았다. 카테키시스의 쇠퇴와 함께 교회의 교육적 과제는 많은 설교와 소책자를 통해서 기독교 가정의 부모에게 훈계하고, 그들의 의무로만 전가시키게 되었다. 몇 명의 교부들은 어린이들이 수도원에서 교육받게 하도록 부모들에게 충고하기도 했다.[40] 물론 이때에도 유아를 위한 '카테큐메너트'가 있었다. 그러나 8세기부터는 카테키시스에 의한 것이 아니라, 부모들과 대부모(代父母)에게 교육하라는 의무만 주었다. 주교회의는, "'주의 기도'와 '사도신경'을 의무적으로 암송할 수 있어야 한다. 두 가지 신앙 고백문은 기독교 교리의 기본적이며 본질적인 것이므로 각자 자기 자녀들에게 이 고백문을 가르쳐야 한다."고 했다.[41] 어린이 세례의 축하의식은 예전의식으로 구성되었으며, 유아의 세례 후보자를 위한 주간 행사가 발달했다.[42] 이것은 성인세례와 함께 유아세례를 베풀었다는 흔적을 볼 수 있으며, 세례의식은 세례 받을 사람들의 신앙이 발전되었다고 생각되면 기독교 입문의 규범적인 관례의 단계에 따라 세례를 베풀었다.[43]

결국 유아세례의 발생은 카테키시스의 본질과 의무를 쇠퇴시켰으며, 유아세례를 정착시켰으며, 교회와 국가가 기독교로 전향하는 성인들을 가르치는 어려운 일만 남겨 놓게 되었다.

3) 성례전의 표준화

중세 초기의 세례 예배의식은 지역마다 각기 다른 세례의식을 거행되고 있었다. 그런데 각기 다른 의식이 『겔라시아 성례전』[44]과 『로마의 신품(神品) XI』(Ordo Romanus XI)[45]의 보급으로 말미암아 교회 입문과 세례의식에 지대한 영향을 주었다.

서구의 많은 곳에서 입문의식의 단계적인 과정이 지역마다 목회자에 따라서 다른 양상으로 집행되었다.[46] 『겔라시아 성례전』과 『로마의 신품』은 초기 기독교 공동체의 카테키시스와 실천의 단계를 '예배의식'에 근거하여 보존하려는 목적을 가진 문서이다. 『겔라시아 성례전』 문서는 로마 의식서에 기초하여 8세기에 예전의 요소를 수집하고 정리하였다. 이 문서는 갈리아주의를 따르는 사람들이 기부한 돈으로 만들어졌기 때문에 겔라시아 성례전이라고 불렀다. 그러나 이 문서는 겔라시우스 교황(Gelasius, 492-496)과는 직접적인 관련이 없으며, 아마도 프랑스의 샤를마뉴 대제(Charlemagne, 742-814)가 개혁하기 전에 간략하게 썼을 것으로 추정된다. 『로마의 신품』은 원래 6세기의 로마 세례의식에 기원을 두고 있다. 9세기보다 빠르지 않는 시기에 프랑스에서 원고를 기초로 하여 만들었다.

두 문서는 8세기와 그 후에 샤를마뉴 대제와 그의 조언자와 후계자들의 보호 아래 보급되었다. 보급 활동은 다른 지역의 기독교 입문과 예배의식을 연구하고 발전시킬 수 있는 좋은 기초를 마련해 주게 되었다. 더욱이 그들의 공헌은 로마 예배의식의 관례를 향한 북유럽 그리스도인의 의식과 관습을 반영할 수 있는 계기가 되었다. 또한 북쪽에서 로마의 입문의식을 채택했던 것은, 이 시기에 성인부터 유아의 입문의 변천이 분명하게 만들어졌고, 예배의식의 언어와 전례 법규가 일치하게 되었다는 사실을 말해 준다.[47]

이 문서는 전체 기독교 지역에서 통일된 성례전을 실시하도록 자료를 공급하는 공헌을 하였다. 몇몇 지역에서 부분적으로 세례와 견진례를 분리하여 집행해 왔다. 그러다가 『겔라시아 성례전』이 보급되면서 로마에서뿐만 아니라, 서양 유럽의 다른 지역의 관습으로 확산되었다. 그 결과 이 문서의 보급이 기초가 되어 세례와 견진례 의식의 분화가 더욱 확고하게 정착되게 되었다. 그동안 하나의 구조로 이루어졌던 입문의식이 이원화되어 버린 것이다.[48] 젤라시아 성례전의 보급은 초기 기독교 공동체에서 실시하던 카테키시스의 총체적인 입문의식이 아니라, '분화되고 혼합된 축제의식'을 공급하게 되었다고 생각한다.

미첼(Nathan D. Mitchell)은 중세 서구의 입문의식의 감퇴 이유를 아퀴나스 사상의 보급에 두고 있다고 설명하였다. 즉 첫째로 서구에서 주요한 예전적 흐름에 영향을 준 입문의 실제적인 개혁이 초기의 전통적 맥락을 이어준 것이 아니라 오히려 몰락시킨 결과가 되었다. 둘째로 입문신학을 아퀴나스(Thomas Aquinas, 1227 - 1274)와 스콜라적 표준화에 근거하게 되었다. 아퀴나스의 사상의 광범위한 보급이 오늘날 입문의식을 퇴색하게 했으며, 토마스주의자들이 가장 중요한 자리에 차지하게 되었다. 셋째로 기독교 입문의 통합을 유지하기 위하여 서구 교회는 가능한 그 이유를 몇 가지 고려하였다. 그 이유는 교회 구조의 변화, 상징의 명료성의 쇠퇴, 성례전의 기념(anamnesis)과 기원(epiclesis)의 관계를 이해하는 데 실패하는 것 등이라 할 수 있다.[49]

4) 신앙교육의 쇠퇴

교회가 성장하면서 초기 기독교의 조직적인 규율은 지켜지지 않았고, 예비 세례자의 준비 기간을 등한시하였다. 세례자들에게 '사도신경과 주의 기도'를 해설해 주는 교육은 있기는 했지만, 예비 세례자의 수가 많을 때에는 교육을 철저히 하지 않고 아무 때나 세례를 주기도 했다. 이 시대에 알퀴누스(Alcuinus, 735-804)에 의해서 처음으로 『문답 형식의 교리서』(Disputatio puerorum per interogationes et esponsiones)가 발간되었고, 교사들은 사도들과 교부들의 방법을 따랐으며, 그들의 교훈을 참고하였다. 우상 숭배자들과 이방인의 단죄, 유일신의 존재, 창조주인 하나님, 강생(降生) 교리, 종교사와 구속 계획, 성체성사, 죄의 목록, 권선징악 등의 교리를 가르쳤다.[50]

9세기에 지방의회와 주교회의는 기독교 신앙과 도덕의 무지가 확산되는 데에 관심을 가졌으며, 자국어로 종교적 교수를 행하도록 시도하였다. 그들은 사도신경과 주의 기도를 암송할 수 있는지를 시험하기 위하여 세례를 위한 대부모 제도를 공식적으로 규범화시켰다. 선과 악의 목록표(目錄票)는 도덕적 교수를 위한 기본적인 교수로 준비되었고, 신앙고백을 위한 7가지 기본적인 선(믿음, 희망, 박애, 절약, 정의, 절제, 불굴불요, 책임)은 고백에서 설교와 훈계의 주제가 되었으며, 7가지 치명적인 악과 대조시키는 교육 주제로 삼게 되었다.[51]

요약하면, 카테키시스는 기독교가 로마의 국가가 되면서 본래의 의미를 상실하고 쇠퇴하게 되었다. 순교 정신의 상실은 입문의식을 약화시켰고, 유아세례 의식은 교회의 교육적 사명을 가정에게 위탁시켰으며, 성례전 문서의 보급은 다양한 의식을 획일화시켰다. 물론 교회의 성장과 발전으로 인하여 입문의식이 발전되었다고 할 수 있지만, 초기 기독교 공동체 카테키시스의 일관된 '과정'은 세례, 유아세례, 견진례, 성찬의식 등으로 분화되었다.

각 주

1) K. Lake, ed. and tr., *The Apostolic Fathers*, Loeb Classical Library (N.Y.: MaCmillan, 1912-1913), 308-333; Whitaker, Documents, P. I. g. Raschen, S. *Tustini apologiae duae*, Florilegium Patristicum 2 (Bonn: Peter Hanstein, 1911)를 참고하라.

2) Kenneth O. Gangel and Warren S. Benson, *Christian Education: Its History and Philosophy* (Chicago: Moody Press, 1983), 95-96.

3) Thomas M. Finn, *Early Christian Baptism and the Catechumenate-West and East Syria* (Collegeville, Minnesota: The Liturgical Press, 1992), 3-4.

4) 김영규, 『기독교교육학』 (서울: 기독교문서선교회, 1984), 60.

5) Lewis J. Sherrill, *The Rise of Christian Education* (N.Y.: MaCmillan, 1944), 209.

6) '고급 교리문답 학교'(catechumal school)를 '기독교 세례학교'나 '예비 세례자 학교'라고 번역한다. 그러나 일반적으로 세례를 준비하는 차원으로 이해하기 때문에 예비 세례자 학교라고 번역하는 경향이 강하다. 이 책에서는 후자를 선택하지만, 엄밀히 말하면 카테큐멘은 세례만을 위한 것이 아니라 기독교 공동체의 구성원을 양성하는 것이 근본 목적이었다는 점을 주지할 필요가 있다.

7) Kenneth O. Gangel and Warren S. Benson, *Christian Education: Its History and Philosophy*, 88.

8) Eleanor Daniel, John W. Wade, and Charles Gresham, *Introduction to Christian Education* (Cincinnati: Standard, 1980), 36-37.

9) C. B. Eavey, *History of Christian Education* (Chicago: Moody Press, 1964), 85.

10) Kenneth O. Gangel and Warren S. Benson, *Christian Education: Its History and Philosophy*, 89.

11) Catechetical School을 '카테키티칼 학교', '카테큐멘 교사학교', '고급 교리문답 학교'라고 번역한다. 이 책에서는 카테큐멘을 지도하는 교사들을 양성하는 의미에서 '고급 교리문답 학교'라는 용어를 사용하지만, 카테키시스를 '교리문답'이라고 번역하는 것은 기독교 입문과 공동체 구성원을 양성하는 차원을 간과하기 쉽기 때문에, 이 책에서는 가급적 교리문답이라는 용어를 사용하지 않으려고 한다.

12) 신학교재 편찬위원회 편,『간추린 기독교교육학』(서울: 세종문화사, 1983), 42-43.

13) Kenneth O. Gangel and Warren S. Benson, *Christian Education: Its History and Philosophy*, 90.

14) Kenneth O. Gangel and Warren S. Benson, *Christian Education: Its History and Philosophy*, 90.

15) Lewis Joseph Sherrill, "A Historical Study of the Religious Education Movement," *Orientation in Religious Education*, ed. by Philip henry Lotz (N.Y.: Aingdon, 1950), 207-208.

16) 정일웅,『교육목회학』(서울: 솔로몬, 1993), 384. 40일간으로 축소된 세례 준비교육은 신앙고백적인 내용으로 한정시켰고, 목표는 성찬 참여이었으므로 한정 적으로 성례의 의미와 성찬의 내용을 가르쳤다.

17) Pseudo-Origen, *Treatise XII of the Edition of P. Batiffol and A. Wilmart*, Tractatus Origenis de libris 55 (Paris: Scripturarum, 1900), 135. 터툴리안이 사용했던 것처럼, 노아의 방주의 이미지를 카테큐메너트의 기능에서 교회를 적용한 것이다. 그리고 Michel Dujarier, *Le Parrainage des adultes aux trois premies siècles de l'Eglise*, Parole et mission 4, Paris, 1962, 224를 참고하라. quoted in Michel Dujarier, *A History of the Catecumenate: The First Six Centuries* (New York: Sadlier, 1979), 91.

18) Robert M. Grant, "Development of the Christian Catechumenate," *Made, not Born: New Perspectives on Christian Initiation and the Catechumenate* (Notre Dame, Ind: University of Notre Dame Press, 1980), 38-39.

19) Marshall C. Dendy, *A Study of the Catechism: The Westminster Shorter Catechism for Families* (Virginia: CLC Press, 1966), 13.

20) F. H. Kettler, "Taufe," *Die Religion in Geschichte und GegenWart 6* (Tü bingen: J. B. Mohr, 1962), 638.

21) Robert M. Grant, "Development of the Christian Catechumenate," *Made, not Born: New Perspectives on Christian Initiation and the Catechumenate*, 39.

22) G. W. H. Lampe, *A Study in the Doctrine of Baptism and Confirmation in the New Testament and the Fathers* (London: SPCK, 1951), 301-303.

23) E. C. Whitaker, ed., *Documents of the Baptismal Liturgy* (London: SPCK, 1960), 156.

24) Milton McC Gatch, "Basic Christian Education from the Decline of Catechesis to the Rise of the Catechisms," *A Faithful Church: Issues in the History*

of Catechesis, ed. by John H. Westerhoff III (Connecticut: Morehouse-Barlow Co., 1981), 85.

25) J. D. C. Fisher, *Christian Initiation: Baptism in the Medieval West*, Alcuin Club Collections 47 (London: SPCK, 1965), ch. VI-VII.

26) J. D. C. Fisher, *Christian Initiation: Baptism in the Medieval West*, 116f.

27) Nathan D. Mitchell, "Dissolution of the Rite of Christian Initiation," *Made, not Born: New Perspectives on Christian Initiation and the Catechumenate* (Notre Dame, Ind.: University of Notre Dame Press, 1980), 58-59.

28) Michel Dujarier, *A History of the Catecumenate: The First Six Centuries*, 135.

29) 유재국, 『교리교육사』 (서울: 가톨릭교리신학원, 1990), 128-130. 이 시대에 발간된 교재는 소책자의 형태를 띠고 있는데, 아우튼(Autun)의 호노리우스 (Honorius)가 쓴 *Elucidarium*을 들 수 있다. 그리고 중세기의 대표적인 교재로는 휘 고(Hugues de St. Victor)의 *Septenarium*이다.

30) Ladislao CSONKA, *Educare III — Metodolgoia della Catechesi* (Zürich: Pasverlag, 1964), 89. quoted in Michel Dujarier, *A History of the Catecumenate: The First Six Centuries*, 135.

31) Stephen Neill, *A History of the Christian Missions*, Pelican History of the Church 6 (Baltimore: Penguin Books, 1964), 149-150.

32) Confessio fidei Fratrum Waldensium. quoted in J. D. C. Fisher, ed., *Christian Initiation: The Reformation Period*, Alcuin Club Collections 51 (London: SPCK, 1970), 168, 195.

33) L. Mitchell, "Christian Initiation: The Reformation Period," *Made. not Born: New Perspectives on Christian Initiation and the Catechumenate* (Notre Dame. Ind: University of Notre Dame Press, 1980), 83-84.

34) Michel Dujarier, *A History of the Catecumenate: The First Six Centuries*, 136-137. 1538년에 감독회의의 목회자들이 알쿠인 선교원칙(missionary principles of Alcuin)으로 돌아오라고 촉구했고, 카테큐메너트는 40일 동안 금식, 카테키시스, 엑소시즘, 그리고 심사를 하여야 한다고 요구하였다. 그러나 이 제안이 일반적으로 현실에서는 실천되었다는 내용이 발견되지 않았고, 지방의회에서는 1585년에 그것 을 다시 실천해야 할 필요가 있다고 한 내용이 발견되었다.

35) Michel Dujarier, *A History of the Catecumenate: The First Six Centuries*, 81.

36) Michel Dujarier, *A History of the Catecumenate: The First Six Centuries*, 79.

37) Milton McC Gatch, "Basic Christian Education from the Decline of Catechesis to the Rise of the Catechisms," *A Faithful Church: Issues in the History*

of Catechesis, 81.

38) Ibid., **133-134**: 세례가 부활절과 오순절에 거행되었다는 것은 교황 시리쿠스(Siricus, 385)와 레오(Pope Leo the Great, 447), 아그데 공의회(Council of Agde, 506), 교황 그레고리 2세(Pope Gregory II, 8세기 초)와 관련된 문서에 나와 있다.

39) J. D. C. Fisher, *Christian Initiation: Baptism in the Medieval West*, ch. VII. 이 책은 중세의 세례와 견진례에 관한 결정적인 연구자료이다.

40) C. B. Eavey, *History of Christian Education*, 86-87.

41) M. E. Jegen, "Catechesis, II," *New Catholic Encyclopedia*, vol. 3 (Washington D.C.: The Catholic University of America Press, 1967), 209.

42) A. Chavasse, "Histoire de l'initiation Chrétienne des enfants, de l'antiquité à nos jours," La Maison-Dieu, nr. 28, 32; Louise Bonnet, "Les Fonctions de parrainage d'après les homélies de St. Césaire d'Arles," memoire at the ISPC, Pais, 1968, 33-40. quoted in Michel Dujarier, *A History of the Catecumenate: The First Six Centuries*, 133. 6세기에 시저는 그들의 아기를 검사받으려고 데리고 오는 어머니들에게 충고하였으며, 특히 축제 기간에 검사를 받도록 설득하였다.

43) Michel Dujarier, *A History of the Catecumenate: The First Six Centuries*, 133.

44) E. C. Whitaker, ed., *Documents of the Baptismal Liturgy*, 156-186; Vatican, *Reginensis*, 316. 참조.

45) E. C. Whitaker, ed., *Documents of the Baptismal Liturgy*, 186-194.

46) Daniel B. Stevick, *Baptismal Moments, Baptismal Meaning* (N.Y.: The Church Hymnal Corporation, 1987), 14.

47) Milton McC Gatch, "Basic Christian Education from the Decline of Catechesis to the Rise of the Catechisms," *A Faithful Church: Issues in the History of Catechesis*, 82.

48) Cheslyn Jones, Geoffrey Wainwright and Edward Yarnold, eds., *The Study of Liturgy* (London: SPCK, 1978), 110-117; J. D. C. Fisher, *Christian Initiation: Baptism in the Medieval West*, 특별히 ch. I, IV 참조.

49) Nathan D. Mitchell, "Dissolution of the Rite of Christian Initiation," *Made, not Born: New Perspectives on Christian Initiation and the Catechumenate*, 51.

50) 유재국, "교리교육의 과거와 현재," 「신학전망」 59호 (1982): 34.

51) Jungmann Josef Andreas, *Handing on the Faith, A Manual of Catechetics* (N.Y.: Herder and Herder, 1959), 17. 카테키시스를 위한 의식을 성례전적 고백이라는 차원에서 '고백 편람'을 만들어 냈다.

6장

중세 교회 카테키즘의 개혁 과정

1. 중세 교회의 카테키즘 변화

카테키시스는 기원후 450년경이 지나면서 순교 정신의 상실, 유아세례의 정착, 성례전의 표준화 작업과 아퀴나스 사상의 확대, 신앙교육의 쇠퇴 등으로 말미암아 분화되고 쇠퇴되었다. 그러나 카테키시스의 쇠퇴는 6세기 이후에 학습 활동에 대한 새로운 변화가 일어났는데,[1] 그것은 카테키시스에 대한 새로운 인식을 가져야 한다는 것이다. 그것은 첫째로 최소한 알아야 할 필요가 있는 것을 계속 가르쳐야 하며, 둘째로 교회의 전통으로부터 물려받았던 카테키시스를 물려주어야 한다는 것이다.[2]

이러한 카테키시스의 움직임은 중세기에 서서히 제기되었다. 특히 종교개혁자들의 카테키시스 회복 움직임은 신앙 개혁에 중요한 역할을 하였다. 이 장에서 중세기 교회의 카테키시스 현상과 함께, 종교 개혁자들의 신앙교육을 위한 카테키즘 중에서 『루터의 카테키즘』(Luther Katechismus)과 『하이델베르크 카테키즘』(Heidelberger Katechismus)의 개혁교육의 특성과 구조를 다루고자 한다. 『루터의 카테키즘』은 개혁신앙교육의 한 모델이며, 『하이델베르크 카테키즘』은 개혁신앙을 종합적인 의미가 있기 때문이다. 마지막으로 종교 개혁자들의 카테키즘을 분석하고자 한다.

2. 중세기의 카테키시스

중세기 교회는 기독교 신앙교육과 입문 과정의 암흑기라 할 수 있다. 그 속에서도 카테키시스의 회복을 시도한 노력이 있었다. 따라서 초기교회에서 행했던 카테키시스의 부활, 중세의 카테키시스트들, 개혁을 위한 카테키시스트(게르송, 에라스무스), 그리고 종교개혁 이전의 카테키즘을 고찰하고자 한다.

1) 입문의식의 부활
로마의 중세 교회는 성인 교리교육에 바탕을 두었지만, 카테키시스의 쇠퇴와 함께 어린이들에게 교리를 가르치기 시작했다고 전술하였다. 어린이 교육은 주로 부모들이 담당하였고, 대부모(代父母)들은 부모를 협조하였다. 성직자들은 주일과 대축일(大祝日)에 교리교육을 담당하였다. 교육의 내용은 '사도신경과 주의 기도' 등을 설명하였으며, 이러한 현상은 초기 기독교 공동체의 카테키시스와 달리 중세는 '신앙적으로 알아야 할 지식'[3]을 가르치는 데 치중하고 있다는 것을 알 수 있다.

마지막 교부들의 죽음으로 카테키시스가 쇠퇴되기는 했지만, 입문의식에 대한 연구와 발전이 계속 진행되었다. 예들 들면, 이탈리아의 예전적(禮典的) 전통을 살펴볼 수 있는데, 암브로스(Ambrose)가 4세기 밀라노에서 기록한 『신비』(De Mysteriis)에서 세례자가 흰 의복을 걸쳐 입고 와서 '영적 확증'(spiritual seal, spirituale signaculum)을 받는 내용을 설명하고 있다. 이 확증은 감독이 기름을 사용하여 세례자의 머리에 십자가의 성호를 긋는 상징 행위를 의미한다.[4] 암브로스는 이러한 확증을 성령의 7배를 받는 것으로 연상시켰다. 예수의 사역과 선교를 위해서 그분에게 안수했던 그 성령이 감독의 확증의식에 참여한다는 것이다.[5]

카테키시스에 대한 계속적인 노력은 12세기의 휘고(Hugo of Saint Victor)의 『성례전의 기독교 신앙』(De Sacramentis Fidei Christiana)[6]에서 카테큐메너트를 다루면서 이어졌다. 다음 세기에 성토머스(St. Thomas)의 『세례의 질문』(Questiones in Baptism)에서 '카테큐멘'을 여러 차례 언급했지만, 불행하게도 선교 지역에서 세례 준비를 불과 며칠 동안 준비한 후에 '대중세례'가 집행되었다.[7] 대중세례는 중세기에 많은 사람들이 세례를 받고 성만찬에 참여하도록 촉구하는 동기가 되기는 했지만, 올바르고 확고한 신앙적 성숙과 확증을 위한 견진례(堅振禮)는 무시되어 버렸다.[8]

성이그나티우스 로욜라(St. Ignatius Loyola)는 1442년에 인도에서 카테큐메너트의 집을 세우고, 예비 세례자들을 3달 동안 교육하였다.[9] 그리고 대주교 패크함(Peckham)은 1543년에 『사룸 입문서』(Sarum Manual)를 출판하여, 매우 중요한 '견진례 법규'(confirmation rubric)를 기록하였다. 『사룸 입문서』는 "신앙과 도덕의 기본적인 관점에서 입문과 가르침 사이의 관계성을 급진적으로 재정리"[10]하여, 중세기 말의 영국과 유럽에서 전형적인 입문의식서로 알려졌다. 이 시기에는 기독교 입문의식에 대한 관심이 없었으므로 당시의 교회법규를 문제로 삼았으며, 견진례는 성만찬을 받기 위하여 필수 조건이 되어야 한다고 주장하였다. 그의 목표는 견진례를 통해서 '가증스러운 태만'으로부터 몰락하게 되는 것을 구하기 위한 것이다. 웨스트(Edward N. West)는 "서구에서 많은 사람들이 점차적으로, 그러나 불가피하게, 견진례를 의무라고 생각하기보다, 오히려 소수의 특권이 되었다."[11]고 요약했다.

2) 중세의 카테키시스트들

교회의 교육을 위한 미약한 노력이 일어나기 시작했으며, 그것은 신앙교육을 위한 소책자 개발에 박차를 가한 것이다. 624년경 보니파치우스 5세(Bonifacius V)는 노섬브리아의 에드윈 왕(Edwin)에게 보낸 편지에서 근본적인 교리교육의 프로그램을 설명했다. 성 갈(St. Gall)은 "히포의 성 어거스틴이 설정한 교리교육의 전통을 충실히 하라."고 연설하기도 했다.[12] 중세에 처음으로 '사도신경과 주의 기도'를 라틴어로 설명한 알퀴누스(Alcuinus, 735-804년)는 『문답 형식의 교리서』(Disputatio Puerorum per Interogationes et Esponsiones)를 발간하였다.[13] 교황 그레고리 1세(Gregory I)는 카테키시스의 역사에서 큰 영향을 끼쳤는데, 신앙의 내용을 다룬 『문답서들』(Libri Dialogorum)을 만들었다. 이 책은 문답서의 전형적인 접근 방법을 보여 주고 있다. 그리고 12세기에 많은 영향을 끼친 아우툰(Autun)의 호노리우스(Honorius)가 쓴 Elucidarium은 사도신경 해설, 윤리적 악과 육체적인 악에 대한 교훈, 인간의 권선징악에 대한 교훈이 담겨 있다. 중세기의 대표적인 카테키시스의 교재는 휘고(Hugues de St. Victor)의 저서인 Septenarium을 들 수 있는데, 이 책은 모든 교리를 일곱 가지로 구분하여 설명하였다.14) 또 한 가지 『가난한 자들의 성서』(Biblia Pauperum)는 성서의 중요한 구절과 그리스도의 생애를 성서 중심으로 설명하였으며, 교부들의 저서와 전례를 참고하기도 하였다.15)

알퀴누스의 제자였던 마우르(Raban Maur)는 카테키시스트의 전문가로 알려져 있는데, 그는 어거스틴의 교육 사상에 입각하여 『종교적 훈련』(De Disciplina Ecclesiastica)이라는 유명한 책을 저술하였고, 아퀴나스(Thomas Aquinas)의 "사도신경, 성사, 주의 기도, 계명 등의 해설서, 아타나시우스(Athanasius)의 신경" 등이 있다.[16]

3) 종교개혁 이전의 카테키즘

13세기에 교구 사제들은 무지한 사람들과 7세 이상 되는 어린이들에게 '주일에 간단하고 분명한 형태의 신앙의 항목(articles of faith)을 설명'하도록 하였다.[17] 교구 사제의 가르침은 카테키즘의 기본적인 개요는 발전하게 되었고, 그 내용은 신조, 십계명, 하나님과 이웃에 대한 이중적인 사랑의 개념, 7가지 치명적인 죄, 7가지 원칙적인 미덕(믿음, 희망, 박애, 정의, 근검, 절약, 불굴), 7가지 성례다. 이 내용을 중심으로 카테키즘이 책으로 출판되기 전에는, 예배의 교회력에 적용된 보통 구두 교수(口頭 敎授)와 몇 가지 설교의 형태로 구성되었다.

종교 개혁기에 사용하게 되는 '카테키즘'의 전례는 중세의 감독이 '기독교 신앙의 원리'를 가르치라는 명령에서 발견된다. 이것은 사제가 책임 있게 가르치는 일을 완수할 수 있는 방법을 제시하는 자료로서 어린이와 어른들이 기억하도록 계획된 몇 가지 안내서다.[18]

처음에 '카테키즘'은 1352년에 요크의 대주교(Archbishop of York and "Primate of England")가 된 토레스비(John Thoresby)가 1357년에 가르침의 내용을 묶어서 책으로 출판한 것이다. 그는 성직자의 무지를 애석하게 여겼고, 더욱 자주 카테키시스를 개혁하려는 희망을 가졌다.[19] 토레스비는 카테키즘 교육에 관한 법령을 새롭게 규정하도록 지시하였고, 사제용과 백성용을 위해서 자국어로 번역하여 『평신도를 위한 카테키즘』(The Lay Folks' Catechism)을 탄생시켰다.[20] 이 책은 번역이 되어서 테이스텍 번역판(Taystek's translation)으로 출간되었고, 나중에 롤라드 번역(Lollard version, 14-15세기의 위클리프파의 교도)으로 발간되어 '개신교 종교개혁자'인 존 위클리프(John Wycliffe)에게 넘어갔다. 위클리프는 이 책을 통해서 지배권과 권위에 대한 가르침을 바르게 이해하게 되었고, 중세 신정 사상(神政思想)에 대한 근본적인 문제를 근절하게 한 자료가 되었다.[21]

프랑스어 작품인 ABC's Simple Folk(ABC des Simples Gens)도 평신도를

위한 책이며, 중세의 septenaria의 전통을 따라서 기독교인의 기본적인 이해를 다루었다.[22] 또한 『꼴레의 카테키전』(*John Colet's Catechyzon*)은 중세의 전통적 카테키시스와 혼합되었고, 기독교적 인본주의의 도덕적 선을 강조하였다.[23] 주요한 목적은 성바울이 말한 "어린이들이 하나님과 우리 주 그리스도 예수에 관한 지식이 증가하고 예배드리기 위하여, 기독교적 좋은 생활과 태도를 위하여"를 발견하는 것이라고 설명했다. 이 목적은 소년들이 학교에서 영어로 카테키전(Catechyzon)을 배우기 시작했다는 것을 가리키는 것이다.[24]

종교개혁 이전에 나온 카테키즘은 로마 가톨릭의 견지에서 교리와 기독교적 삶을 설명하고 있다. 이들은 거의 '무지한 성직자' 또는 '평신도'를 위한 것으로, 기독교 신앙을 가르치려는 카테키시스의 시도의 하나라고 볼 수 있다. 이러한 노력은 카테키시스가 단순히 '내용 중심'의 교육에 머물렀다는 문제를 안고 있다. 이때의 교육은 교육내용과 삶의 연결이 부족했고, 하나님의 말씀을 깊이 성찰하거나 연결시키는 부분이 고려하지 못하였다고 볼 수 있다. 그러나 당시로서는 교육내용과 방법이 조금 발전되었다고 할 수 있다.

4) 카테키시스 개혁운동가들

(1) 게르송(Jean C. Gerson)

후기 중세기 카테키시스의 역사에 가장 최후의 영향을 끼친 사람은 게르송(Jean C. Gerson, 1363-1429)이다. 그는 원래 아비뇽의 사제인 베네딕트 8세(Benedict XIII)였지만, 1395년에 파리 대학의 총장이 되면서 자신의 이름을 게르송(Jean C. Gerson)이라고 불렀다. 그는 카테키시스의 전문가로서 *De Parvulis ad Christum Trahendis*를 남겼고, 성인들과 아동들의 카테키시스에 많은 공헌을 하였다. 특히 그는 개혁 운동의 지도자 역할을 맡았으며, 대학의 신학 교육과정 재구성 계획을 제안했다. 그의 생애의 마지막 10년을 리용에서 보내면서, 초기 작업 몇 가지를 교정하였고 저술 작업도 계

속하여 여러 가지 카테키시스와 목회 논문을 남겼다.[25)

게르송은 대학 총장 재임 기간에 어린이를 위한 카테키시스의 시간을 만들었고, 그의 소논문 『어린이를 그리스도에게 다가가기』(De parvulis ad Christum trahendis)에서 "어린이의 영혼을 하나님의 도우심으로 지옥문으로 부터 잡아채는 것"보다 더 이상 중요한 의무가 없다고 말했다. 젊은 사람을 그리스도에게로 이끄는 방법에 관해서는 "공공 설교, 개인적인 훈계, 교사의 훈련 능력, 마지막으로 기독교 종교의 최고의 특성인 고백" 등이라 하면서, "어린아이들이 내게 오는 것을 용납하고 금하지 말라 하나님의 나라가 이런 자의 것이니라."(막 10:14)와 관련된 내용으로 끝내고 있다.[26)

1395년에 그의 『세 부분의 작품』(Opus tripertitum)이 널리 읽혔는데, 이 것은 네 그룹의 대상을 중심으로 기술되어 있다. 그 대상은 고백성사를 듣는 단순하거나 무식한 사제, 규칙적으로 교회 강의에 참여할 수 없는 무학자(無學者), 기초적인 강의를 필요로 하는 어린이와 젊은이, 병원을 방문하거나 병자에 관심을 보이는 사람이다. 제목에서 제시된 것처럼, 내용은 세 부분으로 나누어져 있다. 이 책의 첫 번째 부분은 십계명을 설명하였는데, 기독교 신앙의 요약이라고 할 수 있는 창조, 성삼위일체, 인간생활의 목표, 원죄, 성육신, 구속을 서술하고 있다. 두 번째 부분은 고백을 다루고 있다. 이 내용은 7가지 치명적인 죄를 들을 수 있게 하기 위하여 권고하는 양심의 시험에 강조를 두고 있다. 7가지 치명적인 죄는 그들의 죄의 수와 종류를 상기하고 참회하도록 돕는다. 세 번째 부분은 죽음의 순간을 맞이하거나 행복한 죽음에 관심을 갖고 있는 모든 사람들을 위하여 기록되었다.[27)

게르숑의 작품은 카테키시스의 내용을 잘 정리한 자료가 되었다. 그는 이러한 노력을 통해서 교회의 신앙교육이 올바르게 이루어지기를 희망했다. 그의 희망은 교구의 교회, 학교, 병원, 거룩한 장소인 공적인 자리에서 신앙교육의 내용이나 일부분을 플래카드와 포스트로 복사해서 제시해야 한다고 제안했다. 게르송은 초기 기독교 공동체의 카테키시스를 회복하지는 않았지만, 중세 교회의 교육을 재건하고, 교회의 카테키시스의 보편화를 시도한 사람이라 할 수 있다.

(2) 에라스무스

1400년대 처음 10년간은 끝없는 교육 논문이 쏟아지기 시작했는데, 학자들은 인본주의적으로 학습법과 교수 방법 개선을 주장하기 시작했다. 1450년에 구텐베르크(Gutenberg)의 인쇄 출판의 발명은 종교적·세속적 논문을 보급을 통해서 새로운 방법들이 등장하게 되었다. 특히 인쇄된 책은 평신도들을 식자(識者)로 만들어 주었고, 세속적 학습을 보급시켜 주는 데 중요한 자리를 차지하게 되었다.[28]

인본주의 사상적 조류는 교육적인 노력과 함께 카테키시스에 새로운 재건의 움직임이 일어나도록 촉구하였다. 그중에서 에라스무스(Desiderius Erasmus, 1466-1536)는 16세기 전에 없어졌던 카테키시스의 재건을 주장하였다. 그는 『마태복음서의 의역』(Paraphrase on St. Matthew's Gospel)에서, 사순절 기간에 세례를 받았던 청소년들이 "그들의 세례 고백의 의미를 설명해 주는"[29] 카테키시스의 설교에 참석할 것을 요구하였다. 또한 유아세례의 보편성을 주장하면서도, 세례를 받은 유아들이 장성하여 '사춘기가 되면' 카테키시스에 참여해야 한다는 점을 주장하였다. 여기에는 개혁가들이 중세기에 잃어버린 카테키시스를 회복하려는 의도가 있었고, 그 중에서 견진례를 '감독 스스로가 집행하는 엄숙한 축제'라는 것으로 확실하게 이해했다. 그들은 유아세례, 카테키시스, 견진례, 성만찬 허락의 형태들을 발전시키려고 노력했다.[30]

에라스무스는 어느 누구보다도 '새로운 학습'의 교육적인 생각을 퍼트린 사람이다. 그는 개인적 헌신과 도덕을 강조하는 학습과 고대 자료로 돌아가려는 인본주의자 프로그램이 그의 작품 대부분에 나타나고 있다.[31] 특히 그의 초기 논문이며 가장 유명하고 영향력 있는 작품이라 할 수 있는 『기독교

군인의 핸드북』(*Enchiridion militic christiani*)에서 잘 나타나고 있다.[32] 이 책은 신앙이 약해진 평신도 군인에게 충고하는 것이다. 군인의 입장에서 그리스도인들은 그들의 죄와 대항하여 잔인한 투쟁을 해야 하며, 통치자는 그것을 지도해야만 한다고 했다. 여기서 필요한 무기는 기도와 성서 지식이다. 그는 외적인 표시와 헌신을 증가시키는 종교적 실천을 평가하면서, 그의 독자들이 복음의 순진함과 하나님과 이웃을 향한 내적 사랑으로 돌아가야 한다고 요구한다.

그의 후기 작품 *Dilucida et pia explanatio symboli...decalogi praeceptorum, et dominicae praecationis*에서는 기독교의 '교리의 본질'보다는 '삶의 방법'을 강조했다. 그는 교리를 가르치는 데 새로운 학습의 열정을 가지고 있었지만, 중세 카테키시스의 고정된 규범을 따랐다.[33] 그가 죽기 전, 1536년에 성인을 위한 카테키즘을 집필했다. 이 카테키즘에서 선과 악을 놓고 특별히 신학적 선과 치명적인 죄를 강조한 것을 볼 수 있다. 신조와 계명과 주기도문을 아주 명백하고도 훌륭하게 해설을 하였다. 이러한 그의 노력은 카테키시스, 즉 신앙과 교육의 회복을 위한 것으로 교육의 조건을 다음과 같이 설명하였다.[34]

> 교육의 3가지 조건은 개인적 발달로 규정하는데, 그것은 자연과 훈련과 연습이다. 한 면으로 자연이란 훈련되어야 할 내적인 능력을 의미하는 것이며, 다른 면으로는 발전의 가능성을 가지는 천성을 의미한다. 훈련이란 교수나 지도를 교묘하게 응용하는 일을 의미한다. 연습이란 자연에 의하여 부여되고 있으며 훈련에 의하여 촉진하게 뇌는 활동력을 우리를 사신이 사유롭게 행사하는 일을 의미한다. 교묘한 훈련 없이는 자연은 항상 불완전하며, 훈련이 제공하는 방법 없이는 연습은 구하기 어려울 만큼 혼란에 빠진다.

에라스무스가 말하는 교육의 조건에서 '자연, 훈련, 연습'은 인문주의에 바탕을 두었다는 것이 명확하다. 그의 인문주의적 사고는 기독교 신앙을 위한 것으로 나타나고 있으며, 그것은 "믿음을 가진 가정(家庭)은 인문적이고 비판적인 원리 아래에 놓여야 한다."[35]고 주장한 데에서 볼 수 있다. 맹목적인 신앙이나 복종이 아니라 기독교 신앙과 철학적 사고의 결합을 말하며, 알레고리적 해석법(allegorical interpretations)을 말한다.[36] 신앙과 이성이 명석한 두뇌와 지적인 이해를 통해서 신앙 양육에 기여해야 한다는 것을 말한다.

에라스무스가 인문주의 교육자이며, 카테키시스를 재건시키려고 노력한 사람이라는 것을 알 수 있다. 이러한 카테키시스트의 노력에도 불구하고, 중세기의 교회교육은 소홀하게 다루어졌고, 성직자들에 대한 존경심도 점점 저하되어 갔다. 그러한 풍토 속에서 부모들은 자녀의 신앙교육을 외면했고, 교리교육도 '침체 상태'[37]에 빠지게 되었다.

3. 개혁신앙교육으로서의 중세 카테키즘

종교개혁은 기독교의 신앙과 교회 구조를 새롭게 변혁시킨 혁명적 사건이며, 기독교 신앙교육에서도 커다란 변화를 시도한 계기가 되었다. 종교 개혁기의 카테키즘은 종교 개혁자들이 그들의 개혁신앙을 사람들에게 가르치고 양육하기 위하여 개발하였다. 이때에 출간한 카테키즘은 루터, 칼빈, 하이델베르크 등 다양하게 있지만, 여기서 카테키즘을 개혁자의 입장에서 신앙교육을 새롭게 시도한 『루터의 카테키즘』(Luther Katechismus), 개혁신앙의 종합을 시도한 『하이델베르크 카테키즘』(Heidelberger Katechismus)을 중심으로, 종교개혁과 신앙교육, 종교개혁과 카테키즘, 카테키즘의 개혁을 탐구하고자 한다.

1) 종교개혁과 신앙교육

초기 기독교 공동체가 기독교 신앙과 도덕성의 원리에 바탕을 둔 '카테키시스'(catechesis)가 발전되었다가 거의 변화와 소멸을 경험했다. 그러나 중세기의 종교 개혁자들을 통해서 '카테키즘'(Katechismus, 라틴어 cătēchísmus의 독일어 번역)이라는 이름으로 새롭게 소개되었는데, 16세기는 '카테키즘'(the Catechism)의 황금 시대가 열렸다고 할 수 있다. 덴디(Marshall C. Dendy)는 개신교의 종교개혁이 카테키즘을 통하여 초기 기독교 공동체의 '카테키시스의 부활'을 이끌어 내었다고 하였다.[38]

루터(Martin Luther, 1483-1546)의 종교개혁은 ficuia로서 신앙을 매우 강조한 것이다. 참된 신앙은 명령적인 가르침에 동의하는 것이 아니라 살아 있는 하나님 안에서 인격적인 신뢰가 되어야 한다. 대중들이 하나님의 말씀을 듣고, 그들에게 필요한 지식을 습득해야 하지만, 중세기 교육은 교권주의적 신앙 구조 속에서 교권 확장의 수단이 되었다. 교황은 우주의 교사로 지적인 자유를 허락하지 않았고, 대중교육을 행하지 않았다.[39] 이에 대항한 루터의 종교개혁은 신앙의 3가지 원리(성서의 권위, 신앙으로 얻는 구원, 만인 사제론)에 기초를 두고 있다. 그것은 종교적 자유와 해방의 과업의 출발점이 되었다. 그래서 칼라일(Thomas Carlyle)은 루터는 인류 역사에서 '진실한 위인'이며 '영웅 중의 한 분'이라고 하였다.[40]

루터의 개혁은 종교에만 한정된 것이 아니라, 교육 개혁 운동에도 박차를 가하게 되었다. '종교와 교육'이 통합된 개혁 운동으로, 종교개혁과 함께 카테키즘의 회복이 시작되었으며, 이것은 기독교교육의 위대한 공헌의 하나라고 할 수 있다. 더욱이 16세기는 교육적인 창조의 시기로, 루터와 함께 종교 개혁자들은 사람들이 누구나 보편적으로 배울 수 있도록 하기 위하여 학교 건립에 많은 노력을 기울였다. 그것은 루터가 쓴 "기독교 학교를 위하여"(*Behalf of Christian Schools*)의 '모든 독일 시장과 시의회에게 보내는 편지'(*letter to the Mayors and Aldermen of the Cities of Germany*)가 교육을 개혁시키는 계기가 된 것이다. 그의 교육적 개혁은 역사적 사건이었으며, 종교 개혁을 반대했던 기독교 교리의 단체들도 교육개혁에는 동의하는 입장이었 다. 특히 이그나티우스 로욜라(Ignatius Loyola)는 루터의 교육개혁의 영향 을 받아 위대한 교육 설립을 위한 작업을 하기도 했다.[41]

루터의 교육 개혁은 그의 『카테키즘』(Katechismus, catechism)이 결정체라 고 할 수 있다. '카테키즘'이라는 말은 루터가 그의 책을 출판하면서 이름을 붙인 말이다. 내용은 바로 중세 로마 가톨릭 교회가 다루었던 십계명, 사도 신경, 주기도문 등이었으며, 방법은 질문과 대답의 도식 안에서 해설했다는 것이 특징이다. 루터와 개혁자들 사이에서 탄생한 기록된 카테키즘은, 영국 에서 찬성을 얻었고, 반 개혁자인 예수회에서도 채택되었으며, 재세례주의자 (anabaptist)들도 조금 사용하였다. 특히 16세기는 개혁의 열기와 출판 인쇄 의 발달로 카테키즘을 형성하게 되었고, 이것이 종교개혁의 도구로서 큰 도 움이 되었다. 종교 개혁자들의 열성과 출판의 발전이 오늘날 알려진 카테키 즘의 형태를 만든 것이다. '카테키즘'은 교회교육이 상실된 시대에 신앙교육 의 책으로 대량으로 생산하게 되었다. 루터 이후에 『칼빈의 카테키즘』, 『하 이델베르크 카테키즘』이 나왔다. 그러나 이 카테키즘은 개혁자들의 개혁신 앙에 따라서 다른 특성과 양상을 띠게 되었다. 즉 개혁신앙 카테키즘은 개 혁신앙을 교육하기 위한 중요한 교육 자원으로, 교육신학의 특성을 지니고 있다. 그러므로 종교개혁과 카테키즘은 불가분의 관계에 있으며, 개혁신앙을 유지하고 보존하고 발전시키는 교육적 노력이다. 이 노력은 오늘날에도 서 구와 세계 여러 교회에서 청소년과 성인을 위한 신앙교육의 교재로 활용되 고 있으며, 강의와 연구 대상으로 다루어지고 있다.[42]

2) 종교개혁과 카테키즘의 출간

종교 개혁자들은 자신의 개혁신앙을 보급하고 양육하기 위하여 카테키 즘을 출간한 것이 그 동기라 할 수 있다. 여기서 루터와 하이델베르크 카테키즘의 출간 배경을 살펴보기로 한다.

루터가 카테키즘을 저술하게 된 동기는 분명하다. 그는 작센(Sachsen) 지역의 종교개혁을 정착한 이후에 교회의 질서를 새롭게 확립하기 위한 대안을 마련하고자 교회와 학교를 방문하였는데, 1528년 10월부터 1529년 1월 사이 실제 조사에 참여하였다. 여기서 전체 718개의 교구 중에서 학교가 71 개밖에 없었고, 기독교의 신앙에 대한 지식이 무지하다는 것을 알게 되었다. 그리고 루터가 그의 제자 멜란히톤(Philip Melanchthon)과 함께 지방 교회를 돌아보는 가운데 목회자와 설교자, 심지어 평신도들을 만났으나 그들이 기독교 신앙의 진리를 전혀 바르게 이해하지 못하고 있는 사실을 발견한 것이다. 그는 순회 후에 신앙교육의 무지를 한탄하였고,[43] 이들을 가르치고 신앙을 확립시키기 위하여 교육이 필요하다고 여겼을 것이다. 그러던 차에 루터가 비텐베르크(Wittenberg) 교회에서 대리 설교자로 봉사하게 되었을 때 그가 설교했던 모든 내용을 간추려서 정리하였다. 즉 비텐베르크의 설교문이 『루터의 카테키즘』의 초안이 된 것이다.44)

루터는 1529년 4월에 『독일 카테키즘』(Deutsch Katechismus, German Catechism)을 출간하였고, 그 해 5월에 『소카테키즘』(Enchiridion: Der Kleine Catechismus, Small Catechism)을 발간하였다. 『대카테키즘』(Der Katechismus, Catechism)[45]은 주로 목회자, 설교자, 교사를 위한 신학적 자료로 활용되도록 하였으며, 『소 카테키즘』46)은 '평신도의 애독할 책'이라고 되어 있다. 그러나 실제로는 성직자, 학교 교사, 부모의 가르침을 위한 지침서로 사용되었다.[47]

이 책들은 루터가 로마와 싸우기 전에 시작한 것으로 목회 사역의 결과였다. 그는 그의 추종자들을 고무시키기 위하여 1516-1529년 사이에 성직자와 평신도(어른과 어린이)에게 설교하고 가르친 것을 카테키시스 작업으로 출판하였다. 그는 1516년에 십계명과 다음 해 사순절에 주의 기도를 연속적으로 설교하였고, 1518년에 『십계명 소해설』이라는 제목으로 인쇄하여 평신도들의 고백을 준비하는 데 도움이 되도록 하였다. 루터가 1516-1517년에 행한 두 가지 일련의 설교는 처음에 1519년에 다른 설교자를 돕기 위하여 출판하였다. 이 책은 여러 차례 출판하였고, 결국 그의 '십계명, 신조, 주의 기도 이해를 위한 작은 형태'로 나오게 되었다. 후에 그는 이 『소책자』(Short Form)를 1522년에 먼저 출판한 Betbuchlein에 통합시켰고, 『소기도서』(Small Prayer Book)는 다음 25년에 독일어와 두 라틴어 판으로 발전되었다.48)

종교개혁 시대에 『루터의 카테키즘』 다음으로 가장 널리 사용된 것은 종교개혁의 새로운 개혁 운동의 일환으로 출판된 『하이델베르크 카테키즘』이었다. 이 책은 종교 개혁기의 『루터의 카테키즘』(Luther Katechismus)과 『칼빈의 카테키즘』(Genfer Katechismus)에 이어서 종교개혁 사상의 종합적 표현이라고 할 수 있으며, 독일 신학의 두 날개(루터와 하이델베르크)를 형성하게 되었다.

『하이델베르크 카테키즘』(Heidelberg Catechism)은 종교개혁 당시의 양분된 루터와 칼빈의 신학적 사고, 특히 루터와 칼빈의 '주의 만찬'에 대한 성례전의 견해차49)에 대한 신학적인 입장을 재정리하는 데 기여를 했다. 프레드릭 3세(Frederick III)는 종교 개혁자들의 신학적인 입장을 재정리하고, 하이델베르크 지역의 백성들을 위하여 좀 더 나은 신앙교육 안내서 출판을 시도하였다. 그 결과 1563년에 출판된 카테키즘은 프레드릭 3세의 통치 지역의 이름을 따서 『하이델베르크 카테키즘』이라고 이름을 붙였다.50)

프레드릭 3세는 독일 후국(侯國)의 가장 영향력 있는 지역의 팔래틴 영의 통치자였으며, 그의 전임자는 아우그스부르크의 고백(Confession of Augsburg)을 믿었던 신앙을 멜란히톤(Philip Melanchthon, 팔레틴 영의 원주민)과 함께 교회를 재조직하려고 궁리하였다. 그러나 그는 개혁 지도자들의 주의 만찬 의식과 교리 형태에 동의할 수 없었고, 그들의 보호령이 로마 가톨릭 교회의 통치에서 벗어나 신학적 자유뿐만 아니라 정치적인 독립을 원했다. 체질적으로 평화주의자인 프레드릭 3세는, 로마 가톨릭 교회를 지원했던 찰스 5세(Charles V)의 통치에 반대하고, 개신교 종교 개혁자들의 운동과 논쟁을 벌이기 위하여 발행물을 배포할 준비를 하였다. 그는 취리히에서 루터주의 신학자들, 존 칼빈, 츠빙글리의 양자이며 후계자인 불링거(Henry Bullinger)의 정신을 가진 신학자들과 논의하였다.[51]

프레드릭 3세(Prederick III)는 그의 영역에서 카테키즘이 젊은이들에게 가르치고, 성직자를 안내하고, 종교적 교리의 일관된 형태를 가르치는 데 제공되기를 희망했다. 그래서 그는 올리비아누스(Caspar Olevianus)와 우르시누스(Zacharias Ursinus)에게 그의 보호령에서 사용할 카테키즘을 마련하도록 지명했다. 그들은 당시 26세와 28세의 젊은이로, "정확한 신학적 작업과 대중적이고 유용한 카테키즘"[52]을 만드는 복음적인 정신의 소유자들이었다. 그들은 하이델베르크의 교수며 설교자였는데, 1562년부터 작업을 시작하여 일년만에 탈고를 하여 출판했다.

『루터의 카테키즘』과 『칼빈의 카테키즘』이 『하이델베르크 카테키즘』에 영향을 주었는데, 기본적인 내용과 문답 형식을 따랐다. 문답 형식은 당시의 문학적인 장르로 부상하기도 했지만, 신앙교육에 문답 형식이 가장 좋은 방법이라고 생각하였다. 이러한 영향을 받은 『하이델베르크 카테키즘』은 "카테키즘의 교리적 정통성을 검증하는 것으로 제작되었다."[53]는 점이 주목할 만하다. 물론 이 책의 출판은 1647년에 출판된 『웨스트민스터 카테키즘』(Westminster Katechismus)에도 결정적인 영향을 끼치게 되었다.[54]

『하이델베르크 카테키즘』은 지금까지도 독일, 네덜란드, 스코틀랜드, 미국에서 널리 사용되고 있다. 그리고 북미의 장로교회와 개혁교회에서 지금도 사용하고 있는 데, 이 카테키즘 연구를 위해서 윌리암슨(G. I. Williamson)은 다음과 같이 기록하고 있다.

하이델베르크의 개혁 작업은 우리가 그것을 완전히 잃어버린 것이 아니라는 것을 알게 해주신 우리 주님께 찬양한다. 네덜란드에서 번역되고 뿌리가 된 카테키즘은, 개혁하는 사람들의 세대에게 극진히 사랑받는 안내서가 되었다. 그러나 카테키즘은 오늘 우리가 고대의 폐허된 곳으로 관광 가는 것이 아니다. 그것은 신자들을 위한 구원의 길을 위한 지도가 됨으로써 성서 안에서 드러나고, 몰락한 세상을 위한 하나님의 사랑을 드러내는 것이다.[55]

『하이델베르크 카테키즘』이 출판된 경위를 보면서 이 카테키즘의 목적은 '성만찬'의 문제와 대중적인 카테키즘을 개발하려는 의도가 있었다는 것이다. 종교 개혁기에 많은 개혁자들의 신앙적 갈등을 나름대로 종합·정리하려고 시도하였다. 루터와 칼빈, 심지어는 다양한 개혁신앙의 의견을 신앙적으로 확립하고, 그것을 더 많은 사람들에게 신앙적인 확립과 양육시키려는 의도가 있다는 알 수 있다.

3) 카테키즘의 개혁

루터의 카테키즘은 중세 카테키시스의 규범을 따르면서 그 나름대로의 신앙교육적인 입장을 발전시켰다. 가톨릭은 트리엔트 공의회(Conference of Trient)에서 "종교 개혁자들이 카테키즘을 명백하게 채택하여 정착될 수 있었던 것은 카테키시스의 독특한 방법을 따랐다는 것을 알 수 있다."고 보고하였다.[56] 루터 자신도 카테키즘을 개발할 때 "명백히 기독교 왕국이 시작할 때부터 해왔던 것을 사용해야 한다."는 것이라 했다.[57] 즉 루터가 독창적으로 카테키즘을 만든 것이 아니라, 카테키시스의 전통에 근거해서 만들었다는 것이다. 그는 카테키시스의 과거의 형태를 유지하면서 새로운 형태를 추구하려고 노력했는데 그 내용은 다음과 같다.

첫째 혁신은, 내용의 구성이 초기 기독교 공동체가 행했던 '율법-복음'의 패러다임을 따랐다. 십계명을 해설하고, 신조와 주의 기도를 통해서 그 결론을 재정리하였다. 루터가 이해하는 구원의 과정을 강조하기 위하여 신중하게 순서를 잘 배치했다.[58] 그가 구원의 과정을 배치한 것은 '계명'에서 사람

들의 타락과 범죄를 기소하고, 그들의 부도덕을 인식하고, 할 수 있는 일과
할 수 없는 일을 파악하도록 가르쳤다. 그것은 사람이 구원을 위하여 알아
야 할 3가지 내용과 관련된 성서 인용구를 통해서 설명하였다. 다시 말해
첫째로 해야 할 일과 하지 말아야 할 일을 알아야 한다는 것, 둘째로 그 자
신의 힘으로 마땅히 해야 할 일과 하지 말아야 할 일을 발견하고 추구하는
것, 셋째로 그 힘을 발견하고 얻는 방법을 아는 것이다.[59]

'신조'는 하나님이 그리스도를 통해서 계시하시고, 거기에서 구제책을
발견하며, 정의와 계명을 지켜서, 그들을 치료하고 돕는 은혜에 대해서 가르
친다. 마지막으로 '주의 기도'는 그리스도인이 어떻게 하나님의 은혜를 간구
하며, 그것을 어떻게 사용할 것인지를 가르친다.

둘째 혁신은, 구성상 '간단한 형태'(Brief Form)를 취하고 있다. 중세에는
관습적으로 12개 조항 또는 14개 조항의 범례를 따랐지만,[60] 루터는 비텐베
르크 회의에서 기독교적 양육을 위해서 '간단한 형태'의 목회적 주장을 표
명했다. 그는 가능한 모든 조항을 3가지로 맞추고 있는데, 그 이유는 "삼위
일체는 모든 것이 결정되는 신조에서 가장 주요한 것"이기 때문이다.[61] 루
터는 그의 카테키즘에서 거듭 주장되고 있는 '창조, 구속, 성결'의 각 항목
을 기본적인 요점으로 구체화했다.[62] 이것은 삼위일체를 모든 교리의 중심
으로 이해했기 때문이다.

다음은 교육받지 못한 사람과 어린이를 위하여 책의 구성과 문답의 과
정을 단순하였다. 로이(Johann Michael Reu)는 루터가 전통적 카테키시스의
전통을 쇄신시키면서[63] 방대한 지식보다는 '중핵교육'(core education)을 시
도했다고 본다. 루터는 서론에서 세 가지 문서에 관하여 집중 연구한 것을
설명하였다.

> 이 3가지는 완전히 성서 안에 있는 것이며, 설교될 수 있는 것이며,
> 그리스도인이 알아야 할 필요가 있는 모든 것이다. 이 모든 것은

매우 간단하고 간소하게 기록이 되어 있어서, 어느 누구도 구원을 받기 위해서 필요한 것이 너무 많다거나 기억하기에 너무 어렵다고 불평하거나 변명하지 않을 것이다.64)

셋째 혁신은, 내용보다도 '질문과 대답' 형태를 사용한 것이 더욱 두드러지며, 카테키즘 장르의 발전에 기여했다는 점이다. 루터는, 체코에서 보헤미안 형제들(Bohemian Brethren, Unitas Fratum)이 1500년경에 발간한 책이 1522년에 독일어로 번역된 것에 영향을 받은 것 같다. 이 책은 '어린이의 질문'(Kinderfragen)을 일상적이고 전통적 중세 카테키시스를 따랐지만, 그 형태는 질문과 대답의 형태를 사용하였다.[65]

넷째 혁신은, 루터의 카테키즘은 중세에 분리되었던 성(聖과) 속(俗), 성직자와 평신도, 이론과 실천이라는 구조를 통합하려는 패러다임을 시도했다. 루터는 카테키즘의 내용을 십계명, 주의 기도, 거룩한 세례, 주의 만찬, 그리스도인의 생활로[66] 꾸미고 있다. 여기에서 '그리스도인의 생활'은 신앙과 생활을 연결시키려는 의도가 있다고 할 수 있다.

그는 그리스도인의 목적을 '하나님과 이웃과 국가에 대한 우리의 의무 달성'으로 보고 있다. 하나님을 사랑하고 경외하며 이웃에게 봉사하는 생활을 말한다. 이것은 그의 만인사제직으로, '하나님과 인간'을 위하여 소명을 받고, 각기 다른 직업을 가진 사람들을 위해서 놓여 있는 환경에 적응할 수 있도록 하는 것이다.[67] 그의 교육 목적은 그의 소명론과 만인사제론이 서로 결합되어, '하나님께 봉사하도록 키우는 것'(Zu Gottes Dienst)이다.[68] 이것은 루터의 개혁신앙교육이 삶과 신앙의 통합을 추구했다는 의미를 지니고 있다고 할 수 있다. 리치(R. H. Leach)는 "루터는 종교에서와 마찬가지로 교육에서도 중요한 개혁을 일으켰으며, 루터의 교육 이론과 실천에 대한 관점은 현대 교육 지도자들에게 많은 사상을 제공해 주고 있다."라고 말한다.[69]

4. 종교 개혁기 카테키즘의 교육적 특성과 구성

루터와 하이델베르크의 카테키즘의 교육적 특성과 구성을 분석하기 위하여 교육 목적, 교육 내용, 교육과정, 교육 방법 등을 다루고자 한다.

1) 루터의 카테키즘의 교육적 특성

(1) 만인사제론과 카테키시스

마틴 루터(Martin Luther)의 '만인사제론'(the priesthood of all believers)은 기독교교육의 대헌장(Magna Carta)이라고 불릴 수 있다. 이 교리는 신학적 근거를 함축하고 있으며, 기독교교육과 봉사에 참여하도록 명령하는 것이다. 이 교리의 성서적 원리를 제대로 이해하게 되면, 사제는 기독교교육에 활기를 되찾아 영적으로 거듭나게 될 것이다. 한편 만인사제의 올바른 이해는, 모든 그리스도인의 영적 책임성, 그리스도의 이름 안에서 사역에 참여하는 권리와 의무를 확고하게 하며, 또한 그리스도의 몸인 교회에 머물러 있는 것이 아니라 밖으로 나아가는 진리를 바로 알게 될 것이다.[70]

루터는 만인사제론의 교리를 통해서 그리스도는 더 이상 대중 속에서 희생될 필요가 없으며, 제사장이 독점적으로 집행하는 일은 사라질 필요가 있다고 보았다. 이러한 견해는 칼빈(John Calvin, 1509-1564)과 츠빙글리(Ulrich Zwingli, 1484-1531)에 의해서 발전되었다. 츠빙글리는 "하나님의 말씀의 명백함과 확실함에 관하여"라는 제목의 설교에서 베드로전서 2장의 "왕적 제사장은 주 예수께서 모든 그리스도인들이 그들을 대신하는 희생적인 제사장이 필요 없게 하기 위하여 모든 그리스도인을 왕의 영광과 제사장으로 부르셨다."[71]고 주장했다. 그는 "그들은 모두 제사장이며, 그들에게 준 영적인 은사는 하나님에게 완전히 그 자신을 봉헌하는 제사장이다."[72]라고 하면서, 모든 신자들이 교회를 위하여 그들의 영적인 은사를 목회에 참여하고 행사하도록 지워지는 의무가 있다고 하였다. 그런데 만인사제론은 평신도의 직임을 높이기도 했지만, 그들을 위한 교육적 소명과 훈련이 요청되고 있다는 점을 인식해야 한다. 루터는 모든 사람이 사제의 직임을 수행하기 위하여 훈련받고 준비되어야만 한다고 인식했다. 그 인식의 결과로 나타난 것이 『소카테키즘』이라 할 수 있다.

스페너(Philipp Jacob Spener, 1635-1705)는 루터의 만인사제론을 더욱 발전시켰는데, 그는 '평신도는 설교와 성례의 피동적인 그릇'이라고 하였다. 그는, 이러한 평신도의 잘못된 상황을 고치기 위해서 평신도 소그룹 교육(Lay teaching of small groups), 사회적 목회(social ministry), 그리고 개인 성서 연구 등을 실시해야 한다고 주장했다. 그의 책 Pia Desideria에서 이것을 '영적인 제사장의 근면한 훈련'(dilignet exercise of the spiritual priesthood)이라고 생각했다.[73] 스페너는 신자의 보편적인 사제론을 강조하는 것은 교회를 위하여 봉사, 예배, 돌봄, 증거, 기도라는 성서적 의무를 완수하는 데 필요하다고 생각했다. "목회에서 할 일을 못하고 연약한 이유 중의 하나는 보편적인 사제직으로 돕지 못하기 때문이다."[74]고 했다.

루터의 만인사제직은 오늘 교회교육의 구조가 성직자와 평신도의 역할과 직임에 대한 영향을 주었고, 그 사상의 교육적 실천으로써 카테키즘이 나왔다고 할 수 있다.

(2) 카테키즘의 목적

루터는 카테키즘을 출판하면서 이런 말을 썼다. "내가 여러 곳에 있는 교회를 순회하고 신자들의 비참한 종교생활 상태를 목격한 나머지 극히 쉬운 문장과 작은 책자로서 준비된 본 카테키즘을 내놓아 기독교 교리를 설명하도록 한 것이다. 아! 불쌍하다. 내가 직접 본 비참한 상태를 슬프다 아니할 수 없다. 특히 시골에 사는 일반 민중들은 기독교 교리에 대한 지식이 전혀 없고, 대부분의 전도자들은 가르치기에 부적당하고 무자격하다. 그들은 스스로를 그리스도인이라고 말하며 세례를 받았다고 하며 주의 성찬에 참여할 것을 주장하나 주기도문, 사도신경, 십계명조차도 알지 못한다."고 하였다.[75]

루터는 그동안 사람들이 신앙을 잘못 이해했고, 성서에 대해서 무지했던 사람들을 회복시키고자 『카테키즘』을 편찬했다. 그는 올바른 교회와의 관계를 위해서 성서를 읽어야 하며, '카테키즘'을 가르쳐야 한다고 주장한다.

> 나는 원하지만 선생이 원하지 않을 때 카테키즘의 어린이와 학생들을 배우도록 이끌어야만 한다. ··· 모든 아침과 내가 시간이 있을 때마다 '주의 기도, 십계명, 신조, 시편 등'을 암송한다.[76]

그는, 카테키즘은 바른 신앙을 위하여 철저한 실천이 요구되는 것이라 했다. 이것은 카테키즘이 신앙과 삶을 위한 가장 근본적인 가르침이라고 해석할 수 있을 것이다. 이러한 가르침의 성공은 하나님의 은사라고 주장한다. 카테키즘을 위하여 부모와 카테키시스트가 교육적으로 노력을 해야 하지만, 하나님께서 축복해 주셔야 교육의 성공 여부가 결정된다는 것이다. 그리고 카테키즘을 가르치는 부모와 교사는 항상 기도가 전제되어야 한다고 주장했다.[77]

루터는 『소카테키즘』(Enchiridion: Der Kleine Katechismus)의 서론에서 그 목적을 분명하게 진술하고 있다. 그것은 낮은 성직자에게 제시하는 것이며, 종교적으로 교육받지 못한 평신도를 가르치는 도구가 되기를 천명하였다. 그에 따르면 카테키즘의 근본 목적은 무지한 사람들의 신앙을 양육하는 것이며, 로마 가톨릭의 제도와 신앙에 대한 개혁적 신앙을 양육하는 것이다. 모르는 사람들을 그리스도인이라고 부르거나 성직자나 정치 지도자들은 복음적인 교리로 위임받은 권위를 지니고 살 수 없다고 하였다.[78] 그러므로 루터가 카테키즘을 개발한 목적은 무지한 신앙 지식을 타파하고, 개혁적 신앙의 정체성을 회복하는 것이다.

(3) 카테키즘의 교육과정

루터(Martin Luther)는 비텐베르크 교회에서 1518년부터 1528년까지 계속 반복하면서 전통적인 카테키즘의 중심 내용인 '십계명, 주기도문, 사도신경' 등을 설교했다. 루터가 이러한 설교를 한 것은 그의 교육적인 관심을 표현한 것이다. 그의 교육적인 관심은 모든 국민이 누구나 성서를 읽을 수 있는 능력을 가지는 것이었다. 루터는 교육과정에서 가장 기본적이고 공통적인 것을 성서라고 생각했으며, 성서를 연구하는 것을 중요하게 생각하였다. 이러한 성서와 연구 외에, '교리교육과 음악교육'[79]이 중요하다고 하였다. 교리교육은 성서의 내용을 요약하였으며, 음악교육은 정서적으로 필요하기 때문이었다.

오늘날 루터교회는 이러한 관심에 대해서 '카테키시스 형태'(Katechismus 또는 Beichtverhör)라 불리고 있다고 한다. 카테키즘에서 예배의식을 성찬준비(preparation of communicants)와 연결하였으며,[80] 카테키시스 설교의 선포와 복음서 낭독 전에 항상 학생들의 카테키즘 낭독을 하였다. 카테키시스 설교는 전체 회중을 위한 것이며, 일년에 약 4차례 실시했다. 설교 자체는 매일 선포되었거나 일주일 동안 적어도 여러 차례 실시되었다. 카테키시스 가르침은 고백과 성만찬 준비와 관련된 행위가 있었다. "평상적으로 성찬을 받을 사람들이 매우 빈약하게 교육을 받았기 때문에, 그들이 성찬식에 참여하는 매 시간이 효과적인 카테큐멘이 되도록 한다."[81] 카테키시스의 내용은 "십계명, 주의 기도, 거룩한 세례, 주의 만찬, 그리고 그리스도인의 생활"이다.[82]

(4) 카테키즘의 교육 방법론

루터의 교육 방법에 대해서 벤손(Warren Benson)은 4가지 요소를 언급하고 있다. 그것은 첫째로 온유와 사랑으로 양육될 수 있는 '훈육'(discipline)을 강조하였다. 둘째로 '상상력, 환상, 반복의 방법'을 활용하였다. 셋째로 교육과정의 중요한 목표를 이해하는 것이 중요하다. 넷째로 흥미와 모방적인 방법으로 강화시키는 방법, 그리고 추상적인 방법보다는 관찰의 방법을 통하여 전달되어야 한다고 보았다.[83)]

페인터(F. V. N. Painter)는 루터가 기본적으로 소크라테스처럼 간결한 질문법을 사용하여 진리를 이해할 수 있도록 하였다.[84)] 루터의 '간결하고 반복적인 교육'은 카테키즘을 다 마친 후에 그 동안 배운 신앙 지식을 더욱 견고하게 해 주기 위해서 '시편'이나 '찬송가'를 배우게 했다. 이것은 젊은이들을 성서 속으로 인도하고, 신앙적인 성찰을 하도록 돕는 방법이다. 설교를 통해서 그동안 배운 카테키즘을 더 깊이 이해하도록 도왔다. 설교와 가르침은 '신학적 언어'가 아니라, '일상적인 신앙적 삶'의 고장 가운데서 생성된 '삶의 언어'로 해야 하며, 자주 실행해야 한다고 했다.

루터에게서 이러한 반복적인 교육 행위인 카테키즘은 학교나 교회에서만 진행되는 신앙교육이 아니라 일상생활 속에서 일어나는 교육이라는 것을 인지할 수 있다. 즉 일상적인 신앙 내용도 '반복적'이어야 함을 주장한다. 어린이들이 "잠자리에서 일어날 때, 식사를 할 때, 밤에 자리에 누울 때 매일매일 그것(십계명과 사도신조와 주기도문)을 되풀이하는 습관을 형성시켜 주어야 한다."[85)] 반복적인 학습은 생활 속에서 일어나야 하며, 아침과 점심과 저녁 기도, 그리고 찬송가를 부르는 일을 매일 반복하도록 추구해야 한다는 것이다. 평범한 반복적인 방법을 통해서 사람들의 마음속에 깊이 인식시키도록 해야만 말씀을 잘 기억할 수 있다.[86)]

물론 반복적인 방법은 신앙교육의 한 형태와 양육적인 자세이기는 하지만, 지칫 습관적인 양상으로 빠질 수 있는 우려와 신앙 성숙에 얼마나 유용한지 고려해야만 한다. 오늘날 신앙인의 모습 속에서 이러한 자세는 확고하게 차지하고 있지만, 진정으로 의식적인 삶의 변화는 많이 일어나고 있지 않다는 안타까운 현실을 보기 때문이다.

송순재는, 카테키즘은 단순히 '지식을 전달해 주는 학습 과정'이 아니라,

'학습자의 고유한 삶의 상황에 관련되어 물어지는 체험의 자료'라고 하였다. 그 이유는 배우는 이들이 그들의 언어로 문제와 자료를 어떻게 이해하는가에 대한 답변이 요구되기 때문이며, 동시에 시편과 찬송의 세계에 연계되어 있는 삶을 위한 자료가 된다. 카테키즘은 "삶 안에 자리를 가져야 하고 삶의 흐름 안에서 체험되지 않으면 안 된다."[87] 칼빈의 카테키즘도 인간의 삶의 문제에서 출발했다. 그는 첫 번째 질문에서 "인간의 삶에서 주된 목적이 무엇인가?"라고 하였다. 두 번째 질문은 앞의 질문에 대한 대답에 이어서 "당신은 왜 그렇게 합니까?"라고 한다. 세 번째 질문은 "인간의 최고선이 무엇입니까?"라고 한다. 그의 질문 구조는 '인간'의 삶의 상황에서 출발점으로 삼고 있으며,[88] 점차적으로 하나님을 알게 하도록 돕는 것이다.

루터나 칼빈과 같은 종교 개혁자들은 카테키즘을 인간의 삶과 신앙의 연계를 추구했다. 물론 초기교회의 카테키시스처럼 구체적인 질문을 시도한 것은 아니지만, 신앙과 삶의 총체적인 개혁을 추구하였다고 볼 수 있다.

2) 루터 카테키즘의 비판

루터의 카테키즘이 안고 있는 카테키시스적 요소를 다음 두 가지로 생각할 수 있다. 하나는 카테키시스 설교와 선포의 형태가 있다. 항상 말씀의 선포와 복음서는 학생들이 낭독하도록 한다. 그리고 전체 회중을 위하여 카테키시스 설교를 일년에 4차례 실시했다.

다른 하나는 카테키시스의 가르침은 고백과 성만찬 준비(preparation of communicants)를 연결시키는 역할을 하였다. "일반적으로 성찬을 받을 사람들이 교육을 자주 받지 못하기 때문에, 그들이 성찬식에 참여하는 매 시간이 효과적인 카테큐멘이 되도록 한다.[89])는 것이다. 성만찬을 통한 교육을 의도하는 것이다. 이것은 입문의식과는 연결되지 않지만, 성만찬 그 자체를 교육적인 의도로 접근하는 것이다.

여기서 『루터의 카테키즘』을 신앙교육의 교재라는 차원과 초기 기독교 공동체의 입문 과정과의 관계를 살펴보고자 한다.

첫째, 『루터의 카테키즘』은 기독교 신앙의 정체성 회복을 위한 신앙교육의 교재라 할 수 있다. 하우가드(William P. Haugaard)가 카테키즘을 "헬라어에서 온 카테키시스는 '완전한 교육과정'을 종교개혁이 되면서 '기록된 책'을 지칭하는 경향으로 흘렀다."[90]고 한 것처럼, 카테키즘은 초기교회 카테키시스의 과정보다는 하나의 신앙교육의 교재라 할 수 있다. 더욱이 카테키즘은 "어린이들이 세례 받을 때 사제가 부모나 대부모들이 대답하도록 질문하고, 그리고 어린이들이 첫 고백을 할 때의 시험 형태다."[91]라고 한 점에서 보면 알 수 있다. 이 말은 루터가 카테키즘을 '신앙교육의 교재'라는 것으로 생각했다는 것을 알 수 있다.

그러나 카테키즘은 교재 이상의 종교개혁적 신앙과 교육의 의미가 담겨 있다. 정일웅은 루터가 이해한 '카테키즘'(Katechismus)은 "이방인이 그리스도인이 되도록 하는 교회의 가르침"이라고 전제했다고 한다. 이 가르침은 이방인들이 기독교에서 무엇을 믿어야 하며, 무엇을 알아야 하며, 무엇을 행해야 할지를 다루고 있다.[92] '이방인'을 위한 교회의 가르침이라는 점에서 초기 기독교 공동체의 카테키시스를 상기할 필요가 있다. 유대인에게는 '예수 그리스도의 삶과 구원', '신앙고백과 결단'을 중심으로 가르쳤지만, 이방인을 위해서는 '삶과 죽음', '광명과 어둠'이라는 이원론적인 주제로 편집된 문서인 『디다케』와 『바나바 서신』으로 가르쳤다. 이런 차원에서 이방인(비그리스도인, 무지한 자)들을 가르치기 위한 교재라 할 수 있다.

둘째, 루터의 카테키즘은 초기교회의 카테키시스를 분리시키려는 의도는 아니었지만, 중세에 만연했던 입문의식의 분리 현상을 따랐다. 500-1274년의 기독교 입문 연구 자료를 보면, 서구에서는 '입문의식의 과정, 통솔, 의식의 조화가 소멸'되었고, 세례와 견진례와 성만찬으로 분화되었다. '안수와 위탁

의식'은 가톨릭에서만 '성유의식'(聖油儀式)으로 유지되고 있다.[93] 입문의식을 집행하는 목회자들은 신학자이며, 교사이며, 집전자(執典者)의 역할을 한다. 학자들은 살아 있는 구체적인 기독교 경험을 분리하려는 경향이 있다. 의식, 카테키시스, 그리고 신학을 각기 다른 주제로 연구하고 기록한다.[94]

동방 기독교는 아주 다른 차원의 문제로, 감독 통활(統活)을 없애고 전체적인 입문의식의 단일성을 유지하고 있다. 그리고 단순한 의식, 심지어는 유아의 경우에도 세례, 견진, 세례 후보자에게 성체를 나누는 일을 계속하려고 노력하였다.[95]

루터의 성례전 이해는 가톨릭과의 견해차가 있기 때문에 기독교 입문의식을 회복시키지는 못하였다. 루터의 기독교 입문의 이해는 로마 가톨릭, 츠빙글리, 재세례파 등과 논쟁하면서 성례론(聖禮論)으로 형성되었다. 그는 『교회 성례론의 바벨론 유수』(The Babylonian Captivity of the Church, 1520)에서 언급하고 있다.[96] 그는 로마 가톨릭의 7가지 성례 중에서 5가지의 성례를 제정해야 할 성서적인 근거를 찾지 못했다고 하였다. '언약과 약속은 희생과 전적으로 상반'되기 때문에, 성례는 하나님이 우리에게 주시는 은총의 통로라는 것이다.[97] 그것은 사람은 하나님으로부터 언약과 약속을 받으며, 하나님의 희생에 대해서 감사를 드린다. 그는 이런 차원에서 '견진성사, 혼례성사, 서품성사, 종유성사, 고해성사'는 비성서적 · 비신앙적인 것이기 때문에 교회에서 해야 할 성례가 아니라고 하였다. 루터는 교회에서 입문의식의 하나인 견진성사를 하지 않아야 한 이유는 "우리는 거룩하게 제정된 성례들을 찾으며, 성례전 중에서 견진성사를 포함시킬 어떤 이유도 볼 수 없다."[98]고 하였다. 더욱이 그는 1522년 설교에서 "나는 하나님께서 견진례에 대해서 모르신다는 것을 언급하며, 주교가 허위라는 것을 알고 있는 한 견진례를 허락할 수 없다."[99] 그의 견진례에 관한 생각은 성례적이라기보다는 교육적 목회적인 차원에서 접근하고 있음을 볼 수 있다. 1553년 설교에서 견진례는 "주교가 열망하는 것으로 생각해서는 안 될 것이다. 그럼에도 불구하고 우리는 모든 목회자가 어린이들의 신앙이 착하고 신실한지, 그들 머리에 손을 얹고, 그들에게 어떻게 확언하는지 알려고 시험하지 않으면 우리는 실패할 것이다."[100]라고 했다.

그는 입문의식의 하나인 세례 행위는 '죽음과 부활의 상징'이며 신비를 지니고 있다고 보았다. 그러면서 세례는 한 번 받는 것이지만, 선포된 하나님의 약속의 진리가 영원하듯이 "세례 안에서 우리에게 주어진 약속을 계속 기억하고, 죽을 때까지 양육되고 강화되어야 한다."[101]고 했다. 루터는 세례의 의미를 약속의 확증과 양육적인 차원에서 접근하고 있다는 점에서 입문의식의 교육적인 요소를 회복하려는 흔적을 보이고 있다. 루터의 이러한 견진례와 세례에 대한 생각은 루터교회에서 견진례 '카테키시스 형태'(Catechismus 또는 Beichtverhör)라 할 수 있다.

요약하면, 『루터의 카테키즘』은 종교개혁과 신앙교육의 개혁을 시도하여, 신앙교육의 교재를 개발하고 보급하는 공헌을 하였다. 기독교 입문 과정에 대한 인식을 하지 못하였으며, 견진성사를 개신교의 성례론에서 제외시켰고, 기독교 입문의 과정에서도 탈락하게 되었다. 그 결과 루터는 성례전이 지니고 있는 교육적 목회적 차원을 간과해 버렸다는 점을 지적하지 않을 수 없다.

3) 하이델베르크 카테키즘의 교육적 구성
(1) 카테키즘의 구성

『하이델베르크 카테키즘』의 첫 편에 프레드릭은 서론에 급변스러운 변화와 개인의 의견을 피하고, 목회자와 학교 교사들이 젊은이와 노인들을 가르치는 데 사용되는 "고정된 형태와 모델"[102]로 진술했다.

이 책은 첫 해에 4판을 출판했는데, 3판에서 일년의 주간 수에 맞추어 52주간에 맞추었고, 많은 종교개혁 교회의 목회자들이 추구하는 성서적 체계에 맞도록 카테키즘을 사용하였다.[103] 4번째 판은 교회의식(Church ordinances)을 통합시켜서 부분적으로 출판되었는데, 이것은 세례 의식서와 거룩한 교제 사이에 놓여 있다. 토랜스(Thomas Torrance)는 이 책은 "신앙과 규범, 교리와 예배가 계획적으로 하나로 묶여 있다. 그런데 만약 카테키즘이 교회 생활과 의식을 위한 규범을 제공한다면, 이것은 더 이상 일상적인 공동체의 예배에서 발견될 수 없는 교리 교육이 아니라는 사실"[104]을 의미한다고 했다.

『하이델베르크 카테키즘』은 '질문과 대답'의 형식을 사용했던 당대의 대부분 다른 카테키즘을 발전시켜, 질문에 번호를 매겼다. 후기 출판에서는 유명한 80개의 질문을 첨가하여 129개의 질문이 만들어졌고, 로마 미사와 현존하는 교리를 비난했다. 예를 들면 다음과 같다.[105]

> 질문: 주의 만찬과 경멸하는 천주교 미사의 차이는 무엇인가?
> 대답: 주의 만찬은 우리의 모든 죄를 완전히 용서받기 위하여 예수 그리스도께서 십자가에서 완성하신 희생으로 입증된다. … 그러나 미사는 살고 죽는 것이 그리스도가 아직 사제에 의해 그들에게 매일 제공하는 고통을 통하여 죄가 용서받지 못하는 것을 가르친다.

『하이델베르크 카테키즘』을 집필한 우르시누스(Ursinus)는 하이델베르크로 옮기면서, 종교개혁의 첫 세대에 대한 새로운 도전자가 되었다. 그는, 루터와 칼빈 사이에 via media(중용, 특히 가톨릭과 개신교의 중간의 영국교회)를 발견하였다. 베르코프(Hendrikus Berkhof)는 카테키시스 전통의 실제 개혁은 우르시누스가 『하이델베르크 카테키즘』을 제작하여 바친 것이라고 극찬하였다.[106] 하이델베르크 카테키즘은 초기교회 카테키시스 — 신조, 계명, 기도 — 의 기본적인 것을 보호하면서, 그 내용을 '고통', '구속', '감사'라는 제목으로 새로운 목적과 틀로 변화를 주었다.

(2) 교육의 목적

『하이델베르크 카테키즘』의 서문에는 그들이 추구하는 교육의 목적을 다음과 같이 밝히고 있다.

> '기독교의 카테키즘'은 기독교 교리의 중요한 부분을 간단하고 구술적인 방법으로 제시한다. 이것은 젊은이와 초신자들이 간단하게 요약한 내용을 배우고 시험 치고 듣기 위한 것이다. 처음 교회부터, 모든 경건한 자들이 주님의 두려움을 가정과 학교와 교회에서 그들의 어린이들에게 근면하게 가르쳤다. … 이스라엘의 어린이가 하나님의 계약과 그 계약 표시인 할례를 받는 것과 마찬가지로 우리 어린이 역시 세례의 의미를 가르쳐야 한다. 그들이 기독교의 참된 신앙을 지니고 회개하고, 그들이 주의 만찬에 참여하도록 허락 받기 전에 그들이 모든 기독교 회중 앞에서 그들의 신앙을 고백할 수 있도록 해야 한다.[107]

이 글에서 보여 주고 있는 것은 하이델베르크가 어떤 성격으로 기록되었으며, 그 목적이 무엇인지를 밝히고 있다. 교육의 목적은 세례를 받고, 주의 만찬에 참여하고, 신앙고백을 하도록 돕는 것이다. 교육의 내용은 이러한 목적에 부응하여 세례의 의미, 참된 신앙의 의미, 회개, 신앙고백 등이다. 교육의 방법은 '간단하고 구술적인 방법, 시험과 청취' 등이며, 카테키즘의 대상은 '젊은이와 초신자'라는 사실이다.

(3) 교육의 내용

하이델베르크의 교육 내용은 크게 3부로 구성(tripartite composition)되었으며, 신앙의 전체 내용을 객관적인 신앙의 조항(credenda)의 범위로 나누고, 그것을 다시 개인적인 고백의 범위, 결단, 그리고 행위로 발전시켰다.[108]

이 책은 시작과 끝이 루터주의와 칼빈주의의 견해와 일치하려고 모두 3

부로 구성하며, 총 129개 문항으로 이루어져 있다.(1, 2 문항은 서론적인 질문) 1부의 주제는 '고통'으로 문항 3부터 문항 11까지로 이루어져 있는데, 마태복음 22장에 나오는 율법의 압축으로 되어 있다. 인간은 죄로 말미암아 율법에 의하여 '고통'을 당하는 존재라고 고발한다. 이러한 인간의 죄와 그 결과는 하나님의 율법을 통하여 인식할 수 있으며, 인간은 그 율법을 완전히 지킬 수 없으며, 죄의 상태에서 잉태되고 출생한다. 하나님의 영에 의해서 거듭나지 않고는 안 된다는 내용이다. 여기서 이중적인 주제를 발견할 수 있는데, 『하이델베르크 카테키즘』은 '고통'이라는 주제를 전통적인 주제인 '신조'와 만나도록 꾸미고 있다는 것을 알 수 있다. 그는 인간의 '고통'을 전통적인 접근 방법인 '교리'와 연결시키는 것이다.

2부의 주제는 '구속'이다. 1부에서는 고통을 당하는 인간이 어떻게 구속을 당하는지 해설한다. 문항 12-85는, 복음은 사도신경의 3개조에 따라 발전된 것으로 받아들여져야 함을 말하고, 그 뒤에 칭의론, 성령, 성례전 이론(거룩한 세례와 성만찬)을 설명한다. 여기서 성례전의 해설과 함께 신조는 인간의 '구속'에 대하여 설명한다. 3부는 '감사'의 근본적인 표현과 주의 기도의 간구를 나타낸다.[109] 문항 86-129는, 감사를 참회와 회개, 기도의 필요성, 가장 아름다운 표현을 기도에 둔 새로운 생활을 말한다.

위에서 볼 수 있는 것은 우르시누스가 단순히 카테키즘을 과거의 틀을 답습한 것도 아니고, 과거의 틀을 넘어선 것도 아니다. 어쩌면 이것을 중용이라고 말할 수 있지만, 과거의 틀을 유지하면서 새로운 틀로 변화를 준 것이다. 즉 카테키즘을 종교개혁의 신앙에 맞게 발전시켰다.

(4) 사용 방법

『하이델베르크 카테키즘』이 출판된 이후, 독일뿐만 아니라 유럽 국가에서도 성심 성의껏 수용했다. 목회자들은 『하이델베르크 카테키즘』을 성서교육의 기초로 사용하였다. 프레드릭의 보호령에서 목회자들은 『하이델베르크 카테키즘』을 중심으로부터 설교하였고, 그들의 회중을 가르치도록 요청받았다.

이 카테키즘은 종교개혁 시기의 가장 훌륭한 신조의 하나라 할 수 있다. 신실한 수백만의 교사들이 시험을 받았고, 오늘날에도 그리스도인이 되는 학습 방법에서 아직도 최고(最古)의 방법으로 남아 있다.[110] 옛 사람들은 교황의 통치 아래에서 카테키즘 없이 교육을 받았으므로 기독교의 중요한 부분들을 쉽게 잊어버렸고, 목회자들이 사람들에게 분명하게 카테키즘의 단락을 읽어 주는 정도였다. 종교개혁 당시의 그리스도인들이 무지하였기 때문에, 신도들이 매 주일과 축제의 날에 행하는 설교를 이해하기가 힘들었으므로 신앙교육이 요청되었다. 무지한 사람들을 신앙적으로 교육하기 위하여 9주간의 카테키즘 기간을 정하였고, 교구가 있는 도시와 마을과 동네에서 행해지도록 꾸몄다.[111]

매 주일 오후 편한 시간에 카테키즘 설교는 다음과 같은 방법으로 행해져야 한다고 하였다. 즉 첫째로 회중들이 찬양을 한 후에 목회자들은 먼저 그분의 말씀을 올바로 이해하기 위하여 주의 기도를 되풀이하게 하고, 하나님께 간구한다. 둘째로, 사람들에게 십계명을 분명하게 낭독한다. 셋째로, 그리고 나서 목회자는, 그들이 설교할 내용에 관한 질문을 사람들에게 규칙적인 형태로 질문한다. 때때로 성서 본문을 중심으로 읽고 나서 주제를 단계적으로 그들을 가르친다. 넷째로, 그 후에 그들이 시험을 치며, 젊은이들은 특별히 그 다음 주일에 학교와 가정에서 배웠던 카테키즘(주의 기도로 나눌 수 있는 목적)의 질문 번호대로 읊게 한다. 그들이 회중들 앞에서 완전하게 외우게 되면, 목회자가 질문의 번호에 따라서 그 내용을 다시 설명해 주고, 그리고 매년 완전한 카테키즘 설교(catechism preaching)를 통해서 설명하는 기회를 마련한다.[112]

이 과정은 카테키즘의 내용을 확실하게 인지할 수 있도록 가르친 것을 계속적이고 반복적으로 학습하게 하는 방법이었다. 특히 『하이델베르크 카테키즘』은 1585년에 몇 가지 주제의 순서에 따라 요약된 개정판이 나왔다.[113] 다른 카테키즘처럼, 하이델베르크의 카테키시스 작업은 '인간의 인격적 요소'와 '관계적인 정신'으로 성숙시키는 것을 중요하게 다루었다는 점이 특이하다.[114] 주석자들은 이러한 인격적인 관계를 '인격적, 경험적인 태도', '실존적' 감정, 그리고 그 계획이 "그들 밖의 회심이 아니라, 구속받은 공동체 안에서 발전되는 것"이라고 해설하였다. 여기서 질문은 "몸과 영혼으로, 생과 사에서, 나 자신이 아니라 나의 신실하신 예수 그리스도에게 속하게 된 것"이 위안이 된다는 것을 선언한다.[115]

5. 종교개혁기 카테키즘의 분석과 비판

1) 분석

초기 기독교 공동체의 카테키시스는 '기독교 공동체 구성원을 형성하는 입문교육'이다. 카테키시스의 과정이 쇠퇴하면서 교회의 신앙교육은 쇠퇴하고 분화 형태를 낳았다. 종교 개혁기의 카테키즘들은 전통적인 카테키시스의 구성을 따르고 있다.

루터는 십계명에서 사도신경으로 유추해 가는 순서를 유지했고, 하이델베르크는 초기교회의 카테키시스의 기본적인 것을 유지하면서 하이델베르크가 선정한 주제인 '고통, 구속, 감사'의 틀을 재조직하였다. 루터와 하이델베르크의 카테키즘은 십계명에서 죄인의 믿음을 유도하였는데, 칼빈은 사도신경을 통하여 믿음을 확인하고 윤리적인 기준인 십계명을 인식했다는 것이다. 이 둘은 접근 방법이 달랐다. 루터는 십계명에서 출발하였고, 칼빈은 십계명을 향해서 출발했다. 칼빈은 "그리스도인의 삶의 표준으로서 십계명을 인식하게 하는 새로운 시각을 열어 주고 있다."고 하겠다.[116] 세례와 성만찬에 대한 교리적인 차이도 있지만, 칼빈이 루터의 26년 후의 상황이기 때문에 루터와 다를 수 있다고 할 수 있다.

마탈러(Berard L. Marthaler)는 루터, 칼빈, 하이델베르크 카테키즘의 특성을 규정하고 있다. 루터는 카테키즘을 가장 '짧은 형태의 교육 도구'(pedagogical tool)로 보았다. 목회자와 부모는 카테키시스를 어린이와 미교육자(未教育者)에게 가르치는 데 사용되었으며, 기독교 신앙의 초보적인 내용을 단순히 소개하는 것이다. 칼빈은 카테키즘을 '주의 만찬에 참여하는 어린이들을 합당하게 하는 유일한 상징이며 기준이 되는 방법'으로 보았다. 『하이델베르크 카테키즘』은 "정통의 시금석이 되며, 개혁의 전통에 따라 종교교육의 가장 중요한 작품"(centerpiece of religious instruction)이 되었다고 평가하고 있다.[117]

하우가드(William P. Haugaard)는 "칼빈은 카테키즘을 기독교 교제의 상징이 되기를 천명했고, 루터주의자들은 상징적인 의미로 '일치의 책'이라는 제목을 붙였다. 그러므로 카테키즘은 기독교 분단뿐만 아니라 불일치의 도구가 되었다."[118]라고 비판한다. 더욱이 브라우워(A. R. Brouwer)는 칼빈의 기독교교육 이해는 "단지 교리를 전해주는 것이나 행위의 양태로 생각하는 것이 아니다."라고 하면서 "처음, 마지막, 그리고 항상, 하나님이 어린이에게 한 약속을 들어주는 것과 같은 삶의 양육이어야 한다."고 했다.[119]

종교개혁기의 카테키즘은 초기 기독교 공동체의 카테키시스의 유형에 따라 '한 권의 책'으로 편집된 신앙 교육서라 할 수 있다. 이 책은 단순히 신앙의 내용을 함축한 것만 아니라, 그들의 개혁적 신앙을 내포하여 개혁적 신앙의 정체성을 양육해 주려는 목적이 내포되어 있다. 그러나 카테키시스의 입문 과정이 요소가 회복되지 못하고, 신앙 공동체의 정체성 양육에만 치우치고 있다는 점을 알 수 있다.

2) 비판

카테키시스의 쇠퇴와 분화 이후에, 많은 학자들과 카테키시스트들이 카테키시스의 회복을 위하여 시도하였다. 이러한 움직임은 결국 '신앙 교육서'를 출간하는 형태로 남게 되었다. 페종(Peter DeJong)은 대륙 개혁자들의 카테키시스에 대한 교육적 관심을 다음과 같이 묘사하였다.[120]

> 카테키즘은 … 결코 하나님과 그의 전능하신 사역에 관한 '정보를 단지 전달해 주는 것'으로 퇴보했다는 것을 묵인할 수 없다. 그것은 직접 말씀하시고 결정적으로 신실한 목회자가 가르치는 말씀을 통하여 계약의 하나님과 함께 인격적으로 참여하고 반응하도록 불림을 받는 것이다.[121]

『루터의 카테키즘』은 우리에게 다른 의미를 제시할 수 있는데 그 내용은 다음과 같다.

첫째, 카테키즘은 '개혁신앙'을 바탕으로 한다. 루터는 종교개혁의 3가지 원리(성서의 권위, 신앙으로 얻는 구원, 만인사제론)를 제시하고, 그 개혁을 위한 신앙교육의 자료로서 카테키즘을 출간하였다. 카테키즘의 발간은 신앙의 개혁과 함께 교회 공동체의 구조적인 개혁, 평신도의 위상 정립에 도움을 주었다. 물론 루터나 칼빈은 카테키시스의 총체적인 면을 언급하지 못하였고, 단순히 개혁신앙과 정신을 고취시키는 데 힘을 기울였다.

종교개혁의 실천적인 행위들은 다분히 카테키시스의 근거를 마련해 주고 있다고 본다. 개혁 정신인 '성서', '신앙', '만인사제'는 바로 카테키시스의 이론적인 근거의 회복이라고 본다. 특히 카테키시스의 실천은 특별한 제도, 개인, 집단, 활동을 통하여 일어난다. 16세기의 종교개혁의 교구, 가족, 학교, 안수 받은 목사, 예전적 예배, 입문, 훈련 모두는 '카테키티컬 목적'[122]을 위한 것이었으며, 그것이 우리가 다시금 카테키시스로 되돌아가게 하도록 눈을 뜨게 해 준 것은 분명한 사실이다. 대륙의 종교개혁의 3가지 관점은 20세기의 관점에서 카테키시스를 평가하는 데 근본적인 중요성을 띠고 있다. 개혁하는 것은 첫째로 기독교 신앙의 '인격적인 이해'를 위한 강한 배려, 둘째로 '성서'에 초점을 집중시키는 것, 셋째로 중세의 corpus christianorum 의 많은 요소를 참여시키는 '기독교 사회'의 예상이다.[123]

둘째, 종교 개혁기의 카테키즘은 '개혁신앙의 정체성 형성'에 중점을 두었다고 볼 수 있다. 카테키즘은 개혁자들의 신앙과 교리가 담긴 책을 통해서 개혁의 신앙을 터득하고 확증하고, 그리스도인으로서 정체성을 확립시켜 주는 것이다.

종교개혁에서 카테키시스 교육의 재생을 시도했지만, 세례의식보다는 오히려 '견진례'를 연상시켰다고 관찰될 수 있었다. 물론 루터는 견진례를 개신교 성례전에서 제외시켰지만, '카테키즘'을 신앙교육 교재로 사용하여 개혁신앙의 '확증'을 위해서 강건한 훈련을 시도했다는 점을 알 수 있다. 그래서 개혁자들은 '젊은이와 초신자들'이 용서의 영적 경험과 후보자의 죄의 무력감에 대한 확증을 위한 근본적인 추구를 기대하였다.

셋째, 종교 개혁자의 카테키즘은 '교회의 신앙과 교육의 유기적인 관계'를 일으켰다. 종교 개혁자들은 카테키시스를 교회의 유기체와 지도력의 기본적인 책임이라는 것을 진정으로 의심하지 않았다. 기독교 초기의 교회 지도자들은, 마태복음에서 "제자를 만들고 세례를 주라."(28:19-20)고 한 명령에서 "가르치라"(didaskō)는 명령을 크게 강조하였다. 이러한 강조는 16세기 종교 개혁자들에게 유기적으로 이어졌다. 중세기에 보편적으로 집행했던 세례를 제한하려고 했다. 루터는, 여자 재봉사는 그의 딸에게 무역을 가르칠 수 있다고 하면서, "지금 고위 성직자와 감독만이 배우는 것은 복음을 알지 못하는 일을 하는 것이다."라고 했다.[124] 개혁자들이 그것을 인지하는 것처럼, 복음을 알고 이해하게 하는 것은 교리, 예배의식, 훈련 안에서 그들의 개혁을 기본적으로 신뢰하는 데 있다.[125]

신앙교육의 보편적인 입장은 르네상스의 영향을 받았다. 르네상스 정신이 종교 개혁자들에게 심오한 확신을 불러 주었고, 종교교육에 관심을 일으키게 하였다. 그들의 관심은 그들의 사람들이 신학적 문맹이나 크게 잘못 교육된 사람들을 향한 것이었다. 비록 카테키시스를 빈번하게 사용하였지만, 이것은 항상 카테큐메너트로서 고려한 것이 아니다.[126]

넷째, 카테키시스 교육의 단점은 거의 '교육적인 언어'로 지배되었다는 점이다. 초기 기독교 공동체에서 실시했던 다양한 가르침, 의식, 접촉(안수, 성유식 등) 등의 교육 방법이 사라지고, 단순히 구두(口頭)라는 언어적 방법으로 가르쳤다. 개혁 교회의 많은 세례의식에는 옛 카테큐메너트, 엑소시즘, 기호화(記號化) 등의 의식적 부분이 남아 있었지만, 교육 방법의 한계를 언어에만 국한시켰다. 그들은 개혁의 신앙 내용에만 관심을 기울였고, 성례전과 여러 가지 의식을 통한 신앙교육을 외면해 버렸던 것이다.[127] 성례전과 의식을 개정하는 개혁을 시도하지 못했다는 점이다. 그들이 과거 로마의 관습에 의존하여, 세례 전에 유아 카테큐멘의 제도를 만들었다는 것이다.

다섯째, 종교 개혁기의 카테키시스는 초기교회의 전통을 종교개혁의 신앙적 상황에서 '새롭게 교재화'하였다. 루터는 카테키시스의 전통을 성서 중심으로 과정을 구성하면서 문답의 형식으로 변화를 주었고, 칼빈은 신 중심의 신앙을 위하여 과정을 구성하여 모든 질문의 출발점을 인간에게서 시작하였다. 그러면서 칼빈은 경건한 기독교 신앙과 교리의 저변확대를 위하여 노력했다.[128] 이러한 칼빈의 노력은 루터에게도 나타난 교육 사상이다. 그리고 하이델베르크 카테키즘은 종교개혁의 신앙 확립을 위하여 '관계적인 정신'으로 성숙시키려고 시도하였다. 카테키즘의 노력과 변화는 초기 기독교 공동체의 교리적인 의미를 중세기의 삶의 상황으로 변환시킨 작업이라고 할 수 있다. 변환 작업을 무어(Elizabeth Moore)는 '전통화'(Tradition)이라고 한다. 그가 말하는 역사의 교착점에서 전통을 새롭게 해석한 것이다.[129]

종교 개혁기의 카테키즘은 초기교회에서 실시했던 카테키시스를 종교개혁의 신앙적 삶과의 만남을 통해서 전통을 새롭게 변환시킨 것이다. 종교개혁기의 카테키즘은 단순히 신앙의 내용 — 교리, 신조 등 — 을 전달해 주는 교육 자료라는 평을 받고 있다. 진정으로 초기 기독교 공동체에서 입문교육으로서의 카테키시스를 회복시키지 못하였다는 것이다. 교육과 목회, 삶과 신앙, 내용과 방법의 통합이 결여되었다는 것이다.

각 주 ─────────────────────────────

1) Pierre Riché, *Education and Culture in the Barbarian West: Sixth Through Eighth Centuries*, tr. by John J. Contreni (Columbia, South Carolina: University of South Carolina Press, 1976). 이 책은 고전적 교육의 쇠퇴 현상과 교회교육의 탄생에 대하여 조사한 내용을 기록하였다.

2) Milton McC Gatch, "Basic Christian Education from the Decline of Catechesis to the Rise of the Catechisms," *A Faithful Church: Issues in the History of Catechesis*, ed. by John H. Westerhoff III (Connecticut: Morehouse-Barlow Co., 1981), 90.

3) W. Bartholomäus, *Einführung in die Religions Pädagogik* (München: 1983), 7. 아를레스(Caesarious von Arles, 470-542)는 그리스도인이 적어도 알아야 할 최소한의 지식을 사도신경(Credo)과 주기도문(Paternoster)을 배워야 한다고 언급하였다.

4) 이 점에 관해서는 L. L. Mitchell, *Baptismal Anointing* (London: SPCK, 1966), 88-91을 참고하라.

5) Nathan D. Mitchell, "Dissolution of the Rite of Christian Initiation," *Made, not Born: New Perspectives on Christian Initiation and the Catechumenate* (Notre Dame, Ind.: University of Notre Dame Press, 1980), 53.

6) Liber II, pars IV, cap. 9 (de catechizatione), Migne Latin 176, 455ff. quoted in Michel Dujarier, *A History of the Catecumenate: The First Six Centuries* (New York: Sadlier, 1979), 135.

7) Michel Dujarier, *A History of the Catecumenate: The First Six Centuries*, 135.

8) Daniel B. Stevick, *Baptismal Moments, Baptismal Meaning* (N.Y.: The Church Hymnal Corporation, 1987), 17.

9) Michel Dujarier, *A History of the Catecumenate: The First Six Centuries*, 137.

10) Arthur Jeffries Collins, ed., *Manuale ad usum precleribus ecclesiae Sarisburiensis, Henry Bradshaw Society*, Publications 91 (Chichester: Moore and Tillyer, 1960); J. D. C. Fisher, *Christian Initiation: Baptism in the Medieval West*, Alcuin Club Collections 47 (London: SPCK, 1965), 158-181.

11) Edward N. West, "The Rites of Initiation in the Early Church,"

Confirmation: History, Doctrine, and Practice, ed. by K. Cully (N.Y.: Seabury Press, 1962), 13.

12) M. E. Jegen, "Catechesis, II," *New Catholic Encyclopedia*, vol. 3 (Washington D.C.: The Catholic University of America Press, 1967), 209.

13) 유재국, "교리교육의 과거와 현재", 「신학전망」 59호 (1982): 34.

14) Ibid., 35. 카테키즘에서 '7'이라는 숫자는 자주 등장하는 숫자이다. 주의 기도의 일곱 가지, 참된 행복의 일곱 가지, 성령의 일곱 가지 은사 등이다. Frederick J. Warnecke, "A Bishop Proposes," *Confirmation Crisis*, 136; Frederick B. Wolf, "Christian Initiation," *Prayer Book Renewal*, ed. by H. Barry Evans (N.Y.: Seabury Press, 1978), 35-39; Nathan D. Mitchell, "Dissolution of the Rite of Christian Initiation," *Made, not Born: New Perspectives on Christian Initiation and the Catechumenate*, 53. 암브로스는 안수를 성령의 일곱 배 은사를 언급한다. 자비의 7가지 업무, 7가지 주요한 선, 7가지 은혜의 성례는 Frederick Simmons and Henry Deward Nolloth, eds., *The Lay Folks' Catechism or the English and Latin Version of Archbishop Thoresby's Instruction for the People, Early English Tract Society* (London: Kegan Paul, Trench, Trubner, 1901), 5, 7, 21ff.를 참고하라. 7가지 치명적인 죄, 7가지 원칙적인 미덕(믿음, 희망, 박애, 정의, 근검, 절약, 불굴), 7가지 성례 등이다. Berard L. Marthaler, *The Catechism Yesterday & Today: The Evolution of a Genre* (Collegeville, Minnesota: The Liturgical Press, 1995), 9를 참고하라.

15) 유재국, "교리교육의 과거와 현재", 35.

16) 유재국, 『교리교육사』 (서울: 가톨릭교리신학원, 1990), 126.

17) Gerald S. Sloyan, "Religious Education: From Early Christianity to Medieval Times," *Sourcebook for Modern Catechetics*, ed. by Micahael Warren (Winona, Minn.: St. Mary's Press, 1983), 110.

18) Johann Michael Reu, "Religious Instruction of the Young in the Sixteenth Century," *The Lutheran Church Review* 34 (1915): 566-585.

19) Berard L. Marthaler, *The Catechism Yesterday & Today: The Evolution of a Genre*, 9.

20) Ibid., 12-13. 토레스비는 요크의 수도사인 테이스텍(John de Taystek)에게 카테키즘을 영어로 번역하도록 하여, '평신도 카테키즘'(The Lay Folks' Catechism)이라는 제목을 붙였다. 이 번역판은 원래 교육을 덜 받은 성직자를 위한 것이었지만, 교구 사제들이 그들의 어린이들과 신실한 사람들에게 가르치게 되었다. 이 책은 창조 타락이야기의 요약을 시작으로 하여, 죄로 말미암은 신 인식의 무지를 언급한다. 그리고 '6가지 주제'로 되어 있는데 그것은 14가지 조항, 십계명, 7가지 성례전, 자비

의 7가지 행위, 7가지 선, 치명적인 7가지 악을 다루고 있다.

21) Ibid., 13-14.

22) P. Glorieux, ed., "Jean Gerson," *Oeuvres Complètes*, vol. 7 (Paris: Desclée, 1966), 154-157. quoted in Berard L. Marthaler, *The Catechism Yesterday & Today: The Evolution of a Genre*, 15. 이 책은 많은 내용을 다루고 있는데, 특별히 주목할 내용이 게재되어 있다. 그 중에서 5가지 신체적 감각, 우리 아버지의 7가지 기원, 7가지 육체적 행위, 낙원의 원칙적인 기쁨(예, 밤이 없는 낮, 실수 없는 지혜), 지옥의 고통 등이 특별하다.

23) 이 내용은 사도신경, 7가지 성례, 자비의 간략한 해설, 참협의회 필요성 강조, 성만찬, 종부성사(extremen unction)이며, 여기에 50가지 교훈이 덧붙여 있다.

24) Peter Iver Kaufman, "John Colet and Erasmus' Enchiridion," *Church History* 46 (September, 1977): 296-312; John B. Gleanson, *John Colet* (Berkeley: University of California, 1989).

25) Berard L. Marthaler, *The Catechism Yesterday & Today: The Evolution of a Genre*, 14. 1415년 콘스탄스 협의회(Council of Constance)에서 존 위클리프(John Wycliffe)의 가르침에 대한 비난을 하였고, 존 후스(John Huss)가 이단으로 사형 선고를 받은 것이 유명했고, 개혁에 대한 저항이 있었다.

26) 게르송의 4째 논쟁의 영어 번역은 Robert Ulich, *Three Thousand Years of Educational Wisdom* (Cambridge: Harvard University Press, 1950), 181-190에 나온다.

27) D. Catherine Brown, *Pastor and Laity in the Theology of Jean Gerson* (N.Y.: Cambridge University Press, 1987). Opus tripertitum을 구성한 세 작업의 프랑스어 본문은 P. Glorieux, ed., "Jean Gerson," *Oeuvres Complètes*, vol. 7, 193-206, 393-400, 404-407을 참고하라.

28) Berard L. Marthaler, *The Catechism Yesterday & Today: The Evolution of a Genre*, 16.

29) Desiderius Erasmus, "Paraphrase on St. Matthew's Gospel," *Christian Initiation: The Reformation Period*, Alcuin Club Collections 51, ed. by J. D. C. Fisher (London: SPCK, 1970), 169; W. Lockton, "The Age for Confirmation," *Church Quarterly Review* 100 (1925): 27-64를 참고하라.

30) Leonel L. Mitchell, "Christian Initiation: The Reformation Period," *Made. not Born: New Perspectives on Christian Initiation and the Catechumenate* (Notre Dame. Ind: University of Notre Dame Press, 1980), 85.

31) Berard L. Marthaler, *The Catechism Yesterday & Today: The Evolution of a*

Genre, 16.

32) John P. Dolan, ed., *The Essential Erasmus* (N.Y.: New American Library, 1964), 28-93; Mattehew Spinka, ed., *Advocates of Reform from Wyclif to Erasmus,* the Library of Christian Classics 14 (Philadelphia: Westminster Press, 1953), 281-379.

33) Berard L. Marthaler, *The Catechism Yesterday & Today: The Evolution of a Genre,* 16-17.

34) 한기언, 『서양교육사』 (서울: 박영사, 1973), 111.

35) William Harrison Woodward, *Studies in Education in the Age of the Renaissance 1400-1600* (Cambridge: Cambridge University Press, 1906), 116-126.

36) H. G. Good, *A History of Western Education* (N.Y.: MaCmillan, 1957), 166. 에라스무스와 함께 인문주의자들은, "개인적인 판단을 존중하여 도덕과 신학적 문제를 다루어야 한다고 하였다. 이러한 사상이 개혁자들에게게도 영향을 주어서 성서연구나 성서교육, 히브리어나 헬라어 원어 연구를 강조하였다."

37) 유재국, "교리교육의 과거와 현재", 35.

38) Marshall C. Dendy, *A Study of the Catechism: The Westminster Shorter Catechism for Families* (Virginia: CLC Press, 1966), 14.

39) F. V. N. Painter, *History of Education* (N.Y.: D. Appletion and Company, 1896), 45ff..

40) Thomas Carlyle, *Heroes and Hero Worship* (London, The Oxford University Press, 1959), 167-187.

41) Daniel B. Stevick, "Christian Initiation: Post-Reformation to the Present Era," *Made, not Born: New Perspectives on Christian Initiation and the Catechumenate* (Notre Dame, Ind: University of Notre Dame Press, 1980), 100.

42) 정일웅, 『교육목회학』 (서울: 솔로몬, 1993), 315.

43) Martin Luther, 『루터 선집』 9권 (서울: 컨콜디아, 1983), 379.

44) 정일웅, 『교육목회학』, 316.

45) 송순재, "루터의 교리문답과 그 교수학적 가능성", 「신학과 세계」 27호 (1993): 266-267. 1529년 4월 라우(Rhaw)에 의하여 『대카테키즘』이라는 제목으로 출간되었다. 이 책의 제목은 루터가 붙인 것은 아니며, 1530년과 1538년 두 차례에 걸쳐서 루터는 주기도문과 몇 가지 해설 문들이 첨가되어 수정본으로 발간되었다.

46) 『소카테키즘』은 6부로 나누어져 있다. 내용은 서문으로 시작하여 첫째로 십계명(Dekalog), 둘째로 사도신경(Credo), 셋째로 주기도문(Paternoster), 넷째로 세례와 성례 문답(Tanfe und Sakrament), 다섯째로 참회에 대한 문답(Beichte), 여섯째로 성만찬 문답(Abendmahl), 일곱째로 아침저녁의 축복기도, 여덟째로 점심식사 전

과 후의 기도 등이다.

47) Berard L. Marthaler, *The Catechism Yesterday & Today: The Evolution of a Genre*, 21.

48) Ibid., 21-22.

49) Marshall C. Dendy, *A Study of the Catechism: The Westminster Shorter Catechism for Families*, 15. 루터는 그리스도의 몸이 주의 만찬례(晚餐禮)에 '안에, 아래에, 함께' 참여한다고 가르쳤고, 칼빈은 순수하게 영적인 입장에서 그리스도의 현존을 가르쳤다.

50) G. I. Williamson, *The Heidelberg Catechism: A Study Guide* (New Jersey: Presbyterian and Reformed Publishing, 1993), 1.

51) Berard L. Marthaler, *The Catechism Yesterday & Today: The Evolution of a Genre*, 28-29.

52) Marshall C. Dendy, *A Study of the Catechism: The Westminster Shorter Catechism for Families*, 16.

53) 이 기간의 도서목록과 조사는 William P. Haugaard, "The Continental Reformation of the Sixteenth Century," *A Faithful Church: Issues in the History of Catechesis*, ed. by John H. Westerhoff III (Connecticut: Morehouse-Barlow Co., 1981), 109-173; Ferdinand Cohrs, "Catechisms," *The New Shaff-Herzog Encyclopidia of Religious Knowledge*, ed. by Samuel Macauley Jackson.

54) 정일웅, 『교육목회학』, 386-387.

55) G. I. Williamson, *The Heidelberg Catechism: A Study Guide* (New Jersey: Presbyterian and Reformed Publishing, 1993), ix.

56) Leonel L. Mitchell, "Christian Initiation: The Reformation Period," *Made. not Born: New Perspectives on Christian Initiation and the Catechumenate*, 91.

57) Martin Luther, "Catechism," *Luther's Works*, vol. LIII, gen. eds. by Jaroslav Pelikan and Helmut T. Lehmann (Philadelphia and St. Louis: Muhlenberg & Concordia Press, 1955), 64-65. 그리고 vol. XIX, 76을 참고하라.

58) William P. Haugaard, "The Continental Reformation of the Sixteenth Century," *A Faithful Church: Issues in the History of Catechesis*, 121.

59) Martin Luther, "Kritische Gesamtausgabe," *Martin Luthers Werke*, vol. VII (Weimar: H. Böhlau, 1883), 204-205; *Works of Martin Luther*, vol. II, ed. and tr. by C. M. Jacobs (Philadelphia: A. J. Holman, 1915-1930), 354-355.

60) 12개 조항은 열두 사도의 구성과 일치시키려는 옛 범례이며, 14개 조항은 완전수인 7을 2배로 만든 것이다. 처음은 '평신도 카테키즘'처럼 하나님과 영원에 관

해서 다루며, 다음은 그리스도의 인성과 사역을 다루었다.

61) Martin Luther, "Kritische Gesamtausgabe," *Martin Luthers Werke,* vol. VII, 214; *Works of Martin Luther,* vol. II, 368.

62) Theodore G. Tappert, ed. and tr., *The Book of Concord* (Philadelphia: Muhlenberg, 1959), 344-345; Martin Luther, "Kritische Gesamtausgabe," *Martin Luthers Werke,* vol. VII, part 1, 362-368; Johann Michael Reu, "The Peculiar Characteristics of Luther's Catechism," *Lutheran Church Review* 24 (1904): 442-446 을 참고.

63) Johann Michael Reu, "Religious Instruction during the Sixteenth Century," *The Lutheran Church Review* 35 (1916): 237-239.

64) Martin Luther, "Kritische Gesamtausgabe," *Martin Luthers Werke,* vol. VII, 204; *Works of Martin Luther,* vol. II, 354.

65) Berard L. Marthaler, *The Catechism Yesterday & Today: The Evolution of a Genre,* 24.

66) Leonel L. Mitchell, "Christian Initiation: The Reformation Period," *Made. not Born: New Perspectives on Christian Initiation and the Catechumenate,* 86.

67) 지원용, 『루터의 사상』 (서울: 컨콜디아사, 1961), 243f.

68) Ivar Asheim, *Glaube und Erziehung bei Luther* (Heidelber: Quelle & Meyer, 1961), 202.

69) R. H. Leach, *Luther and The New Education: School and Society* (1933), 805; 장종철, 『기독교교육 역사』 (서울: 감리교신학대학교 출판부, 1993), 267.

70) Jim Wilhoit, *Christian Education and the Search for Meaning* (Michigan: Baker Book House, 1986), 15-16.

71) Ulrich Zwingli, "Of the clarity and certainty of the Word of God," *Zwingli and Bullinger,* ed. and tr. by G. Bromiley (Philadelphia: Westminster Press, 1953; Originally published 1522), 88.

72) Ibid., 88.

73) Philipp Jacob Spener, *Pia Desideria,* tr. and ed. by T. Tappert (Philadelphia: Fortress Press, 1964) 92.

74) Ibid., 94.

75) Martin Luther, 『루터 선집』 9권, 379.

76) Theodore G. Tappert, ed. and tr., *The Book of Concord,* 359; Martin Luther, "Kritische Gesamtausgabe," *Martin Luthers Werke,* vol. XXX, part 1, 126.

77) Wilhelm Walther, *Luthers Character,* 192.

78) Berard L. Marthaler, *The Catechism Yesterday & Today: The Evolution of a Genre*, 23.

79) 장종철, 『기독교교육 역사』, 263.

80) Arthur C. Repp, *Confirmation in the Lutheran Church* (St. Louis: Concordia Publishing House, 1964), 22.

81) Ibid., 22.

82) Leonel L. Mitchell, "Christian Initiation: The Reformation Period," *Made, not Born: New Perspectives on Christian Initiation and the Catechumenate*, 86.

83) Kenneth Gangel and Warren Benson, *Christian Education: Its History and Philosophy* (Chicago: Moody Press, 1983), 141.

84) F. V. N. Painter, *Luther on Education* (Philadelphia: Lutheran Publication Society, 1889), 152.

85) Martin Luther, 『루터 선집』 9권, 421.

86) Ibid., 422.

87) 송순재, "루터의 교리문답과 그 교수학적 가능성", 275-276.

88) R. Hedtke, *Erziehung durch die Kirche bei Calvin* (Heidelberg, 1969), 84ff. 칼빈의 질문법의 출발점이 '인간'에게서 시작되었다고 인간적인 사고를 하는 것이 아니다. 오히려 그 질문의 답이 '하나님을 위하여'라는 것을 보아서 알 수 있듯이, 질문의 동기가 '인간적 삶'이지만 그 삶이 하나님과의 관계를 규정짓기 위한 것이라는 것을 알 수 있다.

89) Arthur C. Repp, *Confirmation in the Lutheran Church*, 22.

90) William P. Haugaard, "The Continental Reformation of the Sixteenth Century," *A Faithful Church: Issues in the History of Catechesis*, 118.

91) W. Küther, "400 Jahre Heidelberger Katechismus," *Reformatio* 12 (1963): 164.

92) 정일웅, 『교육목회학』, 319.

93) 다른 입문 행위로부터 성만찬 교재의 분화에 관하여 J. D. C. Fisher, *Christian Initiation: Baptism in the Medieval West*, 101-108을 참고.

94) Daniel B. Stevick, "Christian Initiation: Post-Reformation to the Present Era," *Made, not Born: New Perspectives on Christian Initiation and the Catechumenate* (Notre Dame, Ind: University of Notre Dame Press, 1980), 99.

95) Nathan D. Mitchell, "Dissolution of the Rite of Christian Initiation," *Made, not Born: New Perspectives on Christian Initiation and the Catechumenate*, 52.

96) Martin Luther, "The Babylonian Captivity of the Church," *Luther's*

Works, vol. XXXVI (Philadelphia: Fortress Press, 1955).

97) Ibid., 52.

98) Ibid., 92.

99) Uom Eelichen Leben, "Sermon on Married Life" quoted in Arthur C. Repp, *Confirmation in the Lutheran Church*, 17.

100) Ibid..

101) Martin Luther, "The Babylonian Captivity of the Church," *Luther's Works*, vol. XXXVI, 59.

102) Berard L. Marthaler, *The Catechism Yesterday & Today: The Evolution of a Genre*, 29.

103) G. I. Williamson, *The Heidelberg Catechism: A Study Guide*, 1.

104) Thomas F. Torrance, *The School of Faith: The Catechisms of the Reformed Church* (London: James Clarke, 1959), 67.

105) Berard L. Marthaler, *The Catechism Yesterday & Today: The Evolution of a Genre*, 29.

106) Ibid., 30.

107) G. I. Williamson, *The Heidelberg Catechism: A Study Guide*, xi.

108) Bard Thompson, *Essays on the Heidelberg Catechism* (Philadelphia: United Church Press, 1963), 86.

109) 하이델베르크 카테키즘은 6가지 간구와 일체화함으로써 칼빈의 견해를 따르고 있다.

110) G. I. Williamson, *The Heidelberg Catechism: A Study Guide*, 1.

111) Ibid., xi-xii.

112) Ibid., xii.

113) Thomas F. Torrance, *The School of Faith: The Catechisms of the Reformed Church*, 88; Johann Michael Reu, "Quellen zur Geschichte des Kirchlichen Unterrichts," *Evangelischen Kirche Deutschlands Zwischen 1530 und 1600*, vol. I (Götersloh: C. Bertelsmann, 1904-1935), part 1, 268-273.

114) William P. Haugaard, "The Continental Reformation of the Sixteenth Century," *A Faithful Church: Issues in the History of Catechesis*, 129.

115) Allen O. Miller and M. Eugene Osterhaven, "The Heidelberg Catechism," *Theology Today* 19 (963): 538; Bard Thompson, ed., *Essays on the Heidelberg Catechism*, 172; Thomas F. Torrance, *The School of Faith: The Catechisms of the Reformed Church*, 69; A. Lang, *Der Heidelberg Katechismus, Quellenschriften zur*

Geschichte des Protestantismus, vol. 3 (Leipzig: G. Bohme, 1907), 4; Johann Michael Reu, "Quellen zur Geschichte des Kirchlichen Unterrichts," *Evangelischen Kirche Deutschlands Zwischen 1530 und 1600*, vol. I (Götersloh: C. Bertelsmann, 1904-1935), part 1, 242.

116) 정일웅, 『교육목회학』, 336.

117) Berard L. Marthaler, *The Catechism Yesterday & Today: The Evolution of a Genre*, 28.

118) William P. Haugaard, "The Continental Reformation of the Sixteenth Century," *A Faithful Church: Issues in the History of Catechesis*, 131.

119) Arie R. Brouwer, "Calvin's Doctrine of Children in the Covenant: Foundation for Christian Education," *The Reformed Review* 18 (1965. 4): 27.

120) William P. Haugaard, "The Continental Reformation of the Sixteenth Century," *A Faithful Church: Issues in the History of Catechesis*, 112.

121) Peter Dejong, "Calvin's Contribution to Christian Education," *Calvin Theological Journal* 2 (1967. 2): 193.

122) William P. Haugaard, "The Continental Reformation of the Sixteenth Century," *A Faithful Church: Issues in the History of Catechesis*, 131.

123) Ibid., 109-110.

124) Martin Luther, "Kritische Gesamtausgabe," *Martin Luthers Werke*, vol. VII, 461; *Luther's Works*, vol. XLIV, 206.

125) William P. Haugaard, "The Continental Reformation of the Sixteenth Century," *A Faithful Church: Issues in the History of Catechesis*, 109.

126) Leonel L. Mitchell, "Christian Initiation: The Reformation Period," *Made. not Born: New Perspectives on Christian Initiation and the Catechumenate*, 96.

127) Ibid., 96.

128) J. K. S. Reid, ed., *Calvin: Theological Treatises*, The Library of Christian Classics (Philadelphia: Westminster Press, 1954), 89-90. 칼빈은 "카테키즘이 ... 우리 가운데에서 배운 사람이나 못 배운 사람이 계속적으로 젊은이를 가르치게 된다. 이것은 그들을 신앙으로 기독교 교제의 경건한 상징으로써 묶는 기초가 되기 때문이다."라고 하였다.

129) Mary Elizabth Moore, *Education for continuity & Change*, 『기독교교육의 새 모형』 (서울: 대한기독교교육협회, 1994). 무어는 전통화(Tratdition)를 전통주의와 구별해야 한다고 말한다. 전통주의는 과거 전통을 적극적으로 변화하려는 행위도 없이 순수한 과거를 지속하려는 의도가 함축되어 있다. 전통화는 유대-기독교 전

통에 충실하기 위하여 전통을 변화하고 개혁되어야 하며, 역동적인 삶-변화하는 사건들처럼 하나님의 선물을 받아서 전달하는 하나의 과정이며, 전통과 말씀이 역사의 상황과 만나는 교착점이 있다. 그것은 하나님은 과거로부터 활동해 오셨기 때문에 이러한 많은 선물들은 역사적 전통을 통해 전달되어 왔다. 따라서 전통화 교육 모형이란 사람들이 역사적 전통을 받아들이고 그들의 하나님과 세상을 현재와 미래의 가능성 속에서 만남으로 변화되고 변형되는 것을 말한다.

7장

현대 개신교 교회를 위한 카테키시스 재구성

1. 카테키시스의 문제와 회복운동

종교개혁 이후에 카테키시스는 인본주의와 다양한 학문적 발전으로 인하여 다시 쇠퇴의 경로를 걷게 되었다. 그러면서도 현대에 이르기까지 카테키시스 또는 카테키즘의 재생과 회복 운동이 지속적으로 일어났다. 이 장에서 카테키시스의 개신교 교육신학의 재정의와 정립을 위하여 다음과 같이 전개하고자 한다. 현대의 카테키시스 문제와 회복 운동, 교육신학적 기초, 교육목회적 과제, 현대 기독교교육학적 접근이다.

개신교 교육신학적 정립을 위한 현대 카테키시스 재생 운동을 고찰하기 위하여 종교개혁 이후의 카테키시스 재생 운동, 현대 카테키즘 운동, 카테키시스의 새로운 방향, 현대 카테키시스 운동의 과제를 탐구하기로 한다.

1) 종교개혁 이후의 카테키시스 재생 운동

1500년대에 라틴 아메리카에서 프란시스코회(Franciscans)는 세례의 준비 과정 없이 수만 명에게 대중세례를 행하였다. 이에 도미니코회(Dominican)와 어거스틴 교리 신봉자(Augustinian) 선교사들이 1526년에 라틴 아메리카에 들어와서 프란시스코회의 대중세례를 반대하기 시작하였다. 1534년에 그들은 세례는 1년에 4회(부활절, 오순절, 성어거스틴 축제일, 예수 현현일)만 실시하기를 요구했고, 1538년에 주교회의에서도 목회자들은 알쿠인 선교원칙(missionary principles of Alcuin)대로 카테큐메너트는 40일 동안 금식, 카테키시스, 엑소시즘, 검증을 받아야 한다고 요구하였다.[1]

종교 개혁기 이후의 개신교와 가톨릭에서 수많은 카테키즘이 출판된 것은 카테키시스의 회복 운동의 일환이라 할 수 있다. 그 중에 목회의 혁신자였던 파울(Vincent de Paul)은 카테키즘을 기록한 많은 성직자의 한 사람이었으며, 다른 사람들에게 그 분야에 영감을 주었다. 파리의 성슐피스회(Society of Saint Sulpice)의 창설자인 올리어(Jean Jacques Olier)는 20세기에서 사용할 만한 카테키시스의 프로그램과 방법을 발전시켰다.[2]

루터의 카테키즘의 영향을 받은 독일어권 나라는 카테키즘 쇄신의 요람이 되었다. 잘츠부르크(Salzburg)의 대주교인 아우구스티누스 그루버(Augustinus Gruber)는 성어거스틴의 역사적·성서적 방법론을 도입함으로써 카테키즘 쇄신 작업의 기초가 되었다. 독일의 요셉 데하르베(Joseph Deharbe)는 교리서를 발간하였는데 이 교리서는 영국과 미국에까지 널리 보급되기도 하였다. 이 밖에 슈스터(Schuster)와 네히트(Knecht)는 성서를 바탕으로 교리교육 방법을 채택하였다.[3] 18세기부터 카푸친회(Capuchins)와 거룩한 영회(Holy Ghost)의 선교사들이 세례의 준비 과정을 회복시키기 위하여 많은 노력을 기울였으며, 추기경 라비게리에(Cardinal Lavigerie)는 활기차고 전통적인 카테큐멘의 훈련을 재설립하려는 믿음이 있었다. 라비게리에의 교육은 2가지 요소에 기초를 두었다. 그것은 다음과 같다.

첫째, 세례 준비는 단계적으로 진행되어야만 하고, 각 단계는 카테키시스와 회심이 점진적으로 일어나야 한다.
둘째, 세례 준비는 입문자들이 기독교적 삶을 인내로 이끌 수 있는지 보증하기 위하여 확실히 긴 시간을 전제로 한다.[4]

이 두 원리는 실제적으로 청원의 기간(2년)을 확립하였고, 다음에 카테큐메네트의 기간(2년)을 수행하게 한 후에 마지막으로 주요한 세례를 받게 했다.[5]

카테키시스의 재생과 발전이 지속적으로 일어났지만, 불행하게도 기독교 입문의식의 차원이 결여되어 있었다. 유럽 대륙은 예전적 차원의 회복을 한 공헌이 있기는 했지만, 나중에 오직 카테큐멘의 교육을 일깨워 준 것에 지나지 않았다.[6] 이것은 유럽의 교회를 일깨우게 한 아프리카 카테큐메네트의 예증이다.[7] 가장 유일한 특성은, 카테큐멘의 여정에 동행하는 예전적 단계의 회복(ad experimentum)이다. 가톨릭의 경우에 카테키시스의 재생에 대한 강한 저항도 있었지만, 거의 5세기 동안이나 지속적인 노력이 필요했다. 이러한 노력은, 결국 성공적인 물결을 타고 라틴 아메리카를 넘어서, 아시아와 아프리카까지 잠식해 갔다. 마지막으로 다시 옛 유럽을 돌아왔다. 성공적인 개혁을 통해 카테큐메네트를 재생시키는 데 극에 달했다.[8]

개신교 교회는 풍부하고 변화된 교파적 생명을 지니고 있는 반면, 분파와 불화의 이미지를 강하게 주었다. 개신교 목회자 사이의 견해를 설정하는 일은, 같은 교단 안에서도 계속적으로 확대되어 근본주의부터 자유주의의 단계에까지 도달하였으며, 심지어 상상력도 폭넓어지는 것이다.[9] 개신교에서도 루터와 칼빈의 카테키즘 외에도 1549년 영국의 『기도서』(Book of Common Prayer)를 발행하였고, 1647년에는 감리교에서 『카테키즘』과 『요약 카테키즘』을 발간하였다. 18세기 말엽과 19세기 초엽에 교리교육의 쇠퇴기가 도래한다. 특히 계몽주의가 대두하게 됨에 따라 이성주의가 교육적 문학과 교리교육으로 전환시켰고, 계시된 진리니 일반 진리는 다만 이성으로서만 이해될 수 있다는 풍조가 일기 시작하였다. 종교에서의 모든 권위를 거부하고 오랜 경험의 결실인 카테키즘을 소홀히 하였고 전통적인 프로그램도 버리게 되었다. 비록 카테키즘이 교회의 전통이었고 목회적 상황에서 필요했던 것이었지만, 이러한 점진적인 교육은, 19세기에 점차적으로 사라졌

다.[10]

미국의 경우, 이주해 온 사람들 사이에 본토의 카테키즘을 가지고 온 교인들이 있었다. 그래서 1729년에 미국 장로교회의 첫 교회회의에서 웨스트민스터 카테키즘(Westminster Catechism)을 교회의 규범으로 채택하게 되었다. 19세기 초의 카테키즘이 약화될 때까지 이 카테키즘을 널리 사용했지만, 새롭게 개척한 미국 지역은 전통적인 카테키즘이 그들의 관심사는 아니었다. 그래서 일반적으로 미국 교회의 교인들은 복음주의에 더 관심을 가졌다. 1800년에 식민지의 10% 미만이 교회에 관여했으며, 새로운 세상에서는 복음을 들어야 할 필요가 있는 수백만 명의 인디언에 대한 가르침의 배려는 약했다.[11]

카테키즘은 교회 유산의 한 부분을 제시한다. 웨스트민스터 카테키즘은 미국 장로교회, 개혁 장로교회 연합, 다른 장로교단의 조직의 일부분이 되었다. 컴벌랜드(Cumberland) 장로교회에서는 웨스트민스터 카테키즘의 표준에서 좀 바뀐 부분이 나왔고, 하이델베르크 카테키즘은 미국 개혁교회에서 인증되었다. 미국 모라비안 교회(Moravian Church)는 교회 구성원의 견진례 후보자를 위한 교육으로서 카테키즘을 사용한다. 이러한 카테키즘은 계약 공동체의 유산의 일부로 제시되었고, 그것을 부정하는 것은 개혁 신앙으로부터 멀어지려는 것이라 할 수 있다. 그래서 카테키즘을 사용하고 연구하여 살아 있는 교회의 신앙과 종교적 경험이 풍부해질 수 있고 더욱 분명하도록 카테키즘의 도움을 받아야 한다.[12]

2) 현대 카테키시스 운동

19세기 카테키즘은 가톨릭 교황들의 권고와 지역 공의회의 결정과 교육에 봉사하는 남녀 수도원의 공헌에 힘입어, 독립된 신학의 한 학문으로서 카테키즘 연구가 대두되기 시작하였다. 가톨릭은 교회로부터 받은 사명을 가지고 폭넓게 전개하였는데, 과거와는 달리 암기 중심에서 탈피하여 내용을 이해하는 데 중점을 두고 교육하기 시작했고, 독일어 계통의 국가에서는 카테키즘의 재생 운동이 일어나기 시작했다.[13] 그러나 19세기와 20세기의 첫 10년 동안 개신교뿐만 아니라 가톨릭 교육자들은 카테키시스의 옛 교수 방법에 대해 점차적으로 회의적이 되었다. 물론 트리엔트 공의회에서 카니 시우스(Peter Canisius)의 카테키즘을 항상 수정·번역하여 사용했지만, 독일 가톨릭에서는 현대 카테키시스 과정을 위한 초보적인 운동에 불과했다.

카테키즘의 재생 운동은 '교육학과 심리학'의 발달로 말미암아 교리교육 의 쇄신을 자극하였고, 19세기 후반과 20세기 초에 많은 교육자들은 교수 방법의 쇄신을 주장하였다. 그들은 교육이 학습자의 경험과 관심에서 유출 되어야 하며, 주제와 관련된 방법을 사용해야만 효과적인 교육이 될 수 있 다고 믿었다.[14] 1900년경에 슈티그리츠(Heinrich Stieglitz)와 무니히 카테키 즘 공회(Munich Catechetical Society)에서 헤르바르트(Johann Friedrigh Herbart,1776-1841)의 '5단계'(five steps) 이론[15]을 채택하여 카테키시스의 교 수 방법을 개발하였다. 중세 후기에 기록했던 교과서 해설 방법을 헤르바르 트 단계에 따라 교체하였고, 1936년에 융만 신부(J. A. Jungman. S. J.)의 『복음과 신앙의 선포』를 통해서 가톨릭 신앙교육과 교육 내용[16]을 회복시키 려는 혁명이 일어나기 시작했다. 그리고 프랑스어권 국가에서도 현대교육의 원리와 몬테소리(Montessori)의 교육 방법론을 모색하게 되었고, 이탈리아에 서는 프랑스어권과 독일어권 국가처럼 '자유로운 표현 방법론'을 강조하였 다. 또한 카테키즘은 사회학, 신학과 관련되어 하나의 학문으로 연구되고 있 으며, 교리교육의 쇄신과 현대화를 위해 노력하게 되었다.[17]

20세기 초에 창설된 뮌헨(Munchen)과 빈(Wien)의 카테키즘 협회는 많 은 공헌을 세웠다. 그들은 '피상적인 교육과 추상적이고 어려운 교리서'를 벗어나기 위해서 '뮌헨식 방법'을 개발한 것이다.[18] 뮌헨에서는 과거의 교리 교육을 극복하고, 일반 사회에서 개발한 교육학과 심리학을 활용하여 새로 운 방향으로 교리교육을 실시하였다. 그들은 어린이 교리교육에서는 우선적으로 어린이들의 심리에 적용해야 하며, 몬테소리가 개발한 '활동적 방법론'을 통해서 어린이들이 신앙을 묵상하게 하고, 생활하도록 하였다. 어린이들의 감각과 생활을 충분히 활동할 수 있도록 내적 심화를 일으킨다고 강조하였다.[19] 이 방법은 일반적으로 행해 오던 "텍스트 소재들에 중점을 두는 대신에, 텍스트를 전개하는 귀납적 방법으로 신앙의 진리들에 도달"하려고 시도했다.[20] 과거의 연역적 방식에서 귀납적 방법으로의 전환이다. 귀납적 방법은 주제의 도입, 목표의 정의, 주제 소개와 주제 설명, 종합, 적용(응용)으로 되어 있다. 이러한 20세기의 카테키즘 연구는 최근의 가톨릭 전례 운동과 성서 연구와 신학의 발전에 의해 많은 영향을 받았다.

유럽과 미국에서는 콜린스(Joseph B. Collins)가 개발한 '케리그마적 카테키시스'(kerygmatic - catechetical) 방법을 시도하였다. 그는 『종교의 교수, 카테키시스의 서론』(Teaching Religion, An Introduction to Catechetics)[21]에서 가르침 기술과 종교 교수의 특별한 방법과 문제로 카테키시스의 역사, 종교 교수의 원리와 방법을 다루었다. 카테키시스는 이미 낡아버린 교회의 신앙교육이지만, 새롭게 형태로 변화를 주고, 출판하려는 것이다. 이것은 카테키시스의 현대화 작업이며, 카테키시스의 케리그마 운동(kerygmatic movement)으로 발전되었다.[22] 그들은 융만(Josef Jungmann)과 호핑거(Johannes Hofinger)와 오스트리아 예수회(Austrian Jesuits)이다. 이들의 운동은 케리그마(kerygma)에 초점을 둔 것이다. 케리그마 운동은 카테키시스의 현대적 운동의 새로운 이름으로 알려져 있다. 현대 카테키시스 운동은 "기독교의 자원을 회복하고, 예수 그리스도의 구원의 복음을 새롭게 선포하려는 노력"이라 할 수 있다.[23]

이탈리아는 카테키즘을 발전시키기 위하여 수 차례의 토의와 연구, 워크숍을 실시하였다. 카테키즘을 기독교적 성숙에서 성장의 4단계에 맞추어 유아, 어린이, 청소년, 성인을 위한 카테키즘으로 구별하여 기획하였다. 카테키즘은 학교나 교구에 의한 특별한 교육적 구조로 만들기보다는 학습자의 필요에 초점을 두었다. 이것은 1967년에 모든 세대 그룹을 위하여 단순한 기독교 신비의 개요를 수용할 수 있는 청사진을 그렸다. 왜냐하면 어린이와 청소년을 위한 카테키즘은 성인을 위한 카테키즘의 단순한 요약이 아니다.[24]

로마 가톨릭은 선임자들의 자료와 여러 차례의 국제회의와 토의[25]를 토대로『현대의 교리교육』을 1979년 10월 16일에 발표하였고, 가톨릭 교회의 현대교육의 전반적인 문제와 새로운 방향을 제시했다.[26] 그들은 교육의 기초 내용에서 교회교육의 스승은 예수 그리스도 한 분이며, 교리교육은 교회의 역사와 전통 속에서 활동되어 온 것이며, 교회 선교와 사목 활동의 일환이며, 누구에게나 필요한 기쁜 소식과 원천이 된다고 확정하였다. 그리고 카테키즘을 어떻게 전수하며, 그 방법은 무엇이며, 우리가 해야 할 일이 무엇인지를 소상히 지시하고 있다.

3) 현대 카테키시스의 새로운 방향

현대의 카테키시스의 새로운 인식은 다양한 방향으로 전개되고 있다. 그 방향을 논의하기 위하여, 카테키시스의 표류 현상, 가톨릭과 개신교의 새로운 방향에 대해서 논의하기로 한다.

(1) 카테키시스의 현실과 표류

현대에 와서 많은 사람들은 카테키시스 운동이 교회로부터 떨어져서 표류하고 있다는 인식을 하기 시작했다. 교회는 사람들에게 기독교 진리와 생명력 있는 것이라고 설득하려고 노력하시만, 그 행위는 기독교 예배와 실교에만 치중하고 있다. 특히 한국 개신교 교회는 가톨릭의 카테키시스나 종교 개혁기의 카테키즘의 전통이 거의 사라진 상황이다.

한국 개신교 교회에서 교리교육으로서 카테키즘을 실시하고 있는 교회는 루터교회와 성공회 일부일 뿐이다. 특히 카테키시스의 총체적인 것뿐만 아니라 기본적인 새신자나 세례교육 또한 부재(不在)라고 하여도 과언이 아니다. 과거에 실시하던 학습자 교육이나 세례자 교육은 교회 현장에서 지속적이며 단계적인 프로그램이라기보다는 거의 일회적으로 진행되고 있는 현상이다. 새신자 교육과 관리에 대해서 총 200개 교회에게 질문한 조사에서 각 교회 새신자 프로그램의 유무를 조사한 결과 51개 교회 중에서 42개 교회는 프로그램을 가지고 관리하고 있으며 나머지 9개 교회는 프로그램이 없었다고 했다.[27] 조사에서 응답한 교회의 새신자 교재는 35개 교회에서 활용하고 있으며,[28] 관리는 개인별 소개, 다과회, 면담, 새신자 구역 배치, 새신자반 운영, 각부 소속, 매주 1-2시간의 새신자 교육을 실시하고 있다. 새신자의 교육 기간은 일정치 않으며 대개 3-4주부터 6개월까지 교육시키는 것이 보편적이다. 그리고 새신자를 위한 공간이 거의 준비되지 않은 것으로 나타나고 있다.[29] 여기서 조사한 교회는 표준조사나 표본조사가 아니라 대형교회를 근거로 했기 때문에 실제로 보편적인 교회의 새신자 교육과 관리는 여러 가지 문제와 부재를 언급하지 않을 수 없다. 교실 환경과 시설이 극히 미비한 현실 속에서 교육적 효과를 기대한다는 것은 너무도 어려운 문제라고 본다. "기독교교육의 모임이 알맞게 갖추어져야 하며 서적, 출판, 지도, 도서실 등도 마련되어야 한다."고 강조하며 적합한 환경은 개인의 학습에 도움을 주나 구태의연한 교육 환경은 도리어 장애 요소가 된다고 하였다.[30]

교회가 여러 가지 프로그램으로 결신자를 얻고 많이 성장했지만 관리와 육성의 부족으로 그중 대부분을 잃고 있는 형편이다.[31] 그러나 요즘 새롭게 카테키시스의 일면인 새신자 교육에 대한 새로운 자각이 일어나고 있다. 무어(Waylon B. Moore)는 기독교 공동체에 입문하는 새신자를 정상적으로 잘 관리하면 새신자의 95%를 성장시킬 수 있는 경이적인 결과를 얻을 수 있다고 했다.[32] 장석교회의 경우에는 새신자 교육과 관리를 교회의 중요한 연구 과제로 삼고 계속적인 노력과 발전을 통해서 나름대로의 프로그램을 개발하고 있다. 이 교회는 매월 첫 주에 기별로 개강하여 주일에 약 1시간 동안 공부하는 '새가족 성서공부'를 실시하고, 새신자를 위한 격월마다 실시하는 '철야기도'와 분기별 '새 생명 수련회'를 실시한다.[33] 그리고 새신자부와 지도자를 위한 연 2회 수련회(연 1박 2일)와 평가회를 실시한다.[34]

노량진교회는 새신자 양육을 위하여 먼저 12주간 지속적으로 기독교 소개에 대한 자료를 서신을 발송하며, 그리고 나서 성서공부는 8주간의 교육과정에 의해 진행된다.[35] 온누리교회는 새신자를 위한 교육과정인 창조(1주), 구원(2주), 성령(2주), 경건 훈련반(2주) 그리고 일대일 양육 안내 프로그램 후에 부부 성서공부반(4개월)으로 구성되어 있다.[36] 그리고 영은교회는 매월 마지막 주에 환영회를 실시한 후에, 새신자 통신교육으로 12주간(초급, 중급, 고급) 동안 엽서를 발송하고, 양육 요원을 통한 일대일 양육을 마친 후에 양육반에 등록을 시켜서 주일 성서공부반에 참여시킨다. 주일 성서공부는 1단계로 일대일 양육, 양육성서반, 성서통독반, 2단계로 권별 성서반, QT반, 기독교 교리반, 마태복음반, 기도반, 3단계로 8개반으로 분반, 4단계로 4개반으로 분반하여 성서대학(5개과)에 참여하도록 되어 있다.[37]

여기서 소개하는 교회들은 대체로 카테키시스의 일면인 새신자 양육의 중요성을 인식하고, 그들을 위한 교회에 대한 소개와 교리교육 등을 실시하고 있다. 그러나 오늘의 교회 현실은 대부분의 교회에서 조직적이고 체계적인 새신자 양육을 시도하지 못하고 있는 형편이다.

카테키시스의 또 다른 현실의 문제는 어린이들에게 과거의 카테키즘을 어린이답지 않게 배우도록 요구하고, 가르치고 기억한 내용이 종교적 삶을 양육하는 것에 크게 도움이 되지 못한다는 데 있다. 너욱이 세속적인 주제는 매혹적인 방법으로 가르치고 있는데, 교회의 신앙교육과 카테키즘은 옛 방식에 머물러 있다. 그렇다고 거룩한 카테키시스를 기독교답지 않는 방법을 추구할 수도 없는 일이다.[38] 사실 교회에서 교회를 위하여 교회에 의하여 진행되었던 교회의 직무였다. 교회의 중심 용어인 그리스도 사건, 구원사, 만남, 이와 비슷한 수많은 말들이 카테키시스트들의 보통 언어가 되어 버렸다.[39] 이것은 오늘의 시대적·문화적 변화 속에서 그리고 교회 교육의 긴박한 위기의식은 초기 기독교 공동체의 카테키시스의 회복이라는 견지로 전향되고 있다. 카테키즘은 교회가 지니고 있는 전통이며, 교회 공동체 고유의 독특성을 지니고 있는 패러다임이 있다. 이것은 오늘의 교육을 넘어서서 초기교회의 카테키시스를 새롭게 개발하려는 움직임을 통해서 새로운 역사를 형성하려는 움직임이다. 새로운 역사는 우리의 종교교육의 가르침과 계획에 영향을 주었으며, 우리가 가르치고 계획하는 것이 무엇인지를 터득하게 하였다.[40]

(2) 가톨릭의 카테키시스 운동

가톨릭의 경우에 많은 교구학교(敎區學校, parish school)가 폐쇄되면서 카테키시스를 향한 새로운 교육적 노력이 증대되고 있다. 현재 아메리카 가톨릭에서 카테키시스 가르침의 새로운 패러다임을 요구하고, 그것의 기초적인 이해와 변화에 관심을 모으고 있다. 특히 교구의 주인의식, 대교회(大敎會) 현상, 새로운 평신도 이해에 대한 인식이 현대 카테키시스의 운동의 현상들이다.[41]

오르시(Michael P. Orsi)는 미국 가톨릭 교회가 "종교교육에서 카테키즘을 카테키시스로 변화되고 있다."[42]고 했다. 그는 카테키즘을 '교리와 교의의 기계적 학습'이라고 인식했는데, 미국의 가톨릭 교회는 신앙교육을 전수하고 배우는 학교형 패러다임에서 총체적인 교육과 목회의 패러다임을 요구하고 있다고 해석할 수 있다. 이것은 카테키시스가 안고 있는 경험의 다양성 ─ 말씀, 예배, 공동체, 타자를 위한 봉사 ─ 을 통하여 그리스도의 현존을 체험하도록 시도하려는 것이다.

사실, 다변화되어 가고 있는 현대 사회 속에서 카테키시스를 다시 일으켜 세우려는 것은 그동안 파괴되었던 신앙교육의 총체적 패러다임을 회복하려는 것이다. 개신교에서는 목회자의 무관심으로 신앙교육의 총체적 패러다임을 상실했지만, 요즘 영국 성공회, 루터교회, 개혁교회의 전통적인 형태였던 '세례, 카테키시스, 견진례, 첫 성찬식' 등을 새롭게 조명하려는 연구 방향이 일어나고 있다.[43] 이 형태는 남미의 인디언 사람들에게 실시했던 '세례 이전'에 가르침을 행하고, 세례를 베풀었으며, '세례 이후'에 어린이와 성인들을 가르치는 형태로 남아 있다. 그러므로 카테키시스를 현대화시키는 일은 그렇게 요원한 일만은 아닐 것이다.[44]

가톨릭 교회는 제2차 바티칸 공의회 이후 '거룩한 회중을 위한 의식'(the Sacred Congregation of Rites)을 출판하면서, 고대교회의 전통을 지키고 처음부터 세례를 향한 형성과 여정의 과정을 내포하고 있는 카테큐멘을 유지할 수 있다고 밝혔다. 가톨릭은 교회의 "선교 활동에 관한 법령"(Decree on the Church's Missionary Activity)을 통해서 기독교 입문 여정의 본질과 의미를 제시했고,[45] 1972년 6월 6일에 공포했던 새로운 "성인의 기독교 입문의식"(Rite of Christian Initiation of Adults)의 기초를 형성했다.[46] 이러한 기초 작업은 카테키시스의 기본적인 이해를 새롭게 하는 계기가 되며, "카테키시스는 … 신앙의 증언을 요구한다."는 데 기본적인 강조점이 있다[47]고 있지만, 가톨릭의 입장에서 카테키시스를 '기독교 공동체의 입문 과정'이라고 통합적으로 이해하지 못한 실정이다.

호핑거(Johannes Hofingers)는 카테키시스를 교육의 패러다임으로 인식하고 있으며, 이러한 카테키시스의 재생을 위해서 원리적인 선결 조건을 다음과 같이 제시하고 있다.[48] 첫째, 종교적 가르침은 그 자체가 어린이 심리학과 조화되기 위해 시각적이고 구체적인 것으로 시작되어야만 한다. 학교의 첫 일년은, 성서적·역사적 접근이 카테키즘의 조직적인 질서를 넘어서 선행될 수 있다.

둘째, 학교 차원에서 종교적 가르침은 종교적 지식을 전달할 뿐만 아니라, 종교적 성질과 확신을 세울 수 있다. 완전한 인간 존재에게 조언하는 원리의 문제일 수 있다. 질문은 명백하고 지성적인 가르침일 뿐 아니라, 젊은 이들을 기독교적 삶을 형성하고 마련해 주는 효과적인 교육의 기본이 된다. 이러한 프로그램에서 종교의 '가르침'(instruction)이라기보다는 종교의 '교육'(education)이라는 강조점은 현대 가르침 방법을 적절하게 적용하는 것이 아니라 카테키시스의 과제에 따른 본질을 더 분명하고 깊이 통찰하게 하는 것이다.

새롭게 연구되고 있는 카테키시스는 수많은 역사적·사회적·문화적 변화 속에서 말씀을 신실하게 사역하는 것이며, 그 효과와 신비의 증언은 지속되고 있다. 다변화되고 있는 역사적·사회적·문화적 상황 안에서 우리의 과제는, 선조들이 과거에 그들의 존재를 위해서 힘썼던 것처럼 우리가 현재에 신실하게 살아야 한다는 것이다.[49]

(3) 개신교의 견진례 교육 개발

개신교의 경우에는 카테키즘을 사용하는 교회가 차츰 줄어들면서 카테키시스에 대한 새로운 접근을 시도하고 있다. 이것은 초기교회 카테키시스의 총체적 입문 과정으로 접근한 것은 아니지만, 카테키시스의 교육적 패러다임을 회복하려는 움직임이라 할 수 있다. 1580년의 색슨족 교회 명령은 "카테키시스 교수는 참 기독교 견진례."[50]라고 언급하면서 유아세례를 받았던 세례자가 성인이 되어 그들의 신앙을 고백하는 의식이므로 중요하다는 것을 강조했다. 견진례의 가장 일반적인 개념은 목회자와 평신도에 의해서 세례 계약, 인격적인 신앙고백, 신앙의 공적인 확언을 하는 것이며, 그리스도에게 전생을 위탁하며, 교제하는 구성원으로서 지녀야 할 책임감을 받는 것이다.[51]

기독교의 전통에 따르면 견진례(Confirmation)는 성만찬보다 세례와 깊은 관련이 있다고 할 수 있다.[52] 그러나 개신교 교회에서는 비성서적이라 하여 폐지된 성례전이다. 루터는 성례전의 의미를 전통적으로 좁게 이해하여 성서에 기초한 2가지 성례전(세례, 성만찬)을 강조했고, 나머지 5가지 성례전(견진성사, 혼례성사, 서품성사, 종유성사, 고해성사)은 비성서적·비신앙적이라고 하여 제외시켰다.[53] 그런데 개신교 교회에서 이 5가지를 성례라고 말하고 있지는 않지만, 실제로 교단과 교회마다 그 의식을 다 행하고 있다. 고해성사만 제외하고[54] 다른 성례전을 교단 예문집에 게재하고 있다. 예를 들면 견진성사(堅振聖事)는 '입교의식'[55]으로, 혼례성사(婚禮聖事)는 '결혼의식'으로, 서품성사는 '목사안수', 종유성사는 '장례의식'으로 시행하고 있을 뿐만 아니라 교단 예문집에도 의식 순서를 명기하고 있다. 특히 한국기독교장로회에서는 '견신례'를 교회의 헌법에 게재하고 있다. 이 교단은 견신례에 대한 설명을 다음과 같이 하고 있다.[56]

> 이 입교예식은 어린이 세례를 받은 사람이 성장해서 스스로 예수 그리스도를 구주로 고백하는 것을 인정하는 교회의 행위다. 견신례가 어린이 세례 때 끝마치지 못한 어떤 것을 완성시키는 예식이 아니다. 어린이가 세례를 받을 때 이미 하나님의 소유가 된 것이다. 견신례는 다만 교회가 어릴 때 세례받은 사람을 불러서 하나님의 은총에 대한 개인적인 응답을 하도록 하는 것이다. 어린이들이 세례를 받은 사람이 견신례를 통해서 스스로의 신앙을 고백하면 교회는 그에게 교인으로서의 특권과 책임을 부여한다. … 견신례는 성인 된 그리스도인에게 선교적인 사명을 고취하는 의식으로 이해되어야 한다. 일반적으로 견신례에 이어서 성찬식을 거행하는 것이 통례다.

위에서 언급한 '헌법'에서 견진례의 전통과 의미를 간략하게 잘 설명하고 있다. 견진례는 세례의 완성적 의식이 아니라 스스로 신앙을 고백하는 의식이며, 나아가 선교적 사명을 고취하기 위한 것이다. 그리스도인으로서 신앙적 삶을 형성하도록 확언하고 고백하게 하는 것이다. 그래서 견신례를 행하는 의식에서 "세례받음으로써 우리는 예수 그리스도의 교회의 일원이 되고 하나님의 백성으로서 한 식구가 되는 것입니다."[57]라고 선언한다. 개신교에서는 '견진례'는 유아세례를 받은 사람들이 장성하게 되면 '입교의식'이라는 명목으로 진행되고 있다는 점을 인식해야 한다. 물론 중세기나 가톨릭 교회처럼 엄격한 과정에 따른 견진의식을 실행하고 있지는 않지만, 입교의식의 의미는 분명히 견진례이며, 이것은 신앙의 확언을 위한 의식과 기독교 공동체의 구성원으로서 입교하는 것이다.

견진례는 라이크스(Robert Raikes)가 1780년에 영국에서 주일학교(또는 교회학교)의 방법으로 세우기 오래 전에 루터교회의 교육 체제로서 제정된 것이다.[58] 일부 사람들은 주일학교(또는 교회학교)가 가장 많은 사람들이 참여하기 때문에 기독교교육의 '핵심'으로 간주할지라도, 루터교회는 활동의 실천면에서 견진례 교수가 '교육을 마무리하고', 적어도 요약한다고 주장할 수 있다. 그러므로 개신교에서 행하고 있는 유아 세례자의 '입교의식'은 견진례 의식으로서 '세례 계약의 재생'(a renewal of the baptismal covenant) 으로 묘사할 수 있다.[59]

사회적 관점으로 본다면, '견진례 또는 입교의식'은 입문 과정(initiatory process)의 일종이라 할 수 있다. 입문 과정은 구성원들이 조직의 구성원으로서 인식될 수 있도록 조직적이고 의미 있는 공식적 과정을 요구한다.[60] 공식적 과정은 구성원들이 일치되고, 그 공동체에 전념한다는 상징적인 과정이 필요하다. 특히 '교육과 목회적 사역'에서 견진례는 젊은이들이 기독교 공동체에 입문하는 공식적인 과정이 되는 것이며, 이 과정을 통해서 공동체의 가치와 규범과 접촉할 수 있는 기회를 마련해 준다. 더욱이 그들의 삶속에서 기독교 공동체의 정체성을 유지하도록 도와주는 과정이 필요하다.

'유아 세례자의 입교 과정으로서 견진례'는 젊은이들이 이 과정을 통하여 성인 기독교 공동체와 동일성을 갖도록 하는 과정이다. 이것은 '문화 변용의 과정'이라 할 수 있다면 교육 목회에서 사용되는 방법론이 대단히 중요하게 된다. 이 과정에서 학습의 방법은 비언어적인 접근법과 환경을 통한 방법이 될 수 있다.[61]

기독교교육의 새로운 방향을 모색은 견진례 교육(education of confirmation)에 대한 탐구와 유아세례를 받은 젊은이를 위한 교육의 모델을 개발하고 있다. 견진례가 일반적으로 실천되고 있는 교회는 미국 장로교회, 연합감리교회, 그리스도 연합교회, 아메리카 복음주의 루터교회, 감독교회, 캐나다 연합교회 등이다.[62] 이 일은 "유아세례 이후에 중단되었던 입문의식을 어린이와 청소년을 위한 교육적 목회적 프로그램으로 발전시켰으며, 고등학교 때에 견진례 성례의식에 참여하도록 한다."고 볼 수 있기 때문에 청소년을 위한 견진례 교육은 최근에 더 많은 지지를 받고 있다는 것이다.[63]

미국 감독교회는 견진례 교육에서 '입문식의 성례전'[64]을 결합시키는 형태로 발전하고 있다. 그들은 '예비 세례자 과정'(the Catechumenal Process)을 새로운 프로그램으로 개발했고, 세례받지 않은 사람들을 위해서 성인교육에 강조점을 두고 진행하고 있다.[65]

미국 연합감리교회는 존 웨슬리(John Wesley)가 견진례를 권고하지 않았기 때문에, 견진례에 대한 새로운 접근을 시도하였다. 미국 연합감리교회는 "물과 성령: 연합감리교회의 세례연구"(Water and the Spirit: A Study of Baptism for United Methodists)라는 최근 연구 문서에서 견진성사를 '세례신앙의 공적인 고백'이라는 말로 대체해야 한다고 했다.[66] 이 문서는 견진성사에 대해서 다음과 같이 밝히고 있다.

> 세례에 대하여 잘못 생각하기 때문에, 연합감리교회의 '견진성사'라는 말을 계속 사용하는 것은 세례에 대한 우리의 생각과 교회의 구성원이 모순된다. … 유아세례를 받은 사람들은 성령의 지도 아래

에 있으며, 본성, 은혜, 서로 사랑하는 것은 신앙 공동체를 통하여 하나님으로부터 받은 것이며, 예수 그리스도 안에서 신앙의 공적인 고백을 하도록 기대하며, 제자의 책임을 위하여 그들에게 위임하는 것이다. … 이러한 중요성은 세례자의 신앙고백(Profession of The Faith Into Which We Were Baptized)이라는 제목이 더욱 지당하다. 이러한 고백은 교회 구성원과 관련이 있는 것이 아니라, 사람들이 첫 세례의 중요한 확언이며 자기의 신앙을 소유하는 것이다.[67]

이와 함께 연합감리교회는 견진례 교육을 위하여 시리즈를 개발하였는데 그 시리즈의 제목은 『나를 따르라』(Follow Me)[68]이다. 미국 장로교회에서는 유아나 성인을 위한 단일화된 입교식의 사용을 거의 발견하지 못하였다. 장로교회는 세례가 어린이들을 그리스도의 몸에 접목하는 것으로 확신하는 것으로 연구하였다.[69] 주의 식탁은 견진례 이후가 아니라, 세례의식 이후에 집행한다. 이것은 세례 이후의 신앙 확증을 위한 새로운 접근을 시도한 것으로 '견진과 교회 젊은이들의 위탁' 프로그램을 개발하였다. "그들이 유아 때 세례를 받았다면, 세례를 통해서 얻는 이점을 공적인 자리에서 서원하게 하거나 예수 그리스도 안에서 그들을 고백하도록 스스로 결단하게 하고, 세례 받게 하는 것"[70]이라는 입장이며, 이 과정을 통해서 사람들은 회중 앞에서 견진성사/위탁하는 것으로 절정을 이룰 수 있다.[71]

4) 현대 카테키시스 운동의 과제

현대 카테키시스는 다음과 같은 과제가 있다.

첫째, 카테키즘이 신앙교육을 위한 교재로 적극 활용되어야 한다. 카테키시스가 종교개혁 이후에 신앙교육의 교재(教材)로서 카테키즘이 출판되었고, 그 이후에 카테키즘을 줄곧 교재의 차원으로 연구해 온 역사를 살펴보았다. 이러한 역사 속에서 발견할 수 있는 점은 로마 가톨릭의 카테키즘 연구는 현대 교육학의 도움을 받아 교육의 내용과 교육의 방법적인 방향으로 발전되었다는 것을 알 수 있다. 그러나 카테키즘이 하나의 교육 내용이나 방법만 아니라 하나의 교육 체제라는 인식을 하고, 초기교회 카테키시스적의 방향으로 전향되어야 한다는 사상도 나타나고 있다. 종교 개혁자들이 카테키즘을 교육의 내용과 방법으로 인식했던 것처럼, 가톨릭도 초기 기독교 공동체의 전통과 의식을 인식하지 못하였다는 점을 알 수 있다.

둘째, 카테키시스를 위한 모델 개발이 요청된다. 가톨릭의 카테키즘 이해는 개신교에서도 벗어나지 않았다. 그러나 현대에 와서 개신교 교회는 카테키즘을 새롭게 인식하고 있는데, 그것은 견진례 교육에 대한 새로운 조명이 일어나고 있다는 점이다. 견진례 의식은 가톨릭에서 실시하고 있지만, 개신교에서는 루터와 칼빈과 존 웨슬리(John Wesley)가 반대했던 성례이지만, 견진례는 신앙교육적인 면에서 대단한 중요성을 지니고 있다. 최근에 개신교에서 이러한 중요성을 인식하고, 기독교 공동체의 젊은이를 위한 교육을 위하여 견진례 교육을 정립하고, 견진례 교육을 위한 모델 개발에 박차를 가하고 있다. 그러므로 현대 카테키시스를 위해서 현대교회에 맞는 모형이 개발되어야 한다.

셋째, 카테키시스의 개념을 현대교회에 맞게 정리할 필요가 있다. 초기 기독교 공동체에서 실시했던 카테키시스는 '기독교 공동체 입문 형성'을 위한 교육이라고 정의를 내릴 수 있고, 종교 개혁자들의 카테키즘은 '기독교 공동체의 개혁신앙의 정체성 확립'이라고 할 수 있다. 이러한 정의는 오늘날 가톨릭 교회나 개신교 교회에서는 카테키시스의 전통적인 의미에서 빗나가고 있다는 것을 간파할 수 있다. 카테키즘이 단순히 교회의 신앙교육 내용이나 방법 그리고 청소년을 위한 견신례 교육을 넘어서 '기독교 신앙 공동체의 입문과 정체성 형성'이라는 분명한 목표를 인식해야 하며, 이에 따른 교육신학적 기초가 확립되어야 한다고 본다.

2. 카테키시스의 교육신학적 기초

오늘날 카테키시스는 '교회적인 요소'가 강하게 작용하고 있으며, 예배 규칙서에서도 카테키시스는 '교회에 의한 교회의 사역'으로 인식하고 있다. 교회 안에서의 활용되는 카테키시스라는 단어가 너무 '교회적'으로 사용되었다고 비판을 받기도 했었다. 카테키시스는 교회 안에서 믿음의 성장을 필요로 하며, 믿음이 충만한 공동체가 다른 사람에게 행하는 사역이라 할 수 있다.[72] 특히 카테키시스는 세례받는 사람들에 대한 목회 사역이며, 남녀노소와 삶의 상태를 막론하고 모든 신자들에게 해당되며, 참여하는 모든 사람들의 삶이 회심되기를 요구하며, 교회가 세상 한가운데에 성서의 대답을 찾을 수 있는 방법을 가르치는 것이다. 이것은 카테키시스가 '교회적이지 않은 사람'이나 믿지 않는 자들에 대한 교회 사역은 아니라는 말이다. 즉 믿지 않는 사람을 위한 사역은 전도의 영역이 내포되어 있음을 말한다.[73]

카테키시스는 인간 역사 속에 임하는 하나님의 특별한 계시에 근거를 두고 있으며, 성서에서 이러한 하나님의 역사를 발견하는 것이며, 공동체 안에서 전승되어 온 하나님의 구원의 이야기를 나누는 것이다.[74] 기독교 선언 속에 특별한 자아 계시 기독교의 신앙을 믿으려는 사람과 믿는 사람들을 위한 가르침과 사역이다. 카테키시스의 가르침과 사역은 단순히 교리를 가르치는 것이 아니라, '기독교 공동체의 입문자 형성 과정'(초기 기독교 공동체)과 '기독교 신앙의 정체성 형성'(종교 개혁기)이다. 이 장에서 신앙교육의 한 패러다임으로 등장했던 카테키시스를 교육신학적으로 규명하고, 교육과 목회의 체제에 대해서 정리하며, 나아가 카테키시스의 통합적인 요소를 탐구하고자 한다. 이러한 탐구는 카테키시스가 기독교 공동체에서 '성숙된 신앙[75]'을 위하여 가르침과 목회의 총체적인 프로그램이라는 전제를 가지고 접근하고자 한다. 이에 카테키시스 개념의 재이해, 카테키시스의 목적, 카테키시스의 과정, 카테키시스의 방법을 다루고자 한다.

1) 카테키시스 개념의 재이해
(1) 카테키시스의 시대적 요청

카테키시스는 하나님을 향한 신앙고백서의 전통을 지니고 있으며, 기독교적 삶을 살아온 역사성을 지니고 있다. 이것은 기독교의 교육적 위기 속에서 카테키시스의 패러다임이 그 대안이라고 전제하고, 카테키시스의 신앙교육적 요청을 다음과 같이 고찰할 수 있다.

첫째, 카테키시스는 기독교 역사와 전통 속에서 하나님의 행위에 응답하는 '신앙고백서'의 역할을 한다.[76] 덴디(Marshall C. Dendy)는 카테키즘이 기독교 신조를 담고 있는 보고로, 성서와 함께 기독교 신앙을 연구하는 자료적 가치가 있다고 하면서 카테키즘 연구의 중요성을 언급하고 있다. 하나님의 지식은 그 자신을 우리에게 알게 하신 하나님이 여러 세기를 통하여 내려주신 것이다. 이것은 히브리서에 다름과 같이 표현되어 있다.

> 옛적에 선지자들로 여러 부분과 여러 모양으로 우리 조상들에게 말씀하신 하나님이 이 모든 날 마지막에 아들로 우리에게 말씀하셨으니 이 아들을 만유의 후사로 세우시고 또 저로 말미암아 모든 세계를 지으셨느니라.(히 1:1-2)

교회는 그리스도의 복음을 통해 하나님의 복음을 받았으므로, 복음은 성서 안에 담겨 있는 보고이며 유일무이하게 받은 것이다. 값진 보고는 '책, 신조, 카테키즘' 안에 기록되었으며, 이것을 발견하는 것은 '교회의 카테키즘을 객관적으로 연구하는 것'이라 할 수 있다.[77]

카테키즘은 선조로부터 내려주신 신앙의 유산이며, 공동체의 고백이다.

카테키즘 연구는 신앙고백과 신학적 방향을 연구하는 귀중함이 있다. 이것은 공동체의 유산이며, 신앙고백이며, 나아가 함께 터득해야 할 자료이다.

둘째, 카테키즘의 기능적인 중요성은 교육적·목회적 차원에서 생각할수 있다. 카테키즘은 '기독교 신앙을 가르치는 책'으로 교육 내용을 다루는 책이기도 하지만 단순히 신앙교육의 교재보다는 기능적인 측면을 고려할 수 있다. 그것은 "카테키즘이 그리스도인들에게 예전서로서, 설교자로서, 목회상담자로서의 기능을 한다."는 것이다.[78] 이 말은 카테키즘 연구는 신앙교육과 목회를 위한 통합적인 사고가 가능하게 되며, 그 근거를 역사적·교육적으로 제시해 준다고 볼 수 있다. 웨스터호프는, '기독교교육을 카테키시스'라 정의하고 복음을 위한 목회 사역(Pastoral discipline)이라고 했다.[79] 그의 성찰은 카테키시스가 교회의 교육과 목회의 시대적인 요청이라는 인식하게하며, '카테키시스의 연구'는 초기 기독교교육의 모형을 통해서 현대 기독교교육이 안고 있는 문제를 극복할 수 있는 가능성을 지니고 있다는 것이다.

여기서 고찰할 점은 카테키시스는 '종교와 교육'을 접목시킨 것이 아니라는 것이다. 카테키시스는 신학을 교육에 접목시키거나, 교육을 신학에 붙인 이중적인 형태가 아니다. 모란(Gabriel Moran)의 말처럼, 카테키시스는 '종교와 교육의 완전한 교차'(whole intersection of religion and education)라 할 수 있다. 이것은 교육을 종교의 영역으로 끌어들이는 것이 아니며 종교를 교육으로 이동시키는 것만이 아니라, 종교교육 그 나름대로의 패러다임이 있다.[80]

셋째, 카테키시스는 오늘의 주일학교(또는 교회학교)의 대안으로 추구될 수 있다. 오늘의 주일학교(또는 교회학교)는 위기에 처해 있다. 과거에 교회교육의 표상이었던 학교형 패러다임인 주일학교(또는 교회학교)는 어린이들의 존재를 잘 양육해 주고, 제도적 교회와 그 신앙을 영속시켜 주고, 비인간적인 세상 속에서 공동체의 경험을 위한 장을 마련해 주었다. 그렇지만 웨스터호프는 오늘의 "주일 학교(A Sunday School)는 죽을 것이다. 또는 말기병을 경험할 것이다."[81]라고 선언하였다. 그는 오늘날 주일예배보다 다른 더 활기찬 활동이 있게 된다면, 주일의 학급 활동에 대한 관심이 감소될 것이라 했다. 만약 교회가 작아지고 공동 사회화된다면, 서로 돌보는 교제로서의 주일학교 교실을 필요로 하는 것도 줄어들 것이라 했다.[82]

웨스터호프는 "우리는 급진적이고 근본적인 '변화의 시기'에 직면하였다. 교회교육적 목회와 주일학교 그 자체에 대한 우리의 최근 이해는 종말에 와 있는 역사적 시기와 직접적으로 관계가 있어 왔다."[83]고 하였다. 그는 교회교육을 간단한 처방이나 임시방편으로 치료해서는 안 되며, 미래에 영향을 줄 수 있는 방향으로 결단을 해야 한다고 했다. 그것은 '새로운 영성을 위한 오랜 갈망'으로 성인들이 어린이와 신앙 안에서 만나고, 그들 자신의 성장을 위한 상황과 그들 신앙의 여정을 나누는 방법을 점차 추구해야 한다. 그것은 감리교회의 탄생 때 했던 것처럼, 많은 회중들이 개혁된 주일학교를 편리하고 유용한 상황을 마련해야 한다.84) 즉 미래세계의 교육은 신앙 공동체 속에서 일어나는 '공동체적 교육 패러다임'이 형성된다는 것이다. 학교형이 아닌 공동체형 패러다임이란 무엇인가? 그것은 바로 카테키시스가 오늘에 필요한 전통적인 모형이라 할 수 있다.

특히 모란(Gabriel Moran)은 우리가 '카테키즘과 기독교교육'에서 양자택일을 해야 할 상황에 와 있다고 말하고 있다.[85] 이것은 용어의 차이가 아니라 개념과 행위의 차이를 말하는 것이다. 오늘의 교회교육이 다시금 카테키즘의 패러다임이 요청된다는 것을 암시하고 있다. 예를 들면 교인들이 예배드리게 하도록 계획된 활동들을 설정하는 것이다. 이러한 생각의 변화는 신앙교육의 흐름이 바뀌고 있다는 말이며, 초기교회에서 실시했던 교육과 목회의 패러다임의 요청을 말하고 있다.

넷째, 기독교 공동체 형성과 신앙 정체성 형성으로서 교육과 목회의 카테키시스가 요청된다. 21세기를 향한 새로운 교육의 형태는 주일학교의 쇠퇴와 함께 공동 사회화가 요청된다. 공동 사회화는 기독교 공동체의 영성을 회복하는 것이며, 교육의 패러다임을 형성하는 새로운 틀이 되며, 이러한 틀은 초기교회에서 실시했던 카테키시스에서 발견될 수 있다. 카테키시스는 초기 기독교 공동체 형성을 위한 철저한 '총체적 교육과 목회의 패러다임'을 지니고 있다고 할 수 있다. 카테키시스의 전통은 신앙교육의 원리이기도 하지만, 내용과 방법의 특수성을 지니고 있다.

교회교육 사역의 전통을 본질적으로 재해석한 사람들이 있었다. 그들은 카롤링 왕조(Carolingian)의 개혁자들로 새로운 법률을 제정하기 위하여 형성되었고, 엘프릭(Ælfric of Eynsham)과 같은 교사가 구체적인 작업을 했다. 그들은 목회적 양육을 위해서 감독들과 작가들 그리고 설교자 스스로를 통해서 지도하고 발전되었다. 이것은 15세기 후기와 16세기 초기에 중세의 카테키티컬의 이론적 입장을 정리하며, 신앙교육과 교회 입문이 현대 카테키시스 역사의 뿌리가 되었다는 것은 교육과 목회의 통합이라는 신념을 암시하고 있다.86)

특히 초기교회의 카테키시스는 이방신앙과의 투쟁 때문에 기독교 신앙 공동체의 강화하였고, 엄격하고 철저한 입문 과정을 통해서 교육목회의 방법을 사용하였다. 종교 개혁기는 중세 교회의 신앙과의 투쟁 때문에 개혁자들이 철저한 개혁신앙을 주지하고 함양시키기 위하여 카테키즘을 발전시켰다. 카테키시스는 '기독교 공동체의 입문자 형성 과정'(초기교회)과 '기독교 개혁 신앙의 정체성 형성'(종교 개혁기)의 교육목회의 패러다임을 지니고 있었다. 카테키시스의 패러다임은 공동체 형성에 주안을 두고 있으므로, 카테키시스 연구는 "기독교 공동체 형성과 신앙 정체성 형성으로서 교육과 목회의 카테키시스를 정립하고, 현대 개신교 교회가 안고 있는 비공동체적 신앙교육의 문제를 극복할 수 있는 대안을 제시할 수 있을 것이다."

여기서 오늘날 쇠퇴되고 있는 학교형 교육인 주일학교(또는 교회학교)의 문제를 극복하고, 교육과 목회의 분리, 지식과 성서위주의 현대 개신교 교회의 문제를 극복하고, 새로운 교육 체제를 형성하기 위한 대안으로 '카테키시스의 현대적 재생'이라고 전제하고, 다음 항에서 카테키시스의 개념을 정리하고자 한다.

(2) 카테키시스 개념의 재이해

신약성서는 가르침의 '형태'에 관하여 언급하지는 않았지만, 신약성서 그 자체가 하나의 카테키시스다.[87] 네 권의 복음서 저자들은 인간을 향한 예수 그리스도의 삶과 가르침을 집필하였고, 사도 바울의 서신들은 유대 지역을 벗어나 있는 그리스도인들을 향한 목회적 배려와 가르침을 담고 있는 글들이다. 이것은 기독교 신앙을 가르치고 유지하려는 초기교회의 뜨거운 교육과 목회적 노력이라는 것을 부인할 수 없다.

화이테커(E. C. Whitaker)는 초기 기독교 공동체에서 실시하였던 카테키시스는 "카테큐멘의 머리에 손을 얹어 축복함으로써 교회의 사역을 통하여 가르치는 것이다. 그들은 자신이 누구이며 무엇을 할 것인지를 알게 된다."[88]고 진술하고 있다. 진술은 카테키시스가 기독교 공동체의 구성원으로 형성시키기 위한 것임을 알 수 있다. 웨스터호프(John H. Wersterhoff III)도 "카테키시스가 무엇이냐"라는 질문을 던지고, 그것은 "공동체와 세상 안에서 그리스도인이 된다는 것은 무엇인가?"라는 질문과 같다고 하면서 "카테키시스가 기독교 공동체의 구성원으로 형성한다."는 의미로 설명하고 있다.[89] 이 말은 카테키시스가 신앙 공동체 안에서 그리스도인이 '된다는 것'이며, 그리스도인이 아닌 사람들이나 이방인들 또는 그리스도인으로서의 정체성이 없는 교인들이 기독교 공동체의 구성원으로서 정체성을 형성한다는 것을 말한다. 그러므로 카테키시스는, '교회에서, 교회를 위하여, 교회에 의하여' 진행되었던 교회의 직무이며, "교회에 들어오는 입문자들에게 시도했던 행위"[90]라고 할 수 있다.

카테키시스의 개념은 그 어원을 통해서 의미를 재정립할 수 있다. 카테키시스의 파생된 단어를 잘 고찰해 보면 '고대의 기독교 입문의식'과 깊은 관계가 있으며, '교육적인 기능'을 지니고 있다는 것을 알 수 있다.[91] 헬라어 '카테케시스'(catechesis, κατήχησις)[92]의 어원에서 볼 수 있듯이 하나님의 말씀을 '울리게 하다', '소식을 알리다'를 뜻하며, 하나님의 뜻을 사람들에게 '이야기하다', '구두로 가르치다'를 의미한다. 즉 카테키시스는 '하나님 말씀을 전달'(the transmission of the word of God)하는 것을 의미하며, 하나님의 말씀을 받아들이기 위하여 사람들에게 설교하고, 신앙적으로 양육시키고 세례를 주기 위하여 교육한다. 카테키시스는 말씀을 전하고 가르치는 사명을 뜻한다. 하나님의 말씀은 사람들에게 온전하게 전해지는 것으로 '설교와 가르침'의 차원을 뜻한다고 볼 수 있다.93) 설교는 하나님의 말씀을 모르는 사람들에게 전하는 차원이라면, 가르침은 하나님의 말씀대로 살도록 가르치고 양육하는 의미를 갖고 있다. 이 의미는 기독교 공동체의 가르치는 사명과 관련이 있으며, 교회는 예수 그리스도가 사도들과 그 동료들에게 지시한 지상명령(마 28:19-20)을 지니고 있으며, 교회를 통하여 지금까지 계속 유지해 온 것이었다. 이 일은 "하나님의 말씀이 생생하고 효율적인 방법으로 끊임없이 전파되어, 사람으로 하여금 우리 주 예수 그리스도의 위격(位格)과 구원을 주는 메시지를 더 깊이 알도록 하는 활동을 말한다. 체계적이고 점진적인 신앙교육을 통해서 교리교육은 끊임없이 신앙적으로 성숙하는 과정을 마련하는 것이다."[94]

카테키시스는 "교회의 새신자, 즉 이방인이 개종하여 그리스도인이 되고자 할 때 세례를 받기까지의 과정에서 준비교육"[95]이다. 카테키시스는 '기독교 공동체에 들어오는 사람들이 교회의 구성원이 될 수 있도록 가르치고 양육하고 사역하는 모든 행위와 관련된 것'이라고 정의할 수 있다. 카테키시스는 우리의 삶과 신앙을 위해서 기독교 신앙의 함축된 의미를 이해하도록 돕기 위한 의도가 있다. 이것은 우리의 개인적이고 공동적인 이해와 방법이라는 모든 면을 비판적으로 평가하며, 교회와 사회 안에서 신실한 활동을

위해서 마련되고 고무되기 위한 것이다.[96)]

카테키시스가 기독교 교회 공동체의 '입문의식'과 하나님 말씀의 전달로서 '설교와 가르침'이라는 개념 정리는 단순히 '교리교육'이라고 한정하지 말아야 한다는 것을 제시한다. 기독교 공동체의 입문과 정체성을 위하여 '하나님 말씀의 선포(kerygma)'와 '하나님 말씀의 양육(didache)'이라는 양면이 만나고 있다. 카테키시스는 "사람들이 기독교 신앙을 지니고, 그리스도의 뜻에 따라 변화된 공동체의 일원이 되어서, 신앙과 삶을 함께 나누며 살아가도록 교육과 목회를 돕는 모든 행위"라고 정의한다. 이러한 정의에 따라서 카테키시스의 목적은 "사람들이 기독교 신앙을 지니고, 그리스도의 뜻에 따라 변화된 공동체의 일원이 되어서, 기독교 공동체와 사회 속에서 신앙과 삶을 함께 나누며 살아가도록 하는 것"이다.

기독교교육에서 '카테키시스'라는 말을 일반적으로 2가지 의미로 사용되고 있다. 한정적 의미로 카테키시스는 '교회에서 새신자가 신앙의 위탁을 획득하는 과정'을 의미하는 것이며, 새신자가 기독교에 입문할 때 세례를 주기 위하여 교육하는 과정을 말한다. 광의적 의미로 교회의 처음 말씀 선포 때부터 시작된 것으로 신학의 과학화와 고차원적인 형태로 발전시킨 것이며, 시공간(co-extensive)을 넘어서 동일하여 존재하는 신앙교육을 말한다.

2) 카테키시스의 목적 재정의

카테키시스의 목적을 진술하기 위하여 초기 기독교 공동체 카테키시스의 목적, 현대 가톨릭 교회의 목적을 논의하고, 카테키시스의 목적을 정의하고자 한다.

(1) 초기 기독교 공동체 카테키시스의 목적

성서는 거룩한 하나님 아들에 관하여 배우는 지식의 목표는 "오직 사랑 안에서 참된 것을 하여, 범사에 그에게까지 자랄지라 그는 머리니 곧 그리스도라."(엡 4:15, 개역)고 언급하고 있다. 바울은 골로새 교회에게 보내는 편지에서 그리스도의 신비에 관해서 매우 강하게 언급하면서, "우리가 그를 전파하여 각 사람을 권하고 모든 지혜로 각 사람을 가르침은 각 사람을 그리스도 안에서 완전한 자로 세우려 함이니."(골 1:28, 개역)라고 했다. 바울의 진술은 우리에게 신앙교육의 목적에 대해서 두 가지 전제를 도출하도록 한다.

첫째, 기독교교육의 목적은 '각 사람이 그리스도 안에서 완전한 자'가 되는 것이다. 그리스도 안에서 완전한 자라면, 신앙적 지식에서만 완전해지는 자를 말하는 것이 아니라 삶과 신앙에서 모순이 일어나지 않아야 한다. 그리스도의 삶에 굳게 자리 잡혀서 상하좌우의 일부나 한쪽으로 치우친 것이 아니라, 그리스도 안에서 온전히 성숙해지는 것을 말한다.

둘째, 바울은 '모든 지혜로 각 사람을 가르침'이라고 하였다. 이것은 기독교교육을 위해서 '모든 지혜, 모든 방법'을 추구할 수 있다는 것을 말한다. 기독교 신앙의 목표를 위해서 하나님이 인간에게 주시는 모든 지혜로 가르치는 방법을 추구해야만 한다. 이러한 가르침의 방법은 기독교교육이 단순히 노력으로만 완수되는 것이 아니라 많은 '인내를 요구하는 힘든 노동'이라는 것을 시사한다.[97]

사도 바울은, 이러한 노력을 위해서 교사들의 참된 소명을 언급하였다. 그는 사도, 선지자, 복음 전하는 자, 목사, 교사로 세운 것은 "성도를 온전케 하며, 봉사의 일을 하게하며, 그리스도의 몸을 세우려 하심이라."(엡 4:11-13, 개역)고 했다. 사도 바울은 사역의 목적을 "'성도를 온전케 하며, 봉사의 사역을 하며, 그리스도의 몸을 세우는 것'이다. 이것은 첫째로 성도라는 개인적인 삶의 온전성을 말하며, 둘째로 타인과 사회를 향한 섬김을 말하며, 셋째로 교회 공동체의 발전을 꾀하는 것이다. 이러한 목표는 방법과 연계되어야 한다. 방법이 목표와 다른 양상을 띤다면, 목표는 제대로 이루어질 수 없으므로, 목표와 방법은 하나로 일치되어야 한다.

바울은 자신이 사역하던 여러 지역 교회와 성도들에게 하나님의 말씀을 전하고 가르치고 사역하기 위하여 편지를 썼다. 이러한 바울의 편지는 그 목표를 이루기 위한 것이며, 엄밀하게 말하면 카테키시스의 행위라고 할 수 있을 것이다. 그는 디모데후서에 나타나는 성서교육의 근본 목적에 상응하며, 이것은 기독교교육의 원리라고 할 수 있다. 이것은 카테키시스가 구원에 이르는 지혜의 교육이요(3:15), 삶 속에 선한 행위가 실천되는 교육이며 (3:17), 교훈과 책망을 통하여 온전한 그리스도인으로 자라가도록 훈련시키며 깨우치는(3:16) 일이라는 것을 말한다.

카테키시스는 '기독교 공동체의 구성원 형성'을 목표로 삼고 있으므로 '기독교 공동체의 사회화'라고 할 수 있다. 이러한 기독교 공동체의 사회화 현상은 초기교회에서도 이어지고 있다. 오리겐은 카테키시스에 참여한 사람들이 어떻게 변화되었는지를 설명하고 있다. 그는 무식한 사람들과 시골 사람들이었지만, 하나님의 진리에 대해서 '놀라운 진술'을 했다고 기록했다. 그들의 진술은 카테키시스의 과정을 통해서 '올바르게 살아가는 방법'을 배우게 되었다고 진술하였다.[98] 이것은 초기 기독교 공동체의 카테키시스의 목표가 무엇인지 인식할 수 있는 근거가 된다. 즉 '자신의 신앙에 대한 진술'과 '올바르게 살아가는 방법'은 기독교 공동체의 구성원이 되는 것이며, 카테키시스의 목표라 할 수 있다.

카테키시스의 목표를 달성하기 위하여 특별한 제도, 개인, 집단, 활동을 통하여 실천했다는 것을 알 수 있다. 그리고 16세기의 종교개혁은 교구, 가족, 학교, 안수받은 목사, 예전적 예배, 기독교 입문, 훈련 모두는 카테키시스의 목적을 위한 것이었다.[99]

(2) 현대 가톨릭 교회의 목적
16세기에 '카테키즘'이라는 말은 종교적 교리를 가르치는 데 사용되는 책이나 안내서와 관련된 것이라고 인식했다.[100] 이러한 인식은 종교교육의 내용에 중점을 두게 되었으며, 카테키즘의 교육적 기능을 이해하지 못했다고 볼 수 있다. 더욱이 초기 기독교 공동체에서 실시했던 교육과 목회의 패러다임을 외면했고, 기독교 공동체 형성을 위한 입문자 과정의 중요성을 간과하게 된 것이다. 로마 교황 요한 바울(John Paul)도 같은 맥락에서 카테키즘을 인식하고 있다는 것이 그의 진술에서 나타나고 있다.[101] 그는 카테키즘의 중요성에 대해서 다음과 같이 언급하였다.

첫째, 교회 지도자들이 '가톨릭 교리를 가르치고 지역 카테키즘'을 마련하기 위한 특별하고 믿을 만한 관련 자료다.

둘째, 교회의 가르침에 대한 지식을 더 깊이 원하는 사람에게 믿을 만한 것을 제공하는 것이다.

셋째, 우리의 신앙의 내용과 조화를 보여 주기 때문에, 에큐메니컬적 대화를 촉진하는 방법이다.

넷째, 가톨릭 교회가 믿고 있는 것을 알기를 원하는 모든 사람을 위한 것이다.

위의 내용에서 로마 가톨릭의 카테키즘의 목적은 단순히 신앙교육의 자료라는 오해를 불러일으킬 수 있다. 그러나 카테키즘은 기독교 교회 공동체를 위한 교육과 목회적 행위이며, 교회라는 공동체를 위한 것이기 때문에 하나의 문화화와 종교화의 차원이라고 볼 수 있다. 카테키시스의 목표는 제2차 바티칸 회의에서 카테키시스를 서술적으로 정의하였다. 이 정의는 "Decree on the Bishop's Pastoral Office in the Church"와 "Sharing the Light of Faith"의 32항에 나오는데 그 내용은 다음과 같다.

카테키시스 훈련은 교수 방법을 통하여 사람의 신앙을 생명력 있고, 의식적이고, 활동적이 되도록 하려는 의도가 있다. 주교는 이러한 훈련이 정성을 들여서 어린이와 청소년과 청년과 성인에게 제공되어야 한다고 볼 수 있다. 교수(敎授)에서 올바른 결과는 학습자의 능력, 나이, 삶의 환경 등을 자연스럽게 활용하는 방법과 마찬가지로 관찰될 수 있는 것이다. 마지막으로 그들은 이러한 교수가 거룩한 성서, 전통, 예전, 가르침의 권위, 교회의 삶에 근거를 두고 있다고 볼 수 있다.[102]

위와 같이 가톨릭의 정의에서 볼 수 있는 것은 카테키시스에 참여하는 사람을 위한 입장에서 카테키시스를 추구하였다. 신자들의 신앙과 삶을 위한 카테키시스의 교수는 교회의 모든 것에 근거를 두고 추구해야 한다고 했다. 이러한 카테키시스의 추구는 사람들의 "신앙이 성장하고, 양심적이며, '가르침'의 입장에서 역동적으로 되도록 하는" 것이다.[103] 가르침의 역동성은 신자들의 삶과 믿음을 위한 것이다. 그러므로 카테키시스는 신자(학습자)들의 믿음을 강화하고 육성하는 데 목표를 둔 것이다.

(3) 카테키시스의 목적 정의(定義)

카테키시스를 현대화시키기 위하여 몇 가지 과제가 놓여 있다. 과거의 카테키시스를 현시대의 새로운 사상, 과학적인 방법 등으로 어떻게 연결하느냐가 문제가 있다. 카테키시스의 의미를 어떻게 교육적이고 상징적으로 사용하느냐를 고찰해야 한다. 이것은 카테키시스가 모든 시대를 위한 새로운 통찰력으로 접근해야 한다는 것을 말하며, 모든 세대를 위한 사회적 상황을 고려해야만 한다.[104]

카테키시스는 초기 기독교 공동체에서만 행해졌던 교육과 목회적 행위가 아니라, 모든 시대 속에서 하나님의 말씀과 행위를 세상에 알리고 모방하기 위하여 사용되었던 모든 활동을 의미한다고 인지해야 한다. 뿐만 아니라 카테키시스는 성인과 청소년과 유아를 위하여 말과 행위로 그 신앙을 선포하고, 더욱 살아 있고 지각적이고 활동적인 신앙을 조성해 왔다.[105] 이것은 카테키시스가 모든 시대와 모든 세대를 위한 총체적 교육과 목회의 사역이라는 것이다. 김승혜는 카테키시스의 근본 목적을 "인간을 신앙으로 이끌음으로써 구원을 경험하게 하는 것이므로 하나님의 말씀은 지성적 동의뿐만 아니라 마음속까지 스며들어서 자기 자신과 세상에 대한 이해와 가치관을 변화시키고 사회 안에서 자신의 위치와 사명을 깨닫게 하는 것이다."라고 했다.[106] 이것은 카테키시스의 목적을 '인간과 사회의 변화'라는 차원에서 설명하고 있다. 이것은 '변화'를 중심으로 설명하고 있는 것이다. 여기서 우리는 그리스도 중심만도 아니며, 학습자(신자) 중심만도 아닌, 교육과 목회 신학적인 입장에서 규명해 볼 수 있다.

카테키시스의 목적에는 '목회적 돌봄'이라는 차원이 있다. 즉 "목회자와 영혼을 돌보는 사람들을 가르치기 위한 것인데, 이것은 신앙의 이해 안에서 적절하게 목회적 돌봄이 내포되고 있는 것이다."[107] 목회적 돌봄은 여러 가지 면으로 접근할 수 있지만, 카테키시스에서는 '믿음'과 '가르침'이라는 의미로 해석할 수 있다. 이 두 단어는 카테키시스의 핵심 단어이면서 종교와 교육을 연결해 주는 필수적인 것이기 때문이다. 믿음과 가르침은 교회의 교리의 핵심이며, 교회의 가르침이기 때문이다. '믿음'은 종교의 가르침에서 '내용'이 존재함으로써 이해되었다. 믿음은 이러한 가르침에 의해서 정설로 보존된다. 이러한 카테키시스는 주로 지적인 사업이었으며, 그 목적은 정보를 의사소통하는 것이었다. 이 정보는 믿음으로서 수용할 수 있을 만한 때 기독교의 특성에 대한 정보를 야기해 왔다. 그러나 카테키시스 그 자체는 '기독교 교리의 가르침'[108]이고, 신앙의 '내용'인 믿음을 통하여 "모든 사람들을 구원하는 하나님의 메시지를 선포하는 그리스도의 위임을 수행하는 것이다."[109] '믿음'의 내용은 다른 사람, 사업 관계, 가족과의 관계, 공동체 관계, 환경과의 관계를 통해서 표현된다. 그 표현은 기독교 역사 속에서 계속되어 온 '고백'이며, 다음 세대에게 전해 주는 '역사'이며, 나아가 공동체가 함께 나누는 '가르침'이다. 즉 믿음은 고백, 역사, 가르침으로 집약될 수 있다. 그러므로 고백, 역사, 가르침은 카테키시스 안에서 일어나고, 카테키시스를 통해서 유지되고, 카테키시스를 위해서 사역되는 것이다.

러셀(Letty Reussell)은 기독교교육을 "사람들을 참인간성으로 회복시키려는 하나님의 선교적 사명에 참가하도록 베푸는 그리스도의 초청에 모든 사람들이 자발적이고 기쁘게 참여하게 하는 일"이라고 정의하였다.[110] 그의 정의는 '인간성의 회복'이라는 기독교교육의 목적을 말해 주며, '선교 사명을 위해 베푸는 잔치 자리에 참여하고, 선교적 사명에 참여하도록 이끄는 것'이 기독교교육의 목표가 된다.

웨스터호프(John H. Westerhoff III)는 기독교교육을 정의하기를 "신앙 공동체 안에서 개인과 집단의 사람들이 기독교적 삶을 형태로 개발시키기 위하여, 신앙 공동체의 계획적·조직적·지속적인 노력"[111]이라고 하였다. 이러한 진술은 기독교교육의 목적은 '신앙 공동체 안에서의 기독교적 삶이 되는 것'이다. 그의 목표는 사람들이 종교 공동체 안에서 다른 사람들과 상호 관계를 맺으며, 신앙과 삶의 교호 작용(交互作用)을 통해서 기독적 삶을 살도록 돕는 것이다. 또한 토머스 그룸(Thomas. H. Groome)은 기독교교육은 "기독교 공동체 안에서, 그리고 공동체에 의해서 이루어지는 것"[112]이므로 기독교적 종교교육이라고 명명하며,[113] 기독교교육의 궁극적인 목적은 '하나님의 통치'를 말하고 있다.[114]

웨스터호프나 그룸은 기독교교육을 '기독교 공동체'라는 데 초점을 두고 있다. 신앙 공동체에 의해서 삶과 신앙을 나누는 교육적인 행위로 생각하고 있다. 여기서 카테키시스가 '초기 기독교 공동체의 입문의식'이며, '기독교 공동체의 구성원 형성'이라는 점에서 맥을 같이한다고 볼 수 있다. 이들의 강조점은 곧 카테키시스의 본질을 지니고 있다고 볼 수 있다.

이러한 맥락에 카테키시스의 목적을 정의하면 다음과 같다.

"카테키시스의 목적은 '기독교 공동체의 구성원과 정체성 형성'이라고 정의한다. 공동체의 구성원 형성은 초기교회에서 실시했던 '기독교 입문자의 세례 준비 과정'이며, 공동체의 정체성 형성은 중세기의 종교개혁에서 목적으로 삼았던 '기독교 개혁신앙의 정체성 형성'을 상기할 수 있다."

'기독교 공동체의 구성원과 정체성 형성'은 기독교 공동체의 구성원을 형성하고, 공동체가 지니고 있는 신앙을 강화시키는 것이라 할 수 있다. 카테키시스의 목적을 위한 목표는 '기독교 공동체 안에서 삶과 신앙을 나누는 일'이다.

3) 카테키시스의 과정 재정의

카테키시스의 과정을 논의하기 위해서 카테키시스 목표와 교육과정, 과정 중심의 교육과 목회 패러다임, 카테키시스와 학교화 교육과정의 관계를 고찰하기로 한다.

(1) 카테키시스 목표와 교육과정

교육적인 행위에는 목적이 있고, 그 목적을 추구하고 이루기 위한 구체적인 목표가 있게 마련이다. 카테키시스의 목표가 분명하게 설정되어야 하며, 그 목표에 따른 카테키시스의 특성을 규정지을 수 있다. 따라서 카테키시스의 목표 설정은 선택적인 것이 아니라 필수적인 것이다.

기독교 초기에 공동체에서 사용한 카테키시스(catechesis)는 신앙을 가르치는 '완전한 교육과정'을 의미한다고 할 수 있으며,[115] 그것은 기독교 공동체의 구성원과 정체성을 형성하기 위한 유기적인 과정이라는 뜻이다. 카테키시스는 '기독교 공동체의 구성원 형성'이라는 목표가 있고, 그 목표에 따라서 교육과정을 진행해 가는 것이다. 이것은 카테키시스가 기독교 공동체 안에서 구성원을 형성하기 위한 목표와 과정을 이루고 있다. 카테키시스의 목표는 사람들이 함께 행하게 될 과정의 결과를 알고, 느끼고 행동할 수 있을 것이다. 목표를 분명하게 알게 되면, 카테키시스 과정에 참여하는 일이 중요하고 명확한 방향을 인지할 수 있을 것이다.

카테키시스의 목표는 '기독교 공동체에서 세례를 받고, 구성원이 되는 것'이다. 이러한 목표를 위해서 각 단계와 의식에 따라 구체적인 목표가 있다. 예를 들면, 초기 기독교 공동체의 카테키시스는 먼저 '개종과 입회 단계'는 개종자들이 자신의 신앙을 검증받고 카테키시스의 과정에 들어올 수 있다는 '입회 인증'을 받는 것이다. 구체적 목표는 카테키시스의 과정과 연결되어 있다. 그 과정은 곧 구체적인 목표를 지니고 있는데, 예비 세례자(catechumate) 단계는 3년여간의 가르침과 의식을 통해서 세례 허락을 받는 것이고, 세례의식 단계는 거룩한 세례의식에 참여하고, 신앙의 확증을 받고 거룩한 첫 성만찬에 참여하는 것이다.

카테키시스의 목표는 곧 과정이 되며, 교수 목표는 카테키시스 프로그램의 감독자와 카테키시스가 이러한 구조에 도달하기를 기대하는 방향이 된다.[116] 그러나 카테키시스의 목표 설정에서 중요한 것은 "교수 목표를 한정시키기보다는 그 지역 교회에 따라 목표를 선택할 수 있다."는 것이다.[117] 이것은 카테키시스의 교수 목표를 지역 교회의 요청, 참여자들의 신앙적·시대적·문화적·지역적 요구에 의해서 목표는 설정되어야 한다는 것을 말한다.

카테키시스의 목표 설정은 참여자들의 교수 행위를 통해서 기독교 신비의 조직적이고 성찰적인 연구를 해야 한다. 카테키시스 교수 목표는, 신자들을 현시대의 세상에서 생동적인 의식과 행위적인 신앙에 필요한 것을 판별할 수 있는 지식, 태도, 훈련을 마련해 주는 목표를 두어야 한다.[118] 또한 카테키시스의 수업 환경을 구성한 카테키시스트(교사)는 참여자들이 달성해야 할 목표를 세워야 한다. 그래서 그들이 어디로 가고 있으며, 그들이 어떻게 하고 있으며, 그들이 어떻게 할 것인지를 알아야만 한다.[119] 가르치는 일은 의도적인 행위이기 때문에, 개인적인 교수 목표가 아니라, 참여자들에 대해서 알고 있는 질문을 하도록 준비해야 한다.[120]

카테키시스의 목표와 과정은 '그리스도 신앙의 중심 주제'(Jesus Christ the central theme)[121]라기보다는 '신앙 공동체 안에서 일어나는 가르침의 사역'에 초점을 두고 있다. 이러한 과정과 목표는 '신 중심의 교육철학'(The theocentric philosophy of education)[122] 영역으로 분류될 수 있지만, 카테키시스도 교육의 한 패러다임을 지니고 있으므로 그 출발점이 어디에 있는가에 따라서 달라지기 때문이다. 그러므로 카테키시스의 과정은 '기독교 공동체 안에서 일어나는 믿음의 계속적인 전(全) 과정'이라고 정의할 수 있다.

(2) 과정 중심의 교육과 목회 패러다임

카테키시스에서 '과정'이 중요한 것으로 나타나고 있는데, 여기서 말하는 과정은 교육과정의 입장에 말하는 것이 아니다. 오스터만(Mary J. Osterman)은 기독교교육 과정의 역사의 '교리문답기'[123]를 언급했는데, 그는 질문과 대답 형태로 구성된 '교리문답'의 카테키즘을 단순히 신앙교육의 교재 차원에서 교육과정을 분류하였다. 그러나 카테키시스의 본질은 단순히 교재나 문답 방법 중심으로 진행된 교육이 아니라는 것을 알 수 있다.

카테키시스의 과정은 카테키시스트가 점진적인 과정을 통해서 기독교 공동체의 구성원이 될 수 있도록 돕는 것이다. 이 과정은 카테키시스가 '기독교 공동체 안에서 일어나는 믿음의 전 과정'을 말하며, 일시적으로 일어나는 것이 아니라 점진적으로 일어나는 과정이다. 이 과정 안에는 기독교 공동체의 복음의 가르침과 인간의 경험, 개인과 사회, 인간적인 것과 제도적인 것, 신성한 것과 비종교적인 것 사이에서 끊임없는 상호 작용이 일어나고 있다는 것을 말한다.[124]

카테키시스는 과정 중심의 교육과 목회 형태라고 전제할 수 있으며, 다음과 같이 카테키시스 과정의 의미를 고찰할 수 있다.

첫째, 카테키시스는 '지속적인 상호 작용의 과정'을 통해서 철저하게 회심과 양육, 변혁과 형성의 과정이다. 이 과정은 그 시대의 문화와 직결되며, 문화에 적응하거나 문화를 변용시키거나 간에, 그들은 항상 시대의 문화와 대면하면서 문화를 상징적으로 '상호 작용과 대화적인 과정'으로 이어져야 한다. '상호 작용이나 대화적인 과정'이라는 말은 기술적인 표현이 아니라, 인격적이며 관계적인 의미다. 그러므로 카테키시스에 참여하는 것은 신앙 공동체를 살아 있도록 하기 위하여, 문화와 교류하면서 '학습하고, 예배드리고, 증언하는 것'이다.[125]

둘째, 카테키시스는 신앙 공동체의 상호 작용을 통해서 일어나는 '점진적인 과정'으로 이루어진다. 카테키시스의 점진적인 과정에 참여하는 카테큐멘은 '기독교적 삶'을 추구하는 것이 목적이며, 이 목적은 단순히 기독교의 '지적인 내용만'을 다루지 않는다.[126] 기독교 신앙의 지식을 전달해 주기보다는, 오히려 카테키시스의 과정을 통해서 삶과 신앙을 변혁시키는 철저한 훈련과 변화를 시도했다고 볼 수 있다. 즉 카테키시스의 과정은 신앙과 삶의 변화를 위한 하나의 프로그램이라고 해도 좋을 것이다.

셋째, 카테키시스는 가르침의 과정으로만 이끌어 가는 것이 아니라 '교육과 목회의 과정'에 참여하도록 이끌기 위하여 2가지 입장에서 접근할 수 있다. 하나는, 카테키시스의 과정에 접근하는 방법이 목회적 영역과 교육적 영역을 내포하고 있다. 예를 들면, 세례를 베푸는 카테키시스의 과정은 가르침만 행하는 것이 아니라 예전과 연결되어 있다. 또 '신앙의 확언'은 단순히 견진례 의식이 아니라, 자신의 신앙을 전통과 역사 안에서 고백하고, 나아가 삶과 신앙을 성찰할 수 있는 기회를 부여하는 것이다. 따라서 카테키시스의 과정은 교육과 목회의 통합적인 방법이 일어나는 것을 말한다. 다른 하나는 카테키시스의 과정에 참여하는 사람들이 교육과 목회 사역에 참여한다. 초기교회의 이교 사상에 대한 대처와 종교 개혁기의 개혁신앙의 확립이 그들의 과제였다.[127] 카테키시스의 과정은 단순히 세례받을 사람의 입문교육(초기교회의 형태)과 이미 세례받은 사람들의 확언/공적 고백과 정체성 교육(견진례와 종교개혁의 형태)을 위한 과정이다. 이것은 카테키시스의 과정에 참여함으로써 교육과 목회적 배려를 받게 되었다. 그들은 가르치고 배우는 과정을 통해서 이교 사상에 대처할 능력을 갖고 자신의 신앙을 확고하게 형성할 수 있게 되었다. 오늘날에도 밀려오고 있는 잘못된 가치관과 문화에 대한 오염에 대항하여 카테키시스의 과정에 참여하고, 기독교의 호교적 요청과 바른 신앙과 삶으로 세상을 위해 사역해야 할 책임을 양육시켜야 하기 때문이다.

카테키시스는 기독교 공동체 안에서 '점진적으로 일어나며, 끊임없는 상호 작용'을 전제로 하고 있다. 특히 개종자들이 회심했다고 해서 기독교 공동체의 구성원이 되는 것이 아니라고 믿었다. 기독교 공동체는 그들을 위해서 3년여간 카테키시스의 과정에 참여시키도록 했고, 세례 이후에도 신앙의 확언을 받고(堅振), 의식과 가르침을 베풀었던 역사를 인지할 수 있다. 카테키시스의 3년 과정은 단순히 말씀을 듣는 청취자로 훈련받는 기간이기는 하지만, 여기서 말하는 3년은 어떤 '시간(kronos)이 아니라 행위(tropos)'[128]의 입장이 강하게 있다는 것을 주지해야 한다. 카테키시스는 사람이 기독교 공동체와 그 신앙, 계시, 소명으로 들어가는 과정에 중점을 두었으므로, 일정한 시간이 경과되는 것이 중요하지 않았다.

카테키시스의 과정은 사람이 살아 있는 전통에 의해서 그리고 전통 안에서 그들의 신앙을 통하여 계속적으로 회심과 양육, 변혁과 형성이 일어나는 것이다.[129] 그리고 이미 기독교 공동체의 구성원이 되었다고 신앙인으로서 완성된 것도 아니다. 그것은 중세기 종교 개혁자들이 개혁의 신앙을 확립하고, 그들에게 개혁의 신앙을 양육하기 위하여 신앙교육서로서 '카테키즘'을 출판했지만, 그 목적은 신앙인으로 하여금 계속적으로 신앙의 정체성을 확립시키기 위해서 계속적으로 양육해야 하다는 것을 말하고 있다. 그래서 듀자리어(Michel Dujarier)는, 카테큐멘은 그리스도 안에서 '작은 사람'이며, 그들이 성령의 이름으로 세례를 받으면 육체는 정화되고 신앙은 성령의 가르침을 받는다고 했다.[130]

카테키시스의 과정은 평생 동안 카테키시스의 긴 여정으로 다른 사람과 함께 참여하는 것이다. 카테큐멘이 되는 것은 카테키시스의 순례자가 되는 것이다. 그들은 순례를 통해서 인간 존재로서의 신앙적 상징을 지니게 되고, 더 높은 차원의 세계에 참여하기를 원하며, 전통적인 교회 속에서 다른 사람과 기독교적 '상징과 의미'를 조화시키며 나눌 수 있을 것이다.[131] 이렇게 될 때, 카테키시스의 여정은 그 본래의 목적을 완수하는 과정이 될 수 있을 것이다. 교육의 과정은 목적을 완수하기 위한 여정이기 때문이다.

(3) 카테키시스와 공동체형 패러다임

카테키즘은 기독교 신앙과 실천의 본질을 가르치기 위한 목적들로 고안되었기 때문에 일반적으로 종교교육을 강조하는 하나의 기독교 학교의 형태다.[132] 그러나 일찍이 부쉬넬(Horace Bushnell)은 교회의 비교육적인 현실을 보면서 주일학교의 무용론을 주장했고,[133] 일리히(Ivan Illich)는 국가 주도적인 교육이 인간성의 획일화와 기술교육의 문제를 남겼다고 지적하면서 "학교는 죽었다."[134]고 선포했다. 이것은 로버트 린(Robert W. Lynn)과 웨스터호프(John Westerhoff III)에게도 이어져서 "오늘의 기독교교육의 뿌리가 흔들리고 있다."[135]고 하면서 '교회학교의 죽음'을 선언하였다. 컬리(Iris Cully)는 "종교교육을 죽인 것은 무엇인가?"(*What Killed Religious Education?*)에서 1970년대에 기독교교육 출판과 자료의 홍수 속에서 오히려 종교교육의 본질과 관심이 사라지고 있다는 비판과 함께,[136] 현실적으로 미국 개신교 교회의 감소 현상을 체험하고 있다.[137] 교회학교의 쇠퇴와 죽음 이유는 교회교육이 세속 교육인 학교형과 세속교육의 패러다임(paradigm) 안에 감금당했기 때문이다.[138]

카테키시스는 학교화의 패러다임을 이루고 있지 않고, 오히려 종교교육의 패러다임을 이루고 있다고 할 수 있다. 종교교육의 패러다임은 코어(George A. Coe)의 말에서 찾을 수 있다. 즉 "기독교의 생존을 위해서 교회 안팎과 대면하고 있기 때문에, 대면은 기독교교육의 새로운 변화와 개조를 이룩할 수 있게 된다."[139] 대면은 기독교 공동체와 일반 사회와의 적대 관계를 말하는 것이 아니라, 기독교적 정체성을 확립하고, 사회와의 올바른 관계를 형성하려는 것이다. 기독교의 신학적 원리와 교회의 주변 상황과의 관계를 통해서 기독교교육의 방향과 과정이 설정될 수 있다고 해석할 수 있다. 코어는 신학적 원리와 삶의 상황과의 만남을 시도해야 한다고 했다. 이러한 만남을 통해서 방법론이 나오는 것이며, 이러한 해석은 진보주의적인 입장으로 교육의 변증법적이고 방법론적인 접근이라 볼 수 있다.

그러나 코어보다 후대 사람이지만, 신정통주의 학자 밀러(Randolph Crump Miller)는 『기독교교육의 실마리』(The Clue to Christian Education)에서 코어의 방법론인 "소위 삶 중심이나 진보주의적인 가르침은 아주 옛날의 '카테키시스'나 비학년화(非學年化) 교육, 또는 성서 중심의 교육을 하는 목회자, 교사, 부모들 사이에서 많은 불만을 야기시킨다."고 했다.[140] 그러면서 '기독교의 진리를 적절하게 발견하고 전하고' 주요한 과제를 완수하기 위해서, 교육과정은 '하나님 중심과 경험 중심'(God-centered And experience -centered)이어야만 한다고 주장하였다.

코어가 '신학의 원리와 교회 주변 상황'의 만남을 시도했고, 밀러는 '하나님과 경험 중심'을 언급했다. 이 두 사람의 의견차는 방법론적인 차이가 아니라 시각차이라고 본다. 코어의 '신학과 상황'과 밀러의 '하나님과 경험'은 결국 '신앙과 삶'이라는 범주와 같은 것이다. 차이점은 신학과 하나님, 상황과 경험이 다를 뿐이다. 이러한 차이는 결국 교육과정의 출발을 어디에 두느냐를 판가름하게 된다. 밀러는 비학년화(非學年化), 소위 학년의 통합 운영을 반대하였다. 극단적인 두 사람의 사상은 1차 세계대전 후에 나온 것으로 사상적인 조류와 맥을 같이했지만, 2차 세계대전 이후에 진보와 전통이라는 양대 구조는 깨졌다.

이와 달리 새로운 교육 구조가 나오기 시작했는데, 그것은 신앙적 앎과 실천이라는 새로운 접근 방법이다.[141] 신앙교육은 앎의 방식에 머물지 않고,

아리스토텔레스의 앎에 관한 이론(theoria)과 실천(praxis)을 재이해한 것에서 출발하였다.[142] 먼저 앎에서 이론은 지식 그 자체를 위한 지식이 중심이 되는 기초학문의 특징을 말한다. 지식 자체에 대한 학문적 성찰, 즉 관념들의 세계에 대하여 생각하고 해석하고 파악하는 데 결부된다. 다른 한편 실천(praxis)은 행동적 성찰(reflection in action) 또는 행함에 의한 앎이다. 아리스토텔레스는 실천을 기술적 과업의 성취가 목적이 되는 비성찰적인 행동(poisis)과도 구별한다. 여기서 말하는 행동(poisis)은 단순한 기술 훈련을 가리킨다. 이러한 앎의 방식을 실천으로 연결한 하버마스(Jürgen Habermas)의 노력이 크다. 그는 사람이 행동하는 것을 알아야 한다는 관념을 강조한다. 그러므로 지식은 인간 행동 가운데서 구현된다.[143]

참된 신앙적 지식은 앎과 행위가 결합되어야 한다. 결합적 접근은 신앙교육에서 신앙적인 앎과 행위가 과정 중심으로 일어나야 한다는 것이 강조되며, 나아가 신앙교육의 패러다임에 중요한 영향력을 끼치고 있다. 그러한 영향은 현금(現今)에 와서 지식과 제도 중심의 학교형 패러다임인 주일학교(또는 교회학교)보다는 새로운 교육 패러다임을 요구하게 되었다. 그것은 앞서 언급했던 밀러가 반대했던 카테키시스와 비학년제(非學年制)가 부활되고 있다는 점이다.

오늘날 한국에서 많은 교회들이 학년제를 폐지하고, 교회마다 나름대로의 '학년 통합제'를 운영하고 있는 교회들이 늘어나고 있으며, 웨스터호프 역시 탈학교화(脫學校化)를 주장하면서 오히려 신앙 공동체의 교육을 추구해야 한다는 것이다. 여기서 더욱더 학교화된 현재의 교회학교의 체제와 교육과정보다는 카테키시스의 요청을 고려하지 않을 수 없다.

그러므로 카테키시스는 기독교 신앙 공동체 안에서 구성원들의 삶과 신앙의 상호 관계적 나눔과 과정 중심의 교육과 목회 패러다임이어야 하며, '기독교 공동체의 과정'을 통해서 일어나는 믿음의 관계를 형성해 주는 것이라 할 수 있다.

4) 카테키시스의 방법 재해석

카테키시스의 교육 방법은 크게 2가지로 고찰할 수 있다. 하나는 질문과 대답의 교육 방법이며, 다른 하나는 가르침과 의식의 통합적 방법이다. 여기서 카테키시스의 대화식 교육 방법, 카테키시스의 가르침과 의식의 통합적 방법을 통해서 오늘의 신앙교육의 방향을 탐구하고자 한다.

(1) 카테키시스의 대화식 교육 방법

기독교 처음 2세기에 기독교의 개종자들은 이방생활과 문화의 배경을 가지고 있었다. 그들 중 대부분은 기독교 신앙과 전통의 신념과 가르침에 대하여 전혀 정보가 없었다. 그들은 교회 구성원으로 받아들여지기 위하여 교회의 신념을 배우게 되었다. 교수 방법은 질문과 대답의 방법이 대부분이었다. 개종자들은 교회 신자가 누구인지뿐만 아니라 교회가 믿는 신념이 무엇인지를 배웠다. 또한 카테큐멘은, 그들이 전향하면서 숭배했던 과실을 재발하지 않겠다는 포기와 교회에서 요구하는 것이 무엇인지를 배웠다.[144] 카테키시스의 교수 방법은 교회가 살아왔던 삶에 의하여 형성된 신앙을 가르치는 방법으로 두드러진 역할을 했다.

중세교육에서는 어린이는 작은 어른으로서 묘사되었지만, 종교개혁 이후부터 가족의 본질과 어린이 개념에 중요한 변화를 일으키게 되었다.[145] 이러한 변화는 교육에 대한 관심을 새롭게 불러일으켰고, 15세기에는 소수 법률가와 학자 같은 교인 다수에게 영향을 주었다. 종교개혁과 16-17세기에 유력한 사람들에게 영향을 주었다. 그것은 어린이들이 "이제부터는 삶을 준비하는 존재가 아니라, 그가 어른과 결합되기 전에, 독립된 존재로 특별한 대우를 받아야 하는 국민이 되어야만 한다."는 것을 인식한 것이다.[146] 이러한 교육의 역사적 배경에는 질문과 대화 방법이 중요하게 맥을 이어왔다.

초기 히폴리투스(Hippolytus)의 "질문과 대답의 교수 방법"에서 후원자가 세례 후보자를 감독에게 질문을 할 수 있도록 데리고 갔다고 언급하였다.[147] 기독교 공동체 입문자에게 질문한 것이 어거스틴의 논문에서 카르타고 집사 데오그라티아(Deogratias)에게 충고한 내용에서도 나온다. 또한 좀 더 복잡하고 궤변적인 과정으로 나아가는 사람을 위해서 등급별 주제를 가지고 질문을 만든 경우도 있다. 또한 1520년대에 보헤미아에서 출판된 『어린이의 질문』(Böhmische Kinderfragen)에도 적용하였으며,[148] 유아세례가 생성된 이후의 카테키시스의 과정에서 "어린이들이 세례받을 때 사제가 부모나 대부모들이 대답할 수 있도록 질문하고, 어린이들이 첫 고백할 때의 시험 형태"가 있었다.[149] 이것은 초기교회 입문 과정의 시험은 단순한 질문과 대답의 형태가 아니며, 종교 개혁자들의 카테키즘의 질문과 대답의 형태와도 다르다는 것을 암시한다. 그것은 질문과 대답 자체가 하나의 도입으로부터 발전되어 가는 교육적 시도이며, 중세기의 새로운 문학 장르로 변화되기도 했다.[150]

중세기의 종교 개혁자인 루터는 『카테키즘』을 출판하면서 '질문과 대화'의 방법으로 기술하였다. 루터는 질문과 대화의 방법을 활용한 이유는 '간결하고 반복적인 교육'이 신앙교육의 좋은 방법이라고 생각했다. "간결한 질문과 대답을 통해서 진리를 이해할 수 있도록" 돕는 것이라 했다.[151] 루터는 카테키즘을 다 마친 후에, 그 신앙 지식을 견고하게 하기 위해서 '시편'이나 '찬송가'를 배우게 했으며, 성서와 신앙적 성찰과 설교를 통해서 카테키즘을 더 깊이 이해하도록 했으며, '생활의 언어'를 통해서 자주 반복적으로 실행하는 것이 좋은 방법이라고 했다.[152]

루터의 질문과 대답의 대화적 방법은 그 이후에 중세기의 많은 출판물의 장르가 되기도 했으며, 교육의 한 방법으로 활용되었다. 특히 중세기의 '질문과 대답'의 교수 방법은 어린이들을 위한 교육 방법으로 정착되었으며, 어린이에 대한 관심을 가진 카테키시스트(catechesist)들은 '질문과 대답'이라는 대화 방식을 채택하여 고해성사에 활용하였다. 심지어 종교 개혁기에는 사제들과 어린이와 젊은이들이 글을 읽을 수 없었으므로, 기독교 신앙의 질문과

응답 형태의 교육을 통해서 기억하거나 요약하도록 강요받기도 했다.[153]

문답식 대화 방법은 유대교 교수 방법의 모델 중에서도 나타나지만,[154] 일반적으로 대화법은 소크라테스(socrates)의 산파술로 알려진 대화법(maieutic)이다. 산파가 아이를 낳도록 돕는 것처럼, 선생이 의도하는 목적을 제자들의 마음으로부터 탄생시키는 것이다. 산파는 매우 유식하고 기술이 연마되어 있어야 한다. 아기의 탄생은 산파 혼자서 할 수 없으므로 상호 협동 노력이 필요하다. 산파의 역할은 어머니와 아이를 위해서 도와주는 역할을 한다. 반면에 그 어머니는 실제 아이를 갖는 일을 해야 한다. 산파가 어머니 대신 아이를 가질 수 없기 때문이다.[155] 산파와 어머니와 아이의 관계는, 질문과 대답이 단순한 교수 방법이 아니라는 것을 알 수 있다. '질문과 대답'의 대화형 교수 방법은 단순히 궤변적으로 진행되는 과정이 아니라, 사람의 생명을 잉태하고 신앙을 증진시켜주는 힘을 지니고 있다는 것을 알 수 있다.

'질문과 대답'의 대화적 교수 방법의 교수학적 의미를 오늘의 시대에 다시 요청되는 이유가 있다. 그것은 다음과 같다.

첫째, 예수의 가르침의 방법에서 문답의 과정을 통해서 자신의 생각을 유출해 내었고, 가르침의 의미를 전해 주었다.

둘째, 문답을 통하여 우리의 일상적인 삶에서부터 상상, 평가, 비판, 창조적인 생각을 용이하게 할 수 있다.

셋째, 교회 교사들과 교육 환경이 다양한 교육 방법이나 교육공학을 활용하기 힘들다.

넷째, 주입식과 일방적인 교육을 탈피하고, 학습 내용을 학생의 표현으로 인식하고 느끼고 고백하도록 도울 수 있다.[156]

(2) 카테키시스의 문답적 교수 방법론

문답적 교수 방법의 교수학적 의미를 살펴보면 다음과 같다. 첫째, 질문과 대답의 과정은 가르침의 내용을 암기하도록 돕는다. 처음에 교과과정으로 구성된 카테키즘(1785-1872)은 교수-학습의 한 모델이 되었으며, 교과 내용을 암기하거나 회상하는 방법으로 교리와 상징적인 내용을 익히는 방법으로 '미리 준비된 질문과 대답'을 사용하였다.[157] 질문과 대답의 방법은 신앙교육의 내용을 익히는 데 좋은 도움을 주었다.

둘째, 이 과정은 신앙교육 내용에 대한 확인의 과정이 될 수 있다.[158] 질문과 대답을 통해서 배우고 익힌 내용을 알고 있는지를 확인하고, 질문자와 대답자의 입장에서 새로운 해석의 기회도 제공한다. 루터와 종교 개혁자들은 카테키즘에서 중세에 활용되던 구두 학습의 방법을 벗어나서 '질문과 대답의 방법'을 사용하였다.

셋째, 질문과 대답의 과정을 통해서 참여자들의 신앙고백을 확인하는 질문과 대답이 되도록 이끌 수 있다. 이러한 교육학적 의미는 단순히 신앙교육의 지식적인 면이 아니라, 신앙의 확증과 체험으로 이끌 수 있다는 점이다. 그러나 잘못 이끌게 되면, 앵무새처럼 교리의 내용을 흉내내는 차원으로만 머물 수 있다는 점이다.

넷째, 질문과 대답의 대화적 방법은 산파술처럼 신앙의 잉태와 증진을 위해서 '상호 작용'이 일어난다. 즉 질문과 대답의 과정을 통해서 쌍방이 신앙과 삶을 나누도록 도와야 한다. 특히 질문자와 대답자는 상호 작용에 의해서 "겨루고, 당기고, 밀고, 함께 머리를 짜야 되는 것"이다.[159]

다섯째, 질문자와 대답자는 질문을 통해서 자신의 신앙과 삶을 성찰할 수 있는 기회를 갖게 하는 동인(動因)을 제공한다.

(3) 교육 방법과 목회의 관계

카테키시스의 내용은 십계명, 주의 기도, 거룩한 세례, 주의 만찬 그리고 그리스도인의 생활[160]을 담고 있다. 카테키시스 또는 카테키즘은 '교리 내용'이 그 중심이 아니고, 신앙을 전하고 나누는 데 그 목적이 있다는 것을 간과해서는 안 된다. 표면적으로 하나의 교리문답이나 교리교육을 다루는 교육서로 인식할 수 있지만, 카테키즘 안에 잠재되어 있는 기독교 신앙의 내용을 담은 '교육의 과정과 방법'을 이해해야 한다. 예를 들면, 루터나 칼빈 그리고 하이델베르크의 카테키즘은 하나의 신앙교육의 내용을 담고 있지만, 그 교육의 내용을 꾸미고 있는 구성은 나름대로의 교육의 과정과 방법을 제시하고 있다는 점이다. 이것은 카테키시스가 신앙교육의 내용과 방법뿐만 아니라 신앙교육의 패러다임이라는 것이다.

웨스터호프(John H. Westerhoff III)는 카테키시스는 내용(what)이 아니라 방법(how)으로 이해해야 하며, 다음과 같이 3가지 형태의 질문을 해야 한다고 하였다. 첫째, 신앙은 어떻게 획득하고, 강화하며, 활기차게 하는가? 또는 우리는 어떻게 하나님과 구원을 알 수 있을까? 둘째, 어떻게 계시(하나님과 구원의 경험으로써 이해)를 알 수 있을까? 또는 우리는 어떻게 하나님과 관계를 맺으면서 살 수 있을까? 셋째, 어떻게 소명을 실현할까? 또는 우리는 구원을 위하여 역사 안에서 어떻게 하나님과 함께 행동할 수 있을까?[161]

이러한 방법으로 접근을 시도한 3가지 질문은 곧 카테키시스의 목적이 방법과 연결된다. 즉 이 3가지 질문의 방법은 카테키시스의 목적을 이루기 위한 과정적 방법이며, 그것은 목적과 과정과 방법은 같은 맥을 지니고 있다는 것을 알 수 있다. 이것은 카테키시스 또는 카테키즘이 신앙교육의 내용보다는 신앙교육의 방법으로 접근해야 한다는 것이다. 카테키시스에 대해서 기독교 신앙교육의 '내용'이 아니라 기독교 신앙교육의 '방법'이 더 중요하다는 점을 인식해야 한다. '어떻게'라는 방법론적인 접근은 카테키시스의 교육적인 본질이 내용보다 방법이 더 중요하다는 것을 볼 수 있게 해준다.

(4) 카테키시스 교수방법 요약

기독교의 카테키시스의 방법을 다음과 같이 정리할 수 있다. 첫째, 카테키시스의 방법은 그 목적을 달성하기 위하여 교회의 모든 교육과 목회 사역 활동을 사용하였다. 초기 기독교 공동체의 카테키시스는 그들의 구성원을 양육하기 위하여 입문자를 위하여 철저한 과정과 방법으로 접근하였다. 개종자들이 공동체 입문하기 위해서 3년여간의 카테큐멘으로써 가르침, 기도, 안수, 성서낭독, 성서 해설, 엑소시즘 등을 받았다. 이러한 행위는 카테키시스는 단순히 가르침의 행위만 한 것이 아니라, 교회의 의식과 가르침을 활용하여 총체적인 교육과 목회의 방법을 활용하였다. 그들은 기독교 공동체에 입문하는 사람들을 위하여 시문과 검증, 가르침, 기도, 안수, 엑소시즘, 고백, 철야기도, 성서낭독과 가르침, 축복, 세례의식, 첫 성만찬 등의 행위를 통해서 기독교 공동체 구성원을 형성시키려고 했다. 이것은 카테키시스의 가르침과 성례전을 통해서 교육과 목회적 구조 안에서 함께 이루어진 과정이라 할 수 있다.

카테키시스의 방법은 구술적(口述的) 가르침으로 끝난 것이 아니라 교회의 모든 활동 영역을 총체적으로 동원한 것이라는 점을 잘 보여 주고 있다. 그리고 16세기의 종교개혁에서는 교구, 가족, 학교, 안수받은 목사, 예전적 예배, 입문, 훈련 모두를 카테키시스의 목적을 위하여 사용한 것이었다.[162] 이것은 카테키시스가 제도, 개인, 집단, 활동을 통하여 기독교 신앙을 형성시켜 주기 위한 방법이었다.

둘째, 카테키시스의 방법은 인간의 오감(五感)을 활용하였다. 카테키시스는 교육과 목회의 모든 방법을 다 활용하였는데, 특히 초기교회의 성례전 행위가 크게 강조되었고 신앙과 교육적 의미를 내포하였다. 더욱이 그들은 인간의 몸으로 할 수 있는 감각적인 교육에 치중하였다는 것을 알 수 있다. '성례전적 행위의 오감(五感)의 차원'을 활용하였다. 즉 하나님의 말씀인 성서를 읽고, 그 말씀을 듣고, 성례전과 엑소시즘을 통해서 느끼며, 올리브 기름을 피부에 바르고, 촛불의 냄새를 코로 맡으며, 나체와 손의 안수와 입맞춤을 통해서 촉각을 느끼도록 했다. 이것은 카테키시스이 인간의 오감을 통해서 신앙과 삶을 머리와 가슴만이 아니라 온몸으로 사색(cerebralization)하도록 도왔다.

초기 기독교 세례가 오감을 활용하였다는 것은 감각 현상에 의존하였다고 볼 수 있지만 오감의 접촉을 통하여 기독교 입문의 상징적인 힘과 밀접하게 결속되었다는 것이다. 카테키시스의 방법에서 촉각적 접촉이 줄어든 것은 '촉각적인 대화'(tactile conversation)가 '언어적 대화'(verbal conversation)로 대체되는 경향을 말하고 있다. 언어적 대화는 '행위'를 경험하고 학습하는 것이 아니라 '행위에 관한 언어'를 통해서 학습되기 때문에 이차적인 교육 방법이라고 할 수 있다. 이러한 현상은 중세기에 성례전 행위의 촉각적인 차원이 시각적인 차원으로 대체되는 경향이 일어났으며, 교육적 행위에서도 쉽게 알 수 있다. 그 이유는 과거의 기독교 예전이 드라마적인 법령 제정이 사라졌기 때문이다.[163]

특히 오늘날 교육은 시청각 교육으로 머물고 있다는 점에서 촉각과 후각의 활용을 통해서 교육적인 효과와 체험은 대단하다고 볼 수 있다. 물론 자칫 잘못하면 미신적인 경향으로 흐를 경우가 있지만, 교육과 목회를 위해서 의미 있는 차원에서 활용할 수 있는 방법이라고 생각된다.

셋째, 카테키시스의 방법은 공동체 안에서 상호 작용을 통해서 신앙을 형성시켰다. 카테키시스는 사람들이 학교나 가정에서 어떤 특별한 상황이나 생각과 내용을 '획득'하거나 '수취'하는 것이 아니다. 오히려 공동체 안에서 신앙, 존재, 행위를 함께 나누는 방법을 말하는 것이다. 기존 신자(구성원)와 입문자의 관계, 목사와 평신도의 관계를 통해서 하나님을 알고, 하나님과 관계를 맺으면서 살아가고, 세상 속에서 하나님과 함께 행동하는 사람들과 그 공동체를 돕는 가치를 인식하며, 상호 인격적인 관계를 유지하는 것이다.[164]

넷째, 카테키시스의 방법은 인간의 직관적이고 응답적인 차원에 관여하였다. 카테키시스는 지식의 다양한 방법, 사고의 양식이나 인간 의식의 차원과 관련되어야만 한다. 카테키시스가 삶을 위한 인식으로서의 신앙, 경험으로서의 계시, 목표와 규범으로서의 가치에 대하여 다루어져야 하므로, 인간 삶의 직관적이며 감정적이며 응답적 차원과 관계되어야만 한다.[165] 지식의 지적인 방법, 사고의 이성적인 양식, 의식의 행위적인 차원은 성찰과 언어적 기호에 초점을 둔다. 이것은 과학에 의해 양육되며, 기호와 개념과 묵상적인 행위를 통하여 표현되는 질서(구조), 예언, 논리, 분석, 통제, 무관심의 세계다. 지식의 직관적인 방법, 사고의 감정적인 양식, 의식의 응답적인 차원은 경험과 비언어적 이미지에 초점을 두고 있다. 이것은 카테키시스에 참여하는 사람들이 예술을 통하여 양육되며, 상징과 신비와 의식을 통하여 표현된 카오스(심연), 포기, 신비, 상상, 경악, 열정의 세계에 참여하는 것이다.

직관적이며 감정적이며 응답적인 양식은 어린이들에게 중요한 교육적인 효과를 제시할 수 있으므로 상징한다는 것을 인식하는 것이 중요하다. 그리고 지적이며 이성적이며 행위적 양식은 청소년이나 어른 기간에 형성되기 시작함으로써 이루어진다. 그러나 개신교와 로마 가톨릭 교회가 직관적이고 감정적인 것을 배제하고, 지적이고 이성적인 점을 강조하여, 복음화를 무시하는 경향이 있다는 사실을 인식할 필요가 있다. 동시에 보수적인 복음주의적 교회는 융합과 사회 정의에 대한 관심을 무시하는 경향이 있다. 그들은 지적이고 이성적인 면을 배제하고, 직관적이고 감정적인 점을 강조한다. 더욱 나쁜 것은, 지식의 2가지 방법의 통합이 거의 모든 사람들에 의해서 무시되는 경향이라는 점이다.[166] 따라서 올바른 신앙을 추구하는 카테키시스의 방법은 직관적·감정적·응답적 양식과 지적·이성적·행위적 양식을 통합해야 할 것이다.

3. 카테키시스의 교육목회적 과제

카테키시스의 교육신학적 이해는 교육과 목회의 통합적인 요소와 과제가 있다는 것을 밝히고 있다. 따라서 카테키시스의 교육과 목회의 통합성을 탐구하기 위하여 카테키시스의 총체적 접근, 교육과 목회의 통합성, 성례와 가르침 방법의 통합성을 중심으로 전개하고자 한다.

1) 카테키시스의 교육목회적 전제

현대 개신교 교회를 위한 카테키시스는 다음과 같은 교육목회적 과제로서의 전제를 충족시켜야 한다고 본다. 첫째, 개신교 카테키시스는 궁극적 목적에서 가톨릭 교회와 차별화되어야 한다. 가톨릭 교회가 신앙고백을 검증한 교인들의 세례를 위한 카테키시스에 중점을 준다면, 개신교의 카테키시스는 교회의 입문 과정에서부터 신앙 성장의 전 과정(full process)을 포함한 보다 포괄적이고 확대된 개념으로서 카테키시스(extended or comprehensive concept of catechesis)를 사용한다. 개신교의 회심은 신자 자신의 자유의지와 선택으로서 은총을 깨달아서 하나님께 나아간다고 믿으며, 또한 죄의 고백을 하나님 외의 신부나 제3자에게 알릴 의무가 없기 때문에 오직 하나님에게만 고백할 따름이다. 또한 한 신자의 하나님에 대한 신앙고백을 인간이 판단할 권한은 없다. 이것은 신앙 표현의 자유가 인정되는 개신교만의 독특성이자 차별화된 특성이다. 그것은 오직 하나님의 고유 권한임을 개신교는 인정하고 있기 때문이다. 물론 개신교 교단과 교회에 따라 신앙고백이 다소 다르게 표현되고는 있기는 하지만 공통적인 신앙고백은 사도신경과 주기도문을 근거로 삼고 있으므로 기독교의 기본적인 신앙에서 크게 벗어나지 않을 것이다. 따라서 개신교 카테키시스는 제도와 신조에서 가톨릭과 차별화되어야 한다.

둘째, 새로운 카테키시스의 체제는 강압적·종교적 사회화가 아니라 자발적·종교적 사회화가 되어야 한다. 한 공동체의 정체성은 사회화(protestant religious socialization) 과정을 통해서 획득된다. 개신교 교인의 종교적 사회화는 개신교 신앙 공동체가 지닌 관습, 의식, 언어, 태도, 지식, 가치관, 상징 등을 획득하여 그 공동체에 적응해 가는 과정을 뜻한다. 한미라는 '종교적 사회화'에서 사회화를 "개인이 속한 공동체나 사회에서 요구하는 언어, 관습, 의식, 태도, 지식, 가치관, 상징 등에 대하여 자신을 적응시켜 나가는 과정"[167]이라 했다. 넬슨(C. Ellis Nelson)은 기독교 공동체의 사회화는 "신자들의 공동체에 의해서 신앙이 전달되는 것이며 그 구성원들이 그들의 역사로부터 물려받은 신앙의 의미를 그들의 삶 속에서 일어나는 사건들을 통하여 상호 관계를 맺으면서 나누며 발전되는 것"이라고 말한다.[168] 종교적 사회화는 공동체성을 강조하는데[169] 성서 지식교육으로 머물 것이 아니라, 기독교의 전통과 교리와 의식의 이야기를 통해서 새로운 비전을 찾고 체험하는 교육을 추구해야 한다. 따라서 개신교 카테키시스는 사회화의 과정을 전제로 하여, 교회의 공동체와 구성원의 특성과 정체성을 형성해 주는 교육이 되어야 한다.

셋째, 개신교 카테키시스는 입문에서 세례 그리고 세례 이후 생을 마감할 때까지 신앙을 유지시키는 평생교육의 개념(life-long education)을 반영해야 한다. 교육과 목회는 신자들을 위한 평생교육의 차원에서 카테키시스는 단순히 세례를 위한 입문교육 차원이 아니라 교인들의 계속적인 신앙 성장과 성숙을 위한 노력을 기울여야 한다. 기독교 공동체는 배움의 공동체로 말씀의 전달과 예배, 성찬의식, 목회 행위를 통하여 교인들이 "그들의 창조자가 계획한 목표에 도달하도록 그들의 삶을 형성"[170]시키려는 목표를 위하여 예배와 설교를 통한 교육적인 행위, 가정을 통한 목회적 사역을 행하여야 한다.[171] 개신교 교회는 카테키시스를 통하여 철저한 세례를 위한 교육과 철저한 신앙 성숙을 위한 세례 이후의 신앙을 위한 교육 체제가 요청된다.

넷째, 개신교 카테키시스는 전인적(whole person), 총체적(holistic and total) 교육 활동이어야 한다. 즉 지적·정의적·의지(기능)적인 요소가 모두 하나의 체제에 통합되어야 한다. 하나님 말씀에 대한 이해와 예전과 상징에 참여하는 경건한 태도와 마음가짐 그리고 자선과 구제, 봉사와 같이 사랑과 나눔의 실천을 결단하고 행하는 의지적 요소가 다 포함되어야 한다. 따라서 개신교의 카테키시스는 교인들의 전인적인 변화와 형성을 목표로 삼고 있으며, 한 신자가 예수 그리스도의 모범과 가르침을 배워서 그의 삶의 전 영역에서 그리스도의 가르침과 행위가 삶과 신앙에서 일치되고 통합되는 것을 목표로 삼아야 하므로 카테키시스는 인간의 전 생애에 관여해야만 한다.

다섯째, 개신교 카테키시스는 교회의 현장에서 행하는 사역이다. 따라서 교역과 사역의 경계선 구분 없이 협동적으로 이루어져야 한다. 교역자의 몫으로 전유되어 있는 세례 부분과 평신도 사역으로 실천되는 교육의 구분 없이 교육과 목회가 통합되는 체제로 변환되어야 한다. 교육과 목회의 분리는 "주일학교 운동의 잘못된 전수"[172]의 결과이며, '교회의 교육과 목회'라는 이중적인 교회 사역 구조를 만들어 낸 것이다. 이것은 교회의 인적 자원과 역할의 분리 현상을 낳게 되었다. 목회자는 성인을 대상으로 사역하고, 부목사와 전도사와 평신도 교사들은 어린이와 청소년들 대상으로 교육하게 되었다. 그러나 기독교교육과 목회는 목회자뿐만 아니라 "자원봉사자들로 구성된 공동체이다. 교회 산하의 모든 기관은 기본적으로 자원 봉사자들(volunteers)에 의해서 운동되고 유지된다."[173] 이것은 교육과 목회에 평신도의 역할의 중요성을 말하며, 루터(Martin Luther)에 의해 회복된 평신도의 위상[174]이 오늘날 '평신도라는 지체들'의 요구와 기술과 자원을 너무도 오랫동안 방치되어 왔다.[175] 따라서 개신교의 카테키시스를 통해서 교회의 인적 자원을 향한 교육적·목회적 배려가 더욱 철저하게 과학적이고 계획적인 작업이어야 한다는 것이다.

끝으로, 개신교 카테키시스는 이것을 행하는 카테키시스트(교육 성직자, catechesist)의 전문성이 요구된다. 궁극적으로 신학대학원의 기독교교육 전공자가 세례와 예전 부분을 강화시켜 훈련을 받아야 하고, 교회적으로는 기존의 교역자의 교육 전문성을 훈련해서 활용할 수 있을 것이다. 리(James Michael Lee)는, 기독교교육이 지금까지 신학적 접근(the theological approach)에 매여 있었기 때문에 신학에 종속된 한 분야(a branch of practical theology)로 여겨져 왔다면서, 종교교육은 기본적으로 사회과학의 방법을 효과적으로 활용하는 전문성을 시도해야 한다고 생각했다.[176] 기독교교육의 발전을 위해서 교회교육의 구조와 내용과 방법 등을 전문화(Professionalization)해야 한다. 전문성은 '자율성'(autonomy)에 의해서 특성이 형성되는데,[177] 교회교육의 패러다임은 삶의 상황(context)에서 "교사의 전문적인 교수-학습의 기술을 습득하여야 한다."[178]는 것을 강조한다. 한미라는 미래 사회[179]와 기독교교육을 조망하면서 기독교교육이 팀 중심의 교육과 목회를 위한 전문화를 위한 연구와 훈련이 요청된다고 했다.[180] 그래서 그는 "21세기를 맞이하는 한국 교회학교 교사는 동화(assimilation) 수준의 훈련에서 벗어나 조절(accommodation) 학습으로 훈련되는 전문교육이 필요하다."[181]고 강조하였다.

2) 카테키시스의 총체적 접근

카테키시스에 대한 새로운 조명은 카테키시스의 총체적 개념을 탐구하는 것이다. 이러한 탐구를 위해서 새로운 변화 운동, 삶과 신앙의 총체적 접근, 가르침과 믿음의 총체성을 다루고자 한다.

(1) 카테키시스의 변화 운동

카테키시스는 기독교 공동체 입문과 형성의 총체적인 과정이라 할 수 있다. '입문'(initiation)이라는 말은 그리스도인을 '만드는'(made) 모든 행위를 내포하고 있다. 위대한 카테키시스트인 오리겐(Origen)은 이집트와 팔레스타인에서 기독교 공동체에 입문하는 사람, 즉 카테큐멘(catechuman)에 대한 최고(最古)의 증언을 하였다. 그의 증언은 약 230-240년경의 자료로 놀랍게도 세례 형성의 중요성을 언급하였는데, 오늘 우리에게 적용되는 말이기

도 하다.[182)]

그들은 참으로 '교회의' 탄생 때부터 수난을 당했지만, 그들은 참으로 신실했다. … 카테큐멘은 죽음을 당하는 순교와 종말의 중간 자리에서 진리를 고백했던 카테키시스트가 되었다. 그들은 비록 소수이기는 하지만, 죽음 앞에서 당하는 시련을 타파하기 위하여 살아 있는 하나님을 의지하였고, 참으로 신실했으며, 가혹하고 모험된 삶을 시도했다.[183)]

카테키시스는 초기 기독교 공동체에서 순교적이고 진실된 신앙인으로 양육하기 위한 하나의 과정이며, 개종자들이 기독교에 입문하여 구성원이 될 때까지 철저하게 도와 주고 관리하는 사역이다. 개종자들이 카테큐메너트에 입문하도록 승인받아서 말씀의 청취자가 되고, 종교적 문화적으로 재조정하는 시기에 들어간다. 그들은 교회에서 베푸는 세례를 받기 위하여 매일 가르침, 엑소시즘(exorcism), 예배 참여 등을 통해서 집중적인 세례 준비 기간을 갖게 된다. 그들은 성서와 신조에 관한 공식적인 카테키시스의 강의를 받는데, 신조는 세례 후보자들에게 진지하게 전해졌고, 그들의 규범과 교리 형성의 기초를 세워 주었다. 주의 기도에 대한 가르침, 기독교 기도자의 생활 양육, 세례 전후의 신비로운 성례전 해설을 하게 된다.[184)]

카테키시스는 그 자체가 질문을 제기하는 것으로서 교회에 들어오는 입문자들에게 시도하였다. 카테키시스는, 교회에서 교회를 위하여 교회에 의하여 진행되었던 교회의 직무였다.[185)] 이러한 직무의 중요성을 고려하여, 16세기 말에는 가톨릭과 개신교에서 수많은 카테키즘을 출판하였다. 그러나 17세기에는 현대 카테키즘의 내용과 접근이 제한적으로 시작되었다. 그 이유는 초기의 작업이 교회 교리를 강조했으며, 여러 각도로 교육적인 접근을 시도했다.

오늘날 많은 사람들은 카테키시스가 교회로부터 떨어져서 표류하고 있다는 것을 인식하기 시작했다. 특히 오늘날 많은 사람들, 특히 개신교에서는 카테키시스에 대한 인식이 무지하고 가톨릭에서는 그 본질이 표류되고 있다. 교회의 카테키시스는 '단일화된 입문의식'으로, 시문·세례·손 얹음·안수기도·성찬 등으로서 전통적인 특징을 가지고 있는 입문의식이 실천되지 않고 있다.

사람들은 교회에 다닌다고 기독교 신앙을 지니고 있다고 믿지 않는다. 그들에게 기독교 진리와 생명력을 양육하기 위한 노력이 설교와 예배에만 의존하고 있다. 그래서 워렌(Michael Warren)도 목회는 말씀 사역(the ministry of the Word)과 예배 사역으로 설명하고 있다.[186] 그리고 신앙교육의 내용은 신정통주의 신학자(neo-orthodox theologian)와 바르트 정신(Barthian spirit)에 입각하여 직접적이거나 간접적으로 가르치고 있는 형편이다.[187] 그것은 하나님의 말씀을 가르치는 것으로써 그리스도인을 형성할 수 있다고 생각하기 때문이다. 특히 카테키시스는 가톨릭의 전통이라는 고정관념 때문에 에큐메니컬 영역을 넘지 못하고 있으며, 초기 기독교의 입문의식의 개념, 예비 세례자의 신앙적 순례 여행(catechumenate pilgrimage)을 위한 예전적 도움을 받지 못하고 있다.

개신교 교회는 카테키시스가 가톨릭의 전통이 아니라, 기독교의 역사와 전통이며, 카테키시스의 의미를 회복하고 영향을 받아야 할 것이다.[188] 그리스도인의 형성은 하나님의 말씀을 가르치는 일뿐만 아니라, 카테키시스가 지니고 있는 다면적(多面的) 가르침과 의식을 활용해야 한다.

카테키시스의 의미를 되새기고 재건하려는 움직임은 주일학교(또는 교회학교, 가톨릭은 교구학교라 부른다.)의 쇠퇴를 극복할 수 있는 새로운 방향이라고 생각한다. 이미 가톨릭 교회 그리고 유럽과 미국 개신교 일부에서 카테키시스의 의미를 찾고 있다. 그 예로 프랑스에서는 트리엔트 공의회의 개혁에 뿌리를 탐구하기 시작했다. 그리고 목회의 혁신자였던 폴(Vincent de Paul)은 카테키즘을 기록하기 위한 많은 성직자 중의 한 사람이었으며,

다른 사람들에게 그 분야에 영감을 주었다.[189] 미국 가톨릭 교회는 기계적으로 교의를 학습하는 '카테키즘으로부터 카테키시스'의 형태로 그 강조점이 변화되고 있다. 경험의 다양성 — 말씀, 예배, 공동체, 타자를 위한 봉사 — 을 통하여 그리스도의 현존을 체험하기 위하여 새로운 시도를 하였다.[190] 개신교의 경우에는 연합감리교회, 감독교회, 캐나다 연합교회, 그리스도 연합교회, 미국 루터교회 등에서 그 중요성을 인식하고, 카테키시스를 견진례 교육(Confirmation Education)의 입장에서 시도하고 있다.

이러한 시도는 카테키시스의 새로운 운동의 방향이 되고 있는데 그 내용을 다음과 같이 정리할 수 있다.

첫째, 카테키시스의 종교적 가르침이 단순히 말씀만 가르칠 것이 아니라, 카테키시스와 심리학의 조화를 이루어야만 한다는 것이다. 카테키시스와 심리학의 조화는 초기교회에서 실시했던 패러다임을 극복하고, 오늘날 이해하고 있는 심리학적인 접근을 해야만 한다는 뜻이다.

둘째, 카테키시스의 종교적 가르침은 시각적이고 구체적인 삶에서 출발되어야 하며, 성서적·역사적 접근을 시도하여야 한다는 것이다. 이것은 카테키시스의 조직적인 질서를 넘어서 선행될 수 있다.

셋째, 카테키시스의 종교적 가르침은 학교 차원에서 종교적 지식을 전달할 뿐만 아니라, 종교적 성질과 확신을 세울 수 있다. 이것은 카테키시스가 단순히 학교형의 패러다임이 아니라 기독교 신앙 공동체라는 종교적 성향을 중심으로 구성되어야 한다는 뜻이다.

카테키시스는 사람들을 기독교적 삶을 형성하고 마련해 주는 효과적인 교육의 형태라 할 수 있다. 이것은 현대의 신앙교육에서 종교의 '가르침'(instruction)이라기보다는 종교의 '교육'(education)이라는 강조되고 있기 때문에 오늘날 카테키티컬의 본질을 더 분명하고 깊이 통찰하는 것이다.[191]

이러한 통찰은 카테키시스가 현대교회의 교육과 목회에 새로운 분야를 개척하도록 시야를 넓혀 줄 뿐만 아니라, 2세기에 시작된 오래된 전통을 현대에 새롭게 이어주는 역사적 안목이 된다는 것이다.[192]

(2) 삶과 신앙의 총체적 접근

카테키시스는 기독교 신앙을 일깨워 주는 기본적인 지식을 전수하는 교육이며, 신앙적인 삶을 살아가도록 돕는 가르침이다.(institutio formande vitae)[193] 카테키시스는 기독교 공동체의 구성원으로 입문하는 사역이기는 하지만, 세상 속에서도 그리스도인의 삶을 살도록 양육하는 사역이기도 하다. 예를 들면, 카테키시스 과정에서 입문자를 철저하게 시문(試問)한 것은 단순히 그들의 회개와 신앙 상태만을 본 것이 아니다. 오히려 그들의 생활 태도와 삶의 방법을 철저하게 조사하고 시험했던 것을 말한다. 고대세계에서 직업의 많은 부류가 우상숭배와 비도덕적 행위와 관련되었기 때문에, 카테큐멘의 직업의 문제를 따져보지 않을 수 없었을 것이다. 카테큐멘이 되려는 사람들 중에 우상숭배와 비도덕적인 행위와 관련된 직업을 가진 사람들이 있으면 직업을 바꾸도록 하였다.[194] 카테키시스가 신앙과 생활 문제와 관련되어 있다는 것은 직업의 문제를 넘어서서 이방인의 문제, 종과 주인의 관계, 남편과 아내의 관계, 결혼 관계 등을 검토하였다.[195] 이것은 소위 그 시대에 당면한 문제들을 중심으로 신앙과 삶이 견실해지도록 처음부터 점검하고 문제를 해결하려는 강하고 엄격한 의도가 있다는 것을 알 수 있다. 그들 속에 생기는 삶의 문제를 따지고, 잘못된 것을 포기하고, 잘못될 가능성이 있으면 근절시키도록 하였다. 심지어 결혼의 문제까지도 독신자의 단념을 선포하게 했다[196]는 내용을 보면, 그 당시에 입문 질문을 통하여 '삶과 신앙의 관계'를 얼마나 중요하게 여겼는지를 간파할 수 있다.

이처럼 시문 과정에서 철저하게 직업 문제를 따지는 이유는 직업이 그리스도인의 삶과 직결되기 때문이다. 그들의 생활이 잘못되면 신앙도 유혹에 빠지거나 중도에 탈락할 우려가 있는 신앙의 걸림돌을 처음부터 철저하게 조사하고 시험하고 제거하였을 것이다.

카테키시스의 '삶과 신앙의 접근'은 기독교 신앙과 삶을 배우고, 생활 속에서 실천하도록 이끌었다. 이것은 카테키시스가 "신앙적 삶의 총체적인 지침"197)이며, 교회의 입문자들이 교회 공동체의 삶과 신앙을 터득하면서, 동시에 그들이 몸담고 있는 세상 속에서 신앙적으로 "올바르게 살아가는 방법"198)을 배우게 하는 것이다. 따라서 카테키시스는 신앙과 삶의 분리가 있을 수 없다.

기독교 신앙은 '정교(正敎)와 정행(正行)'이 불가분리라는 뜻이다. 카테키시스의 삶과 신앙에 대한 입장은 시공(時空)과 유리되지 않으면서, 모든 것을 복음적인 입장에서 성찰하도록 돕는다. 기독교 공동체의 구성원이 된 사람들은 그들의 신앙에 따라 "일상생활의 심오한 의미를 관철"199)하도록 돕는 사역이다.

(3) 가르침과 믿음의 총체성

카테키시스는 교육적 차원으로서 '가르침'이고, 다른 하나는 목회적 차원으로서 '믿음'이 서로 만나고 있다. 이 둘은 서로 독립된 것이지만 공존하며, 상호 작용하며, 신앙 성숙을 위해서 불가분리의 자리에 있다. '가르침과 믿음'은 두 개의 인식적 영역이면서 총체적 성격을 띠고 있다.

에베소서는 기독교 신자 모두가 하나님의 아들에 대한 '믿음과 지식의 일치'를 통해서 성숙한 인간이 되고, "성숙한 인간으로서 그리스도의 완전성에 도달하게"(엡 4:13) 해야 한다고 말한다. 이 진술은 카테키시스의 목적이 될 수 있으며, 이 목적에 따라서 카테키시스는 "신자들이 간직하고 있는 희망에 대해 설명을 듣고 싶어하는 사람들에게는 언제라도 답변할 수 있도록 준비시키는 데 목표가 있다."(벧전 3:15 참조)200)

바울은 카테키시스가 '예수의 가르침'을 가르치는 것을 의미한다고 보았다. 그는 catechize를 헬라어로 사용했는데,[201] 이 말은 명확하게 신앙 교육의 '가르침'(teaching)과 구분하였다. 바울의 catechize의 기술적 용어이며, 초기교회의 교리에서 믿음이 입문자와 함께 나누어졌던 방법을 나타내는 것이다.[202] 카테큐멘은 가르침을 통해서 "아직 초보적인 신앙을 지닌 사람들이 좀 더 체계적인 과정을 통하여, 그들의 신앙을 발전시키고, 그 신앙을 넘치도록 완성시키며, 신자들의 기독교 생활을 날마다 배양하는 것"[203]이며, 새로운 삶에 참여하여, 옛 방식은 뿌리뽑고 던져 버려야만 했다.

카테키시스에 참여하는 것은 삶과 죽음의 모험에 참여하는 것이며, '생명력 있고, 의식적이고 활동적이 되도록' 하는 하나님의 말씀에 응답하는 것이다. 그들의 응답은 '살아 있는 의식과 행위'가 되도록 돕는 신앙적인 관계를 생각해야 한다. 카테키시스의 가르침은 죽음을 경험하고, 하나님의 말씀에 응답하게 하는 것이다. 이러한 요소, 즉 '믿음과 가르침'이 없다면, 그것은 카테키시스가 아니다.[204] 카테키시스는 복음의 가르침과 인간의 경험, 개인과 사회, 인간적인 것과 제도적인 것, 신성한 것과 비종교적인 것 사이에서의 끊임없이 '상호 작용'을 고려하지 않는다면 불완전하게 된다는 것을 말한다.[205]

카테키시스는 기독교의 모든 상징, 이념, 행위와 상호 작용을 해야만 한다. 기독교가 전례적으로 유지되어 왔고, 전수하고 있는 상징적인 체계를 가르치는 것이다. 그리고 기독교가 믿고 따르며 고백하는 이념적인 것, 즉 신앙과 신조를 가르치는 것이다. 그리고 이러한 상징과 이념이 오늘의 삶과 신앙 안에서 행위 ― 언어와 비언어 ― 로 표현되도록 가르쳐야 한다. 이러한 가르침을 통해서 주어지는 믿음을 간식하려는 모험은 공동체, 메시지, 봉사, 예수 그리스도와 그의 몸인 교회의 관계를 깊게 하기 위한 예배를 통해서 서로간의 고리를 엮어서 이루어진다. 카테키시스를 행하는 일은 하나님이 그리스도 안에서 그 자체로 나타나심으로 총체적인 노력이며, 공동체 안에서 자신의 신앙을 표현하는 것을 내포하고 있다. 이것은 기독교 공동체가 실시하는 카테키시스의 목적이 되며, "카테키시스가 기독교의 전통 안에서 귀하게 여겨지는 용어"[206]로 활용되어야 한다는 것이다.

웨스터호프(John H. Westerhoff III)는, 카테키시스는 "사람들에게 그리스도의 변화와 양육적 현존을 체험하는 장을 마련하는 것을 목적으로 삼는다."고 했다.[207] 그는 카테키시스를 광의의 뜻으로 해석하는데, 기독교 공동체 안에서 만나고 나누는 체험의 장(場)을 강조한 점에서 초기 기독교 공동체의 카테키시스의 의미와 근접하고 있다. 그들이 세례받은 다른 사람과 함께 날마다 주의 이름으로 모여서 하나님의 말씀과 복음을 대면하고, 신앙의 은사에 응답하고, 세상과 교회를 위해서 기도하고, 하나님의 평화를 나누며, 그들의 삶과 노동을 봉헌하고, 하나님의 은혜에 감사하며, 빵을 떼고 하나님의 은혜를 나눈다. 카테키시스는 사람들이 그들의 눈과 귀를 열어서, 그들이 하나님의 나라가 도래하는 복음을 수용하고 인격적으로 체험할 수 있도록 하기 위해서, 그리스도와 함께 사랑을 나누는 장(場)을 마련하는 것을 목적으로 삼는다.

이것은 카테키시스가 단순히 가르침의 행위만 한정되는 것이 아니라, 오히려 카테키시스의 교육과 목회의 모든 과정은 목적을 위한 것이다. 더욱이 하나님 나라 도래의 표징이 되게 할 수 있게 하기 위하여, 사람들이 그리스도와 함께 관계를 성장시키고 발전시키며 사랑하기 위한 장을 마련하는 것을 목적으로 삼는다. 마침내, 사람들이 하나님의 나라를 위하여 그리스도와 함께 성찰하고 행동하도록 장을 마련하는 것이다.

교육과 목회는 '가르침과 믿음'으로 상호 관계가 있으며, 교회의 미래를 위해서 제일 중요한 과제이며, "카테키시스의 다양한 측면을 규명하고자 노력하며 … 고유한 대상을 찾아내고자 힘쓰는 것"[208]이 필요하다. 따라서 카테키시스는 이러한 목표를 이루기 위하여 다양한 가르침(교육)과 믿음(목회) 영역의 접근을 시도해야 하며, 기독교 공동체의 구성원을 형성하기 위한 '교육과 목회의 장(場)'이 되어야 한다.

3) 교육과 목회의 통합성

카테키시스의 교육과 목회의 통합성을 탐구하기 위하여 카테키시스의
목회적 사역, 예배의식의 관계를 규명하고자 한다.

(1) 카테키시스의 목회적 사역

뮈어헤드(Ian A. Muirhead)[209]는 '신약성서의 교육'(Education in the
New Testament)은 '디다케와 케리그마'(Didache and Kerygma)가 일치되었
는데, 기독교교육이라는 개념이 생기면서 디다케와 케리그마가 양분되었으
며, 이 둘의 양분으로 말미암아 교육과 목회의 쇠퇴를 초래하게 되었다고
하였다. 그 예로 기독론을 가르칠 때 교육과 목회적 접근이 양분이 되어서
아는 일과 실천하는 일이 분리된다. 기독론은 교육적인 차원의 가르침과 목
회적 차원의 실천에서도 분리될 수 없다. 가르치는 것은 단순히 지식이 아
니라 '삶의 총체적인 방법'이기 때문이다. 그러므로 초기교회에서는 '디다케
와 케리그마'는 목회와 가르침의 영역이 교육과 목회의 통합으로 나타났지
만, 오늘날 이 둘의 양분으로 말미암아 기독교교육의 교수법의 역사를 외면
한 결과를 초래한 것이다.

교육과 목회의 분리 문제는 예수의 제자 파송에서도 찾아볼 수 있다. 예
수의 사역은 열두 제자와 70명을 파송하고(마 10:5, 눅 10:1), 예수의 표상인
파송자를 영접하게 하고(마 10:40), 예수를 통해서 하나님을 영접하게(막
9:37, 눅 10:16) 했다. 여기서 예수의 목회는 파송이라고 할 수 있지만,[210] 파
송은 단순히 보냄을 의미하지 않는다. 예수의 목회에는 파송을 위한 준비,
섬김의 모델 제시(눅 22:27, 요 13:13-15) 등이 나온다. 이것은 예수의 목회는
항상 '가르침과 선교'의 양면성을 동시에 실시했음을 말하고 있다.

오늘날 선포와 교육의 목회적 사역을 신학과 교육의 영역으로 나누어서
책임을 전가하고 있지만,[211] 오히려 21세기의 전환기에 신학과 사회과학과

교육이 접목되는 변화를 창출해야만 한다. 카테키시스 재건을 위하여 4세기, 11세기, 16세기에 교육과 목회의 극적인 변화를 시도했으며, 오늘날 목회 사역에서 기독교 복음의 전통은 '교육(Didache)과 선포(kerygma)'의 목회적 사역이라는 것을 인지하고 있다. 이것은 카테키시스가 기독교교육뿐만 아니라 목회적인 차원에서도 우리에게 새로운 전환점을 제시해 준다는 것을 인지하게 한다. 그것은 카테키시스가 단순히 가르침의 영역이나 교회의 교육적 사명으로만 전가되는 것이 아니라, 교육과 목회의 통합적인 요소가 잠재되어 있다는 것이다. 목회는 '말씀의 사역'(the ministry of the Word)으로 이루어 졌으며,[212] 사람들을 위해서 전도(evangelization), 카테키시스(catechesis), 설교(liturgical preaching) 등을 통하여 서로의 삶과 신앙을 이해하고, 진리의 의미를 나누며, 공동체 안에서 함께 살아가도록 부양한다. 그렇기 때문에 카테키시스는 목회의 교육적 사역이며, 동시에 교육의 목회적 행위라 할 수 있다. 이것은 교육과 목회의 통합 체제를 말한다.

교육과 목회의 통합에 대해서 정일웅은 카테키즘을 "그리스도인의 삶의 총체적인 지침으로서 모든 그리스도인들에게 제시되고 인식되고 가르쳐져야 하는 신앙적 삶의 교육 자체를 뜻한다."[213]고 정의하였다. 카테키시스는 교육과 목회는 단순히 가르침이라는 방법의 목표가 아니라, 교육과 목회의 모든 행위 프로그램이 내포된 과정이 되도록 해야 한다.

트루나이젠(Edward Thurneysen)은 목회를, 하나님이 사람을 구원하신다는 믿음 안에서 "설교와 성례전, 즉 하나님의 말씀으로 이끌어주고 교회의 한 지체가 되게 하며, 교회 안에 삶을 보존시켜 주는 수단"[214]이라고 했다. 그의 정의에 의하면 목회는 하나님의 구원을 위한 '수단'이라고 한다면, 카테키시스는 목회의 구체적인 행위라 할 수 있다. 카테키시스는 목회의 영역으로 목회적 사역이며, 이러한 목회 사역은 '복음(gospel), 세상(world), 인간(person)'[215]의 문제를 다루고 있다. 이 세 가지는 독립된 목회 사역의 대상이 아니라, '인간'이라는 하나의 대상 안에 내포된 실재다.

목회는 '인간'을 위한 하나님의 구원 사역을 위한 활동이다. 이러한 활동에는 '목회의 다면성(多面性)'을 함축하고 있다. 즉 기독교 신앙을 선포하고 가르치고 돌보고 봉사하는 의미다. 이러한 목회의 다면성 속에서는 목회적 역할과 방법을 생각하지 않을 수 없다. 그것은 목회가 언어와 비언어적 방법, 가시적이며 비가시적인 방법, 의도적이고 비의도적인 방법이 함께 내포되어야 한다는 것이다.

따라서 카테키시스가 목회적 사역이라는 말은 "사람들이 함께 그리스도인이 되고자 노력하는 신앙 공동체 안에서 일어난다."[216]는 것이다. 카테키시스는 의도적인 사회화(intentional socialization)이며, 계속적인 변화와 동화작용, 개혁, 성장하는 목회적 사역을 내포하고 있다.[217]

카테키시스 안에 '예배적인 상황, 목회적 환경, 도덕적 배경'이 포함되어 있다는 것이다. 예배적 상황은 우리에게 공동체의 이야기와 비전을 알게 하거나 삶을 획득하거나, 강화하고, 활기차게 하는 데 가장 큰 도움이 된다. 목회적 환경은 우리에게 공동체의 이야기와 비전을 내면화하거나 신의 계시[218]를 알게 하는 데 큰 도움이 된다. 그리고 도덕적 배경은 공동체의 이야기와 비전대로 살게 하거나 우리의 소명을 실현하는 데 가장 큰 도움이 된다.[219] 이러한 환경들은 다양한 차원과 카테키시스의 초점에 공헌할 수 있으며, 총체적이게 한다. '예배적 상황'에서 직관과 감정적·반응적 차원은 의식에 의해 지배되며, '피정의 환경'은 예배적 상황과 비슷하며, '도덕적 배경'은 의식의 지적·이성적·행위적 차원에 의해 지배된다.[220]

목회적 사역에서 카테키시스의 통합적인 요소는 목회적 자원에도 내포되고 있다. 몽고븐(Anne Marie Mongoven)은, 카테키시스는 근원을 어디에 둘 것인가를 질문하면서, 그 근원은 신자들의 '연속적인 삶의 실천'에서 일어나며, '하나님의 현현'에 두고 있다고 했다.[221] 이러한 '신자의 삶과 하나님의 현현'은 카테키시스를 개발하는 근거가 되어야 하며, 목회적 차원에서 3가지 상징성을 구현해야 한다고 주장한다. 그것은 "예전적 기호(Liturgical sign), 성서적 기호(Biblical sign), 교회적 기호(Ecclesial sign), 자연적 기호(Natural sign)"이다.[222]

'예전적 기호'는 교회에서 교회의 신앙이 하나님의 현존하시는 다른 경험이라는 예전적 표현이 상징을 통하여 표현된다. 성례전적 축하식은 공동체 안에서 그리고 공동체를 위하여 하나님의 현존을 상징화한다. '성서의 기호'는 성서는 하나님 그 자체의 나타나심에 대한 교회의 경험을 단어로 분명하게 표현한 것이다. 마찬가지로 하나님의 나타나심이 현재의 일이라는 것을 상징화한 것이다. '교회적 기호'는 교회 자체가 부활하신 주님의 성례전 또는 상징이라는 것이다. 교회의 삶은, 그 신앙을 표현함으로써 공동체, 봉사를 위한 묵상, 그리고 메시지로서 그 본질을 포함하고 있다. '자연적 기호'에서 하나님은 창조, 인간의 존재, 인간의 문화를 통해 그 자체로 나타나셨다. 이러한 것들은 그 존재의 '자연적 기호' 또는 모든 것들의 상징이다. 교회의 예언적인 선교는 자연적인 기호와 복음의 입장에서 그것들을 해석할 것을 요구한다. 사실 사전은 카테키시스는 '인간의 노력의 산물을 포함하여 창조되어진 것들의 의미와 가치를 깊은 수준에서 관찰하는 임무'를 가지고 있다.

기호들은 매우 중요해서 기독교 공동체를 위한 네 개의 기호의 의미를 반영하며, 우리에게 보여 주는 교리 전체가 된다. 그것들은 모든 정책들을 모아서 주제를 통합하는 것이다.

(2) 예배의식과 카테키시스의 관계

카테키시스는 가르침과 예배의식을 연결한 과정을 지니고 있다. 흔히 카테키시스는 교육적인 요소만 생각하고 있고, 예배적인 요소에 대해서 인식하고 있지 못한다. 초기 기독교 공동체의 입문 과정을 살펴보면, 모든 가르침과 예배가 하나의 고리를 가지고 진행되었다는 것을 알 수 있다. 이것은 카테키시스가 예배를 이끌어 내고, 예배는 카테키시스를 북돋운다고 할 수 있다.

카테키시스는 사람들의 신앙적 이해와 완전을 위해서 돕고, 그들이 자연, 예배의식, 예전의 상징을 이해할 수 있도록 예전에 참여하게 한다. 이 말은 카테키시스가 예전과 밀접한 관계가 있으며, 공동체를 위해서 그리고 공동체에 의해서 사역되며, 공동체의 신앙을 강건하게 해 준다. 카테키시스와 예전은 나름대로의 정체성과 목적을 지니고 있으면서 결코 분리될 수 없으며, 상호 부양하며 요청되는 관계다. 카테키시스는 신앙을 강하게 하며, 기도로 그 자체를 표현하는 신앙을 만들어 준다. 동시에 예배는 공동체를 더 완전한 카테키시스가 되도록 열망하고 이끌어 준다. 예전은 '공동체의 예배이며 기도'다. 예배는 공동체적인 요소가 강하게 있고, 기도는 개인적인 행위로도 가능하다. 공동체는 예전적 행위를 통하여 그들의 믿음을 표현하며, 그리스도인의 삶에 대한 의식적인 축하를 한다. 신실한 사람에게 예배는 삶에서 필수적이며, 이 예배를 통해서 믿음이 새로워진다.[223]

카테키시스는 예배와 연결되고, 예배로부터 발전될 수 있다. 예배와 카테키시스는 서로를 지원해 주며, 이 둘의 참여를 통해서 영적인 풍부함을 돋울 수 있다.[224] 이처럼 예배와 카테키시스의 가르침은 목회 행위의 중심점을 이루고 있으며, 목회자의 지배적인 역할이 된다.[225]

4) 가르침 방법과 성례의 통합성

카테키시스는 입문자들이 기독교 공동체 구성원으로 형성될 수 있도록 가르침과 의식을 활용하였다. 의식은 목회적 차원이기도 하지만, 성례전을 통한 교육의 방법이라 할 수 있다. 카테키시스의 가르침과 성례전의 통합적인 요소이며, 오늘의 교회교육에서 터득해야 할 중요한 과제라 할 수 있다. 여기서 카테키시스와 성례전의 관계, 기념과 기원의 문제, 카테키시스의 성례전 회복을 살펴보기로 한다.

(1) 카테키시스와 성례전의 관계

피셔(Fisher)는 세례를 받은 사람들이 카테큐메너트로서 준비하는 시기를 '카테키시스의 예전'(catechetical ritual)이라고 하였다. 그는 카테큐멘이 이 과정을 통해서 그들의 신앙을 확언하게 되는데, 하나님과 회중들 앞에서 행하는 인간의 엄숙한 신앙고백은 구약과 신약성서에 신성하게 제정되었고 발견된 것이다.[226] 이것은 카테키시스가 가르침과 예배의식과 함께, 성례전적인 행위와도 관련이 있다는 것이다.

오늘날 세례, 견진례, 성만찬으로 분화(分化)되어 집행되고 있지만, 초기 기독교 공동체의 카테키시스는 기독교 입문의식으로 단일화된 성례전이었다.[227] 이것은 초기교회의 카테키시스가 교육적 행위를 교수(敎授)와 성례전이 연결된 총체적인 교육 체제를 이루었다는 것을 말한다.

카테키시스의 성례전을 통해서 획득할 수 있는 교육적인 효과는 다음과 같다.

첫째, 카테키시스는 고백과 성만찬 준비와 관련된 행위를 한다. 개종자들이 세례를 받고 나서, 그들의 신앙을 회중들 앞에서 고백하고, 성만찬을 준비하는 행위는 성만찬의 가치와 신비스러움을 터득하도록 돕는다. 이것은 "일반적으로 성찬을 받을 사람들이 거의 성만찬 교육을 받지 못하기 때문에, 그들이 성찬식에 참여하는 매 시간이 효과적인 카테큐멘이 되도록 한다."[228]는 것이다. 성만찬 준비를 통해서 카테큐멘은 비언어적인 행위로서 배움을 터득하게 한다. 예배, 그 중에서도 특히 성찬례는 교리교육의 최고 절정을 이룬다. 이에 대해서 호핑거(J. Hofinger)는 성찬례는 카테키시스의 최고 절정이며, 교회생활의 핵심을 이룬다고 하였다.[229]

둘째, 기독교 입문 과정은 카테큐멘이 스스로 발견하도록 돕는 기독교의 '상징성'(heuristic symbolism)이 가득 차 있다. 기독교의 성례전은 참여하는 사람들이 '어디에서나 자극하여' 그 의미를 스스로 발견하도록 돕는 형태라 할 수 있다.[230] 사람들이 성례전의 상징을 그 자신의 경험적 요소와 연결할 수 있도록 돕고, 그들이 체험한 성례전의 상징성을 이해할 수 있게 하는 것이다. 예를 들면, 기독교 입문 과정에서 세례를 받을 때, 물에 대한 상징성을 스스로 발견하는 방법을 활용할 수 있다. 물과 관련된 경험을 나누거나 상징성의 효과를 찾도록 도울 수 있다.

셋째, 기독교 입문의 초기 의식에는 촉각적인 차원의 상징성이 강했다. 가르침의 과정과 의식은 수많은 촉각적인 차원이 강하게 들어 있었고, 이러한 촉각적인 가르침과 의식은 상징적이고 감성적인 힘을 발휘하도록 이끌었다. 그러므로 카테키시스의 성례전을 통한 촉각적인 체험을 경험하도록 한다.

넷째, 기독교 입문의 성례전에는 하나의 드라마적인 요소가 강하게 있다. 성례전은 하나의 과정을 이루고 있으며, 이 과정은 참여자들이 점진적으로 나아가도록 돕는다.[231] 성례전의 드라마적인 요소는 참여자가 자신의 삶을 성찰하고, 그 속에 자신을 투영시키는 교육적인 힘이 있다. 이것은 성례전이 하나의 의식이라기보다, 사람들이 신앙의 경지를 체험하고 성찰하도록 도와주는 교육적인 힘이 있다는 것이다.

(2) 카테키시스의 성례전 회복

오늘날 우리의 교회는 성례전의 '상징적 의미 상실'(Loss of symbolic intelligibility)과 '기원과 기념의 혼돈'으로 말미암아 카테키시스의 성례전적 요소를 상실시켰다. 카테키시스의 성례전에 대한 고찰은 초기 기독교 공동체의 카테키시스나 종교 개혁자들의 카테키즘에서 나타난 의미를 회복시킬 필요성을 인식하게 한다. 카테키시스는 단순히 가르침의 방법이나 교재가 아니라 교육과 목회의 총체적인 요소를 지니고 있는 하나의 프로그램이며 과정이라는 것이다. 이 과정 안에는 가르침과 성례전 등이 포함되어 있다. 이것은 카테키시스의 회복을 위해서는 교육과 성례전의 관계를 고찰해야만 한다는 요청이 있다.

제2차 바티칸 회의의 "거룩한 예배의식 헌장"(Constitution on the

Sacred Liturgy)에서 "거룩한 예배 의식은 신성한 분께 예배드리는 모든 것 위에 있으며 또한 풍부한 신앙의 가르침을 내포하고 있다."[232]고 했다. 이 헌장에서 제시하는 가톨릭의 예배의식은 '신앙적인 가르침'을 강조하는데 성례전이 카테키시스의 도구일 뿐만 아니라 교육적인 요소가 얼마나 강하게 있는가를 인지하게 한다. 즉 기독교가 깊이 간직하고 있는 신앙의 진리는 이야기, 예배의식 등이 인간의 경험과 세계를 이해하는 데 도움이 된다는 것을 의미한다. 여기서 고찰할 수 있는 것은, "만약 예배 의식이 축하식이라면, 우리는 교실과 교육에서도 활용할 필요가 있겠는가?"라는 것이다.[233]

카테키시스와 성례전의 관계를 회복하기 위하여 다음과 같은 점을 주지할 수 있다. 첫째로, 기독교 입문의식인 카테키시스는 가르침의 과정과 함께 '성례전적 과정'이 내포되어 있다. 성례전적 과정이라는 말은 '연속성, 소속감, 축하례'를 포함하여, 더 광범위한 형태의 프로그램이 전개되었다는 말이다. 모든 성례전적 행위는 기념(祈念, anmnesis)과 기원(祈願, epiclesis)을 내포하고 있으며, 이 둘이 어떻게 연결되어 있는지를 이해하기 위하여 비평적인 인식이 중요하다. 만약 '기념'이 단순히 과거 사건의 드라마적인 재연으로만 이해한다면, '기원'은 지난 이야기(dead narration)에 생기를 불어넣기 위하여 영을 부르는 것으로 해석될 수 있다. 그러나 학자들은 기원과 기념의 관계를 기념을 회복하는 개념으로 생각하기 시작했다.[234]

기원과 기념에 내포된 것은 그리스도인은 주의 선언 사건을 위하여 입문과 순종 안에서 세례를 받는다는 것이다.[235] '기념과 기원'은 오히려 단절된 일회적 행위가 아니라, 시간과 공간을 초월하여 실시하는 카테키시스의 연속성도 내포되어 있다. 이것은, 오늘 이 시대에도 초기 기독교 공동체의 카테키시스가 성례전적 과정으로 진행될 수 있다는 의미이다. 또한 유아세례를 받았던 어린이들이 성장하여 입교의식 또는 견진례를 받는 일의 연속적인 과정을 생각해야 한다. 이러한 성례전은 하나의 과정으로 개인과 공동체의 연속성을 두고 있으므로 그 연속적인 과정은 '개인이 공동체가 되는'[236] 의미를 함축하고 있다.

둘째로, 카테키시스는 교회절기 활용을 통한 성례전적 행위가 요청된다. 초기 기독교 공동체는 개종자들이 기독교로 입문하기 위하여 여러 가지 프로그램을 실시하였고, 사순절이 되면 부활절 세례와 성만찬 행위를 준비하였고, 많은 시간 동안 철야와 기도생활을 아끼지 않았다. 그래서 호브다(Robert W. Hovda)는 "사순절은 카테큐메너트 절정의 절기이며, 전체 신앙 공동체가 기도, 신앙, 훈련, 의식, 선교를 집중으로 나누는 시기다. 부활절은 입문 의식의 축제를 하는 때다."[237]라고 했다. 이것은 초기 기독교 공동체가 교회의 절기에 따라서 카테키시스 프로그램을 얼마나 잘 전개해 나갔는지를 보여 주고 있다. 오늘날 우리의 교회는 절기에 따른 카테키시스를 통해서 신자들의 영적인 성장을 도울 수 있으며, 절기적 카테키시스는 목회적 양육에도 좋은 교육과정이 될 수 있다.

셋째로, 카테키시스의 예배의식을 위해서 성례전적 프로그램을 다양하게 활용할 수 있다. 교회 안에서 집행되는 성례전은 두말할 것도 없으며, 교회 밖에서도 카테키시스의 성례전적 사역이 펼쳐져야 한다. 이러한 입장은 성서일과(lectionary)에 기초를 둔 카테키시스를 기본적인 도구로 사용해야 하며, 예배의식이 말씀과 분리된 것을 카테키시스와 통합함으로써 회복시키는 것이다. 카테키시스의 통합에 대한 예는, 가정에서 성서일과에 따른 성서읽기를 할 수 있다.[238] 목회자들이 성서일과를 기초로 평신도에게 가르칠 필요가 있다는 것은 독특하고 활기찬 예배의 축제에 대한 요구다. 즉 강사, 특별한 목회자, 카테키시스트, 안내자, 음악 목회에 참여하는 사람들이다. 예배의식은 건강한 교구의 지표로서 그리고 성공적인 카테키시스의 열쇠가 되는 척도로서 많은 사람들에 의해 보이고 있다. 많은 사람들이 예배의식이 주요한 교구 카테키시스의 도구가 교구의 정체성의 초점, 그리고 기본적인 공동체 건설자가 되기를 허락하였다.[239]

4. 카테키시스의 통합 과정으로서의 체제적 접근

카테키시스는 초기 기독교 공동체부터 지금까지 이어온 신앙교육의 패러다임이며, 교육과 목회, 가르침과 방법, 전인적 삶의 통합적 성격을 띠고 있다. 카테키시스는 하나의 낡은 교육적 틀이기도 하지만, 현대교회의 신앙교육을 위하여 통합 과정을 제시하는 하나의 대안으로 전제할 수 있다. 여기서 카테키시스의 통합 과정을 더욱 심화하기 위하여 통합 과정으로서 체제적 접근을 하고자 한다. 카테키시스의 통합적인 접근, 휘겔과 웨스터호프의 이론에 입각하여 카테키시스의 과정의 통합, 카테키시스의 통합 체제의 접근을 하고, 마지막으로 요약과 전망을 생각하기로 한다.

1) 카테키시스의 통합적인 접근

초기교회의 카테키시스는 기독교 공동체의 입문자를 위한 것이며, 세례받은 사람을 위하여 기독교적 정체성을 형성시켜 주는 일이다. 이러한 목적은 초기 기독교 공동체에서 실시했던 카테키시스를 입문 과정으로 공동체의 구성원을 만드는 데 중점을 두었다. 종교 개혁기의 카테키시스는 그리스도인으로서 정체성을 심화시키기 위해 철저한 교육의 과정에 중점을 두고 있다. 그것은 번역상 카테키즘이라고 했지만, 실제로 초기교회의 카테키시스와 맥을 같이하는 범례다. 카테키시스의 과정은 참여자들의 삶과 신앙의 경험, 반영, 교훈의 이러한 결합을 요청하고 있다.

초기교회와 중세기의 종교 개혁기의 카테키시스를 고찰해 보면, '기독교의 구성원 형성과정과 개혁 신앙의 정체성 형성'은 총체적인 요소가 강하게 내재해 있다. 초기 기독교 공동체는 '삶과 신앙', '목적과 과정', '가르침과 성례', '교육과 목회' 등의 통합적인 요소이다. 이러한 통합적인 교육체제는 오늘날 분리된 교회 교육에 대한 성찰을 요구하고 있다.

현대교회를 위한 카테키시스에는 3가지의 요청이 있다. 첫째, 교회의 살아 있는 전통에 대한 지식과 이해 그리고 공동체의 책임을 위한 그 전통을 사용할 수 있는 능력이다.

둘째, 공동체에서 모범적인 삶의 감수성, 동기부여, 위임, 가치 있고 깊이 신뢰할 만한 신앙심이다.

셋째, 그 실현을 위한 개인과 공동의 인간 삶을 위한 부수적인 기술로 하나님의 뜻에 대한 분명한 비전이다. 그 때문에 공동체 안에서 그리스도와 관계를 맺고, 복음을 위임받은 사람들이 삶과 믿음이 결합된 존재(생성), 그리고 행위를 하는 것이다.[240]

카테키시스의 세 가지의 요청은 기독교 공동체의 전통, 공동체의 나눔, 공동체의 비전이다. 이 3가지 요청은 각기 일어나는 것이 아니라 상호 보완적이며, 상호 관계를 맺고 있다. 특히 카테키시스가 단순히 '가르침'의 내용도 아니고 방법만도 아니라는 것을 인지할 수 있으며, 카테키시스는 '교육과 목회의 통합'이라고 할 수 있다. 루커(Raymond Lucker)는 카테키시스가 "결코 정보의 내용을 간단히 다루는 것이라는 인상을 주거나 진리를 나타내는 것만을 추구해서는 안 된다."[241]고 했다. 이것은 카테키시스의 총체성을 말하며, '기독교 공동체의 구성원이 되기 위한 모든 목회적·교육적 행위'가 내포되어 있다. 이것은 가르침, 시문(試問), 고백과 증언 등의 '교육적 형태'가 있으며, 성례, 설교, 엑소시즘, 안수, 세례의식, 첫 성만찬 등의 '목회적 사역'이 포함되어 있다. 뿐만 아니라 교육과 목회 사역은 다른 신앙인과의 만남, 공동체의 나눔, 축하의식 등을 통합하는 '모방과 나눔의 교육적인 형태'를 볼 수 있다.

카테키시스의 총체적인 요소는 카테키시스가 기독교 입문에서 기독교 공동체의 구성원을 '형성'한다는 차원으로 이해할 수 있다. 카테키시스는 그리스도인에 의하여 그리스도인을 만들어 가는 과정이며, 기독교 공동체에서 사용되는 '교회적 언어'이며, 그리스도인의 삶과 믿음의 공동체 안에서 "모든 의도적인 배움을 형성하는 것"[242]이다. 카테키시스 과정의 그리스도인 형성은 교육, 문화화, 성장, 배움에 대한 경험을 공유하는 것이다.

그러므로 카테키시스는 기독교에 입문하려는 사람들을 '공동체의 구성원'으로 만드는 교육적 목회적 과정이며 프로그램이다. 기독교 공동체에 가입된 성인들의 신앙을 위하여 기독교적 정체성을 회복시켜 주는 '교육적 목회적 과정'이며 프로그램이라 할 수 있다.

2) 카테키시스 과정의 통합성

카테키시스의 통합 과정은 웨스터호프(John Westerhoff III)와 휘겔(Baron Friedrich von Hügel)의 이론을 근거로 카테키시스의 과정과 요소, 카테키시스 과정의 통합을 다루기로 한다.

(1) 카테키시스의 과정과 요소

웨스터호프는 신앙교육의 총체적인 요소를 카테키시스에서 찾고 있으며, 카테키시스의 발전을 위해서 3가지 중요한 과정이 통합된다고 하였다. 그것은 카테키시스의 그리스도인 양육 형성(Christian Formation), 그리스도인 교육(Christian Education), 그리스도인 가르침'(Christian Instruction)[243]이다.

웨스터호프가 말하는 '그리스도인 형성'은 그리스도인의 삶과 믿음을 경험하는 과정이며, '그리스도인 교육'은 그리스도인의 삶과 믿음에 비추어서 그 경험한 것들을 반영하는 과정이다. '그리스도인 가르침'은 그리스도인의 삶에 필수적이고 유용한 지식과 기술들을 요구하는 과정이라고 했다.

휘겔은 사람의 신앙 발달에서 공동체의 구성원이 갖는 3가지 요소가 있다고 했다. 그것은 '제도적 요소, 비평적 요소, 신비적 요소'다. 신앙 공동체에서 그 구성원을 위하여 신앙의 본체를 전달하는 '제도적 요소'도 중요하며, 전통적으로 제시하는 신앙을 참여자 자신에게 활용할 수 있도록 성찰하는 '비평적인 요소' 그리고 인격적인 종교적 경험을 육성하는 '신비적 요소'가 있다고 했다. '제도, 비평, 신비'는 휘겔이 1908년에 2권으로 출판한 『종교의 신비주의적인 요소』(The Mystical Element of Religion)에서 나와 있다.[244] 여기서 그는 "건강한 영적 성장은 종교의 3가지 요소에 의하여 부양되어야만 한다."고 주장하였고, 그 3가지 요소는 '제도적, 비평적, 신비주의적인 것'을 말한다. 휘겔의 신앙 발달의 3차원 ─ 제도적 요소, 비평적 요소, 신비적 요소 ─ 은 카테키시스를 접근하는 데 새로운 가능성을 보여 주었다. "카테키시스는 그리스도인을 완전한 성인으로 발전시키기 위한 행위에 중심을 두고 있는 전인 과정(lifelong process)"245)이다. 카테키시스가 단순히 지식 전수가 아니듯이, 성인의 신앙도 기독교 진리를 지적으로 파악하는 것을 뛰어넘어야 한다. 성숙된 신앙을 위해서 인간의 삶과 신앙을 비평적인 방법으로 적용하도록 도와야 한다. 이것은 그 자신만의 신앙이 아니라 하나님과 기독교 공동체에서 다른 사람과 교제할 수 있도록 비평적인 능력을 요구한다. 카테키시스의 가르침과 의식은 그리스도인의 신앙을 성숙시키기 위해서 제도적인 차원, 비평적인 차원, 신비적인 차원으로 접근해야 한다는 것이다.

웨스터호프의 3가지 과정과 휘겔의 공동체 구성원의 신앙 발달을 위한 3가지 요소를 함께 고찰해 볼 수 있다.

첫째로, '그리스도인 형성'은 개인이 신앙 공동체의 전통, 가치, 관습, 규범과 나눔으로, 신앙 공동체에 통합시키는 목적을 지니고 있다. 이것은 "자율적인 인간이 무지막지한 삶을 사는데, 삶의 관계 안에서 개체화와 인간의 발전"에 교육의 초점을 맞추는 과정이다.[246]

웨스터호프가 말하는 그리스도인 형성은 '그리스도인의 믿음과 삶에 대하여 경험하는 것'을 공동체와 결합하고, 그 결합을 통하여 배우게 되는 것을 말한다. 기독교 입문 과정에서 그리스도인 형성은 공동체와 함께 참여자가 되며, 그 참여자들로 구성된 공동체가 되는 것이다. 그들은 복음에 따라서 삶 속에서 실천하며, 개인적으로 기도하는 삶으로 발전시킨다. 그리스도인 형성은 참여자들의 삶을 반영해야 하며, 이러한 반영을 통해서 믿음과 사역에 대한 더 깊은 연구가 요청된다. 또한 나아가 개인의 삶에서 타자를 위한 삶으로 형성되어, 가난한 사람과 멸시받는 사람을 위하여 봉사하고, 더욱이 정의로운 사회를 위한 사역에 참여하도록 한다. 교회의 환경과 공동체는 이러한 형성 속에서 두 가지의 역할을 상호적으로 감당하게 된다.[247]

이것은 휘겔의 종교의 '제도적인 차원'에 해당된다. 그는 제도적인 요소가 인간 발달의 초기 단계에서 매우 중요하다고 생각한다. 그것은 어린이가 종교적 신앙을 이해하기 위하여 다른 사람으로부터 갖게 되는 감각적 인상, 기억, 가르침에 의존하기 때문이다. 사람들이 믿는 사람들로부터 배워 왔기 때문에, 신앙 발달의 제도적인 단계에서 사람들을 믿게 된다. 그들은 전통의 수혜자이며, 신앙 공동체의 지혜를 수령하는 자다. 이 단계에서 "종교의 외적, 권위적, 역사적, 전통적, 제도적 요소와 종교적 기능이 도처에서 증명되고 있다."[248]

카테키시스의 과정에서 '공동체 형성'은 종교의 '제도적인 차원'이다. 카테키시스의 제도적인 과정을 통해서 공동체가 형성되고, 이 과정을 통해서 신앙의 내용을 이해하게 되고, 공동체 안에서 신앙의 역사와 전통과 내용을 배우게 된다. 카테키시스에서 형성은 회중, 리더십 팀, 후원자들을 위하여 책임 있는 역할을 지니고 있으며, 반면에 그들이 스스로 참여하는 과제도 요청된다. 이러한 기독교 공동체의 형성 과정은 초신자들이 '그리스도인의 삶을 관찰하고 모방하는 방법'으로 학습하는 경험을 인지할 수 있다. 특히 기독교 교회의 입문자들이 공동체의 전통과 함께 21세기와 지역적인 교회에 참여함으로써 기독교적 삶을 모방하고 학습할 수 있다. 지역적인 공동체의 구성원들에 대한 초신자의 정신을 통해서 그들은 또한 그들의 진실한 선도자와 안내자들에게 도제(徒弟)되는 것을 의미한다.

둘째로, '그리스도인 교육'의 과정은 그리스도인들이 형성 과정에서 수용한 전통적인 이해와 삶의 방법을 조심스럽게 비평하는 단계다. 기독교 공동체에서 형성된 "그리스도인의 신앙과 삶을 성찰하고 경험"하고,[249] 그리스도인은 '비평과 발견'이라는 변증법적이며 창조적인 과정을 통해서 기독교 신앙과 삶을 배워 가는 것이다.

웨스터호프의 '그리스도인 교육'은 휘겔의 두 번째 단계인 '비평적 차원'에 해당된다. 휘겔은 이 단계에서 제도를 통해서 배운 신앙의 내용을 비평하는 단계가 필요하다고 했다. 즉 기독교 공동체 안에서 "믿음을 배웠지만, 여기에는 질문이 남아 있는 것이다. 먼저 다른 사람과 자신에게 아직도 질문이 남아 있는 단계"[250]이다. 질문이 남아 있다는 것은 배운 내용에 대해서 비평하고 성찰할 거리가 남아 있다는 것이다. 이 비평적 단계에서 성인의 특성을 종종 묘사하는 데 인간 정신의 '이성적이고, 토론적이며 추상적인 측면'의 인지를 요구하며, "종교는 분명하고 체계적인 논쟁을 통하여 이러한 요구에 답할 수 있게 된다. 이것과 이것, 저것과 저것으로 연결되는 것이다."[251]

카테키시스는 기독교 진리를 전수만 하는 것이 아니라, 기독교 공동체 안에서 배운 내용을 비평하도록 도와야 한다. 기독교의 진리를 이성적으로 판단하고, 신앙과 삶의 문제에 대해서 토론하고, 성서의 내용을 추상적으로 이해하도록 이끌고, 신앙이 성숙될 수 있도록 돕는다. 이것은 특히 카테키즘의 '질문과 대답'을 교수-방법에서 잘 활용될 수 있다.

웨스터호프는 '교육의 과정'은 카테키시스에 참여하는 개인의 비평적·성찰적(省察的) 역량을 개발함으로써 '형성'을 보완한다. 교육은, 단순하게 신앙의 진리를 예탁(預託)하기 위하여 수동적인 마음으로 끌어들이는 '은행식'(banking) 학습 개념으로 빠져드는 오류를 피하기 위하여 카테키시스를 할 수 있는 기회를 제공한다. 교육은 학습자들이 그들의 인격적 경험을 기독교의 신앙과 개념으로 통합함으로써 전통을 활동적으로 사용하도록 돕는 것을 의미한다. 카테키시스의 입문 과정에서 참여하는 사람들은 "성서공부와 기도, 예배 속에서 사역의 경험에 대하여 신학적으로 성찰하는 것"이다.

참여자들은 예배, 기도, 사역의 경험에 대해서 고찰한다. 이러한 과정을 통하여 그들은 성서의 견해, 기독교 전통, 기독교의 목적과 이유 등을 발견하게 되며, 그 결과를 평가할 수 있도록 돕는 것이다. 이러한 비평적인 과정은 그들이 참여하는 공동체의 사역 안에서 자라가고 변화되어 가면서, 기독교적 신앙과 삶의 방법을 인식하게 된다.[252]

그러므로 학습자들은 교육의 내용을 검토할 때, 이 과정이 분명하게 드러난다. 웨스터호프에 따르면, 이 학습을 확인하기 위하여 학습자들에게 다음과 같은 질문을 할 수 있다.[253]

(1) 그들의 경험과 부수적인 감정을 명명하고 설명한다.

(2) 경험의 내적 본질을 분명하게 이해할 때까지 직관적으로 양자택일적인 해석, 의미, 가능성을 탐구한다.

(3) 성서와 전통에 일치하는 통찰력, 이성적인 과정이 요약적인 확신에 도달하게 됨으로써 이러한 내적 통찰력, 비교, 대조를 표현한다.

(4) 그 내용을 기독교적 생활의 윤리적인 원칙과 규범과 이성적인 과정이 행동하도록 요약적인 위탁에 도달하고, 그들의 학습에 대한 확신의 내적 함축, 비교, 대조한 것을 표현한다.

(5) 자발적인 행위로 이러한 위임을 표명하기 위하여, 그리고 그 결과를 평가한다.

셋째로, '그리스도인 가르침'의 과정은 그리스도인의 삶에 유용하고 필요한 '지식과 기술을 요구하는 것'이다. 이러한 카테키시스의 마지막 국면은 책으로 배우는 한계가 있다. 카테키시스의 입문 과정에서 '가르침'은 성서 속에서 지식적인 내용을 포함하여, 전통, 신학 그리고 그리스도인의 역사 등을 전달하게 된다. 뿐만 아니라 성서공부와 신학에 대한 가르침, 역사, 예배의 전통 등을 배우도록 한다.

카테키시스의 '가르침'의 과정은 기본적인 학습의 기술도 포함되어 있다. "어떻게 기도할 것인가?", "어떻게 공동체의 예배가 이루어지고 있는가?", "일상생활 속에서 신학적이고 윤리적인 문제를 어떻게 발견할 수 있을 것인가?", "다른 사람과 공동체를 위해서 봉사해야 할 때 어떻게 공동체 안에서 사역을 해야 할 것인가?", "지역, 국가, 세계의 공동체 안에서의 정의를 하나님의 일과 어떻게 관련을 지으며, 관심을 가질 수 있을까?", "하나님의 선물로서 여가시간을 어떻게 지내야 할 것인가?", "사람들의 모임, 의식, 국가 속에서 교회가 어떻게 변화시키고 일할 수 있는가?"[254] 등을 숙지하도록 돕는다. 이러한 성찰은 기독교적 지식뿐만 아니라, 그 안에 내포된 의미를 통하여 신앙적·도덕적인 삶으로 성찰하도록 돕는다.

훼스터호프가 말하는 '가르침'과 휘겔이 말하는 '신비적 요소'에 대해서 성찰해 볼 필요가 있다. 가르침은 단순히 교실에서 교육과정을 통해서 이루어지는 교수-학습의 한 과정으로 생각해서는 안 된다. 휘겔은 "종교는 가시적이거나 이성적이라기보다는 느낌을 말하며, 비판적이기보다는 사랑하면서 살아가는 것이다. 이 단계는 내부의 요소나 지적 증명이라기보다는 행동하고 촉진하는 것이다."[255]라 했다. 이 말은 종교적 가르침은 지식을 넘어서고 이성을 초월한다는 의미이며, 진정한 신앙교육은 말을 뛰어넘는 신비적인 요소가 있고, 행위를 극복하는 암시적인 사역이 있다.

특히 초기 기독교 공동체에서 실시했던 성례전과 의식을 통해서 일어났던 가르침을 생각해야 한다. 이것은 휘겔이 말하는 '신비적 요소'이며, 일반 학교와 지식교육과는 달리 신앙교육은 이러한 '신비적인 요소'가 필요하다는 것은 당연한 논리일 것이다. 카테키시스의 가르침에는 신비주의적인 차원이 강하게 요청된다. 카테키시스는 가르침의 행위만 하는 것이 아니라, 성례전의 의식에 참여하면서 기독교의 상징과 신비를 체험하도록 돕는다. 성례전 행위는 지식이나 비평이 아니라 신비의 차원이다. 그렇기 때문에 카테키시스의 '가르침'의 과정은 사람들이 지식에 대하여 상징화하고 암시적인 깨달음을 갖도록 돕고, 신앙의 성숙된 모습과 그리스도인의 삶을 살아가도

록 실천하고 행동해야 할 기술을 배우게 되는 것이다.[256)]

  (2) 카테키시스 과정의 통합

  카테키시스의 세 가지 국면에서 나타나고 있는 개념은 1990년대의 총체적 또는 통합적 카테키시스를 위한 건전한 기초를 마련해 주었다. 공동체와 개인의 필요에 대한 배려는, 휘겔에 의해서 명명된 종교 발달의 제도적·비평적·신비적 측면을 적절하게 발전시키는 근거를 마련했다고 볼 수 있다. 이것은 현대 카테키시스인 『카테키시스 지침서』(General Catechetical Directory, GCD)[257)]와 『미국 카테키시스 지침서』(National Catechetical Directory, NCD, 소위 Sharing the Light of Faith라고 부른다.)258)의 공식적인 문서를 발전시키는 계기가 되었다. 더욱이 신앙 발달을 확립시키고, 신앙을 공동체 믿음으로, 사람들의 삶과 행위를 반영하는 하나님과의 인격적인 관계로 생각하게 해 주었다.

  카테키시스의 입문 과정에서 '형성, 교육, 가르침'은 각기 분리되어 운영되는 것이 아니라, 이 3가지가 통합되어서 운영되는 것이다. 3가지의 각 과정은 모든 사람을 발전시키기 위한 것이며, 상호 보완적인 성격을 띠고 있으며,[259)] 총체적인 카테키시스의 본질을 통찰하는 데 유용한 몇 가지 차이점을 마련하며, 세 가지 현저한 과정을 내포되어야만 한다.

  웨스터호프가 제시하는 '형성, 교육, 가르침'이라는 패러다임이나 교육 모델은 카테키시스를 통하여 기독교 입문 과정을 잘 제시하고 있다고 볼 수 있다. 카테키시스의 교육적인 3가지 활동에 대해 구분하는 것은 교육과 목회 전체의 임무를 성취할 필요가 있다는 것을 암시해 주며, 교육의 제한된 방법과 과정을 뛰어넘어 다양한 가능성을 제시해 준다는 것을 간파할 수 있다.

  웨스터호프가 말하는 카테키시스의 과정은 휘겔이 말하는 '종교적 발달의 3가지 요소'를 육성시키는 것으로 생각할 수 있다. 가르침은 사람들이 기독교적 생활에 특별히 필요한 지식과 기술을 필요로 하는 것을 돕는다. 그 방법은 '성서 지식과 도덕과 성례전적인 삶'(제도적)과 교류함으로써 가능하며, '성서를 해석하고, 역사적이고 신학적으로 사고하고, 도덕적으로 성찰할'(비평적) 능력을 육성시키는 것이다. 또한 마지막으로 사람들을 '하나님과 항상 심오하고 사랑하는 방법으로 관계를 맺고, 다른 사람과 인격적이고 사회적으로 돌봄과 해방으로 관계를 맺도록'(신비적) 권능을 부여함으로써 가능하다.[260] 이러한 3가지 과정 사이에서 구별되는 것과 모든 카테키시스에서 그 3가지를 포함시키는 것은 통합적으로 접근하는 것이 참으로 중요하다. 웨스터호프는 "만일 형성, 교육 그리고 가르침이 각기 구별되지 않는다면, 그들이 기독교적 생성(Christian becoming)에 필요한 과정이 상호 관계를 맺고 있다는 것을 확인하게 될 것이다."라고 했다.[261]

카테키시스는 위의 각 과정에 따른 단계의 목표를 다음과 같이 책정할 수 있다. 첫 번째 단계에서 참여자들은 그들과 기독교 공동체의 이야기를 성찰할 수 있다. 두 번째 단계에서 그리스도인의 삶과 성서공부와 전통에 대하여 성찰한다. 여기서 기독교적 삶은 예배, 기도, 봉사, 사역, 공동체를 말한다. 세 번째 단계에서 그들은 그리스도인의 삶에서 실천되는 훈련에 대해서 성찰한다. 네 번째 단계에서 그들은 성찬의 삶과 부활절의 신비에 대해서 그리고 이것들을 어떻게 그들의 삶과 그들의 부르심, 안내를 형성할 것이며, 그들의 사역을 위해서 어떻게 강화할 것인지를 성찰한다.

각 단계에서 형성된 성찰은 경험의 과정을 수반한다. 그리스도인은 그들의 삶에서의 경험에 대한 성찰을 이끌어 낼 수 있다.[262] 이러한 경험의 인식과 감정은 통합되고, 생각과 행위와 상상과 직관과 감정의 지식적 태도(knowledge-bearing)를 확인하게 해 주며, 경험의 각 양식(Multi-modal)을 구체화하도록 이끈다.[263] 카테키즘은 신앙의 발달을 설명하거나 지원하지 않으며, 하나님의 경험에 대해서 설명하지 않아야 한다. 설명하고 논리적으로 가르치는 연역적 접근은 학습자들의 상상(계속적으로 경시되어 온 문서)

에 대한 노력을 도울 방법이 없으며, 심지어 회심에서 이성적인 기도의 역할이 무엇인지를 말할 것이 없는 것이다.[264] 오히려 경험 중심의 귀납적인 방법과 균형을 이루어야 하며, 각 양식적 접근은 통합적인 방법으로 학습자들에게 접근하여, 그들의 '신앙이 살아 있고, 의식적이고 행동적이 되도록' 만들 수 있다는 희망이 있다.[265]

(3) 카테키시스의 통합적 과정의 분석

웨스터호프의 '카테키시스의 형성과 가르침의 과정'은 '신앙의 예탁'을 전수하는 과제라 할 수 있다. 신앙을 미래의 세대로 전수시키는 것이 종교적 형성의 목표이며, 이것은 새로운 구성원이 공동체 안으로 들어와서 결합하는 과정이며, 신앙과 가치를 나누어서 새로운 가치관을 획득하도록 돕는 데 그 기초를 두고 있다. 신앙의 전수는 교실 학습을 감소시키고, 공동체 의식과 축제, 대인관계의 경험, 역할 모형의 영향력에 활동적으로 참여함으로써 일어날 수 있는 것이다. 신앙의 전수라는 호혜적 모형(muti-modal) 방법에서 웨스터호프의 3가지의 과정은 '신앙생활의 나눔, 의식적 예배의 경험, 그리스도인 봉사 부분의 참여, 종교적 가르침의 참여'를 내포할 수 있는 과정이다.[266]

휘겔에 따르면, 이러한 3가지 종교적 요소의 역사적인 사례가 분명히 있다고 하였다. 유대교에서 "우리는 바리새파 사람들에게서 유용하고 열심 있는 외적·전통적·권위적인 학교를 발견하게 되며, 사두개파 사람들에게서 융통성 있고 이성적인 학교를, … 에세네파의 경험적이고 수덕적(修德的)이며 신비적인 몸을 발견한다."[267] 더욱이 그는 신약성서의 저작물들이 3가지 중의 하나에 의해서 지배된다고 분류하였다. 사도 베드로의 학풍은 전통, 역사, 외적인 것을 예증해 주고, 사도 바울의 학풍은 이성, 내적 사색의 좋은 예가 된다. 그리고 사도 요한의 학풍은 실험적이며 내적이며 신비적인 면을 반영한다. 휘겔은 성인의 신앙 발달이 모든 3가지 종교적 차원을 요구

한다는 생각으로 결론을 맺고 있다.[268]

> 나는 내가 말함으로써 믿는다. 이것은 진리이기 때문이며, 나의 심오한 내적 경험과 욕구에 대한 답이기 때문이다. 또한 모든 것은 동일한 존재이기 때문에, 모든 3가지 동기가 한 번이나 여러 번 나와 함께 나타나며, 그리고 한 번이나 몇 번 궁극적인 결과와 목표를 향하여 가장 완전하고 특성 있는 활동을 하고 있다. 여기서 나의 신앙은 더욱 부요하고 심오하고 강인하게 될 것이다.[269]

휘겔의 이론은 총체적인 종교적 발달 이해에 대한 윤곽을 드러낼 때, 종교를 다음과 같은 것이라 하였다.[270]

> 필연적으로 다소 미신의 감소가 일어나는 것 — 가혹한 구체화와 위험이 일어날 수 있는 것이다. 이것은 심지어 완전히 종교의 부차적인 것이며 동시적인 표현과 분석으로 정말 고착되고 만다. 즉 종교적 확신의 올바른 전이가 터무니없이 도움이 되는 것 그리고 강압적으로 정치적·법률적 심리적인 개념과 실천이 지배될 것이다. 이것은 가장 내적이며, 허약하지만 강한 것, 모든 도덕과 종교적 특성의 발생으로 간주되는 것 — 영적인 성실과 자발성, 하나님의 어린이들의 자유 — 이 쉽게 방해받거나 약해질 수 있다.[271]

여기서 카테키시스가 현대 개신교의 교육을 위한 모델이 될 수 있으며, 신앙교육의 제도적·비평적·신비적 요소가 요청된다. 그 이유는 다음과 같다.

첫째로, 종교적으로 '제도적 요소'를 멀리하게 했던 것을 종교재판에서 찾을 수 있다. 비평적 국면이 극치에 달했을 때, 결과는 나쁜 쪽으로 흘러갔다. 이성적인 신을 향한 예배는 파괴적인 단면을 이끌었는데, 이것은 "합리주의적 열광(a Rationalistic Fanaticism)으로, 장황한 불가지론과 무관심에 너무 끌려 다녔다."[272] 그리고 비평적 요소만이 남아 있는 것은 자칫하면 지적인 체제를 하나님을 향한 그들의 헌신으로 교체하는 사람, 즉 종교적 인간보다는 이성주의자를 양성하려는 것이 된다.[273]

둘째로, 카테키시스는 비평적 요소를 멀리하여, 교조주의의 한계와 경험주의의 스킬라(the Scylla of dogmatism and the carybdis of experientialism)를 피해야만 한다.[274] 다른 말로 하면, 카테키시스의 입문과 종교적 가르침이 "사람들을 올바른 신앙으로 이끌기 위한 신비한 힘을 생각하도록 형성하거나 그들이 믿는 신조를 표현하라는 기독교 신앙의 도전을 자아 중심적 경험으로만 수용하며, 자아 중심적으로 이해하고 섭취하는 데는 실패할 수 있다."[275]고 지적했다.

이러한 실패에서 벗어나기 위하여 스폰(William C. Spohn)은 "거룩한 율법의 준수보다는 인간과 복음을 위하여 인격적인 책임과 주도권을 크게 강조"하였다.[276] 그의 강조는 휘겔이 언급한 카테키시스와 종교교육의 문제를 통해서 알 수 있다. "거의 순진하고 자의식이 없는 … 거의 비지배적으로 전개되어오던 전통적 · 역사적이며, 제도적 · 외적인 어린이의 종교로부터의 변형은 그 자체가 모험이 될 필요가 있다."[277]고 주장하였다.

마지막으로, 내면적이고 성찰의 신비적 요소는 전체적인 카테키시스의 본질적인 부분이 되어야만 한다. 하나님의 신비로운 현존 안에서 침묵과 고요함이 감수성을 풍부하게 할 수 있다는 것은 기도와 하나님의 체험에서 필수적인 것이다. 그래서 "심지어 종교 교육자는 더욱 명백하게 다른 사람과 함께 바쁘게 일할 때도, 명문화된 '주제'나 목적 그리고 의지가 묵상적인 정신을 촉구하려는 암시적인 사항의 입장에 있어야만 한다."[278]

카테키시스트(catechesist)는 모든 나이 수준과 묵상적인 형성의 명백한 요소를 포함하여 교리 · 도덕 · 예배를 형성하게 해야 하는데, 이것은 그들에게 참된 묵상적인 음색을 우선적인 것으로 만들어주도록 노력해야만 한다.[279] 즉 통합적인 카테키시스는 종교의 제도적 · 분석적 · 신비적 국면을

위하여 주어진 배려를 요구한다.[280]

휘겔의 말은 거의 1세기 전에 발표되었지만, 오늘의 교회에서 시대적인 말로 현저하게 들리며, 제도적인 횡포를 두려워하는 많은 사람들의 느낌을 적절하게 표현하였다. 웨스터호프는 개신교의 신앙교육의 패러다임의 변화를 주장해 온 사람이다. 그는 신앙 공동체의 교육을 위해서 학교형 패러다임에서 신앙 공동체의 패러다임을 추구해야 한다고 하였다.

3) 카테키시스의 체제적 접근

전술한 바와 같이 카테키시스는 통합적 성격을 띠고 있으므로, 여기서 카테키시스의 통합을 위한 체제적 접근을 시도하고자 한다. 카테키시스와 체제의 상호 작용성, 카테키시스의 체제로서의 전제를 살펴보고자 한다.

(1) 카테키시스와 체제의 상호 작용성

체제 이론(system theory)은 전통적 이론, 카리스마적 지도자론, 인간 관계 이론과는 달리, '급변하는 환경적인 조건에 대처하려는 조직의 부분적인 시도로 발전'되어 온 이론이다.[281] 이 이론은 미래의 급변하는 환경 속에서 봉사하고 선교적인 사명을 감당하기 위하여 더욱 체계적인 접근을 시도할 수 있으며, 나아가 교회의 본질과 역할을 감당할 수 있도록 돕는 하나의 이론이며, 새로운 세계관을 갖고 접근한다. 라인즈(Timothy Arthur Lines)는 『체제적 종교교육』(Systemic Religious Education)[282] 체제론적 세계관을 설명했는데, 그는 모든 실재는 '유기체적'이기 때문에 '관계적이며, 다원주의적, 사이버네틱스(cybernetics)이며, 진제적'이라 했다. 여기서 보디 활동적인 관계가 되기 위해서 '역동적이며, 부의 엔트로피(negentropie)'283)가 일어나며, 결과에 대해서 '추정'(Stochastic)할 수 있다.

체제 이론의 세계관을 통해서 보면, 체제 이론은 전혀 이론이라고 볼 수 없다. 이론이 하나의 이론이 되기 위해서는 원인과 결과의 구체적인 인과 관계를 나타내어야 하는 것이며, 그 기본 요소로서는 구체적인 가설(specific hypotheses)과 가설의 검증(tests of hypotheses)을 갖추어야 한다. 이러한 측면에서 볼 때 체제 이론은 차라리 하나의 틀(a framework) 또는 추상 이론(a meta-theory)이라 볼 수 있으므로 일종의 모형으로 보는 것이 타당하다.[284)

체제 이론의 입장에서 교회를 탐구하면, 다음과 같은 효과를 고려할 수 있다.

첫째, 체제적 접근은 문제를 진단할 수 있는 도구를 제공하며, 교회가 행동하도록 역동적인 기회를 갖도록 돕는다.

둘째, 교회의 모든 구성 요소와 환경에 의해서 계획 과정의 효과성을 증진시킬 수 있다.

셋째, 전체 교회의 온전성, 게스탈트적 견해라는 견지를 제공한다.

넷째, 지도자 또는 그룹을 행위의 양자택일의 과정에 대한 결과와 암시를 정확하게 예견하도록 돕는다.

다섯째, 교회를 다른 조직과의 관계의 차원으로 보기 때문에, 전적으로 그 자체에 초점을 교회 존재를 지키려 한다.

여섯째, 환경 조건, 목표, 교회의 특성에 따라 나름대로의 융통성 있는 지도력 행위를 도출한다.[285)

라인즈[286)는 '종교교육의 변혁을 위한 시각을 창출'하기 위하여 종합적인 시각을 기술하였다고 말한다. 그것은, 신학적 견해로부터 종교교육을 지각하는 통합, 학문 교류(transdisciplinary), 역동적 모험인 체제적 시각이라 하였다. 체제적 견해는 근본적으로 은유로서 전체를 역동적이고 변혁되는 통일체를 창조하기 위하여 '상호 관계'가 일어나고 상호의존적인 요소가 작용하는 유기체287)라 할 수 있다. 이것은 종교교육이 교회와 세상 안에서

일어나는 유기적인 행위로 일어나야 함을 말한다.[288]

교회교육의 유기적인 의미는 '환경과 관계'라는 2가지 주제를 고려해야만 한다. 환경은 "우리 자신이 관찰하려는 세계의 일부분이라는 것을 먼저 알아야 한다. … 더 큰 세계의 일부분"[289]이라는 차원에서 전체의 일부의 관계를 말하며, 전체와 부분이 상호 작용을 일으키는 것이다. 환경은 유기적이라는 말은 전체와 부분을 말하며, 관계는 이러한 환경의 유기적인 상호 작용을 말한다.[290] 따라서 교회교육의 유기적인 의미는 교회와 구성원이 관계를 맺는 환경과 관계를 맺으며, 상호 작용이 일어나는 것을 말한다. 이러한 상호 작용의 목적은 추정되는 목표(산출, output)를 향하여 진보하기 때문에 이를 가리켜 '과정적 사고'(process thinking)라고 할 수 있다.[291] 따라서 체제적 사고가 체제의 내용보다는 체제의 상호 관계들에 더 관심을 두는 이유는 바로 과정적 사고의 특징이 있기 때문이다. 체제론적 입장은 과정, 패턴, 역동성에 관심을 두는 만큼 존재(되어 있는 것, being)보다는 되어 가는 것(becoming)에 더 강조점을 두고 있다.[292]

위에서 살펴본 것처럼, 체제 이론은 현대 개신교 교회교육을 위한 하나의 틀로 제시될 수 있다. 카테키시스는 교회교육 공동체의 상호 작용의 특성을 지니고 있다. 특히 카테키시스는 참여와 과정을 통해서 이루어지는 시간적 요소가 필요하며, 참여자가 서로 대화하며 나누는 공간적 요소가 필요하다. 시간은 그리스도인의 삶으로 성숙시키고 발전시키며 성숙시켜 주며, 공간은 대면과 참여와 나눔을 통해서 경험하고 고백하고 전파하도록 도와준다. 시공의 과정은 마치도 순례자처럼 끝없는 과정을 통해서 단절과 변화와 생성을 이룰 수 있다. 시공의 상호 관계는 기독교 신앙의 정체성 형성을 위하여 공동체가 함께 가르치고 배우는 패러다임으로 운영되어야 한다. 이 말은 카테키시스 체제를 통하여 기독교 공동체의 구성원간의 만남, 참여, 나눔을 이룩하는 것이며, 기독교 공동체의 입문자와 구성원과의 만남과 참여와 나눔을 이루는 것이다.

이것은 카테키시스가 교회의 프로그램이 아니라 하나의 개방된 체제 (open system)가 되어야 함을 말한다. 기독교 공동체에 투입되는 새신자를 위한 입문교육, 유아 세례자와 기존 세례자의 신앙을 위한 정체성 형성을 구축하는 교육과 목회의 체제를 이루는 것이다. 이 체제는 교회 전체 회중이 '투입-변환-산출 체제'의 과정에 참여하게 되는 교육과 목회의 패러다임이 된다. 특히 종교교육에서 체제적 모형은 목적, 기능, 구조의 상호 작용과 상호 의존이 일어나도록 도움을 주며, 그 목적은 '학습의 적응 과정을 통하여 전적인 연합을 수립'하며, "과거로부터 이끌어 내고, 현재를 통하여 미래 속으로 이끌어 가는 것이다. … 내적 외적인 상호 작용을 통하여 체제 안으로부터 나타나게 하는 것이다."[293] 이것은 카테키시스가 상호 작용이 일어나야 함을 말하며, 교회 공동체에서 새신자와 기존 신자의 신앙과 정체성을 형성해 주기 위하여 기독교적 만남과 수용과 나눔을 통해서 교육과 목회적 배려가 일어나야 함을 말한다.[294] 더욱이 교회 공동체의 '새신자와 기존 신자(구성원)', '청소년과 어른', '새 세대와 기성세대'의 상호 관계를 통하여 함께 성장하고 나누는 일을 경험하도록 도울 수 있다.

또한 3세대(three generations)의 만남이 일어나는 카테키시스의 체제는 간세대의 교육(education of intergeneration)을 지향한다. 간세대의 교육은 세대가 공동으로 만나고, 그들의 삶과 신앙을 나누는 것을 지향하는 체제에 의해서 운영되는 카테키시스는 새신자와 기존 신자의 신앙 형성을 이룩할 수 있으며, 현대교회가 지니고 있는 장점과 단점을 살릴 수 있다. 카테키시스의 체제 아래에서 여러 세대가 만나는 교육적 행위를 통해서 편협된 생각으로 살아가는 현대인에게 다른 사람들이 "얼굴과 얼굴을 맞대는 관계가 되며, 애정과 공동적인 경험을 하나로 묶게 된다."[295]

간세대의 만남을 추구하는 카테키시스는 젊은이와 성인을 이어주는 역사적·교육적 교량 역할을 한다. 이러한 점은 카테키시스가 단순히 교회 공동체의 입문만 아니라, 교회 구성원들이 "평생 카테큐메너트의 단계를 완수할 수 있는 경험과 학습"[296]을 정리하도록 도울 수 있다. 젊은이들은 기독교 공동체의 성인들과 일체감을 느끼게 함으로써 전통적으로 공동체에서 전수되어 온 그들의 신앙을 수용하고 보전하게 된다. 이러한 간세대의 교육은 기성세대가 젊은이의 눈으로 보게 되며, 삶의 태도에 영향을 주며, 새로운 관계가 효과적인 새로운 구조를 필요하게 된다.

카테키시스에서 간세대의 만남은 새로운 견진교육에서 참여하는 "모든 사람이 교사이며, 모든 사람이 학생이다."라는 전제를 생각할 수 있다. 이 전제는 세대간의 '상호 작용'을 통해서 경험과 생각을 함께 나누는 학습을 하게 되며, 나아가 과거와 현재와 미래 세대의 만남이 일어날 수 있도록 돕는다. 특히 어른들의 종교적인 성향과 어린이와 젊은이들의 탐구적인 성향이 결합되도록 하며, 이 과정을 통하여 신앙교육적인 관계를 창출할 수 있다. 이것은 신앙교육이 '교사와 학생의 만남' 차원이 아니라 '어른과 어린이의 만남'이라는 세대적 차원으로 이해해야 된다는 것을 말한다. 가르치는 사람과 배우는 사람이 분리된 이원론적 구조를 극복한다.

기독교 신앙 안에서 공동체에 참여하는 구성원은 자신의 신앙을 고백하고 확언 받은 사람은 누구나 가르치는 사람이 될 수 있으며, 반대로 그들은 언제나 누구에게든지 배울 수 있는 사람이다. 어른과 어린이의 만남은 교육적인 주종 관계를 뛰어넘으며, 종래의 교사라는 지도자적 자격의 문제와 역할을 문제를 넘어선다. 오히려 모든 교사와 학생이 '한 가족'으로 만난다. 모든 지도자와 참여자가 친구와 형제와 누나의 관계를 이룬다. 이것은 기독교적인 친교와 나눔의 가정적(家庭的)인 의미를 띄고 있다.

카테키시스 체제의 상호 작용성은 연령층과 연령층 간, 즉 간세대의 교육으로 발전되게 되며, 어린이와 청소년 중심의 교육을 전 교회의 회중 중심의 체제로 전환시킨다. 또한 성인은 젊은이들의 삶과 나누면서 새로운 가치관을 터득할 할 기회를 갖고, 젊은이들은 성인들의 삶을 나눔으로 역사적인 사고를 터득하게 된다. 성인들은 젊은이를 통해서 체제의 요구와 도전의 소리를 들어서 변화를 꾀하는 힘을 얻게 되고, 젊은이들은 체제에 대한 이해와 그것

을 유지하는 힘이 무엇인지를 이해하고 인식하도록 돕는다.[297]

3세대의 만남을 통하여 신앙을 전수하고, 새로운 비전을 깨달을 수 있는 교육적인 장을 마련할 수 있다. 그리고 공동세대의 만남을 통해서 그들 자신의 삶의 갈등과 전환기를 느끼고, 되새길 수 있다.[298]

(2) 카테키시스 체제의 전제들

카테키시스는 체제적 신앙교육의 비전을 제공한다고 할 수 있다. 한미라는 교회교육을 하나의 체제라고 전제하고, 체제 이론에 입각하여 교회교육을 설명하였다.[299] 라인즈(T. A. Lines)도 종교교육을 체제 이론으로 접근했는데, 그의 종교교육의 체제적 특성[300]은 카테키시스의 구조와 일치하고 있다고 전제할 수 있다. 이에 관한 선행 연구자들의 논지와 그 맥을 같이 하면서 다음과 같이 카테키시스 체제의 전제를 기술하고자 한다.

첫째, 카테키시스 체제는 '유기적인 특성'을 지녀야 한다. 체제 이론은 모든 실재를 유기체[301]로서 해석하며, 모든 실재는 변화와 성장과 미래를 위한 에너지의 저장하고 있다고 전제한다. 그것은 모든 유기체가 유사한 실체로 구성되어 있으며 실체들간의 관계 구조에 있는 것이다.[302]

체제 이론에 근거하여 카테키시스는 유기적인 특성을 지니고 있다고 할 수 있다. 카테키시스는 기독교 공동체의 입문자들이 구성원으로 형성되며, '신앙'과 '공동체'라는 유기적인 요소를 지니고 있다. 개종자들이 개종 이전의 삶을 중시하는 하는 과거주의가 아니라, 기독교 공동체의 구성원으로 '형성'되도록 교육·목회적 차원에서 유기적인 관계를 맺으며, 나아가 공동체와 더불어 유기적인 삶을 살도록 돕는다. 그것은 입문자들을 위한 세례 준비 과정, 기독교 신앙의 정체성 형성, 기존 신자들의 신앙 확증을 위하여 계속적인 관계를 맺고 있는 데서 발견될 수 있는 요소이다.

둘째, 카테키시스 체제는 '상호 작용적 특성'을 지녀야 한다. 체제 이론에서 유기적인 특성은 상호 관계적인 요소에서 잘 나타나고 있다. 모든 살아 있는 유기적인 존재는 그 자체와 환경과 다른 체제와 상호 관계를 맺으며, 상보성(complementarity)의 원리로 설명될 수 있다. 캐프라(F. Capra)는, 체제적 사고는 곧 '과정적 사고'[303]라는 입장은 상호 작용과 역동성을 요청하는 말이다. 체제의 역동성은 '존재'(되어 있는 것, being)보다는 '되어 가는 것'(becoming)에 더 강조점을 두며,[304] 이것은 체제의 상호 작용성은 역동성과 과정의 특성을 지니고 있다.

체제 이론에 근거하여 카테키시스가 유기체적인 과정[305]이라고 한다면, 교육과 목회의 관계, 새신자와 구성원의 관계 등을 통해서 이루어진다는 것을 뜻한다. 카테키시스의 유기적 특성은 카테키시스의 '관계와 과정'에 의해서 이루어지는 것을 말한다. 그것은 카테키시스의 과정을 통해서 지속적인 관계가 일어나고 있음을 보여 준다. 새신자들이 기독교 공동체로 '투입'(inputs)되어서, 기존 신자와 교육·목회의 과정을 통해서 유기적인 관계를 맺음으로써 '변환'(transforms)을 경험하게 되고, 새로운 삶을 위해서 '산출'(outputs)된다. 투입-변환-산출을 위해서 카테키시스는 계속적인 행위를 시도하며, 그 안에서 일어나는 신앙적 체험과 변화의 역동성을 전제로 하고 있다. 이러한 과정은 개종과 입회 승인-예비 세례자(세례 이전 의식과 가르침)-세례의식-신앙의 확증의식-성만찬(공동체 축하) 의식 과정을 통해서 이루어진다.

셋째, 카테키시스 체제는 자기 항상성을 지니고 있어야 한다. 자기 항상성(homeostasis)이란 체제 자체에 있는 체제의 문제, 질병, 붕괴의 위험 등을 감지하고, 보수·유지·회복할 수 있는 기능을 말한다.

카테키시스 체제는 고착된 프로그램에 의해서 운영되는 것이 아니라, 그 공동체의 요청과 주변환경의 변화에 의해서 프로그램을 수정하고 변화를 시도할 수 있으며, 계속적인 발전과 변화를 위해서 자기 수정의 기능과 회복의 능력을 지니고 있다. 카테키시스는 교회 공동체의 환경과 주변 체제와 상호 작용을 고려해야 하며, 신앙 공동체에 투입되는 환경과 주변 체제를 감지해야 한다. 왜냐하면 기독교 공동체는 항상 외부의 투입을 경험하고, 또 외부를 향해 산출되기 때문이다. 특히 교회 공동체 외부의 문화적·지리적·사회적인 요소는 투입과 산출의 특성을 가늠하게 된다.

카테키시스 체제는 외부체제 뿐만 아니라, 그 자체 안에서도 상호 작용의 기능을 행할 수 있으며, 카테키시스트(catechesist)와 카테큐멘(catechuman)과의 상호 작용을 통해서 서로의 신앙과 삶을 나눌 수 있도록 돕는다. 참여자들은 신앙교육을 일방적이고 폐쇄적인 지식을 배우는 과정이 아니라, 오히려 진행자와 참여자, 삶과 신앙이 개방되어서 자신의 신앙을 형성하고 성찰하고 배울 수 있도록 관계를 맺는 것이다. 그것은 카테키시스 체제의 상호 작용을 통해서 자기 수정이 가능하고, 참여자들도 자기 수정의 능력을 배양할 수 있다. 자기 수정과 상호 작용적 기능은 카테키시스를 더욱 역동적이고 개방적인 체제를 형성하도록 돕는다. 그래서 교회 공동체 → 카테키시스 → 새신자 교육의 체제가 스스로 수정하고, 나아가 상호 관계를 맺으므로 유기적이며 통일성[306]을 이룰 수 있도록 하는 것이다.

넷째, 카테키시스 체제는 '다학문적인 접근'을 시도해야 한다. 체제 이론은 물리학, 화학, 생물학, 심리학, 사회학 등의 학문은 실제 세계와 분리되어 있는 것이 아니라 통합되어 있다고 생각한다.[307] 특히 '사이버네틱스'(sybernetics)의 이론에 입각하여, 인간에게 창조된 모든 관련 있는 학문과 교육공학의 도움을 받아야 한다. 카테키시스를 위한 방법은 신학, 교육학, 심리학, 사회학, 교육공학 등의 다학문적 접근을 시도해야 한다는 것을 제시한다. 이 말은 카테키시스의 발전을 위해서 성서만 가르치는 편협적인 접근을 멈추어야 한다는 뜻이다. 카테키시스는 신앙적 양육을 목표로 삼고 있지만, 기독교 교리에 입각하여 가르치는 행위로 머물지 않는다. 그것은 카테키시스가 성서만 가르치는 행위가 아니라 기독교의 전통, 역사, 교리, 관습, 삶을 총체적으로 교육한다는 것에서 나타나고 있다. 이것은 카테키시스가 성서와 더불어, 기독교가 지니고 있는 모든 신앙적인 내용을 모두 다루어야 한다는 말이다. 기독교의 전통, 역사, 교리, 관습, 성례전과 의식, 기독교적 삶(정의, 평화, 창조세계, 문화 등) 등을 다루어야 한다는 뜻이다. 또한 기독교 공동체의 새신자와 구성원을 양육하기 위하여 심리학적이고 사회학적인 이해가 요청된다. 따라서 카테키시스 체제는 여러 학문의 도움을 받아, 입문자들이 올바른 신앙을 지닐 수 있는 '교육과 목회적 행위'를 하는 것이다.

다섯째, 카테키시스 체제는 주기적인 요소를 띠고 있어야 한다. 카테키시스의 과정은 각기 투입과 변환과 산출의 주기적인 과정에 참여하는 사람들이 일정기간을 단위로 주기적이고 연속적인 참여하도록 기획한다. 예를 들면, 개종자가 기독교 공동체에 들어오면, 그들을 입문의 과정을 거쳐서 '새신자 교육'의 체제에 투입한다. 그들은 새신자 교육의 규칙적이고 정규적인 과정과 교회의 사순절기의 철저한 준비 과정을 거쳐서 부활주일에 세례를 받도록 하고, 성숙된 신앙을 위해서 철저한 실천과 성찰의 훈련과 교육을 받고, 나아가 세상 속에서 그리스도의 삶을 실천하도록 돕는다.

여섯째, 카테키시스 체제는 내·외부로부터 투입이 있어야 한다. 투입이란 기독교 공동체에 들어온 사람들과 자원 등을 말하며, 이것을 기독교적 삶을 살 수 있도록 '변환'시켜서, 세상 속에서 다시 흩어져 신앙을 증거하고, 선교하고, 봉사하며, 올바르게 살도록 '산출'하는 체제이다.

카테키시스 체제는 항상 '투입 체제'(inputs system)를 지니고 있다. 투입은 기독교 공동체에 투입되고 요구되는 각종 자원과 노력, 제반 환경으로부터 오는 영향을 말한다. 교회 공동체는 기독교로 개종하거나 공동체로 이전하는 사람들이 있다. 이들은 다른 문화와 사회 속에서 살았던 사람들이며,

그들이 경험한 삶과 신앙을 지니고 있다. 이 사람들은 기독교 공동체에 '투입'된 사람들이다. 그런데 카테키시스는 인적 자원만 투입되는 것이 아니라, 문화·가치관·사회 문화와 변화 등이 함께 투입되고 있다.

일곱째, 카테키시스 체제는 항상 '변환 체제'(transformation system)[308]를 지니고 있어야 한다. 변환 체제는 투입된 것을 새롭고 창조적인 삶으로 산출하기 위하여 변화시키고 형성하는 과정이다.[309] 카테키시스 체제는 기독교 공동체의 입문자들이 "구성원이 될 수 있도록 카테키시스의 과정을 통해서 형성하고, 교육하고 가르친다." 그리스도에 대해서 모르던 사람들이 그리스도를 알게 되고, 그분을 구주로 깨닫게 되는 것 등을 말한다. 이 과정을 통해서 세례의 의미와 자신의 신앙을 고백하도록 변화시키는 것이다. 변환의 내용은 기독교 전통, 역사, 교리, 관례, 의식, 성서 등이다. 변환의 방법은 기독교 공동체 안에서 공동체의 구성원으로서 인간의 삶과 신앙의 변화를 위해서 교육과 목회적 방법을 활용하고 배려하며, 유기적이며 상호 관계를 통해서 공동세대의 만남을 이루도록 한다.

여덟째, 카테키시스 체제는 항상 '산출 체제'(outputs system)를 지니고 있어야 한다. 산출은 교회와 주변 환경에 다시 내보내는 새로운 결과를 낳는다. 산출은 교육의 결과이고 교육과 신학의 '궁극적인 목적'과 관련된 내용이라 할 수 있다.[310] 기독교교육의 궁극적인 목적은 신학적 배경과 교단의 입장에서 다를 수 있다. 카테키시스의 산출은 각 체제가 개체의 독특성과 특수성이 있으므로, 동일한 목표를 지니기보다는 각 체제 — 교단, 교회, 지역, 개인의 목표 — 에 따라서 다른 산출을 기대할 수 있다.

특히 기독교와 교회 공동체의 상위 체제의 목적 아래에 카테키시스의 하위 체제의 목표가 있다. 산출은 교육적인 입장에서 지(知)·정(情)·의(意)로 정의할 수도 있다. 인지적 측면에서 카테키시스는 기독교의 진리와 성서의 말씀을 획득하고 이해하는 것이며, 정의적 측면에서 기독교 공동체의 관습(기도, 찬양, 헌금, 교제, 의식행위 등)과 같은 공동체의 삶을 터득하고 형성하도록 도울 수 있다. 그리고 행위적 측면에서 신앙적 삶(언행일치, 기독교적 삶의 실천 등)을 실천하도록 하는 것이다.

카테키시스의 각 과정에 따라서 목표(산출)를 정의할 수 있다. 예를 들면, 기독교 공동체의 '새신자 교육'은 세례를 받고 기독교 공동체의 구성원으로 형성되는 것이다. 예수 그리스도와 하나님에 대해서 모르던 사람들이 공동체 안에서 신앙을 고백하고 세상에 나가서 증언하도록 한다.

5. 요약과 전망

종교개혁 이후의 카테키시스는 하나의 신앙 교육서 형태로 나타나기 시작하였고, 현대의 인문과학의 발달로 카테키시스에 대한 새로운 접근을 시도하였다. 이러한 시도는 헤르바르트의 5단계(Herbart's five steps)를 활용하기도 하였으며, 케리그마적 카테키시스(Kerygmatic catechesis)의 개발, 뮌헨식 방법 등이 속출하였다. 특히 연역적 방법을 탈피하여 귀납적 방법의 전환은 카테키시스의 새로운 양상을 낳게 되었다.

현대 카테키시스는 크게 2가지 양상으로 발전되고 있다. 첫째로 카테키즘을 신앙과 교리 중심의 교재라는 차원에서 접근하고, 다른 하나는 초기교회의 교육·목회 패러다임을 회복하려는 것이다. 개신교는 가톨릭처럼 교재 형태의 카테키시스에 대한 관심은 거의 없다. 오히려 웨스터호프가 제시하는 카테키시스의 세 과정(형성, 교육, 가르침)의 통합을 추구하면서 카테키시스의 패러다임 회복을 접근을 조심스럽게 시도하고 있다. 미국 교회에서는 개신교에서 외면하고 있는 유아 세례자와 청소년을 위한 견진례 교육

(Education of Confirmation)의 이론적이고 실천적인 시도를 하고 있다. 이러한 카테키시스의 현대적 접근은 교육신학적인 탐구를 시도할 수 있다.

카테키시스의 교육신학적 이해는 다음과 같이 요약할 수 있다. 첫째로, 카테키시스의 목적이다. 카테키시스의 목적을 규명하기 위해서는 카테키시스의 역사적 배경과 패러다임을 이해해야 한다. 초기교회의 카테키시스는 개종자의 기독교 공동체 입문자 형성이 목적이었으며, 종교 개혁기는 종교 개혁 신앙의 정체성 확립과 형성이라 할 수 있다. 그러므로 카테키시스의 목적은 기독교 공동체의 모든 사람들이 공동체 안에서 삶과 신앙을 나눔을 통해서 '기독교 공동체의 구성원 형성과 정체성 형성'하는 것이다.

둘째로, 카테키시스의 과정이다. 카테키시스의 과정은 초기교회에서 행했던 형태를 보면 잘 드러날 수 있다. 그들은 개종자들이 기독교 공동체에 들어올 때 철저하고 엄격한 검증과 입회 승인-예비 세례자 단계(견습기간, 약 3여 년)-세례의식-신앙의 확증의식(세례 이후 의식과 가르침)-첫 성만찬(공동체) 축하의식 등의 과정으로 진행했다. 이 과정은 가르침과 의식적 절차를 통해서 진행했다. 종교 개혁기의 카테키즘은 개혁 신앙의 정체성을 심화시키기 위한 교육과정을 구성하였다. 그러므로 카테키시스의 과정은 '기독교 공동체를 통해서 지속적인 상호 작용이 일어나며, 점진적으로 진행하는 교육과 목회의 통합적인 과정'이라 할 수 있다.

셋째로, 카테키시스의 방법이다. 카테키시스의 방법은 단순히 교수 방법에 얽매이지 않았고, 오히려 교육과 목회의 다양한 접근과 방법을 활용하였다. 오늘날의 시청각 교육을 뛰어 넘어 인간의 오감(五感)을 교육의 통로로 사용하였다는 것은 놀라운 일이다. 또한 초기와 개혁 교회는 공동체 안에서의 상호 작용인 질문과 대답의 방법은 인간의 직관적이고 응답적인 차원을 인식한 것이라 할 수 있다. 그러므로 카테키시스의 방법은 '교육·목회의 총체적인 방법'이라고 할 수 있다.

카테키시스의 교육신학에서 볼 수 있는 것은 통합적인 구조라는 것을 인식할 수 있다. 통합적 구조는 카테키시스를 목회적 돌봄(pastoral care)이라는 차원에서 교육·목회의 틀을 구성할 수 있다. 이것은 목회에서 '믿음과 가르침의 관계'이며 카테키시스의 핵심 단어다. '믿음'은 관계적인 차원으로 접근하며, '가르침'은 신앙의 내용으로 연결되는 것이다. 믿음은 가르쳐지고, 가르침은 믿음을 보완하므로 카테키시스는 믿음과 가르침의 상호 작용과 상호 관계 안에서 유지되고 사역되는 것이다. 그러므로 카테키시스는 교육과 목회, 삶과 신앙, 가르침과 예배 등의 통합적인 구조를 이루고 있었다.

카테키시스의 통합적인 구조는 휘겔(Baron Friedrich von Hügel)의 종교 발달 경험(제도적 차원, 비평적 측면, 신비적 요소)을 통해서 인식될 수 있다. 그는 종교 발달 경험의 3가지 요소는 카테키시스가 목표로 삼는 완전한 그리스도인으로 발전시키는 데 중요한 '전인 과정'[311]이라고 강조하고 있다. 사람들은 종교의 외적·전통적 차원이 되는 '제도적 차원'을 통해서 사람들을 믿고 배우며 신앙을 수혜(受惠)하게 된다. '비평적 측면'을 통하여 신앙을 성찰하고, '신비주의적 차원'으로 내적 경험세계를 위한 내적 삶과 감수성의 양성하도록 한다. 휘겔의 종교적 발달의 통합적인 이해는 카테키시스를 통합적인 접근, 전통, 신앙 지식과 성찰, 신비적인 경험을 하도록 돕는다. 그러나 이 3가지는 각기 분리된 것이 아니라, 신앙의 완전성을 추구하는 통합적인 요소이며, '현재적 접합점'으로 하나로 통합되는 것이다. 여기서 말하는 현재적 접합점은 '삶'이라는 차원에서 이루어지며, 특히 개신교에서 도외시되고 있는 신비적 차원을 경험하도록 돕는다.

카테키시스의 과정을 통합적으로 이해한 웨스터호프(John Westerhoff III)는 카테키시스가 신앙교육의 총체적인 요소라고 하였고, 여기에는 3가지 중요한 과정이 있다고 하였다. 카테키시스는 '그리스도인 양육 형성', '그리스도인 교육', '그리스도인 가르침'[312]이다. 그가 말하는 기독교의 '형성'(formation)은 기독교 공동체의 구성원이 되며, 정체성을 획득하며, 공동체라는 집단생활에 참여함으로써 그리스도인의 삶과 믿음을 경험하는 과정이므로 의도적 사회화에 중점을 두고 있다. 기독교의 '교육'(education)은 개인적인 발전의 중요성을 시사하는데, 형성 과정에서 갖게 된 믿음을 비평하고 성찰함으로써 신앙의 변증법적 성장을 도모한다. 공동체 생활과 정체성을 수립하는 결합의 장이 되도록 하는 것이다. 기독교의 '가르침'(instruction)은 기독교적 삶을 사는 데 필요한 지식의 전달과 가르침(성서, 전통, 신학, 교리, 역사, 관례 등)의 기술을 터득하도록 한다. 웨스터호프에 의해 묘사된 형성, 교육, 가르침의 과정은 통합적이거나 전체적인 카테키시스이다.[313] 이러한 통합적 과정은 체제 이론의 접근을 가능하게 한다. 체제 이론은 체제적 세계관에 입각하여 유기체적이며, 상호 관계적이며, 과정적인 성격을 띠고 있다. 따라서 카테키시스는 하나의 체제이며 체제적 접근의 전제를 제시하였다.

카테키시스에 대한 발전적 연구를 위하여 개신교 교육신학적인 이해를 다음과 같이 새롭게 정리하고, 접근의 가능을 추구할 수 있다고 전제한다.

첫째, 카테키시스는 기독교 공동체에 들어오려는 사람들을 '기독교 공동체의 구성원 형성'(초기 기독교 공동체)을 위한 교육이어야 하며, 나아가 이미 기독교 공동체에 들어온 사람들을 위한 '정체성 교육'(종교 개혁기)이 되어야 한다. 근래에 부각되고 있는 '세례신앙의 공적 고백교육'(현대의 접근)이다. 카테키시스의 세 가지 형태는 오늘 우리의 교회에서 교육적 과제를 제시한다. 그것은 기독교에 들어오는 사람들을 위한 '기독교 입문자 교육'(새신자 교육)과 이미 그리스도인이 된 사람들을 위한 '정체성 교육' 그리고 유아세례를 받은 청소년을 위한 '신앙 확증의 교육'이다. 이 말은 기독교 교육신학의 목표로, 현대 개신교 교회의 카테키시스의 적용이라는 차원에서 카테키시스는 '기독교 공동체 신앙의 정체성 형성'으로 정할 수 있다.

둘째, 카테키시스는 '통합적인 교육·목회의 패러다임'을 형성하고 있다. 카테키시스가 신앙적 '앎'을 위한 교육이 아니라, 신앙적 '삶'을 위한 교육이라는 점에서 '앎과 삶'의 통합적인 요소이다. 초기 기독교 공동체의 '구성원 형성을 위한 입문 과정'에서 목회와 통합의 교육, '목표와 과정의 통합'(세례, 성만찬, 견진례) 등에서도 인지될 수 있다. 그리고 휘겔(Baron Friedrich von Hügel)의 종교 발달 경험의 3가지 단계와 웨스터호프((John Westerhoff III)의 3가지 과정은 서로 통합될 수 있다. 그것은 성례전과 가르침을 형성하고(제도적 요소), 성서를 해석하고 성찰하고(비평적 요소), 그리스도의 진리와 역사와 전통을 통해서 하나님의 신비로움을 경험하도록 돌보는 것(신비적 요소)이다. 웨스터호프의 '형성, 교육, 가르침'의 과정에 대한 설명은 토머스 그룸(Thomas H. Groome)이 말하는 삶(life)-신앙(faith)-삶(life)의 '나눔의 교육과정'과 맞물린다고 할 수 있다.[314]

카테키시스의 '통합성'은 기독교교육과 목회의 전통 속에 살아 있는 새로운 신앙교육의 패러다임을 구성할 수 있는 근거가 되며, 특히 현대의 미분적(微分的)이며 분리적(分離的)인 현대 기독교교육과 목회 현장에서 요청된다.

셋째, 카테키시스는 초기 기독교 공동체에서 실시한 교육 패러다임이지만, 오늘의 체제이론(system theory)에 입각하여 해석될 수 있는 구조를 지니고 있다. 이것은 카테키시스가 신앙 공동체의 목표를 이루기 위하여 철저하고 엄격한 과정에 따라 교육했으며, 그 과정은 교육과 목회의 통합적인 구조와 방법으로 설계되고 진행되었다. 또한 휘겔의 '제도적·비평적·신비적' 카테키시스를 웨스터호프의 '형성, 교육, 가르침'에서 개신교 교회의 '교육과 목회를 위한 새로운 체제'로서 개발될 수 있다는 점을 전제할 수 있다. 이 전제에서 개발되는 카테키시스의 체제적 교육 모형은 단순히 길들임을 시도하는 교육의 틀에서 벗어나서 말씀의 '가르침과 믿음'이 만나는 신앙교육의 체제를 구축할 수 있다고 볼 수 있다.

각 주 ────────────────────

1) Michel Dujarier, *A History of the Catecumenate: The First Six Centuries* (New York: Sadlier, 1979), 136-137. 아시아와 중앙 아프리카에서도 선교 초기에 성프란시스 자비에르(St. Francis Xavier)가 세례에 대한 준비교육 없이 대중세례를 베풀었다.

2) Joseph Colombo, "The Catechetical Method of Saint Sulpice," *Shaping the Christian Miessage*, ed. by Gerard S. Sloyan (Glen Rock: Paulist Press, 1958), 98-118.

3) 유재국, 『교리교육사』 (서울: 가톨릭교리신학원, 1990), 37.

4) Michel Dujarier, *A History of the Catecumenate: The First Six Centuries*, 139.

5) Ibid..

6) Ibid..

7) 프랑스에서 재생의 역사에 관하여 "Vers un catéchuménat d'adultes," Documentation catéchuménat," supplement of Catéchèse (Paris, 1961)을 참조하라. 그리고 J. Vernette and H. Bourgeois, *Seront-ils chrétiens?* (Paris, Châlet, 1975)를 참조하라. quote in Michel Dujarier, *A History of the Catecumenate: The First Six Centuries*, 139.

8) Michel Dujarier, *A History of the Catecumenate: The First Six Centuries*, 136.

9) Robert Ulich, *A History of Religious Education* (N.Y.: New York University Press, 1968), 273.

10) Michel Dujarier, *A History of the Catecumenate: The First Six Centuries*, 138.

11) Marshall C. Dendy, *A Study of the Catechism: The Westminster Shorter Catechism for Families* (Virginia: CLC Press, 1966), 18.

12) Marshall C. Dendy, *A Study of the Catechism: The Westminster Shorter Catechism for Families*, 19.

13) 유재국, "교리교육의 과거와 현재", 「신학전망」 59호 (1982): 37.

14) Marshall C. Dendy, *A Study of the Catechism: The Westminster Shorter Catechism for Families*, 18.

15) Lois E. LeBar, *Education that is Christian* (N.J: Revell Co., 1958). 헤르바르트(Johann Friedrigh Herbart)는 연상되는 관념에 의해서 외부로부터 마음을 실제로

체계화할 수 있다고 생각했기 때문에 내용이 가장 중요하다고 생각했다. 지식을 전하기 위하여 교사는 옛 관념을 각성해야만 하며, 그 이론에 따라서 '준비, 제시, 연상, 일반화, 적용'의 5단계에 따른 학습 방법을 제시하였다.

16) J. A. Jungmann, S. J., *Modern Catechetics, Nicea convention* (N.Y.: Herder & Herder, 1961). 그는, 가톨릭은 단일된 조직체이며, 교리의 핵심은 그리스도의 메시지라고 했다. 이러한 기본적인 진리 안에서 교회의 모든 진리를 설명해야 하고, 그리스도 중심의 복음을 선포해야 한다고 했다.

17) 유재국, 『교리교육사』 (서울: 가톨릭교리신학원, 1990), 146-157; 유재국, "교리교육의 과거와 현재", 41.

18) 뮌헨식 방법은 그 기원지가 뮌헨이기 때문에 뮌헨식 방법이라고 했으며, 일명 스티이글리츠(Stieglitz) 방법이라고 부른다.

19) 유재국, 『교리교육사』, 155; 유재국, "교리교육의 과거와 현재", 40.

20) G. S. Sloyan, "Catechesis," *New Catholic Encyclopedia*, vol. 3 (Washington D.C.: The Catholic University of America Press, 1967), 224.

21) Joseph B. Collins, *Teaching Religion, An Introduction to Catechetics, A Textbook for the Training of Teachers of Religion* (Milwaukee: Bruce, 1953).

22) Alfonso Nebreda, *Kerygma in Crisis* (Chicago: Loyola University Press, 1965). 네브레다는 카테키시스에 중심점 종교교육을 위한 '재설정'(re-stituate)을 제안하였다. 그는 카테키시스의 적절한 활용을 위하여 선(先) 복음전도(pre-evangelization)의 접근을 주장하고(102-103), '기독론 중심'(Christocentrism)에서 '인류학 중심'(anthropocentrism)으로 변화되어야 한다고 했다. 그것은 가르침이 더 이상 '신앙'을 가르치는 데 초점을 두어서는 안 된다는 것을 말한다. DidierJacques Piveteau and James T. Dillon, *Resugence of Religious Education* (Notre Dame: Religious Education Press, 1977), 55를 참고하라. 저자는 선(先) 복음전도는 신학의 개념으로부터 야기된다고 하였다.

23) Michael J. Wrenn, *Catechisms and Controversies: Religious Education in the Postconcilar Years* (San Francisco: Ignatius Press, 1991), 89.

24) Berard L. Marthaler, "The Renewal of Catechesis in Italy," *Religious Education*, vol. 66, no. 5 (September, 1971): 358.

25) 가톨릭은 카테키즘의 발전을 위해서 뮌헨의 국제회의(1928년), 룩셈부르크 회의(1935년), 독일 아이히슈태트(Eichstätt) 회의(1960년), 아시아 방콕 회의(1963), 마닐라에서의 교리 연구 주간(Catechetical Study Week, 1967년)을 가졌다. 그리고 1969년 멕시코의 메들린(Medellin)에서 중남미 지역의 연구와 새로운 방향 모색을 하였고, 1970년에는 모라에서 카테키즘에 관한 전반 문제를 논의하였고, 그 다음해

에 『교리교육의 일반지침서』에서 가톨릭 카테키즘의 중요성이 무엇인지를 제시하였다.

26) Johannes Paulus II, *Adhort. Apost., Catechesi Tradendae*, 성염 역, 『현대의 교리교육-새로운 교리교육의 방향』 (서울: 한국천주교중앙협의회, 1980).

27) 최대순, "초신자 육성을 위한 교재 분석"(미간행 석사학위논문, 장로회신학대학대학원, 1984), 25. 대한예수교장로회(통합) 36개, 대한예수교장로회(합동) 8개, 기독교대한감리회 2개, 한국기독교장로회 2개, 기독교대한성결교회 1개, 대한루터교회 1개, 한국천주교회 1개 등이다.

28) 최대순, "초신자 육성을 위한 교재 분석", 24. 첫째로 교회 자체로 편집 사용 교회 수 20개, 둘째로 서점 구입 교재로 사용 교회 수 15개, 셋째로 교재 없이 성서를 공부하는 교회 수 16개 등이다. 그리고 새신자 교재는 이재철, 『새신자반-그리스도 안에서 새로운 삶을』 (서울: 홍성사); 김이봉, 『처음 교회 나오시는 분에게』 (서울: 신망애출판사); 김명홍, 『그리스도인이 되려면』 (서울: 상지사); 김승곤, 『새 생명의 길』 (서울: 성도출판사); 박원섭, 『새신자 가이드』 (서울: 한국문서선교회); 유상근, 『기독교 신앙입문』 (서울: 명지대학출판부); 정태일, 『신자가 되기 원합니다』 (서울: 대한예수교장로회출판부) 등이 있다.

29) 김명희, "교회목회를 향한 교회교육시설에 관한 연구"(미간행 석사학위논문, 장로회신학대학대학원, 1984), 27.

30) 이요한, 『교회 보존』 (서울: 침례회출판사, 1967), 294.

31) Gary W. Kuhne, *The Dynamics of Personal Follow-up*, 정학봉 역, 『개인적 새신자 양육의 원동력』 (서울: 요단출판사, 1979), 24.

32) Waylon B. Moore, *Multiplying Disciple* (Spring Field N.A.V. Press, 1981), 42.

33) 이용남 편, 『새신자 목회』 (서울: 이레아트, 1993), 12-13.

34) Ibid..

35) 박상진, "새신자부 운영에 대한 타 교회 비교연구", 『새신자 목회』, 42.

36) 박상진., 운영에 대한 타 교회 비교연구", 『새신자 목회』, 43.

37) 박상진, "새신자부 운영에 대한 타 교회 비교연구", 『새신자 목회』, 44.

38) Johannes Hofingers, *The Art of Teaching Christian Doctrine: The Good News and Its Proclamation* (Notre Dame, Ind.: University of Notre Dame Press, 1963), 2.

39) Gabriel Moran, "Religious Education: Past, Present and Future," *Religious Education*, vol. 66, no. 5 (September, 1971): 339.

40) 역사는 특별하지만 일반적이지 않기 때문에, 나는 기독교교육 역사와 관련을 지을 것이다. 무엇보다도 기독교 역사적 경험은 포괄적 '이다'라고 하거나 모든

종교적인 경험을 정의하는 것을 가정하는 것을 피해야 한다. 기독교적 관점은 자동적으로 다른 전통 안에서 적용되지 않는다. 유대와 모슬렘이 나의 발견이 그들의 경험에 적용할 수 있는지에 대해서 말할 수 있다.

41) Michael P. Orsi, "Catechesis in the Third Millenium," *Religious Education* 89. no. 3 (1994): 405.

42) Michael P. Orsi, "Catechesis in the Third Millenium," 397.

43) Leonel L. Mitchell, "Christian Initiation: The Reformation Period," *Made. not Born: New Perspectives on Christian Initiation and the Catechumenate* (Notre Dame. Ind: University of Notre Dame Press, 1980), 96-97.

44) Owen Chadwick, *The Reformation*, Pelican History of the Church 3 (Baltimore: Peguin Books, 1964), 329.

45) Michel Dujarier, *A History of the Catecumenate: The First Six Centuries*, 140-141. 카테큐메너트를 회복하기 위하여 감독의 책임(교회에서 감독의 목회적 직무에 관한 법령, §14), 카테큐멘의 행위에서 교회의 모성적인 역할(교회의 교리적 제정, §14), 카테큐멘의 입문에서 공동체의 역할(사제의 목회와 삶에 관한 법령, §6), 기독교 입문의 의식서의 개혁(거룩한 예배의식의 제정, §§65, 66)에 관한 내용을 담고 있다.

46) 성인의 입문의식은 1966년에 예배의식을 위하여 임시의 의식서를 작성하여 전 세계에 배분했고, 그에 따른 반응을 조사한 후에 1969년에 더욱 많은 주목과 제의를 도출하기 위하여 두 번째 예식서를 형성하고 배부하였다. 이 자료가 성인 입문의식의 기초가 되었다.

47) Sacred Congregation for the Clergy, *General Catehetical Directory* (Washington, D.C.: United States Catholic Conference Publications Office, 1971), 35, 40.

48) Johannes Hofingers, *The Art of Teaching Christian Doctrine: The Good News and Its Proclamation*, 3.

49) John H. Westerhoff III, "Framing an Alternative for the Future of Catechesis," *A Faithful Church: Issues in the History of Catechesis*, ed. by John H. Westerhoff III (Connecticut: Morehouse-Barlow Co., 1981), 292.

50) Arthur C. Repp, *Confirmation in the Lutheran Church* (St. Louis: Concordia Publishing House, 1964), 26.

51) Board of Parish Education. Lutheran Church in America, *Current Concepts and Practices of Confirmation in Lutheran Churches* (Philadelphia: Board of Parish Education, Lutheran Church in America, 1967), ix. 그림 11, 12, 13, 14를 참

고하라.

52) Wilhelm Maurer, *Confirmatio*, ed. by Kurt Krör (München: Ev. Pressverband für Bayren, 1959), 25. 이 해석의 배경은 전통적으로 초기교회의 형태를 따르고 있다. 루터는 세례에 이어지는 견진례 의식을 거룩한 성만찬으로 생각하여 "견진성사 지원자의 신성화는 그의 거룩한 성만찬 허락을 전제로 형성되었다."는 것이다.

53) Martin Luther, "The Babylonian Captivity of the Church," *Luther's Works*, vol. XXXVI, gen. eds. by Jaroslav Pelikan and Helmut T. Lehmann (Philadelphia: Fortress Press, 1955), 52.

54) 물론 고해성사는 로마 가톨릭의 고해성사와 의식을 달리할 뿐이지 심방과 상담을 통해서 그 의미를 살리고 있다는 점을 간과해서는 안 된다.

55) 기독교대한감리회, 『예문』 (서울: 기독교대한감리회 본부, 1991), 31ff. 기독교대한감리회에서는 교회의 헌법에 따라 18세 이상 되는 유아 세례자에게 '입교식'이라는 제목으로 입교의식을 베풀고, 한국기독교장로회와 대한성공회에서는 '견신례'를 집행하고 있다.

56) 한국기독교장로회 총회, 『한국기독교장로회 헌법』 (한신대학 출판부, 1990), 169-170.

57) 한국기독교장로회 총회, 『예식서』 (한신대학 출판부, 1978), 36. 대한예수교장로회 총회의 헌법에는 '입교예식'을 명기하고 있다. 즉 "유아세례를 받은 아이"라고 하면서 일반 입교인의 자격을 살펴서, 당회에서 입교하도록 되어 있다. 유아 세례자의 성찬은 "자기의 신앙을 선언함이 옳으나 그 사람은 출생 때부터 교회의 특별한 관계 있는 것을 명백히 인식하게 할 것이다"라고 제시하고 있다. 대한예수교장로회 총회, 『헌법』 (대한예수교장로회 총회 교육부, 1989), 172-173.

58) Lewis J. Sherrill, "An Historical Study of the Religious Education Movement," *Orientation in Religious Education*, ed. by Philip Henry Lotz (N.Y.: Abingdon-Cokesbury, 1950), 20.

59) Ralph W. Holmin, "The Present Scene," *Confirmation and Education*, ed. by W. Kent Gilbert (Philadelphia: Fortress Press, 1969), 25. 유아세례의 견진을 세례의 재생이라는 의미를 부여한 것은 1820년 스웨덴 교회에서 만든 핸드북에 나와 있다.

60) Gustav K. Wiencke, "An Educational Perspective," *Confirmation and Education*, 112. 학습은 3가지 범주가 있다. 첫째, 공식적인 교육(formal education): 전통적인 형태로 교실에서 행하는 계획적인 교수행위로 진행하는 것이다. 둘째, 비공식적인 교육(informal education): 직무를 교육적으로 부여할 필요가 없다. 그러므

로 가장 자연스럽게 일어나는 교육이다. 셋째, 사회적인 교육(societal education): 종교적인 문화 변용에 의한 행위다. 처음 두 범주만이 계획과 구조에 따라 교수를 진행할 수 있다. 세 번째 범주는 변화가 매우 무의식적이고, 더디고, 계획적으로 개입하기가 쉽지 않다. 이러한 차이점을 이해하는 것은 문제의 토론 주제를 명확하게 할 수 있다.

61) Leonard A. Sibley, "Reaction and discussion," *Confirmation and Education*, 127-128.

62) Robert L. Browning, Roy A. Reed, *Models of confirmation and baptismal affirmation: Liturgical and Educational Designs* (Birmingham: Religious Education Press, 1995), 77-78. 미국에서 견진성사의 개발을 위하여 교회 현장에서의 태도와 실천에 관련된 것을 찾으려고 조사하였다. 조사는 면담, 워크숍과 세미나 참석자(목회자와 평신도)와의 대화에 참여했던 것인데, 이 자료는 북미에서 견진성사를 실시하고 있는 개신교 교단을 소개하였다.

63) Archbishop of Milwaukee, *Confirmation Guidelines* (Wisconsin: Archbishop of Milwaukee, 1981), 1ff. 미국 감독협의회의 결정에 따라 밀워키(Milwaukee) 대감독 교구는 감독에 의해서 견진례를 받을 나이를 결정할 수 있는데 최소한의 나이가 16세라고 고지하였다. 최근 교구주교정책회의의 조사에서 젊은이의 교구에서 교구 주교의 51%가 밀워키 형태를 따른다는 것을 발견하였다. 고등학교 때 축하하는 견진례는 9학년에서 12학년이다. 131 교구(79%)가 조사에 응했다. 그리고 대주교 위크랜드(Rembert S. Weakland)는 그의 새로운 정책을 소개했는데, 그것은 우리의 곤란하고 혼동의 시대에 젊은이들의 신앙적 반응에 새로운 활력을 넣기 위하여 목회적 관심을 기울인다는 것이다. 그가 후기 청년기 견진례에 변화를 준다는 것이다. (7세에 받는 견진례로나 혹은 더 후에 성인기에 단일화된 입문하는 것으로부터) 이러한 변화는, 성령의 안내에 응답하는 것이다. "만약 성령이 교회에 생기를 띠게 하고, 그 생기 안에서 이러한 많은 운동을 한다면 우리 시대에 성령의 참된 은사로 신학적·목회적 영향을 분명하게 표현하기 위하여 오늘날 견진례가 강조되고 있다는 것과 교회와 함께 투쟁할 것이다."

64) Daniel Stevick, *Baptismal Moments: Baptismal Meanings* (N.Y.: Church Hymnal Corporation, 1987).

65) Daniel B. Stevick, *The Catechumenal Process: Adult Initiation and Formation for Christian Life and Ministry* (N.Y.: Church Hymnal Corporation, 1990).

66) Robert L. Browning, Roy A. Reed, *Models of confirmation and baptismal affirmation: Liturgical and Educational Designs*, 87-88. 세례와 견진성사와 관련된 감리교회의 더욱더 심오한 신학적 실천적 연구는 Gayle Felton, *This Gift of Water: The*

Practice and Theology of Baptism among Methodists in America (Nashville, Tennessee: Abingdon Press, 1992)을 참조하라.

67) United Methodist Church, *By Water and the Spirit: A Study of Baptism for United Methodists* (Nashville: General Board of Discipleship, 1993), 44.

68) Ibid..

69) Robert L. Browning, Roy A. Reed, *Models of Confirmation and Baptismal affirmation: Liturgical and Educational Designs*, 92.

70) Presbyterian Publishing House, ed., *Journey of Faith: Confirming and Commissioning Young Members of the Church* (Louisville: Presbyterian Publishing House, 1990), 3.

71) Robert L. Browning, Roy A. Reed, *Models of Confirmation and Baptismal affirmation: Liturgical and Educational Designs*, 93-94.

72) Anne Marie Mongoven, *Signs of Catechesis: An Overview of the National Catechetical Directory* (N.Y.: Paulist Press 1970), 16-17.

73) Ibid., 17.

74) John H. Westerhoff III, *Who are We? - The Quest for a Religious Education* (Birmingham: Religious Education Press, 1978), 272.

75) Ibid., 272.

76) *Evangelischer Erwachsenen Katechismus* (Gütersloh, 1975), 412ff. 이 책은 독일 개신교의 성인들을 위한 교육서다. 신앙고백은 온 성도들의 신앙이 하나로 연결된 한 목소리요, 통일성을 나타내는 것이다.

77) Marshall C. Dendy, *A Study of the Catechism: The Westminster Shorter Catechism for Families*, 11.

78) 정일웅, 『교육목회학』, 388-390.

79) John Westerhoff III. and C. O. Edwards, *A Faith Church: Issues in the History of Catechesis* (Wilton: Morehouse-Barlow Co., 1981), 357.

80) Gabriel Moran, "Religious Education: Past, Present and Future," 336.

81) John H. Westerhoff III, "Framing an Alternative for the Future of Catechesis," *A Faithful Church: Issues in the History of Catechesis*, 294.

82) Ibid..

83) Ibid., 297.

84) Ibid., 295.

85) Gabriel Moran, "Where Now, What Next," *Foundations of Religious Education*, ed. by Padraic O'Hare (N.Y.: Paulist Press 1978), 97-99.

86) Milton McC Gatch, "Basic Christian Education from the Decline of Catechesis to the Rise of the Catechisms," *A Faithful Church: Issues in the History of Catechesis*, ed. by John H. Westerhoff III (Connecticut: Morehouse-Barlow Co., 1981), 103-104.

87) Karl Rahner, ed., *Encyclopedia of Theology* (N.Y.: The Seabury Press, 1975), 174.

88) E. C. Whitaker, ed., *Documents of the Baptismal Liturgy* (London: SPCK, 1960), 145.

89) John H. Westerhoff III, ed., *A Faithful Church: Issues in the History of Catechesis*, 5-6.

90) Gabriel Moran, "Religious Education: Past, Present and Future," 339.

91) Milton McC Gatch, "Basic Christian Education from the Decline of Catechesis to the Rise of the Catechisms," *A Faithful Church: Issues in the History of Catechesis*, 103-104.

92) 헬라어 '카테케시스'의 동사형인 '카테케사이'(κατηχέσαι)는 '말로 가르치다'이고, '카테케인'(catechein, κατήχειν)은 '교수(敎授)하다'를 의미한다.

93) F. X. Murphy, "Catechesis, I," *New Catholic Encyclopedia*, vol. 3, 208. 머피(F. X. Murphy)는 카테키시스를 '하나님 왕국에 대한 선포'인 kerygma와는 구별되며, 또한 세례받은 사람을 위한 설교로서의 교리적인 가르침을 의미하는 didascalia라는 말과도 구분된다고 하였다.

94) 제4차 주교 시노드, "하느님 백성에게 보내는 메시지", 「사목」 58호 (1978. 7): 1항.

95) 정일웅, 『교육목회학』, 383.

96) John H. Westerhoff III, *A Faithful Church: Issues in the History of Catechesis*, 5-6.

97) Johannes Hofingers, *The Art of Teaching Christian Doctrine: The Good News and Its Proclamation*, 18.

98) Origen, *Contra CelsuContra Celsum*, 3, 9, tr. by Henry Chadwick (Cambridge: Cambridge University Press, 1953), 165-166.

99) William P. Haugaard, "The Continental Reformation of the Sixteenth Century," *A Faithful Church: Issues in the History of Catechesis*, 131.

100) Oscar Lukefahr, *The Catechism Handbook* (Liguori: One Liguori Drive, 1996), 3.

101) Ibid., 5.

102) Walter M. Abbott, ed., *The Documents of Vatican II* (Piscataway, N.J.: American Press, 1966), 406; National Conference of Catholic Bishops, *Sharing the Light of Faith: National Catechetical Directory for Catholic of the United States* (Washington, D.C.: United States Catholic Conference, 1979).

103) Anne Marie Mongoven, *Signs of Catechesis: An Overview of the National Catechetical Directory*, 14.

104) John H. Westerhoff III, *A Faithful Church: Issues in the History of Catechesis*, 1-2.

105) Ibid., 2.

106) 김승혜, "교리교육과 청소년의 신앙", 「사목」 35호 (1974. 9): 14-15.

107) Berard L. Marthaler, *The Catechism Yesterday & Today: The Evolution of a Genre* (Collegeville, Minnesota: The Liturgical Press, 1995), 36.

108) Anne Marie Mongoven, *Signs of Catechesis: An Overview of the National Catechetical Directory*, 14.

109) Johannes Hofingers, "General Conclusions," *The Art of Teaching Christian Doctrine: The Good News and Its Proclamation*, Appendix 1, 266. 마태복음 16:15, 28장, 28:19; 사도행전 1:8을 참고하라.

110) Letty M. Russell, *Christian Education in Mission* (Philadelphia: Westminster Press, 1967), 35.

111) John H. Westerhoff III, *A Colloquy on Christian Education* (Philadelphia: United Church Press, 1972), 70.

112) Thomas. H. Groome, *Christian Religious Education* (San Francisco: Harper & Row, 1980), 24. 우리말 번역은 이기문 역, 『기독교적 종교교육』 (서울: 대한예수교장로회 출판부, 1996)이다.

113) Thomas H. Groome, "Christian Education for Freedom: A Shared-Praxis Approach," *Foundations of Religious Education*, ed. by Padraic O'Hare (N.Y.: Paulist Press 1978), 8-18. 그는 종교교육(Religious Education), 기독교교육(Christian Education), 카테키시스(Catechesis) 그리고 기독교적 종교교육(Christian Religious Education)의 의미의 상이점을 밝히고 있다. 그는 교회의 교육은 일종의 '기독교 공동체'의 신앙교육이므로 '기독교적 종교교육'이 타당한 이름이라고 밝히고 있다.

114) Thomas H. Groome, *Sharing Faith*, 한미라 역, 『나눔의 교육과 목회』 (기독교대한감리회 홍보출판국, 1997), 14-20.

115) William P. Haugaard, "The Continental Reformation of the Sixteenth Century," *A Faithful Church: Issues in the History of Catechesis*, 118.

116) Thomas P. Walters, "Instructional Objectives, Catechesis, and the Future," *Religious Education*, vol. 85, no. 1 (Winter 1990): 22-23.

117) Thomas P. Walters, "Where are We Going? A Case for Learning Objectives in Religious Education," *Professional Approaches for Christian Educators* 18 (October 1987): 20-24.

118) Ibid., 87-88.

119) Robert F. Mager, *Developing Attitudes Toward Learning* (Belmont, Ca: Publishers, 1968)에 질문과 대답에 관한 자세한 도움말을 제시하고 있다.

120) Thomas P. Walters, "Instructional Objectives, Catechesis, and the Future," 84.

121) Lois E. Lebar, *Education that is Christian*, 193-194. 르바(Lois E. Lebar)는 그의 기독교교육의 목표를 설명하는데, 그것은 그리스도를 목표의 중심으로 삼고, 학습자를 그리스도에게 인도하고(Guide to Christ), 그리스도에게 세워 주고(Build up to Christ), 그리스도를 전하게(Propagating to Christ)하는 것이라고 하였다.

122) E. H. Rain, *Christianity and American Education* (Texas: Naylor Publishing, 1949), 145.

123) Mary J. Osterman, "The Two Hundred Year Struggle for Protestant Religious Education Curriculum Theory," *Religious Education*, vol. 75, no. 5 (1980): 528-538. 오스터만은 북미의 개신교 교육과정을 8기로 나눈다. ① 교리문답기(The Doctrinal Period, 1785-1815), ② 성구 발췌기(The Scriptual Period, 1815-1835), ③ 바벨기(The Babel Period, 1835-1872), ④ 통일공과기(The Uniform Lesson Period, 1872-1908), ⑤ 계단공과기(The Graded Period, 1908-1932), ⑥ 교육과정안내기(The Curriculum Guide Period, 1932-1955), ⑦ 교육과정 계획기(The Curriculum Plan Period, 1955-1968), ⑧ 제2바벨기(The Babel II Period, 1968-현재) 등이다.

124) Anne Marie Mongoven, *Signs of Catechesis: An Overview of the National Catechetical Directory*, 15-16.

125) John H. Westerhoff III, *A Faithful Church: Issues in the History of Catechesis*, 3.

126) Michel Dujarier, *A History of the Catecumenate: The First Six Centuries*, 42.

127) K. Baus, "Von der Urgemeinde zur frühchristlichen Grosskirche," *Handbuch der Kirchengeschichte I* (Freiburg, 1962), 315: 원시 기독교 공동체는 이단과 영지주의 사상에 대하여 기독교 신앙의 진리가 무엇인지를 교회 신앙생활과 기독교 선교적 차원에서 밝혀야 할 필요성이 대두되었다.

128) Leonel L. Mitchell, "The Development of Catechesis in the Third and

Fourth Centuries: From Hippolytus to Augustine," *A Faithful Church: Issues in the History of Catechesis*, ed. by John H. Westerhoff III (Connecticut: Morehouse-Barlow Co., 1981), 51.

129) John H. Westerhoff III, *A Faithful Church: Issues in the History of Catechesis*, 1.

130) Michel Dujarier, *A History of the Catecumenate: The First Six Centuries*, 41-42.

131) 우리의 영적 상황에 대한 곤경을 생생하게 분석한 자료는 Gerhard Szczesny, *The Future of Unbelief*, tr. by Edward B. Garside (N.Y.: George Braziller, 1961)를 참고하라.

132) D. Campbell Wyckoff, "The Curruculum and the Church School," *Religious Education: A Comprehensive Survey*, ed. by Marvin Taylor (Nashville, Tennessee: Abingdon Press, 1960), 62.

133) Horace Bushnell, *Christian Nurture* (New Haven: Yale University Press, 1888). 이 책은 현대 기독교교육의 학문적인 접근을 처음 시도한 노력으로 가치가 있다. 특히 성인과 부흥회의 신앙각성 운동 중심을 비판하고, 아동중심과 가정 중심의 교육을 주창하였다.

134) Ivan Illich, *Deschooling Society* (N.Y.: Harper and Row, 1970). 일리히는, 학교의 죽음은 학교가 조직화되면서부터 학교에서 인간이 외면되고 삶이 외면되었다는 것이다. 학교화 현상은 교육을 제도 속에 묶었고, 학생과의 만남이 외면되고, 점수와 조직 안에서만 가치를 인정하고 있다고 하였다.

135) John Westerhoff III, *Will Our Children Have Faith?* (N.Y.: Seabury Press, 1986), 1.

136) Iris Cully, "What Killed Religious Education," *Religion in Life*, no. 40 (1971): 404-411. 종교교육에 대한 신학교와 교단의 무관심 증대, 연합 사업의 감소, 출판물의 약화 등이 그의 주장을 뒷받침하였다.

137) D. M. Kelley, "교회는 죽어가고 있는가?", 한미라 편, 『교회 성장과 교육 1』(호서대학교 연합신학대학원, 1998), 235-242. 이러한 교회의 성인과 주일학교 학생들의 감소 현상은 미국의 루터교회, 성공회, 감리교회, 장로교회 등에서 나타났다. 미국 교회의 10개 교파는 그 전체 교인수가 1967년에 77,666,223명이었는데, 그 이듬해와 그 다음 해에 감소되었다.

138) John Westerhoff III, *Will Our Children Have Faith?*, 5-9. 이러한 위기는 교사 훈련의 강화나 교육기술의 개발, 교육 전문가 양성과 새로운 교육과정 등을 개발한다고 해결될 문제가 아니라고 하였다.

139) George A. Coe, *What is Christian Education?* (N.Y.: Scribners, 1929), 서론.

140) Randolph C. Miller, *The Clue to Christian Education* (N.Y.: Scribners, 1956).

141) Robert Ulich, *A History of Religious Education*, 276.

142) Thomas H. Groome, "Christian Education for Freedom: A Shared-Praxis Approach," *Foundations of Religious Education*, 20. 아리스토텔레스(Aristotle)는 앎의 세 차원을 Theoria, Praxis, poiesis이 있다고 하였다.

142) Jürgen Habermas, *Theory and Practice* (Boston: Beacon Press, 1973). 비평적 이론과 프락시스에 관한 내용은 Thomas H. Groome, *Christian Religious Education: Sharing Our Story and Vision* (San Francisco: Harper & Row, 1980), 152-183을 참고.

144) Marshall C. Dendy, *A Study of the Catechism: The Westminster Shorter Catechism for Families*, 13.

145) Philippe Ariés, *Centuries of Childhood: Social History of Family Life*, tr. by Robert Baldick (N.Y.: Random House, 1962), 33, 50, 128, 특별히 365ff., 411f.를 참고.

146) Ibid., 412.

147) Leonel L. Mitchell, "The Development of Catechesis in the Third and Fourth Centuries: From Hippolytus to Augustine," *A Faithful Church: Issues in the History of Catechesis*, 76.

148) Philippe Ariés, *Centuries of Childhood: Social History of Family Life*, 142, 145-150.

149) W. Küther, "400 Jahre Heidelberger Katechismus," *Reformatio* 12 (1963): 164.

150) William P. Haugaard, "The Continental Reformation of the Sixteenth Century," *A Faithful Church: Issues in the History of Catechesis*, 119. 종교개혁 이후에 종교적 성격과 관련 없는 출판물도 '질문과 대답 형태'의 기법을 활용하여 발간하게 되었다.

151) F. V. N. Painter, *Luther on Education* (Philadelphia: Lutheran Publication Society, 1889), 152.

152) Kenneth Gangel and Warren Benson, *Christian Education: Its History and Philosophy* (Chicago: Moody Press, 1983), 141. 강겔은 벤손(Warren Benson)이 말하는 루터의 교육방법을 소개하고 있다. ① 온유와 사랑으로 양육될 수 있는 '훈육'(discipline), ② '상상력, 환상, 반복의 방법', ③ 중요한 목표 이해, ④ 흥미, 모방

의 방법에 의한 강화, 그리고 추상적인 방법보다는 관찰의 방법을 통하여 전달되어야 한다.

153) Marshall C. Dendy, *A Study of the Catechism: The Westminster Shorter Catechism for Families*, 14.

154) Lewis Sherrill, *The Rise of Christian Education* (N.Y.: MaCmillan, 1944), 52-60: 이스라엘의 바벨론 포로후의 교수방법으로는 성서 통독, 율법 강해, 요절 암송, 율법 교독, 문답형식, 비유와 상징 등이 있었다.

155) Lucin E. Coleman, *How to Teach the Bible* (Broadman, 1979); 한미라 편, 『성서교육 과정론』 (호서대학교 대학원 신학과, 1995), 233.

156) 손삼권, "질문과 대답의 교육방법", 「신앙과 교육」 (1998. 5): 78-79.

1570 Mary Jo Osterman, "The Two Hundred Year Struggle for Protestant Religious Education Curriculum Theory," 536.

158) 정일웅, 『교육목회학』, 327.

159) Lucin E. Coleman, *How to Teach the Bible*, 232.

160) Leonel L. Mitchell, "Christian Initiation: The Reformation Period," *Made. not Born: New Perspectives on Christian Initiation and the Catechumenate*, 86.

161) John H. Westerhoff III, *A Faithful Church: Issues in the History of Catechesis*, 2-3.

162) William P. Haugaard, "The Continental Reformation of the Sixteenth Century," *A Faithful Church: Issues in the History of Catechesis*, 131.

163) 일례로 성례전의 종류를 알기 위한 열망이 증가하여, 행위적 성례전의 성찬식을 '시각상의 성찬식'(ocular communion)으로 대체하였다. 이 점에 대해서 H. B. Meyer, "Die Elevation im deutschen Mittelalter un bei Luther," *Zeitschrift für katholische Theologie* 85 (1963): 162-217을 참고하라.

164) John H. Westerhoff III, *A Faithful Church: Issues in the History of Catechesis*, 3.

165) John H. Westerhoff III, "Framing an Alternative for the Future of Catechesis," *A Faithful Church: Issues in the History of Catechesis*, 304.

166) Ibid., 304-305.

167) 한미라, "종교교육을 위한 새 교육체제의 개발(2)", 「신학사상」 64 (1989): 208. 사회화에는 억압적 사회화와 참여적 사회화가 있는데, 여기서 의미하는 사회화란 후자를 의미한다. 사회화는 먼저 개인이 그가 속한 공동체의 전통과 문화를 수용하겠다는 의지가 전제되어야 한다.

168) C. Ellis Nelson, *Where Faith Begins* (Rechmond, Va.: John Knox, 1967),

10.

169) Gabriel Moran, *Interplay: A Theory of Religion and Education* (Winona, Minn.: Saint Mary's Press, 1981), 14. 모란(Gabriel Moran)은 교회교육은 학교의 한 형태로서 "학교라는 기구에 가장 적절하고 특수한 종류의 학습"이라 했지만, 웨스터호프는 기독교교육이 학교형 패러다임(schooling - instructional paradigm)에 감금당하였다고 하였다. John Westerhoff III, *Will Our Children Have Faith?*, 9.

170) R. M. Rummery, *Catechesis and Religious Education in a Pluralist Society* (Indiana: Our Sunday Visitor, 1975), 130.

171) John Calvin, 김문제 역, 『기독교 강요』 (서울: 세종문화사, 1980), 4-9.

172) 정일웅, 『교육목회학』, 329. 정일웅은 레이크스(R. Raikes)가 원래 사회주의 운동가였으며, 주일학교를 순전히 문맹자 퇴치 운동의 일환으로 이끌었기 때문에 원래 교회의 신앙 교육과는 무관한 교육이었다고 말한다.

173) 한미라, "21세기의 교회학교상", 「교육교회」 (1995. 12): 19.

174) Yves M. J. Congar, *Lay People in the Church*, tr. by Donald Attwater (Westerminster, Md.: The Newman Press, 1967), 3. 성서에서 종종 나타나는 헬라어 κλησος는 영어 Cleric이나 Clerk의 의미를 지니고 있다. 이 말의 본래 의미는 lot, portion, 또는 heritage이다. 흔히 평신도의 의미로 흔히 사용되는 Lay에 해당하는 Λαικος는 Auila, theodotion과 Symmachus 번역판에 한두 군데 예외적으로 나오는 것 외에는 성서에 나오지 않는다. 형용사 Λαικος에서 나온 Λαος는 성서에서 종종 사용된다. 성서에서 이 말은 마태복음 26:5, 마가복음 14:2, 누가복음 7:29, 히브리서 2:17 등에서와 같이 '백성'의 의미로 쓰였다. 구약에서 사용된 Λαος는 70인역 (Septuagint)에서 본래 히브리어 עם을 번역된 것이다. Neil Braun, *Laity Mobilzed* (Michigan: Willian B. Eerdmans Publishing, 1971), 102를 참고하라.

175) C. Robert Worley, & Robert H. Craig, *Dry Bones Live: Helping Congregations Discover New Life*, 강형길 역, 『교회갱신을 위한 목회 활성화 방안』 (서울: 한국장로교출판사, 1994), 17.

176) James Michael Lee, *The Flow of Religious Instruction: A Social Science Approach* (Mishawaka, Ind.: Religious Education Press, 1973), 269; J. L. Seymiur & D. E. Miller, eds., *Contemporary Approaches Christian Education*, 대한예수교장토회총회 교육부 역(서울: 대한예수교총회교육부, 1982), 21.

177) Ibid., 140.

178) Ibid., 161-176.

179) 엘빈 토플러, 정해근 역, 『제3의 물결』 (서울: 도서출판 정암, 1988), 162. 187-236; Daniel Bell, *The Coming of Post-Industrial Society* (N.Y.: Basic Books, 1973);

John Naisbitt & Patricia Aburdene, *Megatrends 2000* (N.Y.: William Morrow, 1990). 엘빈 토플러는 미래사를 언급하면서, 통합화와 변화의 붕괴 현상이 일어나는 '제3의 물결'을 예측하였다. 미국의 사회학자 다니엘 벨은 21세기를 후기 산업사회라고 부른다. 21세기는 산업사회와 다른 양상이 나타나는데, 네스빗은 그룹/팀 중심의 시대로 조망하고 있다. 팀 중심 시대에는 팀 중심의 지도자와 여성 중심의 지도자가 진출한다는 것이다. 21세기의 팀 중심의 신이기주의 시대가 열리게 되며, 미래의 예측은 특별히 전문성이 강하게 주장되는 시대가 된다.

180) 한미라, "21세기의 교회학교상", 17-18.

181) Ibid., 20. 전문성 훈련의 두 가지 유형은 '동화와 조절'의 유형이 있다. 동화는 "기존의 관점과 방식으로 새로운 이론과 기술을 습득하는 훈련"을 말하고, 조절은 "기존의 낡은 아이디어와 사고 방식을 말하며, 때로는 이미 학습된 특정 언어의 개념을 버리고 새로운 패러다임에 의한 새로운 언어 구사 등을 요구하며, 학습 고통(learning pains)을 수반"하는 형태이다. 한미라, "21세기 한국 교회 교육의 전망과 과제", 한미라 편, 『교회 성장과 교육 2』 (호서대학교 연합신학대학원, 1998), 868을 참고하라.

182) Michel Dujarier, *A History of the Catecumenate: The First Six Centuries*, 55.

183) Origen, "Homily of Jeremiah," 4, 4.

184) Leonel L. Mitchell, "The Development of Catechesis in the Third and Fourth Centuries: From Hippolytus to Augustine," *A Faithful Church: Issues in the History of Catechesis*, 76.

185) Gabriel Moran, "Religious Education: Past, Present and Future," 339.

186) Michael Warren, *Youth and the Future of the Church* (N.Y.: The Seabury Press, 1982), 3-4.

187) Michael Warren, *Youth and the Future of the Church*, 3-4.

188) Robert L. Browning, Roy A. Reed, *Models of Confirmation and Baptismal affirmation: Liturgical and Educational Designs*, 101-102.

189) 이 기간의 고전적인 작업은 Joseph Colombo, "The Catechetical Method of Saint Sulpice," *Shaping the Christian Miessage*, ed. by Gerard S. Sloyan (Glen Rock, N. J.: Deus Books/Paulist Press, 1958), 98-118; Jean-Claude Dhotel, *Les origines du catéchisme moderne* (Paris: Éditions Montaigne, 1977)을 참고.

190) Michael P. Orsi, "Catechesis in the Third Millenium," 397.

191) Johannes Hofingers, The Art of Teaching Christian Doctrine, 3.

192) Thomas M. Finn, *Message of the Fathers of the Church*, vol. 6 Tertullian, *On Baptism* 9 (Collegeville, Minnesota: The Liturgical Press, 1992).

193) R. Hedtke, *Erziehung durch die Kirche bei Calvin* (Heidelberg, 1969), 43.

194) Daniel B. Stevick, *Baptismal Moments, Baptismal Meaning*, 8.

195) Geoffrey J. Cuming, *Hippolytus: A Text for Students, Grove Liturgical Study*, 15.

196) Leonel L. Mitchell, "The Development of Catechesis in the Third and Fourth Centuries: From Hippolytus to Augustine," *A Faithful Church: Issues in the History of Catechesis*, 50.

197) 정일웅, 『교육목회학』, 409.

198) Origen, *Contra CelsuContra Celsum*, 3, 9, 165-166.

199) 제4차 주교 시노드, "교리교육에 관한 34개 건의안", 「사목」62호 (1979. 3): 4항.

200) Johannes Paulus II, *Adhort. Apost., Catechesi Tradendae*, 『현대의 교리교육 -새로운 교리교육의 방향』, 25항.

201) 로마서 2:18, 고린도전서 14:19, 갈라디아서 6:6 참조.

202) Anne Marie Mongoven, *Signs of Catechesis: An Overview of the National Catechetical Directory*, 16.

203) Johannes Paulus II, *Adhort. Apost., Catechesi Tradendae*, 『현대의 교리교육 -새로운 교리교육의 방향』, 20항.

204) Thomas P. Walters, "Instructional Objectives, Catechesis, and the Future," 87.

205) Anne Marie Mongoven, *Signs of Catechesis: An Overview of the National Catechetical Directory*, 15-16.

206) Ibid., 16.

207) John H. Westerhoff III, *A Faithful Church: Issues in the History of Catechesis*, 3-4.

208) 제4차 주교 시노드, "교리교육에 관한 34개 건의안", 3항.

209) Ian A. Muirhead, "Education in the New Testament," *Monographs in Christian Education*, no. 2 (N.Y.: Christian Press Association,, 1965).

210) H. B. Swete, ed., *Essays on the Early History of the Church and the Ministry*, 186.

211) John H. Westerhoff III, *A Faithful Church: Issues in the History of Catechesis*, 8.

212) Michael Warren, *Youth and the Future of the Church*. 3.

213) 정일웅, 『교육목회학』, 399. 정일웅은 신앙교육 자체가 하나의 카테키시스

라고 하면서 신앙교육의 총체적인 입장을 강조하였다. 그의 입장은 초기 기독교 공동체에서 실시했던 기독교 입문 교육의 '총체성'을 간과하였고, 종교 개혁기에 실시되었던 루터와 칼빈의 카테키즘을 중심으로 '신앙교육의 총체성'을 해석하였다.

214) Edward Thurneysen, *Die Lehre von der Seelsorge*, 박근원 역,『목회학 원론』(성서교재간행사, 1979), 26.

215) David M. Evans, *Shaping the Churchs Ministry With Youth* (Valley Forge: The Judson Press, 1972), 22.

216) John H. Westerhoff III, *A Faithful Church: Issues in the History of Catechesis*, 5.

217) Ibid., 7-8.

218) Gabriel Moran, *The Present Revelation* (N.Y.: Herder and Herder, 1972), 33. 모란은 사람들의 일상생활에서 일어나는 사건에서만 계시를 찾으려고 한다면, 과거의 거짓된 것으로부터 신성한 계시에 관련된 문서까지 모두를 거부하게 될 것이라고 하였다. 그는 계시는 공동체와 개인의 생활을 통해서도 주어지지만, 역사적 문서에서도 하나님의 뜻이 전해지는 것을 피력한다.

219) John H. Westerhoff III, "Framing an Alternative for the Future of Catechesis," *A Faithful Church: Issues in the History of Catechesis*, 307.

220) Ibid., 307; James Michael Lee, *The Religious Education We Need: Toward the Renewal of Christian Education*. 리(Lee)는 학습을 위한 예배의 환경이나 신학적 맥락을 반대하면서 "...학습은 심리학적 과정이지, 논리적인 과정이 아니다. 학습자는 그의 인격성의 통제에 따라 배우지만, 교리나 성서 또는 예전의 논리적 통제에 의해서 학습되지 않는다. 학습자는 교리나 성서 또는 예전의 구조가 아니라, 그들의 능력과 욕구에 따른 실재나 구조적 내용을 요구하고 있다."고 하였다.

221) Anne Marie Mongoven, *Signs of Catechesis: An Overview of the National Catechetical Directory*, 18.

222) Ibid., 21-22.

223) Ibid., 39-40.

224) Ibid., 41-42.

225) R. Hedtke, *Erziehung durch die Kirche bei Calvin*, 44ff.

226) Leonel L. Mitchell, "Christian Initiation: The Reformation Period," *Made. not Born: New Perspectives on Christian Initiation and the Catechumenate*, 89-90, 195.

227) The Liturgical Conference, *Living Worship* (Washington, D.C.: The Liturgical Conference, 1974).

228) Arthur C. Repp, *Confirmation in the Lutheran Church*, 22.

229) Johnnes Hofinger, "오늘의 교리교육", 안명옥 역, 「전망」 83호 (1988): 68.

230) Nathan D. Mitchell, "Dissolution of the Rite of Christian Initiation," *Made, not Born: New Perspectives on Christian Initiation and the Catechumenate* (Notre Dame, Ind.: University of Notre Dame Press, 1980), 72-73.

231) 성례전의 행위적 요소와 성례전의 성찬식을 '시각상의 성찬식'(ocular communion)으로 대체한 내용에 대해서는 H. B. Meyer, "Die Elevation im deutschen Mittelalter un bei Luther," 162-217을 참고하라.

232) W. Abbott, ed., "Constitution on the sacred Liturgy," *The Documents of Vatican II*, 19.

233) Michael P. Orsi, "Catechesis in the Third Millenium," 404.

234) C. Davis, "Ode Casel and the Theology of Mysteries," *Worship* 34 (1960): 428-438. 이 논문은 캐실(Casel)의 이론을 간결하게 제시하고 있다. 캐실(Odo Casel)은 이것을 Mysterientheologie라고 하면서 '선물'(re-presentation)에 관한 이론을 그리스도의 성례전적 기념 행위에서 '재선물'로 보려고 시도했으며, 이것은 신자의 현재적 경험을 유용하게 해주기 위한 것이다. 이러한 이해는 성례전이 드라마적인 재정립이 아니라, 오히려 마지막 만찬, 십자가 사건, 부활 등과 같은 권능의 선물과 헌장의 효능을 거듭나게 한 것으로 보았다.

235) Nathan D. Mitchell, "Dissolution of the Rite of Christian Initiation," *Made, not Born: New Perspectives on Christian Initiation and the Catechumenate*, 75.

236) Robert W. Hovda, "Hope for the Future: A Summary," *Made, not Born: New Perspectives on Christian Initiation and the Catechumenate*, 157.

237) Ibid., 165.

238) Michael P. Orsi, "Catechesis in the Third Millenium," 404.

239) J. J. Castelli & J. Gremillion, *The Emerging Parish: The Notre Dame Study of Catholic Parish Life since Vatican II* (San Francisco: Harper & Row, 1987), 참고.

240) John H. Westerhoff III, *A Faithful Church: Issues in the History of Catechesis*, 4-5.

241) Raymond A. Lucker, "Bishops and the Catechism for the Universal Church," *America*, vol. 162, no. 8 (March 3, 1990): 196.

242) John Westerhoff III, "Formation, Education, Instruction," *Religious Education*, vol. 82, no. 4 (1987): 580.

243) Ibid., 581.

244) Baron Friedrich von Hügel, *The Mystical Element of Religion as Studied in*

Saint Catherine of Genoa and her Friends, vols. I & II (London: J. M. Dent & Sons, 1902).

245) Wilkie Au, S. J., "Holistic Catechesis: Keeping Our Balance in the 1990s," *Religious Education*, vol. 86, no. 3 (Summer 1986): 351. 각주 12; National Conference of Catholic Bishops, *Sharing the Light of Faith: National Catechetical Directory for Catholic of the United States*, #32. "그들의 특별한 발달 과정에서 개인의 신앙생활을 풍부하게 하기 위하여 겨냥할 때, 카테키시스의 모든 형태는 성인의 카테키시스를 위한 몇 가지 방법에서 지향하는 바가 있는데, 그것은 하나님의 말씀에 완전히 응답할 수 있도록 하는 것이다. 카테키시스는 개인을 위한 전인 과정이며, 기독교 공동체의 계속적이고 조화를 이루는 목회 활동이다."

246) John Westerhoff III, "Formation, Education, and Instruction," 583.

247) Office of Evangelism Ministries, *The Catechumenal Process: Adult Initiation & Formation for Christian Life and Ministry* (N.Y.: Church Hymnal Corporation, 1990), 108.

248) Baron Friedrich von Hügel, *The Mystical Element of Religion as Studied in Saint Catherine of Genoa and her Friends*, vol. I, 51.

249) John Westerhoff III, "Formation, Education, and Instruction," 582.

250) Baron Friedrich von Hügel, *The Mystical Element of Religion as Studied in Saint Catherine of Genoa and her Friends*, vol. I., 52.

251) Ibid., 52.

252) Office of Evangelism Ministries, *The Catechumenal Process: Adult Initiation & Formation for Christian Life and Ministry*, 109.

253) John Westerhoff III, "Formation, Education, and Instruction," 583. 이 단계는 토마스 그룸(Thomas H. Groome)이 말하는 다섯 개의 운동(movements)과 흡사하다. 그룸은 ① 삶을 표현하기(Naming/Expressing 'Present Praxis'), ② 현재 삶에 대한 비판적 성찰(Critical Reflection on Present Action), ③ 기독교 이야기와 비전에 접근하기(Making Accessible Christian Story and Vision), ④ 기독교 이야기와 비전의 자기화(Dialectical Hermeneutic to Appropriate Christian Story/Vision to Participants' Stories and Visions), ⑤ 실천적 신앙을 위한 결단/응답 (Decision/Response for Lived Christian Faith)으로 구별하였다. Thomas. H. Groome, *Sharing Faith* (San Francisco: Harper & Row, 1980), 146-154: idem., 한미라 역, 『나눔의 목회와 교육』, 54-58.

254) Office of Evangelism Ministries, *The Catechumenal Process: Adult Initiation & Formation for Christian Life and Ministry*, 109-110.

255) Baron Friedrich von Hügel, *The Mystical Element of Religion as Studied in Saint Catherine of Genoa and her Friends*, vol. I, 53.

256) Office of Evangelism Ministries, *The Catechumenal Process: Adult Initiation & Formation for Christian Life and Ministry*, 109.

257) Sacred Congregation for the Clergy, *The General Catechetical Directory(GCD)* (Washington, D.C.: U.S.C.C., 1971).

258) National Conference of Catholic Bishops, *Sharing the Light of Faith: National Catechetical Directory for Catholic of the United States*.

259) Wilkie Au, S. J., "Holistic Catechesis: Keeping Our Balance in the 1990s," 350.

260) John Westerhoff III, "Formation, Education, and Instruction," 583-584.

261) Ibid., 582.

262) Office of Evangelism Ministries, *The Catechumenal Process: Adult Initiation & Formation for Christian Life and Ministry*, 110.

263) Donald E. Miller, "The Developmental Approach to Christian Education," *Contemporary Approaches to Christian Education*, eds. by Jack L. Seymour and Donald E. Miller (Nashville, Tennessee: Abingdon Press, 1982), 90. 학습의 과정에서 학습의 네 가지 모델이 교차한다. 그 네 가지 모델은 '행위, 감정, 직관, 그리고 이성'이다.

264) William J. O'Malley, "The Catechism and Adolescents," *America*, vol. 162, no. 8 (March 3, 1990): 210.

265) National Conference of Catholic Bishops, *Sharing the Light of Faith: National Catechetical Directory for Catholic of the United States*, #32.

266) U. S. Catholics, *The National Catechetical Directory*, 39.

267) Baron Friedrich von Hügel, *The Mystical Element of Religion as Studied in Saint Catherine of Genoa and her Friends*, vol. I, 61.

268) Wilkie Au, S. J., "Holistic Catechesis: Keeping Our Balance in the 1990s," 352.

269) Baron Friedrich von Hügel, *The Mystical Element of Religion as Studied in Saint Catherine of Genoa and her Friends*, vol. I, 54.

270) Ibid., 353-354.

271) Ibid., 287-288.

272) Ibid., 389.

273) Wilkie Au, S. J., "Holistic Catechesis: Keeping Our Balance in the

1990s," 354.

274) Ibid., 355.

275) Padraic O'Hare, "Religious Education and Contemplative Formation,"" *Professional Approaches for Christian Educators(PACE)*, vol. 19 (Feburary, 1990): 144.

276) William C. Spohn, S. J., "The Moral vision of the Catechism: Thirty Years That Did not Happen," *America*, vol. 162, no. 8 (March 3, 1990): 189-190.

277) Baron Friedrich von Hügel, *The Mystical Element of Religion as Studied in Saint Catherine of Genoa and her Friends*, vol. I, 54.

278) Padraic O'Hare, "Religious Education and Contemplative Formation," 145.

279) Baron Friedrich von Hügel, *The Mystical Element of Religion as Studied in Saint Catherine of Genoa and her Friends*, vol. I, 14.

280) Wilkie Au, S. J., "Holistic Catechesis: Keeping Our Balance in the 1990s," 357.

281) Alvin J. Lindgren & N. Shawchuck, *Management of your Church* (Nashville, Tennessee: Abingdon Press, 1977), 21-22.

282) Timothy A. Lines, *Systemic Religious Education* (Birmingham: Religious Education Press, 1987), 104-115.

283) '부의 엔트로피'란 혼란과 분해의 증가를 말하며, 질서와 복잡성의 중요한 것을 수입하고 그것을 전환시켜 구조와 기능의 복잡성이 증가된 산출을 환경으로 되돌려 보낸다. 체제론적 세계관에서는 죽음을 우주의 불가피한 종말로 받아들일 필요가 없다는 인식이다.

284) 한미라, "체제이론과 학교 조직에 관한 소고", 「신학과 선교」 제10집 (1985): 91-92.

285) Alvin J. Lindgren & N. Shawchuck, *Management of your Church*, 24-25.

286) Timothy A. Lines, *Systemic Religious Education*, 12-26.

287) N. Wiener, *The Human Use of Human Beings: Cybernetics & Society* (N.Y.: Avon Books, 1967). 유기체란 하나의 메시지 또는 패턴으로서 혼돈, 해체, 소요와 반대되는 것으로 이해될 수 있다.

288) Timothy A. Lines, *Systemic Religious Education*, 27.

289) Jacob Bronwoski, *The Common Sense of Science* (N.Y.: Random House, 1951), 102.

290) Russell L. Ackoff, *Redesigning the Future: A Systems Approach to Societal Problems* (New York: John Wiley & Sons, 1974), 55. 이 우주의 모든 것들이 상호

관계를 맺고 있다면 모든 것은 어떤 것의 환경임에 분명하다.

291) Erich Jantsch, *The Self-Organizing Universe: Scientific and Human Implications of the Emerging Paradigm of Evolution* (Oxford: Pergamum Press, 1980), 274. 과정적 사고란 "실재에 관해 서로 반대되는 관점들간의 어떤 예리한 차이가 있음을 인식하지 않는다. 과정적 사고에서는 단지 서로 반대되는 것을 보충하는 상보성이 있을 뿐이다."

292) 한미라, "종교교육을 위한 새 교육체제의 개발(1)", 「신학사상」 63집 (1988): 968.

293) Timothy A. Lines, *Systemic Religious Education*, 216, 219.

294) C. Richard Evenson, "The Purpose of Confirmation Education," *Confirmation and Education*, ed. by W. Kent Gilbert (Philadelphia: Fortress Press, 1969), 38.

295) C. Ellis Nelson, *Where Faith Begins*, 114.

296) C. Richard Evenson, "The Purpose of Confirmation Education," *Confirmation and Education*, 38.

297) Ibid., 38.

298) Gustav K. Wiencke, "An Educational Perspective," *Confirmation and Education*, 112-113.

299) 한미라, "종교교육을 위한 새 교육체제의 개발(2)", 197 이하.

300) T. A. Lines, *Systemic Religious Education*, 104-115. 라인즈는 체제이론의 특성을 유기체성, 상호 관계성, 다원주의성, 전체주의, 사이버네틱스(Cybernetics), 추정주의(Stochastic), 역동성, 부의 엔트로피(negentropie) 등이라 하였다.

301) N. Wiener, *The Human Use of Human Beings: Cybernetics & Society*, 129.

302) Fritjof Capra, *Turning Point: Science, Society and the Rising Culture* (N.Y.: Simon and Schuster, 1982), 80.

303) Ibid., 267.

304) 한미라, "종교교육을 위한 새 교육체제의 개발(1)", 968.

305) Fritjof Capra, *Turning Point: Science, Society and the Rising Culture*, 268.

306) Gregory Bateson, *Mind and Nature: A Necessary Unity* (N.Y.: Danlam Books, 1980), 21.

307) 한미라, "종교교육을 위한 새 교육체제의 개발(1)", 965.

308) 변환 체제는 사용자에 따라서 transformation system 또는 throughput, conversion, transfer, transformation, process 등 다양한 말로 쓰이고 있으며, 우리말로 전환, 변환, 전이, 과정 등으로 번역되고 있다.

309) Lindgren and Norman Shawchuck, *Management of Your Church* (Nashville, Tennessee: Abingdon Press, 1977), 38.

310) 한미라, "종교교육을 위한 새 교육체제의 개발(2)", 120-121.

311) Ibid., 351. 각주 12.

312) John Westerhoff III, "Formation, Education, and Instruction," 581.

313) Ibid., 358. 웨스터호프가 카테키시스를 세 과정으로 구별한 것은 1972년에 출판한 '세대에서 세대로'(Generation to Generation)라는 그의 종교교육 이론에서 처음 소개되었다. 그의 이론에서 "의도적 종교 사회화(宗敎 社會化) 또는 문화화(文化化)"라는 비평적인 반응을 고려하지 않을 수 없다. 그의 종교 사회화 또는 문화화는 '교육의 완전성'을 감소시켰다고 비난을 받을 수 있다. 이것은 교의를 주입시키는 것을 문화화로 말하며, 교육자들이 학습자들을 기독교 공동체 안으로 사회화시키는 데 초점을 두는 것이다.

314) Thomas. H. Groome, *Christian Religious Education.*

8장
개신교 카테키시스 체제 모형 설계

1. 개신교 카테키시스의 재정의

개신교 카테키시스는 초기 교회와 가톨릭 교회와 구별되어야 한다. 이들 카테키시스가 교인의 세례에 중점을 둔다면, 개신교 카테키시스는 교회의 입문 과정부터 그 이후의 계속적인 신앙 성장을 위한 전 과정의 개념으로 확대되어야 하며, 기독교 공동체적인 교육 체제로 발전되어야 한다. 따라서 개신교 카테키시스는 '기독교 공동체 신앙의 정체성 형성과 전인교육'을 위한 교육과 목회의 통합적 패러다임이며, 이것은 카테키시스가 교회 현장에서 교육과 목회의 통합적인 패러다임으로서 개신교 교회교육의 새로운 모형이 될 수 있는 근거가 된다. 이 장에서는 체제 이론(system theory)[1]에 입각하여 "개신교 교회 카테키시스의 체제적 모형 설계"를 위하여 개신교 카테키시스의 재정의, 개신교 카테기시스의 체제 설계의 전제, 설계에 따른 카테키시스 체제의 모형으로 전개하고자 한다.

카테키시스의 현대 개신교 교회의 개념을 진술하기 위하여 초기 기독교 공동체와 종교 개혁기와 현대 카테키시스 연구에 근거하여 카테키시스의 개념을 재해석하고 정의하고자 한다.

1) 개신교 교회를 위한 카테키시스의 재정의

초기 기독교 공동체에서 카테키시스는 개종자를 위한 입문 과정으로 기독교 신앙 공동체의 패러다임을 형성하고 있었다. 개종자들이 기독교 공동체에 입문하기 위하여 철저하고 엄격한 교육과 목회 과정을 통하여 공동체의 구성원으로서 일체감을 가질 수 있도록 훈련하는 것이었다. 이 과정을 통과한 사람들을 구성원으로 인증하고, 가르침과 의식을 통하여 세례 준비를 하고, 세례의식을 베풀며, 공동체 의식인 성만찬에 참여시켰다.

'기독교 입문 과정'으로 입문자를 그리스도인으로 '형성'시키고 그리스도인의 신앙과 삶을 '교육'시키며 그 신앙과 삶을 발전시킬 수 있도록 '가르치는 것'이라 할 수 있다. 이 과정을 통해서 새신자는 '기독교 공동체 제도'에 참여하고, 기독교 '신앙 내용'을 배우며, 아울러 기독교 신앙의 '신비적 차원'도 경험하도록 안내된다. 한마디로 초기 기독교 교회의 카테키시스는 '형성, 교육, 가르침' 또는 '제도적, 비평적, 신비적'인 과정이며, 교육과 목회가 통합된 형태였음을 알 수 있다.

종교 개혁기의 카테키시스는 개혁신앙을 위한 '기독교 정체성 교육'이라고 할 수 있다. 종교 개혁기는 유럽 사회가 기독교 국가가 되었기 때문에 입문자 교육이 필요하지 않았고, 이미 그리스도인이 되어 있는 사람들을 종교개혁의 신앙으로 확증하고 증강하고 일체화시키는 것이 더 중요한 과제였을 것이다. 따라서 중세기의 제도화된 교회를 개혁하고 비성서적인 신앙에서 탈피하여, 성서중심의 참된 신앙을 회복시켜 주는 일이 중요했다.

이것은 종교 개혁기의 카테키즘을 발전시킨 동인이 되었고, 기독교 공동체의 개혁을 통하여 신앙을 회복하는 것이 카테키시스의 궁극적 목적이었다. 그러므로 종교 개혁기의 카테키시스는 '개혁 신앙교육' 또는 '기독교 정체성 교육'이라고 정의를 내릴 수 있었다.

현대 가톨릭 교회의 카테키시스에 대한 접근은 크게 두 가지 양상으로 나타나고 있다. 하나는 중세기의 영향을 받아서 카테키시스를 전통적 신앙교육으로 계승하면서 현대 교육학적인 접근을 시도하는 것이다. 이 접근은 가치관과 문화의 변화, 심리학과 교육공학 등을 고려하게 되었고, 다양한 형태의 교재를 개발하고, 심지어 인터넷2)을 통한 신앙교육으로 발전되고 있다. 다른 하나는 초기교회의 카테키시스 교육 패러다임으로 회복하자는 접근이다. 이것은 학교형 패러다임인 교구학교(敎區學校)의 패망을 우려하여 초기교회의 카테키시스로 돌아가자는 의도를 갖고 있다.

한편, 개신교는 위와 같은 가톨릭의 카테키시스의 개념을 새롭게 해석하고, 교회교육의 현장을 중심으로 새로운 접근을 시도한다. 카테키시스는 단순히 하나님의 말씀을 외우는 학습이 아니라, 오히려 참여자들에게 하나님의 말씀이 '귀로 들리게 하는 것'이라는 개념을 초월하여 하나님의 말씀이 예수 그리스도 안에서 완전히 표현되고, 경험되도록 하는 것이다. 이와 같은 카테키시스 개념의 이해는 참여자들이 하나님의 말씀인 주일 성서일과 (lectionary)를 읽고, 예배에 참여하고, 이야기를 나누는 형태로 발전되고 있다. 그리고 그룹 연구, 봉사, 사회정의를 위한 활동을 이끌어 가는 '경험 교육과정'과 기독교 공동체의 헌신을 위한 특별한 자료로 꾸며진 '지적 교육과정'으로 하나님의 말씀을 더 심화시켜 들을 수 있도록 지원한다.3)

미국 감독교회(Episcopal Church)는 입문자 과정을 중요하게 여기고 있다. 전통을 중시하는 교회일수록 초기교회의 모형인 카테키시스를 통하여 기독교 신앙으로 형성하게 된다는 것을 신뢰한다. 이들은 카테키시스의 과정을 통한 믿음의 형성에 초점을 두며, 입문 과정이 사람들에게 영향을 주고 삶을 변화시킨다고 믿고 있다. 또한 성공회(Englican Church)는 기초적인 기독교 신앙교육, 깊은 회심, 평신도 사역에 헌신하기를 원하는 세례자와 비세례자들을 성찬의식과 입문의식 과정에 참여하도록 했다.4) 즉 개인기도, 공동예배, 성서공부, 봉사, 정의사회 구현, 기독교적 삶의 윤리적 기초를 경험함으로써 그리스도인으로 '형성'될 수 있다. 이 과정을 통해서 그리스도인의 삶을 경험하고 성찰할 수 있도록 '교육'한다. 그들의 매일의 삶 — 직장, 가정, 사회 — 에서 올바른 삶을 살고, 결단할 수 있도록 기본적인 기술을 '가르치는 것'이다.

개신교에 있어서 카테키시스에 대한 최근의 접근은 견진례의 회복과 과정을 중시하는 운동이 일어나고 있다. 미국의 교회에서는 견진례가 유아세례를 받은 청소년들을 위한 연속교육 프로그램으로 개발되고 있다. 즉 이것은 견진례 교육(education of confirmation)이며, 견진이란 개인의 신앙에 대한 신앙 공동체의 공인을 의미한다.

사도 바울이 "우리가 다 하나님의 아들을 믿는 것과 아는 일에 하나가 되어 온전한 사람을 이루어 그리스도의 장성한 분량이 충만한 데까지 이르리니"(엡 4:13, 개역)라고 기록했을 때에는 견진례에 관해서 언급하지 않았다. 그러나 루터 이후에 '장성한 분량'은 신앙의 성숙을 말하는 견진으로 발전되었다. 견진은 기독교적 성숙을 향한 목표를 전제로 하고 있으며, "기독교교육은 성장하는 사람을 다루는 일이다. … 그것은 개인의 삶의 자리에서 일어나는 학습과 변화다."[5] 첨가하면, 기독교교육에서 정의, 의미, 목적, 진행에 관한 우리의 현재적 논거는 견진례 이론에 그 뿌리를 두고 있다.[6]

견진례 교육에 대한 강조는 시대와도 관련이 많다. 현대 사회는 신앙의 유혹을 조장하는 요소가 너무 많이 있지만, 그 신앙을 확고하게 형성시켜 주어야 하는 과제가 있다. 그러나 개신교 교회는 한 번의 세례로 영원한 신앙을 부여하고 있지만, 그 세례 신앙의 유지에는 공동체 모두가 함께 책임을 분담해야 함을 시사한다. 즉 견진은 신앙이 계속적인 성숙이 일어나도록 돕는 교육을 말하며, 오늘날 카테키시스의 견진례 교육은 혼자 행하는 교육이 아니라, 참여자들이 자신들의 삶의 이상과 신앙의 가치를 환기시키고, 성도의 교제를 통하여 그리스도인이 되는 방법이 무엇인지 상호 터득하도록 돕는 것이다.[7]

위에서 고찰한 카테키시스의 가톨릭 개념 변화와 현대 개신교 교회의 재해석 경향을 토대로 다음과 같이 개신교의 카테키시스의 개념을 다음과 같이 재정의할 수 있다.

"개신교 카테키시스란 교회에 처음 들어온 초신자부터 신앙의 성숙이 성취되는 때까지 평생 동안 교회가 제공하는 기독교 신앙교육을 의미한다. 평생교육의 과정으로서의 개신교 카테키시스는 세례 이전과 세례 이후로 크게 구분되며, 세례 이전의 신자에게는 세례를, 세례 이후의 신자에겐 견진 또는 확증이 카테키시스의 목표가 된다."

초기 기독교 교회의 카테키시스는 신앙교육의 의지적 측면인 선행과 윤리적 결단이 세례의 전제 조건이 되었고, 종교 개혁기의 카테키시스는 가톨릭과 차별화된 개혁신앙의 정체성인 정의적 측면을 강화했다면, 현대 개신교 교회는 기독교 신앙의 지적(말씀과 교리), 정의적(영성, 태도), 의지적(신앙의 실천) 측면이 조화롭게 융합된 전인적 신앙교육으로서의 카테키시스를 추구해야 한다. 그리고 개신교 카테키시스의 과정은 "공동체 입문자와 구성원들이 그리스도인으로서 정체성을 '형성'하고, 자신의 신앙과 삶을 성찰하도록 '교육'하고, 이웃과 사회를 향해서 살아가고 결단할 수 있도록 '가르치는' 과정"이어야 한다.

2) 개신교 카테키시스의 체제적 특성

개신교 카테키시스 체제를 설계하기에 앞서서 선행되어야 할 작업은 개신교 카테키시스가 체제로서의 특성을 충족시키는가에 대한 논증이다. 이를 위하여 여기에서는 크게 체제의 4가지 특성인 통합성과 유기체성, 개체성, 순환과정, 상호 작용 등에 관하여 진술하고자 한다.

(1) 통합성과 유기체성

이스트만(A. Theodore Eastman)은 카테키시스의 '입문자 과정'의 중요성을 언급하면서, 기독교 입문의식과 성찬식은 "기독교 가정의 완벽한 결합을 도와 주며, 나이와 상관없이 개방적이고 접근하기 쉬우며 … 교회의 전체 조직은 입문 과정과 의식적으로 연관되어 있다."고 강조했다. 입문의식은

"교회의 선교와 영적 양육에 크게 영향을 끼칠 수 있다."고 했다.[8] 이 말은 카테키시스는 단순히 교육이 아니라 선교와 목회와 연결되어 있다는 뜻이며, 교회와 목회적의 통합적 특성을 지니고 있음을 시사한다. 이것은 카테키시스가 교육과 목회의 유기적인 통합성을 지니고 있으며, 삶과 신앙, 내용과 방법, 성서와 기독교 전통(역사, 교리, 관례 등)의 관계에서도 나타나고 있다는 것이다. 카테키시스가 기독교의 복음을 위해서 교회의 전체 사역과 유기적인 관계를 맺고 통합되고 있기 때문이다. 카테키시스의 통합적 성향은 삶과 신앙, 목표와 교육과정, 과정 자체에서 나타나고 있다.

카테키시스의 통합성은 유기적인 특성을 지니고 있다. 유기체적 특성은 카테키시스를 위한 모든 교회 사역에서 나타나며, 목표를 이루기 위한 모든 교육과 목회, 주변 사회와 공동체, 입문자와 구성원, 성직자와 평신도, 제도적인 유기성을 지니고 있다. 뿐만 아니라 대외적으로 시대와 지역의 요청과 목적에 따라서 다양한 형태와 방법의 유기적인 특성이 나타났다. 그것은 카테키시스가 지역과 시대에 따라서 변화하고 분화(分化)되고 쇠퇴했던 역사를 통해서 인지할 수 있다.

이런 맥락에서 볼 때, 카테키시스는 체제의 특성인 유기체성과 통합성을 잘 충족시키고 있다고 하겠다. 라인즈(Timothy A. Lines)는 "전체를 역동적이고 변혁되는 통일체를 창조하기 위하여 상호 관계가 일어나고 상호 의존적인 요소가 작용하는 유기체"라 하였다.[9] 이와 같은 의미에서 카테키시스는 통합성과 유기체적인 성향을 지니고 있으므로 하나의 체제가 되기에 충분하다.

(2) 입문자와 구성원의 개체성

카테키시스가 체제가 되기 위해서는 전체 체제와 통합성도 중요하지만, 체제를 이루고 있는 요소인 개체성도 중요하다. 개신교는 기독교 공동체의 구성원들을 대체로 크게 세례 교인과 비세례 교인으로 구분하고 있다. 교인의 두 가지 구분은 교회 구성원의 다양한 계층과 관심과 신앙과 가치관

(경제, 학벌, 문화, 가치관, 경험 등)에 대해서는 외면하고 있다. 더욱이 오늘날 개신교 교회는 새신자들이 교회에 오자마자 예배에 참여하고, 설교를 듣게 하고, 찬송을 부르며, 기도회에 참여한다. 뿐만 아니라 새신자라 하더라도 교회의 제반 행사에도 참여하도록 독려한다.

그들은 교회의 관습, 예배 행위, 성서읽기, 찬송 부르기, 기도의 방법, 헌금 등에 의도적인 교육을 받지 못하면서, 공동체 안에서 동화되고 있다.[10] 물론 새신자와 구성원의 차별화가 없다면, 새신자들이 기존 구성원과 함께 어울리고 빨리 동화될 수 있다고 판단할 수 있다. 올바른 공동체의 신앙과 삶을 터득하기 어렵고, 체계적인 교육을 받지 못하기 때문에 신앙 성장에도 지장이 있으며, 정체성이 없기 때문에 공동체의 소속감이 없기 때문에 쉽게 공동체를 떠날 수 있다. 따라서 바람직한 입문자 교육은 신자 개개인의 개체성을 존중하면서 그들이 상호 결속하고 응집될 수 있게 하는 것이다.

쉐네만(Lloyd E. Sheneman)은, 교회는 '세례, 신앙의 확증(견진), 성만찬, 선거권'이라는 네 부류의 교인으로 구별해야 한다고 했는데(<그림 2>의 '쉐네만의 교회 구성원'을 참고하라.),[11] 이러한 구별을 통하여 교인들이 자신들의 의무 사항, 권리, 참여할 프로그램 등을 정확하게 인식하고 참여하도록 하고, 자신들의 신앙과 삶을 위한 개인의 개체성에 적절한 교육을 단계적으로 실시할 수 있도록 도울 수 있다.

쉐네만의 교회 구성원 형태는 교단과 교회마다 다르지만, 교회가 구성원의 개체성을 구별해야 하는 필요가 있다. 그 이유는 다음과 같다.

첫째, 입문자(새신자)와 구성원의 신앙과 삶의 형성을 위한 목회적 배려가 필요하다. 교회에서 새신자들을 위한 특별한 공간을 마련해 주고, 교육적·목회적 배려를 위한 체제(system)와 프로그램이 나오게 하는 것이다. 그들이 '새신자-세례자-신앙 확증자-만찬 참여자-선거 참여자'의 점진적인 발전을 통해서, 공동체의 구성원으로서 형성되고 성숙될 수 있도록 단계적으로 참여시킬 수 있다. 이러한 사역은 새신자와 구성원의 심층적인 분석과 연구가 요청된다. 그래야만 기독교 공동체 구성원 형성의 방향을 설정할 수 있다.

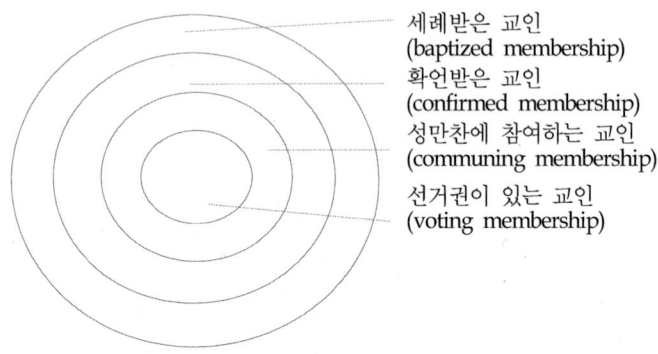

세례받은 교인
(baptized membership)
확언받은 교인
(confirmed membership)
성만찬에 참여하는 교인
(communing membership)
선거권이 있는 교인
(voting membership)

〈그림 2〉 쉐네만의 "교회 구성원"

둘째, 공동체 구성원의 정체성 형성 개발을 추구할 수 있다. 목회자는 기존 신자를 위하여 신앙적 점검이 요청되고, 그 점검을 근거로 교육과 목회의 방향을 설정할 수 있다. 공동체의 구성원을 위한 정체성 교육은 새신자를 위한 카테키시스로 발전하는 데 도움이 될 수 있다. 이 일은 신앙교육적인 훈련과 전도의 방법 탐구와 방향 설정에 도움을 주며, 공동체 구성원의 정체성에 대한 정의에 도움을 준다. 특히 공동체 구성원의 정체성은 기독교 공동체의 구성원에 대한 의무와 역할, 구성원들의 체험, 구원, 공동체 의식, 죽음, 부활, 예수 그리스도 안에서의 새로운 삶을 표현하고 상징화할 수 있도록 돕는다.[12]

셋째, 교회 공동체의 구성원 교육은 새신자를 위한 잠재적 교육의 모형(model of potential education)이 될 수 있다. 윌리몬(William H. Willimon)은 '세속 사회 속에서 그리스도인 만들기'(Making Christians in a Secular World)를 위하여 "기독교교육은 기존의 성숙된 신자들이 그들의 삶을 모형화할 수 있는 기회를 마련해 주어야 한다. 또한 모든 그리스도인들이 그들의 삶을 형성해 주고, 특별히 기독교적 확신을 가질 수 있도록 신성한 책임감을 가지고 있다는 것이다."[13]고 했다. 그의 주장은 공동체의 구성원들을 통하여 입문자에게 신앙교육의 표본을 제시할 수 있도록 교육되어야 한다는 말이다. 이것은 기독교 공동체 안에서 공식적이든 비공식적이든 간에 구성원과 비구성원이 서로 관계를 맺음으로써 서로 교육적인 효과를 기대할 수 있다. 이것은 입문자를 위하여 기독교 공동체 안에서 서로 관계를 맺고, 공동체의 정신과 정체성을 통한 잠재적 교육을 의도할 수 있다.

기독교 공동체의 구성원을 구별하는 이유는 "체제는 개체의 요소로 이루어지고 있기"[14] 때문이다. 여기서 말하는 체제란 넓은 의미로 정의하면 '상호 작용하고 있는 요소들, 개체들의 복합체'이며, 투입(input)과 산출(output)이 일어나는 '경계(boundary)와 상호 작용하는 구성 요소들의 총체(entity)'라 할 수 있다.[15]

(3) 카테키시스의 순환 과정

카테키시스는 공동체의 입문자(새신자)와 구성원의 경계를 통해서 기독교 신앙의 정체성을 형성해 준다. 체제 이론에 근거하여 설명하면, 새신자는 신앙 공동체의 '경계'를 넘어서 '투입'되고, 투입된 사람들은 신앙 공동체 안에서 카테키시스의 '교육과 목회의 사역'을 통하여 구성원으로 형성되고 (transform), 그 사람은 구성원으로서 새로운 사역을 위하여 공동체 안팎으로 '산출'된다. <그림 3>의 "카테키시스 체제의 기본 도식"에서 볼 수 있는 것처럼 카테키시스는 하나의 순환적 체제라 할 수 있다. 신앙 공동체는 계속적인 '투입-변환-산출'의 과정이 일어나고 있으므로 하나의 체제이며, 이 체제는 날마다 성장하고 발전하고 성숙되도록 계속적인 노력과 관심을 기울여야 한다. 이러한 노력과 관심은 교육과 목회의 사역이라 할 수 있다.

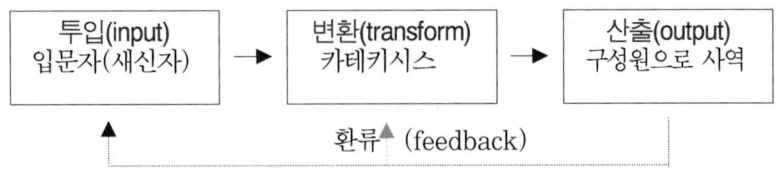

〈그림 3〉 카테키시스 체제의 순환과정

체제는 그것을 유지하기 위해 외부로부터 투입을 유입 받아서, 그것을 전환시키는 변화의 과정을 거친다. 그런 후에 체제가 목표했던 산출을 낳게 된다. 카테키시스 체제의 목표는 '올바른 그리스도인을 형성'하는 것이다. 바울은 디모데에게 보낸 편지에서 "그대는 우리 주 예수 그리스도께서 나타나실 때까지 그 계명을 지켜서 흠도 없고 책망 받을 것도 없는 사람이 되십시오."(딤후 4:14, 표준새번역)라고 했다. 이와 같이 카테키시스 체제는 이 목표를 산출로 기대하고 있는 체제다.

이것을 위하여 카테키시스 체제는 신앙적 차원에서는 회심, 교육적 차원에서는 교수-학습 과정과 같은 변화의 과정을 거쳐야 한다. 카테키시스 체제가 다른 체제와 다른 점은 이와 같은 변환 과정이 개체별로 다를 수 있으며, 인간의 전 생애에 걸쳐 이 변화가 일어난다는 것이다. 신앙 자체는 계속적인 변화의 과정이므로 그리스도인의 신앙과 삶을 위해서 끝없이 달려가고 순례하는 여행자와도 같은 것이다. 이것은 바울이 "내가 이미 얻었다 함도 아니요 온전히 이루었다 함도 아니라 오직 내가 그리스도 예수께 잡힌바 된 그것을 잡으려고 좇아가노라."(빌 3:12, 개역)라고 했던 말처럼 달려가는 '과정'을 의미한다.

카테키시스는 '수용 - 형성 - 변화'라는 3가지 과정을 통해서 사람들이 신앙의 궁극적 경지에 도달하도록 돕는다. 궁극적으로 카테키시스에 참여하는 사람들이 기독교 공동체의 삶과 동일시되며, 기독교 공동체가 추구하는 선교의 책임도 맡게 되는 것이다. 이 과정을 이벤슨(C. Richard Evenson)은 '문화 변용의 과정'[16)]이라고 했다. 카테키시스가 '문화 변용의 과정'이라거나 '사회화 과정'이라고 할 때, 카테키시스는 참여자들을 돌보고 기획하는 사람들에 의해서 사회화의 질이 좌우된다. 이것은 넬슨(C. Ellis Nelson)이 "신앙은 신자 공동체에 의해서 전달된다. … 신앙의 의미는 그들 역사와 구성원간의 상호 작용과 그들의 삶에서 일어나는 사건과의 관계에 의해서 발전된다."[17)]고 한 말과 일치된다. 따라서 카테키시스는 입문자들이 기독교 공동체의 사회화를 이루고, 기존 구성원들을 신앙 정체성을 갖도록 한다. 이렇게 함으로써 카테키시스 체제는 투입된 사람과 물질 등이 변환의 과정을 거쳐서 의도한 바의 목적을 이루는 것이다. 목적을 이루기 위한 카테키시스의 변화 과정은 체제 이론의 변환 과정에 해당되며, 일반적으로 카테키시스의 변환은 5단계, 즉 개종과 입회 승인-예비 세례자 단계(견습 기간)-세례의식-신앙 확증 단계(세례 이후의 가르침과 의식)-성만찬(공동체 축하) 의식을 통해서 일어난다.

2. 개신교 카테키시스 체제 설계의 전제

오늘의 개신교 카테키시스 탐구는 초기교회와 중세기와 가톨릭의 카테키시스의 본질에서 출발하지만, 그것과 차별화를 시도해야만 한다. 왜냐하면 오늘의 개신교 교회가 안고 있는 교육과 목회의 과제가 나르기 때문이다. 앞의 '카테키시스의 교육목회적 전제'에서 제기했던 6가지 선험적 전제, 즉 가톨릭 교회와 차별화, 종교적 공동체의 사회화, 평생교육, 전인적·총체적 요청, 교육과 목회의 총체성, 전문성을 위한 카테키시스 체제가 개발되어야 하기 때문이다. 따라서 교회는 카테키시스보다 상위 개념인 하나의 체제이며, 카테키시스는 그것의 실천적인 하위 체제(subsystem)이다. 이러한 대전제에 따라서 다음과 같이 개신교 카테키시스 체제 설계를 전제할 수 있다.

첫째, 개신교를 위한 카테키시스 설계는 초기 기독교 교회의 입문자(새신자) 과정, 종교개혁의 정체성 형성 과정, 현대의 견진 과정을 하나로 통합한 체제를 이어야 한다. 개신교 카테키시스는 초기, 종교 개혁기, 가톨릭 교회와 차별화를 전제한다. 이 책에서 그동안 초기교회의 철저한 입문자의 과정, 종교 개혁기의 개혁신앙의 형성, 가톨릭의 교리교육을 중점으로 다루었다. 따라서 개신교 카테키시스 설계는 기독교 공동체의 입문 과정부터 신앙 성장과 정체성 형성을 포함한 확대된 개념을 내포한 체제이어야 한다. 이것은 세례를 위한 입문교육이라는 일회적 행위가 아니라, 평생교육(life-long education)의 차원에서 교인들의 계속적인 신앙 성장과 성숙을 위한 노력이 되어야 하며, 철저한 신앙적 성숙을 위한 세례와 세례 이후의 신앙을 위한 교육 체제가 요청된다.

둘째, 개신교 카테키시스는 학교형 체제에서 벗어나서 기독교 공동체의 사회화를 위한 체제가 되어야 한다. 개신교 카테키시스는 지식교육으로 머물고 있는 일반 학교교육의 패러다임(schooling-instructional paradigm)이 교회교육의 본질인 유기체적인 모습으로 체제화시키지 못하고 있으며, 신앙교육의 공동체성을 구현하지 못하고 있다는 것이다. 따라서 개신교 공동체 안에서 상호 작용과 유기체적 관계를 통해서 기독교 신앙을 터득하고 확립하고 고백하도록 도와야 한다. 즉 개신교 신앙 공동체의 관습, 지식, 의식, 언어, 태도, 지식, 가치관, 상징 등을 획득하고, 그 공동체의 구성원으로서 정체성을 확립하고, 나아가 교회와 세상 속에서 기독교적 신앙과 삶을 고백하게 살아갈 수 있어야 한다. 그리고 공동체의 상호 작용을 통해서, 기독교의 전통과 교리와 의식의 이야기를 통해서 새로운 비전을 찾고 체험하도록 도울 수 있다. 따라서 개신교 카테키시스 체제는 기독교 공동체의 사회화를 위한 체제로 구성되어야 한다.

셋째, 개신교 카테키시스는 총체적(holistic and total)인 체제가 되어야
한다. 여기서 말하는 전인적·총체적이라는 개념은 두 가지 차원에서 이해
될 수 있다. 하나는 교육학적으로 지·정·의의 요소가 통합되어 신행일치
(信行一致)의 삶을 살도록 돕는 것을 말한다. 단순히 기독교 공동체의 구성
원으로 입문하는 차원에 머물거나 세례를 받는 행위로 끝나는 것이 아니라,
참여자들이 그리스도 안에서 기독교적 삶의 의미와 방법을 알고(지적 차원
또는 기독교적 형성·제도적 요소), 그 가르침을 고백하고 성찰하며(정의적
차원 또는 기독교적 교육·비평적 차원), 그리스도의 가르침대로 살고 실천
하는 것(의지적 차원 또는 기독교적 가르침·신비적 차원)이다. 3가지 차원
은 이러한 구조는 상호 관계를 맺고 있으며, 상호 독립적(interindependency)이면
서 상호 의존적(interdependency) 관계를 맺고 있다.18) 즉 예수 그리스도의
모범과 가르침 안에서 전인적으로 통합되고 터득되도록 돕는 것이다.

다른 하나는 교육과 목회의 총체성을 말하는데 가르침과 신앙, 디다케와
케리그마, 교육과 사역(使役)의 통합을 의미한다. 이것은 개신교 카테키시스
는 카테키시스의 방법과 구조에 따른 것이며, 교육과 목회의 총체성은 가르
침으로만 행하는 것이 아니라 교육적 행위와 목회적 사역이 통합적으로 운
영되는 것을 말한다. 최근에 대두되고 있는 새로운 목회의 변화는 회중들을
교회 활동에 적극적으로 참여하게 하는 목회 스타일을 원하고 있으며 미국
교회에서도 회중 참여의 목회 스타일과 신앙 공동체 창조의 경향이 강하
다.19)

교회의 교육적 목회(educational ministry)의 중요성이 강조됨을 말해 준
다. 회중교육(congregational education), 교사로서의 회중(congregation as
teacher), 평신도 신학(theology by the people)이라는 새로운 개념이 등장하
고 있다. 이러한 새로운 흐름은 목회와 교육의 성격을 바꾸고 있으며,20) 소
위 총체적이고 종합적인 접근 방식(integration and wholistic approach)이

나타나고 있다. 그 대표적인 학자가 그룸(Thomas H. Groome)이라 할 수 있다.[21)

기독교 신앙과 삶을 위하여 가르침, 예배와 의식 등을 활용하는 체제이어야 한다. 그리고 웨스터호프의 카테키시스의 3가지 과정(기독교의 형성, 교육, 가르침)과 휘겔의 종교 발달의 3가지 요소(제도적 요소, 비평적 요소, 신비적 요소)의 통합 체제이어야 한다. 따라서 개신교 카테키시스의 총제적 접근은 기독교 공동체의 신앙과 삶에 대해 이해하도록 돕고(지적 차원 또는 기독교의 형성·제도적 요소), 경건한 마음으로 예전과 상징에 참여하고 성찰하며(정의적 차원 또는 기독교의 교육·비평적 요소) 그리고 자선과 구제, 봉사와 같이 사랑과 나눔의 실천을 결단할 수 있도록(의지적 차원 또는 기독교의 가르침·신비적 요소) 교육과 목회적 접근이 일어나야 한다.

넷째, 개신교 카테키시스는 평신도와 성직자의 역할 분리가 없어야 한다. 성직자는 성인을 대상으로 사역하고, 부목사와 전도사와 평신도 교사들은 어린이와 청소년들 대상으로 교육하게 되었다. 평신도와 성직자는 교육과 목회의 역할의 분리를 낳았는데, 이것은 목회와 교육과 선교적 차원에서도 분리된다. 즉 평신도와 성직자는 그리스도인 개인과 교회이라는 전체가 서로의 삶을 공유하도록(롬 6:4, 7:6) 도와야 하며,[22) '가정과 교회'의 공유적 관계로 유비할 수 있다. 즉 초기교회와 같이 가정(家庭)의 교회 됨, 교회의 가정 됨을 말한다.[23) 교회와 가정이 상호 관계는 분리될 수 없고 서로 연결 고리를 지니고 있으므로 현대의 '목회와 교육'의 자원을 '교회와 가정'에서 찾을 수 있다는 것이다.

이것은 평신도의 역할을 재정립을 말하며, 목회와 교육을 통하여 교회의 모든 사람들에게 주어진 하나님의 직임을 소명으로 인지하도록 돕고, 참된 그리스도인과 올바른 시민을 만드는 것이다. 이것은 루터가 말하는 소명으로 신앙과 생활이 하나로 만나는 교육의 장(場)으로 이해될 수 있다. 따라서 개신교 카테키시스를 평신도의 인적 자원을 개발하기 위하여 평신도의 사명감과 정체성 형성을 위한 체제를 발전시켜야 한다.

3. 개신교 카테키시스 체제 모형

여기서 제시하는 개신교 가테키시스 체제 모형은 개신교 카테키시스가 세례만이 목적이 아닌 전 생애를 포함하는 통합적 신앙교육 체제임을 전제하였다. 뿐만 아니라 개신교 카테키시스는 교역자와 평신도, 교회의 각 하위 체제들이 사실상 모두 참여하는 협력 체제이어야 한다고 했다. 이 전제를 토대로 개신교 카테키시스의 효율적인 체제 모형을 설계하고자 한다.

1) 카테키시스 체제 모형

개신교 카테키시스 체제 전체 모형을 도식화하면, <그림 4>의 "개신교 카테키시스 체제 모형"과 같다. 개신교 카테키시스 체제에서 설계한 내용은 크게 세 개의 하위 체제, 곧 투입 체제(inputs system), 전환 체제(transform system), 산출 체제(outputs system) 등으로 구성된다.

(1) 카테키시스의 투입 체제

카테키시스는 다른 일반 체제와 마찬가지로 생존하고 움직이기 위해 그 주변환경의 자원을 투입하게 되어 있다. 투입은 두 가지로 이루어지고 있나. 하나는 교회와 카테키시스 체제 외부로부터 역사, 문화 운동, 지역사회의 사건과 요구, 여러 기관과 관계, 사람, 물질, 시간, 새로운 기술과 방법, 사회 정보, 교단의 교리와 정책 등이다. 다른 하나는 교회 자체에서 재투입되는 것이다. 교회 공동체에서 산출된 자원(교회의 목표와 신앙, 인적, 물적 자원 등이 다시 교회와 카테키시스 체제에 투입되는 것이다.

<그림 4>에서 나타나고 있듯이 카테키시스 체제의 투입은 '새신자, 유아 세례자, 신앙 성장을 추구하는 신자들'로 대별할 수 있다. 새신자는 주로 신입 교인, 어린이, 영육의 필요로 교회를 찾는 사람들, 그들의 요구와 교회의 요구가 투입 요소다. 유아 세례자는 유아세례를 받았거나 기존 세례자, 이명자, 복귀자, 재헌신자, 그들의 요구와 교회의 요구가 투입 요소다. 그리고 신앙 성장을 추구하는 신자들은 기존 교회의 교인으로서 자신의 신앙 성장을 추구하고, 교회와 사회를 위하여 사명을 감당하기 위한 사람들과 그들의 요구와 교회의 요구가 투입 요소다. 카테키시스에서 무엇보다도 중요한 투입은 기독교 신앙으로 개종하고 공동체에 들어오려는 '새신자'다. 새신자는 카테키시스의 체제에서 가장 뚜렷한 투입이 되는데, 그들은 다양한 동기와 성격을 지니고 교회에 입문한다. 카테키스트는 그들의 동기, 요구, 정서, 신앙적 욕구 등에 관련된 성향을 인지해야 한다. 그들의 성향은 교육과 목회적 배려의 근거가 되며, 입문의 동기는 그들의 신앙적 욕구이기 때문이다.

개신교 카테키시스 체제의 투입은 인적·물적 자원으로 분류될 수 있으나, 물질적 투입 요소보다 인적 투입 요소를 중심으로 설명하고자 한다. 교회의 인적 요소는 곧 물적 요소가 된다. 신자는 인적 요소이지만, 신자가 헌납하는 헌금, 기타 물질적 제공 등이 물적 자원이 되기 때문에 교회의 인적 투입이 곧 물적 투입을 결정한다.

카테키시스 체제의 3대 투입요소는 다음과 같다.
첫째, 새신자 투입요소
- 신입 교인
- 결혼 또는 아동 세례를 위하여 교회를 찾는 사람들
- 어린이가 교회학교에서 새롭게 등록한 신입 교인들
둘째, 유아 세례자의 공적 고백 투입 요소

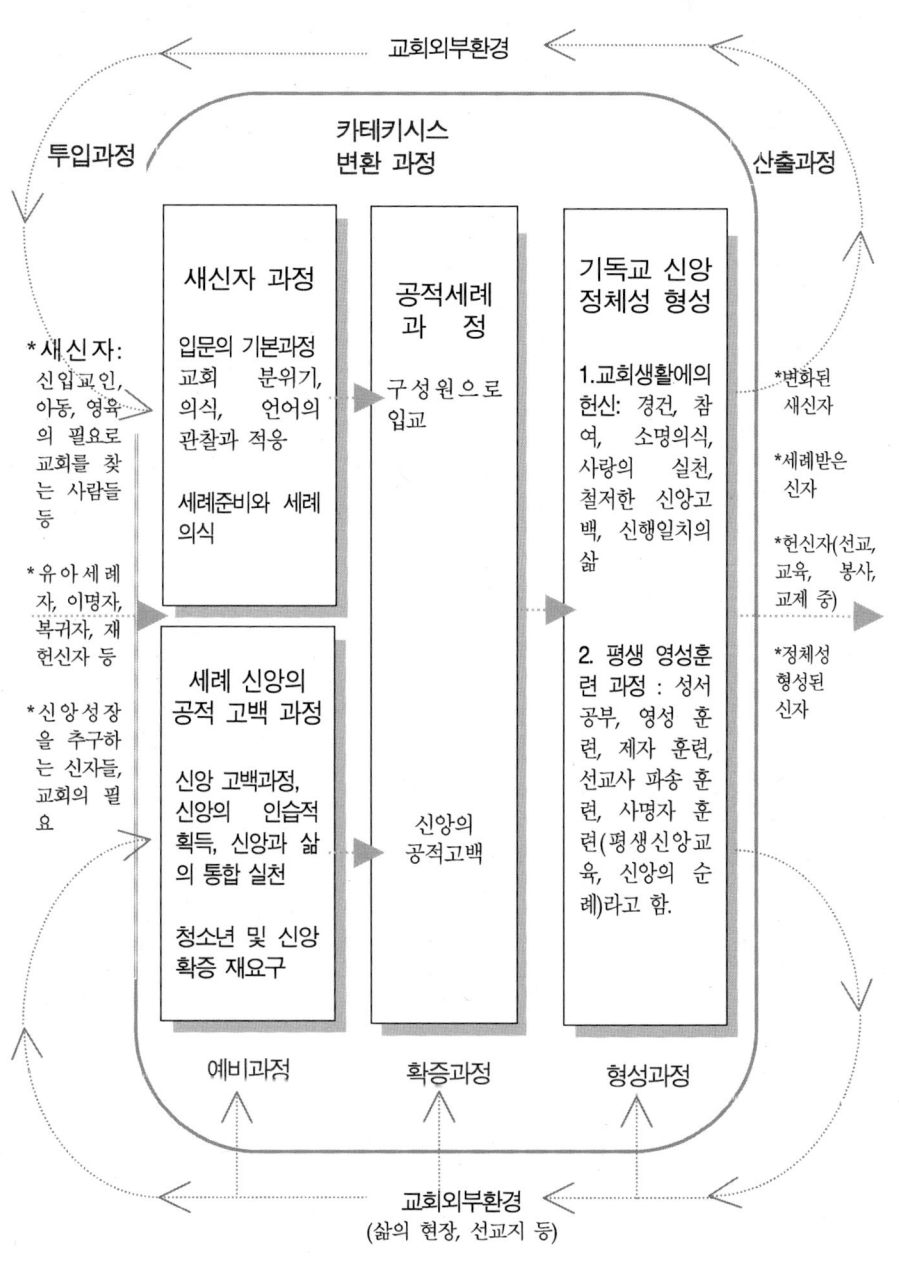

교회외부환경

투입과정　　　　　　　　　　카테키시스　　　　　　　　　　산출과정
　　　　　　　　　　　　　　변환 과정

*새신자:
신입교인,
아동, 영육
의 필요로
교회를 찾
는 사람들
등

*유아세례
자, 이명자,
복귀자, 재
헌신자 등

*신앙성장
을 추구하
는 신자들,
교회의 필
요

새신자 과정

입문의 기본과정
교회　분위기,
의식,　　언어의
관찰과 적응

세례준비와 세례
의식

**세례 신앙의
공적 고백 과정**

신앙 고백과정,
신앙의　인습적
획득, 신앙과 삶
의 통합 실천

청소년 및 신앙
확증 재요구

**공적세례
과　정**

구성원으로
입교

신앙의
공적고백

**기독교 신앙
정체성 형성**

1.교회생활에의
헌신: 경건, 참
여,　소명의식,
사랑의　실천,
철저한 신앙고
백, 신행일치의
삶

2. 평생 영성훈
련 과정 : 성서
공부, 영성 훈
련, 제자 훈련,
선교사 파송 훈
련, 사명자 훈
련(평생신앙교
육, 신앙의 순
례)라고 함.

*변화된
새신자

*세례받은
신자

*헌신자(선교,
교육, 봉사,
교제 중)

*정체성
형성된
신자

예비과정　　　　　확증과정　　　　　형성과정

교회외부환경
(삶의 현장, 선교지 등)

그림 4 카테키시스 체제의 재구성 모형

- 유아세례를 받고, 자신의 신앙을 공적으로 확언하는 성숙한 신앙을 갖기를 원하는 18세 이상의 사람들
- 다른 교회로부터 이명해 온 교인들
- 세례를 받았지만, 다양한 이유로 교회를 떠났다가 복귀하는 사람들
- 타락하였지만 기독교적 헌신을 재고하기 위하여 온 사람들

셋째, 개신교 기독교 신앙의 정체성 형성자 투입 요소
- 기본적인 개신교 신앙을 갖고자 교회를 찾는 사람들
- 신자로서의 헌신을 깊이 인식하고 해야 할 일을 추구하는 사람들
- 교회의 목표에 따라 교회 사역에 동참할 사람들

(2) 카테키시스의 변환 체제

이 모형에서 제시하고 있는 카테키시스 체제의 변환 과정(transformation process)에는 예비 과정, 확증 과정, 형성 과정이라는 세 과정이 있다. 여기에서는 전 단계에서 투입된 물질적 자원, 인적 자원, 정신적 자원을 변환시켜서 카테키시스의 목적에 유용한 결과가 되도록 진행하는 과정이다. 현대 개신교 교회를 위한 카테키시스는 3가지 과정(새신자, 세례신앙의 공적 고백, 신앙 정체성 과정)은 각기 다른 투입과 다른 산출을 낳을 수 있다. 교회와 카테키시스 체제에서 가장 중심적인 체제라 할 수 있다.

예비 과정에서 "새신자 과정과 세례 신앙의 공적 고백 과정"은 다음과 같다.

첫째로, 새신자 과정이다. 새신자들이 카테키시스의 체제를 통해서 세례를 받고 구성원으로 형성되는 것이다. 그래서 그들은 공동체의 삶과 신앙을 터득하고, 다른 구성원과 유기적인 관계를 맺어서 그리스도의 한 몸이 되도록 한다.

초기교회에서는 개종자와 입문자를 위해서 "개종-예비 세례자(견습 기간)-세례의식-신앙의 확증의식(세례 이후의 가르침과 의식)-성만찬(공동체 축하) 의식"의 단계를 통해서 일어나도록 도왔다. 이 단계는 하나의 의도적인 행위이며, 교육과 목회의 통합적인 접근을 시도할 수 있다. 특히 이 단계들은 초기교회에서 실시했던 것처럼, 부활절에 세례의식을 베풀 수 있도록 진행한다. 개종자와 입문자들은 이 과정을 통해서 철저한 신앙과 공동체 교육을 받고, 사순절에 세례를 준비하도록 도울 수 있다.

둘째로, 세례신앙의 공적 고백 과정이다. 유아세례를 받은 청소년들이 세례의 의미를 터득하고 자신의 신앙을 고백하도록 돕는다. 이 과정을 통해서 청소년들이 신앙의 깊은 의미를 성찰하고, 그들의 삶 속에서 그리스도가 삶의 중심이 될 수 있도록 돕는다.

이 과정은 청소년들의 신앙을 확언시키고, 그들의 신앙과 삶의 의미를 깨닫도록 돕는 과정으로 꾸며질 수 있다. 그러므로 이 체제는 청소년들이 '신앙의 순례'라는 과정을 통해서 그들의 신앙을 점검하고, 확언하고, 고백할 수 있도록 점진적인 접근을 시도할 수 있다. 물론 이 과정은 '입문자 교육'의 5가지 단계로 운영할 수 있다.

이상의 두 과정 중 각기 해당되는 과정을 마친 후에 새신자는 세례를 받고 신앙의 공적 고백 과정은 자신의 신앙을 공동체 앞에서 고백하게 된다. 세례와 공적 고백 이후의 카테키시스는 개신교 신앙의 정체성을 형성하는 과정으로 자연적으로 연결된다.

셋째로, 기독교 신앙의 성제성 형싱 과정이다. 이 과정은 세례를 받거나 신앙의 공적 고백(새신자 과정, 세례신앙의 공적 고백 과정)으로 끝나는 것이 아니라, 그 이후에도 자신의 신앙을 계속적으로 유지와 성장을 시키기 위한 카테키시스로서 자발적 헌신과 교회의 평생교육 프로그램에 의해서 운영된다.

교회생활에 대한 전적 헌신을 통하여 기존 신자들의 구성원들이 신앙적 성숙이 실행되고 신행일치의 삶을 살도록 돕는다. 이 과정은 기존 신자들의 평생교육의 차원에서 영성 훈련, 제자 훈련학교, 선교사 파송 훈련, 사명자 훈련 등의 형태로 프로그램을 진행할 수 있다.

따라서 개신교 신앙의 정체성 교육 체제는 개체교회의 지역사회와의 관계, 선교의 방향 등에 따른 목표와 목회 이념에 근거하여 개발할 수 있으며, 특히 개체교회의 평신도의 성향과 과제에 따른 프로그램을 교회마다 나름대로의 단계를 기획할 수 있다. 이 과정의 단계는 세례신앙의 공적 고백 교육 체제에 따라 '신앙의 순례'라고 불리는 프로그램으로도 기획할 수 있으며, 평신도들이 자신의 신앙을 회복하고 정체성을 찾을 수 있도록 돕는다.

이상과 같이 이 변환 체제는 각 과정마다 설정된 목표를 추구하면서도 상호 관련을 맺으며 변환을 유도한다.[24] 카테키시스 과정의 교육과 목회적 행위를 통해서 인간의 성장과 변화, 형성과 동화, 회심과 영적 각성, 헌신과 봉사, 희생과 증거 등의 변환을 경험할 수 있다. 따라서 카테키시스의 과정은 다양한 변환과 진전을 경험하도록 돕는 체제이며, 나아가 카테키시스의 목표인 산출 체제로 상호 관계를 맺는다.

(3) 카테키시스의 산출 체제

산출 체제는 교회와 카테키시스 안에서 변환된 결과를 다른 체제에 영향을 주거나 다른 환경에 변화를 주기 위하여 지원하고 방출하는 것을 말한다.[25] 개신교 카테키시스의 산출 체제는 각 과정을 통해서 개신교 교회교육의 목적을 달성하며, 각 과정의 목표를 달성하는 것이며, 또한 새신자나 예비 세례자들(카테큐멘)이 그 과정 안에서 회심하고 변화되는 결과를 말한다.

교회교육의 산출은 교회의 궁극적인 목적이기도 하다. 교회교육의 의도적 형성, 자기 발견적 교육, 문제 해결 방식의 교수 등이 있을 수 있다.[26] 개신교 카테키시스의 산출의 궁극적인 목적을 좀 더 구체화시키는 목표가 있다. 개신교 카테키시스의 산출은 일반적으로 인지적 측면, 정의적 측면, 영적 측면에서 추출할 수 있지만,[27] 앞서 제시한 투입 요소에 따라 새신자는 변화되고 세례를 받으며, 공적 고백을 원하는 자는 공동체 앞에서 자신의 신앙을 고백한다. 그리고 각자 능력에 따라서 헌신하며, 궁극적으로는 개신교 신앙의 정체성이 확고해지면서 삶의 모든 면에서 총체적 통합을 성취하고 신행일치의 삶을 사는 것이다.

카테키시스 체제의 산출은 하위 체제별로도 진술할 수 있다. <표 2>는 변환 체제 요소별로 본 투입과 산출이다. <표 2>에서 보듯이 카테키시스의 전 체제의 하위 체제로서 변환 과정을 세목적인 투입과 산출을 구분해서 명료화할 수 있다.

위에서 카테키시스 체제 모형의 3가지 요소를 설명하였다. 카테키시스는 항상 살아 움직이는 역동적 과정을 거치는 체제다. 따라서 카테키시스 체제의 핵심은 그 변환 과정에 있다. 여기서는 개신교 카테키시스 체제의 과정인 변환 과정의 새신자 과정을 보다 심층적으로 설명하고자 한다. 그런데 '새신자 과정과 세례 신앙의 공적 고백 과정'만 다루고자 한다. '기독교 신앙의 정체성 형성 과정'은 세례와 공적 고백 이후의 신앙을 유지와 성장을 시키는 '교회의 평생교육 프로그램'이므로 여기서는 제외시키고자 한다. '기독교 신앙의 정체성 형성 과정'은 개체교회의 목표와 특성과 과제에 따른 프로그램을 교회마다 나름대로의 단계를 기획하는 것이 바람직하기 때문이다. 개체교회의 프로그램을 카테키시스의 체제와 연계하여, 하나의 체제를 구축하는 것이 현장성이 있으며 체제의 유기적인 성격을 살릴 수 있기 때문이다.

		새신자 과정	세례 신앙의 공적고백	신앙의 정체성 형성과정
투입		개종자, 새신자 (성인/청소년)	유아 세례자, 청소년 및 신앙확증 재요구	기존 세례자 (청년, 평신도)
산출	목표	입문자 공동체 구성원 형성	청소년 신앙 확언과 고백	목회적 사역 참여 만인사제직
	인지	교회의 조직, 속회, 소속의 명칭과 지도자 교회의 역사와 목표 교회의 성물, 그리스도인의 기본적 행위	세례자의 신앙고백, 제자들의 신앙고백	하나님께 받은 은혜 하나님께 받은 직임
	정의 행위	세례 받아야 할 이유 세례와 변화 세례자와 비세례자의 차이, 공동체 구성원의 할 일	세례의 의미, 예수와 나의 삶의 의미, 이웃과 관계 하나님을 위해서 할 일	하나님의 사역을 참여할 수 있는 일 세상을 위해서 할 일
		교회에서 예배 참여 성서읽기 가정기도회, 실천 등	예수 가르침의 중심 세상을 위한 예수께서 하신 일 행하기 기독교와 이웃의 관계 등	일터에서 교회 사역을 돕는 방법 찾기 교회 지도자, 봉사자, 선교자 등으로 송환(feedback)

2) 새신자 과정

새신자 과정은 기독교 공동체의 입문을 위하여 기본적인 과정을 습득하고(교회 공동체의 분위기, 의식, 관찰과 언어에 의해 적응), 나아가 세례를 준비하는 과정이다. 새신자 과정은 초기교회의 단계에 근거하여 구성할 수 있다. 초기교회는 대체로 다음과 같이 진행되었다.

첫째 단계는 '개종한 사람'의 삶과 신앙을 검증하기 위한 '질문'(inquiry)이다,

둘째 단계는 '그리스도 안에서의 형성'(Formation in Christ)이다.

셋째 단계는 '집중적인 준비와 부활절의 거룩한 날이라는 의식'(Intensive Preparation and the Rites of the Paschal holy Day)을 행함이다.

넷째 단계는 '사역 안에서의 형성'(Formation in Ministry)이 이루어지는 단계로 규명할 수 있다.[28]

초기 기독교 공동체가 이 과정을 거치는 동안, 기독교로 입문하려는 사람들은 기독교 공동체의 신앙과 삶을 터득하도록 돕고, 기존 공동체의 구성원과 동일화되는 시간이 되며, 그들이 서서히 세상적 가치관을 신앙적인 가치관으로 변형하고 발전시키도록 돕는다. 이 과정은 엄격하고 철저하게 진행하였고, 공동체의 구성원으로서 정체성을 형성시켜 주었다. 따라서 개신교 카테키시스의 새신자 과정은 기독교 공동체의 신앙과 삶을 '형성하고 교육하고 가르치는 일'을 해야 한다. 이것은 개종자들이 기독교 공동체로 투입되고, 기독교 공동체의 카테키시스의 과정을 통하여 변환되고, 나아가 기독교 공동체의 사역을 위하여 세상을 향하여 산출되는 것이다.

<표 3>은 필자가 설계한 카테키시스 체제의 변환 과정 중 '새신자 과정'의 구체적인 단계들이다. 여기에는 크게 5단계로 구성하여 운영할 수 있는데, 각 단계별 목표와 교육내용은 다음과 같다.

(1) 초청과 만남 단계

초청과 만남은 기독교 공동체와 새신자의 만남을 위한 장(場)을 마련한다. 이 단계는 먼저 기독교 입문의 가장 기본적인 요건으로서 '개종', 즉 기독교로 회심하는 일이 필요하다. 초기교회는 회심을 외면상으로 변화된 삶으로 표현된다는 신념을 가지고 있었기 때문에 그 회심을 조사하였다. 입문 이전 또는 질문 기간(pre-catechumenal or inquiry period)이 있었다. 기

〈표 3〉 개신교 카테키시스 체제의 '새신자 과정'의 단계

단계	목 표	내　　　용
초청과만남	기독교 공동체와 새신자의 만남을 위한 장(場)을 마련한다.	1) 환영회: 참여자는 예수의 부르심에 대한 응답, 공동체는 환영회를 베품. 2) 질문과 결단: 그리스도인이 되기를 열망하는 사람들의 믿음과 헌신, '새신자 교육'에 지속적으로 끝까지 참석하도록 결단. 3) 소개와 나눔: 자신의 삶과 신앙을 나누고, 신앙성장을 위한 "개인 후원자"와 "카테키스트", 교회 사항을 소개한다. 4) 약속: 카테키시스 과정의 철저한 참여 서약, 목사의 안수, 성도의 인사.
형성단계	새신자들이 그리스도 안에서 공동체의 구성원으로 형성되기 위하여 가르침과 의식에 참여한다.	1) "개인 후원자"와 함께 예배와 모임에 참여. 2) 후원자와 함께 공적인 예배에서 '듣는 자'가 됨. 3) 새신자들은 성서일과(lectionary)에 따라 매일 성서를 읽고, 일주일에 한번씩 후원자와 함께 성서 공부. 4) 형성 시간은 부활절 이후부터 다음 사순절기 동안 세례 준비 교육을 실시하는 것이 바람직하다. 그러나 최소한 6개월 정도 긴 여정의 인내가 요청됨. 5) 이 기간에 주일 예배 설교문을 기록하고, 생활 속에서 신앙일지 또는 성서일기를 쓰도록 하는 것이 바람직함. 6) 교회는 정기적인 모임과 교육과 목회의 방법을 다양하게 활용. 예를 들면 주간 모임, 주말 퇴수회, 분기 세미나 등을 실시
세례준비단계	거룩한 세례를 받기 위하여 준비하도록 한다.	1) 사순절이 시작되면, 교회에서 세례 후보자와 후원자들을 위해서 매주 대중 기도 전개. 2) 후보자들은 전통적인 그리스도인 훈련, 집중 성서 공부, 수련회 프로그램 등에 참여. 3) 수난절기 동안에 세례후보자들은 후원자와 함께 일일 한끼 금식과 매일 성서 읽기와 공부를 실시. 4) 부활절 전야에 철야 기도회, 강의, 상담과 안수를 하면서 세례 준비. 5) 세례를 위한 영적 감정적 준비를 위한 기도와 교육 실시.
세례의식	거룩한 세례를 통해서 믿음의 확증을 갖도록 돕는다.	1) 부활절 전야에 세례 후보자와 후원자, 카테키스트가 함께 모여서, 성서 읽기, 기도, 세례의 의미 교육. 2) 부활절 새벽 예배 전에, 목사는 문답(問答)을 통해서 세례 확증을 받음. 3) 목사는 문답을 한 후에, 세례 후보자와 후원자를 동시에 안수. 4) 부활절 새벽 예배시간에 세례복(洗禮服)을 입고, 세례에 참여, 후원자와 세례자의 신앙 확증을 위한 안수기도.
축하례	세례자를 위한 가르침과 축하식 참여한다.	1) 세례자들이 부활주일 주일 낮 예배에 공동체에서 자신의 신앙을 고백. 2) 목사의 안수, 세례와 성찬에 관한 설교를 들음. 3) 세례자를 위한 첫 성만찬에 참여 4) 공동체 축하 파티

독교로 회심한 사람들이 기독교 공동체에 들어오려면, '카테키시스 입회의 신청'(행 10:21-22, 30), '신앙의 검증'(행 10:4, 31)과 '시문(試問)과 보증'(행 10:22), '카테키시스 입회의 승인'(행 10:23, 27)을 받아야 한다. 듀자리어(Michael Dujarier)는 "이 시기를 '그리스도를 향한 첫 전환'이라고 강조하였다. 입회 허락을 위해서 어떤 외부의 간섭이나 조언이 없이, 오직 '자신의 삶을 변화시키기 위하여 결단'만이 중요한 것이라 하였다."[29]

이 단계는 4가지 프로그램을 전개할 수 있다.

① 환영회: 이 단계에 참여하는 사람들은 그리스도의 부르심에 대한 응답하고, 공동체의 구성원으로 초청받은 사람들이므로 환영회를 베푼다.

② 질문과 결단: 그들은 그리스도인이 되기를 열망하는 사람들이므로, 그리스도인의 믿음과 헌신 그리고 세례를 받기 위해 '새신자 교육'에 지속적으로 끝까지 참석할 수 있는지 결단하게 한다.

③ 소개와 나눔: 그들 자신의 삶과 신앙을 나누도록 허락받게 된다. 즉 그들 자신의 삶과 신앙을 나누고 후원해 줄 '개인 신앙 후원자'와 가르침과 의식을 이끌 '카테키시스트'를 소개한다. 그리고 교회의 성물(聖物), 기구와 조직, 교회 중직들과 인사를 나눈다.

④ 약속: 카테키시스의 과정에 철저히 참여할 것을 서약하고, 목회자는 안수한다. 다른 성도들은 격려의 인사를 나눈다.

(2) 형성 단계

형성 단계는 새신자들이 그리스도 안에서 공동체의 구성원으로 형성되기 위하여 가르침과 의식에 참여하는 단계다. 초기교회에서는 검증을 받은 사람들이 카테큐멘(catechuman)이 되는 단계다. 그들은 예비 세례자, 즉 카테큐메너트로서 '세례 이전의 가르침과 의식'의 단계로 3여 년간 말씀을 듣는 단계다. "하나님의 말씀을 듣고 지켜라."(눅 11:27)고 하는 그리스도인으로서 형성 과정을 시작한다. 그들은 말씀을 듣고, 말씀을 배우고, 엑소시즘(exorcism)과 안수와 찬양을 실시한다. 오리겐은 이 단계의 사람들은 "그리스도인이 인정하는 것들 외에는 아무것도 바라지 않는 사람"[30]이라고 하였다.

이 단계는 새신자들의 신앙 성장을 위해 '개인 후원자'와 함께 공동체에 참여하고, 그들의 신앙을 '그리스도 안에서 형성'(formation in Christ)되도록 한다. 이 단계는 다음과 같이 진행할 수 있다.

① 항상 '개인 후원자'와 함께 교회의 공적인 예배와 모임에 참여한다.

② 새신자들은 후원자와 함께 공적인 예배에서 '듣는 자'가 된다. 그들은 하나님의 말씀을 듣는 자로 '세례'와 '새로운 삶'을 향한 여정을 떠나게 된다.

③ 새신자들은 성서일과(lectionary)에 따라 매일 성서를 읽고, 일주일에 한번씩 후원자와 함께 성서공부를 한다. 성서읽기와 공부는 그들의 직장, 가정, 공동체, 국가, 여가 시간과 교회 안에서 신앙적인 삶을 살 수 있도록 지도하고 상담하는 근거가 되도록 한다. 성서읽기는 교회에 절기에 따르는 것이 좋으므로 성서일과를 택하는 것이 좋다. 그러나 대한성서공회에서 제공하는 성서 읽기표 등을 참조할 수 있다.

④ 이 단계의 형성 시간과 정도는 초기교회처럼 3여 년 동안 준비하는 것이 현실적으로 어려우므로, 주로 부활절 이후부터 다음 사순절 동안 세례 준비의 교육을 실시하는 것이 바람직하다. 초기교회처럼 세례의식을 부활절에 실시하는 것이 좋기 때문이다. 물론 개인의 성장률에 따라 다양하게 조절하고 유지하는 것이 바람직하다.[31] 그러나 최소한 6개월 정도 긴 여정의 인내가 요청된다고 본다.

⑤ 가능하면 이 기간에 주일 예배 설교문을 기록하고, 생활 속에서 신앙일지 또는 성서 일기를 쓰도록 하는 것이 바람직하다. 기록과 일기는 그들이 속해 있는 사회와 신앙의 연결고리를 이어주고, 믿음과 삶의 통합성을 일깨워 주며, 세상 속에서 기독교 신앙으로 올바르고 정의롭게 살 수 있도록 성찰하는 기회를 주기 때문이다.

⑥ 교회는 이들을 위한 정기적인 모임, 즉 주간 모임, 주말 퇴수회, 분기 세미나 등을 실시한다. 교육과 목회의 방법은 카테키시스트를 중심으로 개별 모임, 그룹 모임, 집단 모임 등을 다양하게 활용한다.

(3) 세례 준비 단계

세례 준비 단계는 거룩한 세례를 받기 위하여 준비하도록 한다. 세례 준비는 전통적으로 대체로 수난절부터 부활절 전야까지 이루어졌고, 부활절 전날은 준비의 날로 정해져 있었다. 이때 새신자들은 가르침, 철야기도를 하였다. 현대 교회에서 예비 세례자(candidacy for baptism)들이 집중적으로 세례를 준비하고, 부활절에 거룩의 세례의식을 경험(intensive preparation and the rite of the Paschal Holy Day)할 수 있도록 다음과 같이 진행할 있다.

① 사순절이 시작되면, 교회에서 세례 후보자와 후원자들을 위해서 매주 대중기도를 전개한다.

② 후보자들은 전통적인 그리스도인 훈련, 집중 성서공부, 수련회 프로그램 등에 참여한다. 그리스도인 훈련은 강의와 영성 훈련 워크숍 등을 실시할 수 있으며, 수련회는 강의와 토론과 침묵, 기도회, 직업과 신앙 관계 등을 실시할 수 있다.(자세한 내용은 다음의 '세례 신앙의 공적 고백 과정'을 참고하라.)

③ 수난절 동안에 세례 후보자들은 후원자와 함께 일일 한 끼 금식과 매일 성서읽기와 공부를 실시한다.

④ 부활절 전야는 철야 기도회를 갖는다. 이 시간을 위해서 목회자는 부활과 세례의 의미, 거룩한 삶에 내한 깅의를 준비히고, 상담과 안수의 시간을 통해서 세례를 준비한다.

⑤ 이 단계를 통해서 그들의 세례를 위한 영적 감정적 준비를 위한 기도 등을 실시하도록 한다. 특히 그들의 삶과 신앙을 성찰하도록 '교육'한다.

(4) 세례의식 단계

세례의식 단계는 거룩한 세례를 통해서 믿음의 확증을 갖도록 돕는다. 터툴리안(Tertullian, 160-225)은 세례를 '믿음의 확인'이라고 했고, 어거스틴 (Augustine, 354-430)은 그의 논문 "믿음과 일"에서 변화된 삶을 위해서 세례가 필요하다고 강조했다.[32] 초기교회의 세례의식은 지역마다 다르기는 하지만, 아주 엄숙하고 복잡한 과정으로 진행되었다. 세례 후보자들은 대체로 부활절 아침 새벽 전에 엑소시즘을 받고, 물이 있는 곳으로 가서, 흰옷을 입고, 안수를 받고, 세례반(洗禮盤, baptismal font)에 들어가서 3번 침수를 하였다. 이러한 과정은 하나의 드라마적인 과정으로 연출된다고 해도 과언이 아닐 것이다.

현대 개신교 교회의 세례의식은 더 연구되어야 할 부분이며, 교육과 목회적인 접근을 위해서 다음과 같이 진행할 수 있다.

① 부활절 전야에 세례 후보자와 후원자와 카테키시스트가 함께 모이는 시간을 갖는다. 이날 그들을 함께 성서를 읽고, 기도를 하고, 세례의 의미를 배운다.

② 부활절 새벽예배 시간 전에, 목사는 세례 후보자와 후원자를 배석시킨 자리에서 문답을 하고, 세례 확증을 받는다. 목사의 문답은 교단마다 제시된 예문집을 참조할 수 있지만 세례 후보자의 상황과 교회의 목회 이념을 고려하여 재구성할 수 있다.

③ 목사는 문답을 한 후에 세례 후보자와 후원자를 동시에 안수한다.

④ 부활절 새벽예배 시간에 실시한다. 가능하면 교회에서 세례복을 준비하여 입는 것이 바람직하다. 세례의식은 후원자가 세례 후보자의 손을 잡고 입장하고, 두 사람이 무릎을 꿇는다. 목사는 세례 후보자에게 교단 예문에 따라서 세례를 베푼다. 그리고 두 사람의 신앙 확증을 위해서 안수기도를 한다.

(5) 세례 축하례 단계

세례 축하례는 세례자의 신앙과 삶을 위해서 공동체에서 가르침과 축하식을 거행한다. 초기교회에서는 세례를 베푸는 것으로 끝나지 않았다. 교회는 세례자를 위해서 공동체 의식을 거행했다. 그것은 세례받은 사람들이 전체 공동체의 회중들 앞에서 신앙을 고백하고, 공동체의 환영과 가르침을 받고, 첫 성만찬에 참여함으로써 신앙 공동체의 구성원으로 인정을 받는다. 초기교회의 의식에 근거하여 현대교회를 위한 축하의식은 다음과 같다.

① 세례 받은 사람들이 부활 주일 주일 낮 예배 시간에 공동체의 구성원 앞에서 자신의 신앙을 고백한다.

② 목사로부터 안수를 받고, 설교를 통한 가르침을 듣는다.

③ 세례자를 위한 첫 성만찬에 참여한다.

④ 공동체 축하파티를 행한다. 이때 세례자에게 꽃다발이나 선물을 증정한다.

이러한 경험은 참여자들이 교회 공동체의 공동의 삶을 경험하도록 돕고, 성만찬의 의미를 깊이 인식하도록 돕는다. 더욱이 세례를 통해서 신앙의 확언을 받는 것을 중요시 여긴다는 점을 인지시킨다. 이 단계는 '사역을 통하여 형성되는'(formation in ministry) 단계이며, 이 단계를 통해서 새롭게 세례를 받은 사람들은 신비로운 경험을 터득하도록 돕고, 기독교 신앙의 지식을 알도록 '가르침'의 사역을 감당한다.

3) 세례신앙의 공적 고백 과정

(1) 세례신앙의 공적 고백 과정의 방향

'세례신앙의 공적 고백 과정'은 '신앙의 확언', 즉 견진교육(education of confirmation)이라 할 수 있다. 견진례는 유아세례를 받았던 사람들이 성장하여 그들의 세례를 상기하고, 신앙의 확증을 받아서 기독교 공동체의 구성원으로서 인증받는 것이다. 기독교 초기에는 견진례가 따로 분화(分化)된 성례가 아니라 카테키시스의 한 과정으로 집전되었지만, 오늘날 성인과 젊은이를 위한 신앙 교육적인 면에서 강한 자리를 차지하고 있으며 교육과 목회적 사역의 한 부분에 참여하게 된다. 이 방법은 성인들이 젊은이들에게 '견진'의 과정을 통하여 약속을 발견하고, 나눔의 많은 방법을 통해서 교실에만 머무는 교육을 탈피할 수 있다.[33]

이 과정은 기독교 공동체 신앙의 인습적 획득, 세례 신앙의 확신, 신앙과 삶의 통합적 실천을 목표로 삼고 있다. 카테키시스의 '신앙의 확증 과정'을 개발하기 위하여 다음과 같이 고찰할 수 있다.

첫째로, 카테키시스 체제의 '신앙의 확증 과정'은 폐쇄적인 형태와 내용 중심의 교육에서 유연성이 있는 미래 중심의 프로그램으로 발전시켜야 한다. 카테키시스의 견진교육은 젊은이들에게 기독교 공동체의 목회적·교육적 사역의 총체적인 개념의 입장을 고려해야 한다. 이 목적은 교육을 정적으로 이해하기보다는 '동적인 과정'으로 이해하게 된다. 교육과 목회적 사역이 "무엇을 생각하게 하는가"(내용 중심의 교육)를 지향하는 교육에서 기독교 신앙 안에서 "어떻게 생각하는가"(사고 방법의 교육)[34]로 전환되어야 한다. 이 말은 '내용 중심'의 교육에서 '사고 방법의 전환'을 추구해야 한다는 것을 말한다.[35] 카테키시스 과정의 참여자들이 과거의 유산을 사용하여 스스로 문제를 질문하고 탐구하며, 그들의 신앙을 진술하도록 고무시키는 것이다. 이러한 과정은 참여자들이 그들 스스로 자신의 기독교 신앙을 '형성하고, 성찰하고, 배우도록' 의도하는 것을 말한다.

둘째로, '신앙의 확증 과정'은 카테키시스의 전통화 작업이다. 참여자들이 질문을 자유롭게 할 수 있을 때, 전통적인 카테키시스 교육은 살아날 수 있다. 종교교육은 전해 내려온 것을 전해 주는 '전통화'(Tradition)의 작업이며, 신앙교육의 '내용'과 '과정'이 상호 연관성을 지니고 있다.[36] 전통은 '전해 받은 것'(what one hands down)으로 공동체가 지니고 있는 기원에 관한 이야기들, 공동체에서 전용되는 행위의 규범과 그 의미를 표현하고 간직하는 의식과 관습이다. 종교적 정체성은 전통의 선물이다.[37] 전통화는 과거의 이야기를 단순히 '전수'하는 것이 아니라, 과거의 종교적 이야기와 관습을 현실화하여 새롭게 이야기하고, 다시 이야기하는 것이다.[38] 전통 그 자체를 과거 세대에 축적된 것과 같은 것을 하기 위하여 다시 인식하는 것이며, 과거로부터 전수된 종교적 의미의 보물을 그들 자신의 시대에서 다루어지는 것이다.

전통과의 만남은 참여자와 지도자, 참여자와 참여자, 젊은이와 어른, 남녀 등이 상호 관계를 통하여 자신의 삶과 신앙에서 일어나는 경험을 자유롭게 이야기하고 질문하는 체제가 된다. 질문과 대답의 대화 과정을 통해서 변증적인 발전이 일어날 수 있으며, 나아가 참여자들의 신앙이 증대되고 증거가 될 수 있다. 또한 상호 관계를 통해서 탐구의 관계로 발전되며 상상력을 가질 수 있을 때 신앙교육은 변화될 수 있다.

셋째로, 세례신앙의 공적 고백 과정은 유연성이 있어야 한다. 짜인 교재와 시간에 의해서 움직여지는 정형화 교육이 아니라, 커다란 체제 아래에서 유연성 있게 진행되고 참여하는 과정이 요청된다. 참여자들은 '개성을 발휘시키는 교수의 과정'에 참여하고, 자기 스스로의 목표와 목적을 설립하도록 도울 수 있으며, 그들의 목표를 향하여 옮겨가도록 연구하고 탐구하는 방법을 선택할 수 있다. 과정에서 파생되는 교육의 방법은 자연히 참여자들의 관심과 능력에 맞는 교육적인 방법론으로 사용할 수 있게 만든다. 교사는 학생들이 가장 편안하게 느낄 수 있는 방법을 사용할 수 있게 한다.[39] 그러나 참여자들이 관심과 능력에 따른 교육이라고 하지만, 자유방임적인 교육이 아니라 전체의 체제를 구성하고, 그 체제의 과정에 따라 함께 움직이는 교육이므로 무조건 개방적인 교육을 말하는 것은 아니다. 오늘날 교회학교에서 제시하는 교육의 틀은 '교재와 방법'에 얽매이기 때문에 가르치는 교사와 학생에게 참된 신앙적이고 교육적인 참여를 고려하기 힘들기 때문이다.

넷째로, 세례신앙의 공적 고백 과정은 '과거 중심의 내용'(past-centered content)을 '미래 중심의 기능'(future-oriented function)과 유연하고 밀접하게 조화시킬 필요가 있다. 일반적으로 전통적인 개념에 따라 '견진례'의 이름을 계속 유지하려는 경향이 있다. 옛 이름은 오늘의 시대에 요청되는 새로운 의미를 제시하며, 그 기능을 수정할 수 있다. 견진교육을 통하여 성서 연구, 예배, 기도 등의 목회적 행위를 통해서 전통적인 카테키시스의 재능을 사용하게 한다. 그래서 전통적이고 일괄적으로 '만들어진 교육 내용'(전통적 교육 내용)[40]이라고 불리는 것과 의식의 자유로운 해석에서 나온 '개방된 내용'(요청되는 교육 내용)[41]의 만남을 꾀할 수 있다. 전자는 '닫힌 체제의 내용'이라면, 후자는 '변화와 개방 체제의 내용'이다. 두 체제는 분리된 것이 아니라 만남을 통한 새로운 형태의 교육 내용이 되어야 한다. 기독교의 전통적인 교육 내용은 과거의 패턴을 초월하고, 오늘의 젊은이들의 패턴으로 "끊임없이 만들어지는 믿음의 세계"[42]를 말한다. 이 구조는 새로운 체제의 교육 내용만을 주장하는 것도 아니며, 과거의 전통만을 고집하는 것도 아니다. 오히려 과거와 현재의 만남을 통해서 새로운 틀로 변화를 주어야 한다는 말이다.

다섯째로, 세례신앙의 공적 고백 과정은 발달 심리학의 도움을 받아야 한다. 기독교교육의 분명한 '발달 이론'은 세부적으로 작업하는 데 필요하다. 카테키시스의 과정에 참여하는 사람을 지원자로 볼 필요뿐만 아니라, 그들의 성장 — 감정, 사회성, 인식, 도덕의 단계 — 에 대하여 작업한 이론을 생각할 필요가 있다. 특히 피아제(Jean Piaget), 에릭슨(Erik Erikson), 콜버그(Lawrence Kohlberg), 골드만(Ronald Goldman) 등의 이론적인 작업은 견진교육에 도움을 준다. 예를 들면 견진성사 교육의 교사는 지원자들이 행동을 '단순히 천함', '경멸', '경솔', '소란함' 등으로 해석할 수 있다. 그러나 '발달 이론'의 건전한 인격 발달이라는 입장으로 숙지하고, 견진교육에 참여하는 사람들의 연령, 신앙, 가치관과 도덕성의 발달을 이해할 수 있다. 이것은 교사 자신뿐만 아니라 견진교육 지원자의 교육적 사고, 관찰, 실험의 커다란 정책의 영역이다. 더욱이 '발달 이론'의 도움은 학습의 성취 목표와 경험의 방향을 선택하도록 도움을 주며, 좀 더 효과적인 교수-학습을 위해서 쓰이는 데 사용될 수 있다.

여섯째로, 세례신앙의 공적 고백 과정을 통하여 다양한 방법을 추구할 수 있다. 기독교 공동체 회중은 교육과 목회 사역의 경험을 통하여, 여러 가지 학습을 획득할 수 있다. 그것은 다음과 같다.[43]

① 교회는 하나님의 사람이며, 하나님께서 주시는 기능을 지니고 있다는 것을 이해한다. 즉 그것은 예배, 증언, 교육, 봉사, 교제다.

② 교회의 성장은 평생 과정이며, 기독교는 결코 완성의 상태가 아니라 항상 생성 과정에 있다는 것을 이해한다.

③ 그리스도 안에서 모든 신자는 그리스도의 몸 된 구성원이며, 인종, 국가, 나이, 시간을 초월하여 교제로 결합된 것을 이해한다.

④ 그는 진정으로 그리스도의 몸의 일부이며, 이러한 함축된 것을 경험하면서 교제하고 있다는 것을 느낀다.

⑤ 임무를 완수하기 위하여 그에게 맞는 교회의 과제와 수용해야 할 책임성을 발견한다.[44]

(2) '세례신앙의 공적 고백' 과정의 단계

전술한 것을 토대로 세례신앙의 공적 고백 과정'을 현장화 할 수 있는 단계로 도식화하면 <그림 5>와 같다.

첫째, 1단계는 질문의 단계(inquiry)다. 이 단계는 '세례신앙의 공적 고백 과정'의 '질문 단계'(stage of inquiry)다. 새신자 과정은 '입문 이전 단계'(pre-catechumenate)에 해당된다. 이 단계는 참여자(유아 세례자 또는 새

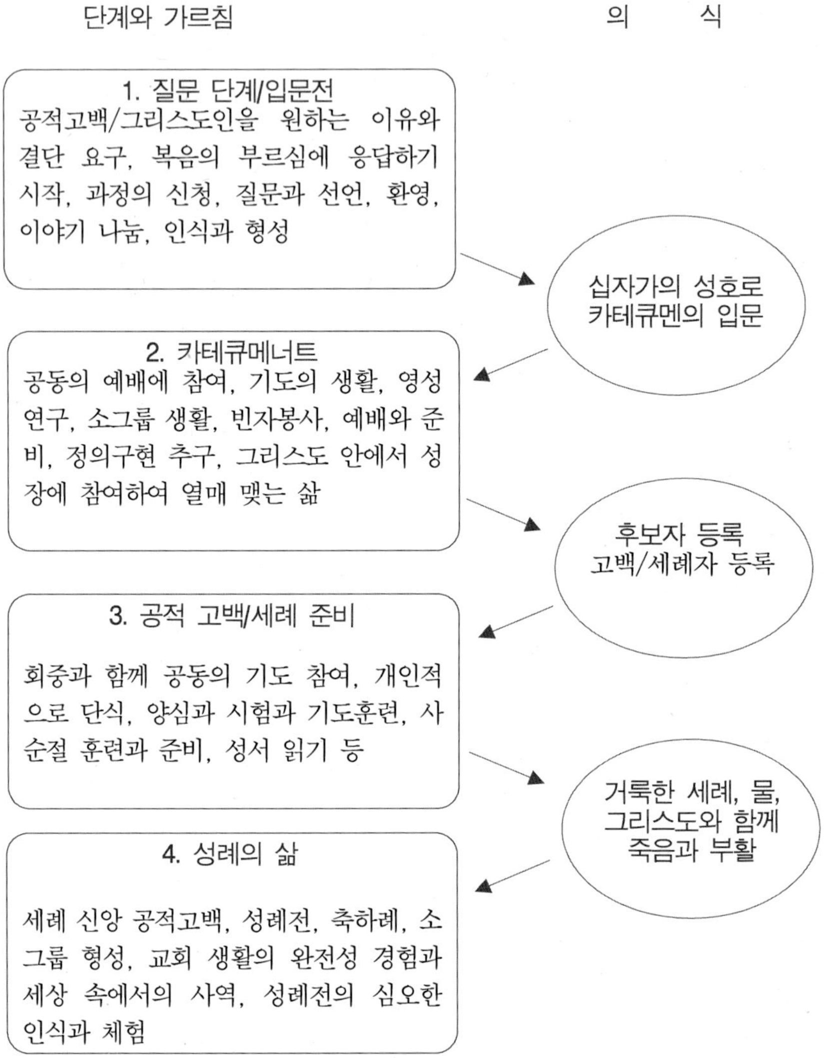

단계와 가르침   의   식

┌─────────────────────────────────────┐
│   1. 질문 단계/입문전   │
│ 공적고백/그리스도인을 원하는 이유와 │
│ 결단 요구, 복음의 부르심에 응답하기 │
│ 시작, 과정의 신청, 질문과 선언, 환영, │
│ 이야기 나눔, 인식과 형성   │
└─────────────────────────────────────┘
                                    ⬊   ╭─────────────╮
                                             │ 십자가의 성호로 │
                                             │ 카테큐멘의 입문   │
┌─────────────────────────────────────┐   ╰─────────────╯
│   2. 카테큐메너트   │ ⬉
│ 공동의 예배에 참여, 기도의 생활, 영성 │
│ 연구, 소그룹 생활, 빈자봉사, 예배와 준 │
│ 비, 정의구현 추구, 그리스도 안에서 성 │
│ 장에 참여하여 열매 맺는 삶   │
└─────────────────────────────────────┘
                                    ⬊   ╭─────────────╮
                                             │ 후보자 등록   │
                                             │ 고백/세례자 등록 │
┌─────────────────────────────────────┐   ╰─────────────╯
│   3. 공적 고백/세례 준비   │ ⬉
│   │
│ 회중과 함께 공동의 기도 참여, 개인적 │
│ 으로 단식, 양심과 시험과 기도훈련, 사 │
│ 순절 훈련과 준비, 성서 읽기 등   │
└─────────────────────────────────────┘
                                    ⬊   ╭─────────────╮
                                             │ 거룩한 세례, 물, │
                                             │ 그리스도와 함께   │
┌─────────────────────────────────────┐   │   죽음과 부활   │
│   4. 성례의 삶   │ ⬉ ╰─────────────╯
│   │
│ 세례 신앙 공적고백, 성례전, 축하례, 소 │
│ 그룹 형성, 교회 생활의 완전성 경험과 │
│ 세상 속에서의 사역, 성례전의 심오한 │
│ 인식과 체험   │
└─────────────────────────────────────┘

〈그림 5〉 '세례 신앙의 공적고백' 과정의 가르침과 의식

신자)들의 삶과 신앙의 문제를 '질문하고 스스로 발견하는 단계'다. 질문자는 참여자에게 그리스도인으로서 신앙의 확증을 받으려는 동기가 무엇인지 질문하고(새신자는 세례를 받으려는 동기), 기독교 공동체로 끌어들이는 시기다. 이 기간에 그들은 그리스도인의 삶과 관련된 훈련을 받는다.[45]

질문 단계는 '이야기 나눔'(story-sharing)을 통해 그리스도인의 신앙과 삶을 공동체 속에서 서로 나누는 일이다. 이러한 이야기 나눔의 과정은, 하나님의 구속 사업, 기도, 예배와 봉사의 이야기와 같은 기독교의 성숙한 정보를 나누는 훈련의 시기로 발전될 수 있다.[46] 이 단계를 통해서 유아세례를 받은 사람들이 더 깊은 '신앙의 형성과 헌신의 과정'으로 들어갈 것인지 결정하도록 한다. 이 단계들은 질문과 통찰력을 통해서 일상적인 경험을 나누며, 4가지의 중요한 요소를 지니고 있다. 그것은 환영, 이야기 나누기, 질문하기(open inquiry), 인식(discernment)이다. 요소들은 카테키시스의 과정에 참여하는 사람들이 신앙의 여행을 떠날 때 중요한 요소가 된다.(새신자는 세례를 받도록 결단하도록 돕는다.)[47]

질문 단계에는 구체적으로 다음과 같이 5개의 하위 단계로 진행할 수 있다.

① 등록과 신청의 단계 : 이 과정에 들어오기 위한 신청서를 제출한다. 미리 여행에 참여할 신청자와 후원자를 모으고, 지원자를 위해 기도회를 갖는다. 그리고 '세례신앙의 공적 고백'을 시작하는 날에 과정 안내문을 배포하고, 과정에 대한 안내를 한다. 이 과정의 신청자에게 세례 개념을 깊이 있게 가르친다.[48]

지원자들이 신청을 하게 되면, 이 과정을 준비하는 사람들은 신청자의 '후원자'를 선정하는 작업을 해야 한다. 후원자들은 그들이 이 과정을 마칠 때까지 계속적으로 전 과정에 참여하여 그들과 함께 지원하고, 상담하고, 가르치는 일을 맡는다.(예비 세례자는 가능하면 그 사람을 교회로 전도한 사람이나 후견자를 '후원자'로 삼을 수 있다.)

② 질문과 선언 단계 : 이 단계에서 첫 작업은 목회자가 공적인 자리나 예배 시간에 '공식적인 질문'을 하고, 신청자가 대답함으로써 시작된다. 첫 번째 공식적인 질문은 '주일예배' 시간에 신청자와 후원자들이 회중들 앞에 나오고, 담임목사는 다음과 질문과 대답을 진행할 수 있다.

질문자: 당신은 무엇을 구하는가?
대답자: 나는 그리스도안에서의 삶을 찾습니다.

질문과 대답이 끝나면, 신청자는 목회자에게 서약서를 제출하고, 목회자는 신청자와 후원자에게 축하와 상징의 의미를 담은 십자가 목걸이(또는 반지나 상징성이 있는 기념품)를 증정한다. 목회자는 후원자와 전 회중을 향해서 이들이 카테키시스의 과정에 참여하게 되었음을 선언하고, 이 사람들이 올바른 '세례 신앙의 공적 고백'을 할 수 있도록 후원하고 지원하는 말씀을 선포한다. 예를 들면 다음과 같다.

후원자에게:
여러분은 교회의 전통과 성서, 그리고 예수님의 명령에 따라서 '세례신앙의 공적 고백'을 떠나는 사람들을 위해서 기도와 가르침과 성례로 후원해 주어야 합니다. 여러분의 후원은 그리스도의 신비로운 손길이며, 여러분의 참여는 그리스도의 나타나심을 의미합니다. 이제 여러분은 주님 안에서 그들과 함께 거룩한 '세례신앙의 공적 고백 과정'을 참여할 것입니다. 주님께 찬양!

회중들에게:
이 사람은 교회의 전통과 성서, 그리고 예수님의 명령(마 12:29-31)에 따라서 '세례신앙의 공적 고백의 과정'을 시작하려고 합니다. 우리 모두는 이들을 위해서 그리스도에 이르도록 열심히 기도하고 신

비로운 의식에 참여하도록 지원합시다. 주님께 찬양!

이러한 선언에 따라서 이 사람들은 과거의 삶을 장사지내고 그리스도의 삶을 소생시키는 과정에 들어가게 된다. 그리스도 안에서의 공적 고백을 약속하게 되고, 그들은 기독교 공동체의 한 부분으로 인증 받게 된다.

③ 교회의 전 교인들의 환영 행사 : 환영 행사는 하나님께 그들 자신을 열어 놓을 수 있는 공동체의 구성원이 된다는 의식을 갖는 데 힘이 된다. 그들만을 위한 공간을 마련하고, 그들을 위한 환영 행사를 시작한다. 참여자들이 예수 그리스도와 함께 떠나는 '공적 고백'을 시작하도록 도와준다. 여기서 먼저 할 일은 그들을 극진히 환영하고, 교회 공동체의 본질을 소개하며, 그리스도의 구속을 알리는 일을 한다. 그리고 이 여행을 이끌어 가는 그리스도를 소개하고, 그분의 이름으로 기도의 시간을 갖는다.[49] 환영 행사는 매우 '편안한' 향기와 같다. 그것은 너무도 단순해서 교회에 여행 온 듯한 느낌과 건물의 구석과 틈을 구경하는 듯한 느낌을 준다.

④ 교회 안내와 조직 소개 : 매 주일마다 후원자들이 '세례신앙의 공적 고백' 참여자들에게 교회의 건물부터 교회 역사에 이르기까지 단계별로 소개한다. 다시 말해 교회 배치, 성물(聖物), 예배의 의미와 사용, 기타 교회의 의상과 비품과 물건을 관찰하도록 한다. 그리고 교회의 조직과 모임의 구성원을 소개하고, 조직과 모임의 특성과 목표 등을 안내한다. 나아가 교회의 역사, 교회의 목표, 교회와 지역사회의 관계 등을 가르친다.

공예배에 참여하게 하고, 예배 후에 토론을 하거나, 매일의 사무와 예배, 시편, 특별한 기도와 감사의 부분, 카테키즘과 역사에 관련된 책을 읽는다. 참여자들은 공예배에서 찬송가와 성서, 예배 순서, 예배의 자세, 기도의 순서와 방법 등에 관한 구체적인 내용을 배운다. 시편과 중보기도 등에 대한 기도의 종류의 중요성을 배운다. 성서 사용법과 읽기의 필요성, 찬송가 찾기 등을 소개한다. 그리고 성서읽기와 예배 참여 등을 어떻게 실천할지를 약속한다.

이 단계는 관찰, 소개, 의식, 가르침을 통해서 참여자들이 스스로 교회에 대해서 인식하고 터득하도록 돕는다. 학습의 과정이 끝난 다음에 공동체는 그들이 충분히 준비한 정보와 질문거리를 질문자들에게 제공하게 한다. 이 것은 형성의 과정으로서 입문자 팀이 질문자들에게 삶의 모든 면에 관련된 정보를 개방적으로 제공하고, 믿음 안에서 "성숙된 형성을 이루도록 훈련하는 시기"50)에 들어갈지를 결정하도록 한다.51)

⑤ 이야기 나누기와 질문 단계: 사람들은 누구나 나름대로의 이야기를 지니고 있고, 자신의 삶에서 나온 이야깃거리를 사람들에게 말하고 싶은 욕망이 있다. 그리고 그 이야기와 함께 자기 스스로 던지는 질문을 지니고 있다. 그래서 던닝(James Dunning)은 『새 포도주와 새 부대: 기독교 성인 입문의식의 목회적 의미』(*New Wine, New Wineskins: Pastoral Implications of the Rite of Christian Initiation of Adults*)에서 카테키시스의 과정에 들어오는 사람들은 최소한 '그들의 이야기에 대하여 개인적인 이야기와 질문'을 가지고 있다고 했다.52) 던닝의 말처럼, 카테키시스에 참여하는 사람들은 자신의 경험에서 나온 이야기와 자신의 신앙과 삶을 성찰하는 질문거리를 지니고 있다. 이야기와 질문은 하나님과 예수 그리스도의 이야기를 통해서 각자의 이야기와 질문거리를 발견할 수 있도록 도울 수 있다. 특히 중세기의 카테키즘에서 강하게 대두되었던 '질문과 대답법'은 이러한 자기 이야기와 질문의 성찰적인 입장을 간파할 수 있다. 이러한 질문과 대답의 과정은 그들의 삶과 신앙의 변증적인 발전을 꾀할 수 있다.

던닝은 카테키시스의 참여자들의 이야기와 질문을 "예수 그리스도의 이야기 안에서 나의 개인적인 이야기를 발견하도록 하라. 그 이유는 나의 이야기가 하나님의 이야기가 되기 위한 것"53)이라고 했다. 자신의 이야기와 질문을 기독교 신앙 안에서 성찰하도록 돕고, 나아가 기독교 공동체의 신앙을 "나는 그렇게 믿는다."고 고백하도록 발전시킨다. 그러면 질문자는 다음의 단계를 위해서 준비를 착수해야 한다.

질문과 이야기 단계에서 실제로 참여자들이 어떻게 그들의 삶에서 하나님을 알게 되었는가를 이야기하도록 한다. 카테키시스 후원자와 진행자들은 그들이 사람들에게 이야기를 하도록 용기를 주거나 도움을 주도록 준비한다. 더 나아가서 모든 참여자들이 그들 스스로 적절한 대답을 자유롭게 찾을 수 있도록 관심과 믿음을 주어야 한다. 그래서 그들이 수동적인 참여자가 아니라 자발적으로 생각하고 대답하도록 이끌어야 한다.

질문과 대답은 '세례신앙의 공적 고백'의 과정으로, 동료 여행자들의 이야기에 귀를 기울이고, 자신의 경험을 전해주면서 함께 발전한다. 특히 개인의 기념일, 개인간의 사사로운 일, 개인간의 질문과 대답은 대화의 수준이 되며, 한 개인의 경험을 통해서 여행의 동반의식을 가지게 된다. 개인간의 대화를 통해서 동료의 경험을 '나의 의미'로 받아들일 것인지를 질문도 하게 된다.[54] 개인과 개인의 관계 속에서 일어나는 질문, 그리고 개인과 공동체의 관계 속에서 생기는 성찰은 '세례신앙의 공적 고백'을 더욱 성숙시키도록 한다. 그리고 공동체와 함께 동반의식 속에서 그들의 종교적인 순례자가 될 것인지에 대해 결정하도록 초대된다.[55]

개인과 공동체의 경험들을 나누면서 공동체는 결속을 이루며, 공동체와 개인의 할 이야기를 질문하고 대답하는 과정을 통해서 학습이 이루어진다. 이 질문과 대답의 과정은 대화이고, 변증적이며, 발전적인 과정을 전제로 한다

⑥ 인식과 형성 단계 : 첫 번째 단계의 중요한 요소는 질문자들이 형성과 헌신의 종류와 관련되어 준비가 되어 있는가에 대한 인식이다. 그들의 삶에서 하나님의 변환에 대한 응답과 보고를 듣는 것을 이해하게 한다. 그들이 말하는 이야기, 그들이 묻는 질문, 이러한 시점에서 그들의 여행과 함

께 질문자들이 개방적으로 대처하는 것들이다. 그들이 '변화 과정에 대한 모험'[56]에 기꺼이 참여하게 될 것을 결정해야만 한다. 동시에 공동체와 모임은 질문자들의 변화와 성장의 모험적인 여행에 참여함으로써 그것의 자진함을 인식해야 한다.[57]

초기 기독교에서 오늘의 입문 과정은 신앙과 삶에서 성장을 볼 수 있어야만 했다. 두 번째 단계에 들어가기를 희망하는 질문자들은 공동체가 모두 함께 여행을 위한 준비를 알았을 때, 그 공동체는 질문자들이 그 과정의 두 번째 단계를 인정함으로 결정을 비준하거나 수용한다.

(2) 2단계 : 신앙의 확증 단계(confirmation)

두 번째 단계는 가장 긴 단계이며, '신앙 확증'의 단계로서 '형성'에 중점을 둔다.(새신자 과정은 그리스도 안에서 신앙이 형성되도록 돕는 단계다.) 세례받은 사람은 '신앙의 확언서'에 서명을 하고, 그리스도인의 삶으로서의 훈련을 받는다.(새신자 과정은 기독교 공동체 입교의식이다. 질문자들은 공동체의 구성원으로서 환영받는 의식에 참여하게 된다.). 그들은 세례의 의미와 세례식을 공부하고, 지역사회의 배경 속에서 하나님이 그들을 부르심에 대한 예배의 형태에 관심을 가지게 된다. 참여자와 후원자와 예배에 참여하면서 서로 신앙적으로 양육하고 부양하며, 기도와 예배에서의 성서 연구를 통해서 그들의 사역의 경험에 대해 신학적으로 반응하도록 돕는다.

이 단계는 초기 기독교 공동체처럼, 예배 공동체에 참여함으로써 기독교 공동체 소속되는 것을 체험하도록 한다. 나아가 복음과 조화를 이루는 삶을 실천하도록 하며, 가난한 자와 멸시받는 자를 위한 예배, 기도의 삶에 대한 용기, 신구약성서의 구속사에 대한 기본적인 가르침을 받도록 할 수 있다.[58]

따라서 이 단계는 '가르침과 의식'을 위하여 기본적인 세 가지 중요한 사항, 곧 단계의 요소, 그리스도인 형성, 예배와 준비 등이 있다.

① 이 단계는 기독교 신앙을 형성하기 위하여 다양하게 진행하고, 명확한 실천과 성찰의 내용을 중심으로 다루기 위하여 실천과 성찰을 위한 4가지 필수적인 요소가 있다. 그것은 참여자들이 주일마다 설교를 통해서, 해마다 진행되는 교회 절기를 통해서 그 내용을 성찰해야 한다. 따라서 참여자들이 기독교 신앙 형성을 위해서 다음과 같이 해야 한다.[59]

- 예배하는 공동체에 정기적으로 참여하라.
- 사회 봉사와 사회의 정의의 사역을 통해 복음에 따라 살 것을 구하라. 특히 그리스도인의 삶의 실제, 사회 봉사와 사회의 정의로운 사역에 있어서의 관련된 내용을 생각한다.
- 어떻게 그들의 매일의 삶에서 모든 국면 안에 그들이 누구인가를 형성하는 그리스도인이 되는지를 발견하라. 성서에서 나타난 구속의 역사에 대한 소개와 구속의 역사의 입장에서 자기 자신의 역사에 대한 연구이다.[60]
- 개인적인 기도와 헌신의 실제를 발전시키는 일이 필요하다.

이 단계의 네 가지 요건은 '의식'을 통해서 진행할 수 있는데, 참여자와 후원자가 함께 소그룹 방식으로 참여하고, 공동체에서의 경험을 신학적으로 성찰하도록 한다. 사람들은 하나님이 일상생활과 그들의 직장, 가정, 교회, 공동체, 시민, 여가 시간, 교회생활에서 무엇을 하시는지 성찰하도록 고무시킨다.

이 단계의 기본적인 교육 내용은 '성서'이지만, 성서 연구로 한정하는 것은 금물이다. 입문 과정은 참여자들이 성서를 통해서 어떻게 감동을 받았으며, 성서에 기록된 구속의 역사는 우리에게 알려졌는가를 발견하도록 한다. 성서에 '대하여' 연구하기보다는, 성서를 '통하여' 하나님의 진리가 어떻게 나타나는가를 보게 된다.

② 이 단계는 그리스도인 형성을 하며, 참여자들의 헌신을 충분히 다짐

하는 형성한다. 모든 사람들이 자신의 양심을 찾기 위해 용기를 주고, 그들은 양심을 찾기도 하고, 하나님의 안내로 기도하며 결정하는 사람들이 되도록 한다. 그들은 기도에 대한 이야기, 예배와 그들의 응답, 사랑과 봉사 속에서 일어나는 관계, 정의로운 사역 등을 배우게 된다. 그들은 이 단계에서 그들의 삶의 유형을 새로운 방향으로 바꾸거나, 새롭게 형성해 주거나 재구조화시키는 과정이다. 이 단계를 통해서 그들은 사회 정의의 문제, 정의와 평화, 가난한 자와 멸시받는 자를 위한 헌신과 봉사, 십일조와 인간의 탐욕 문제, 물질과 신앙의 관계 등을 다룰 수 있다. 그들은 어떻게 그들의 성장하는 그리스도인에게 헌신이 형성되며, 그들의 매일의 위치에서 그들의 역할은 어떤 방법으로 변형되는지를 알 수 있게 된다. 다시 말해서 그들은 그리스도인이 되는 것에 '대해서' 배우는 것이 아니라, 그리스도인으로서의 삶에 대해 그들 자신의 경험을 '통해서' 배워 나가는 것이다.[61]

그들은 성서, 신학, 전통의 입장에서 그들의 경험 이야기를 나눌 수 있다. 입문 과정의 참여자들이 기독교 공동체의 구성원으로 '형성'되기 위하여 구속의 장엄한 역사, 예수 그리스도의 사역, 교회의 역사, 신학, 사회 정의, 봉사, 윤리, 전도, 사역, 책무, 예배, 교육의 문제 등을 '배움'으로써 그들의 신앙과 삶을 '성찰'(교육)하도록 돕는다. 현대의 이론, 교회의 역사, 예배 또는 성서 연구의 접근에 대한 방법은 그들이 그룹 토의를 할 수 있으며, 참여자들의 경험과 주일마다 실시하는 설교에 의해 제기된 문제에 대한 해답을 생각하고, 배움의 모든 면에 참여하는 것 ― 형성, 교육, 가르침 ― 은 배우는 경험을 조화롭게 할 것이다.

③ 카테키시스 참여자들이 예배와 준비를 위하여 성서일과(lectionary)에 따라 말씀을 묵상한다. 그들을 돕기 위해 교회의 성서일과에 따른 성서읽기, 예배 과정에 참여하고, 성례전을 통해서 신비로운 인식을 깨달을 수 있다. 교회력과 예배의 중요성을 통해서 교회와 전통, 성서와 말씀, 신앙과 생활의 관계를 명확하게 인식하도록 도울 수 있다. 카테키시스 과정의 참여자들이

후원자와 함께 공예배에 참여하면서 많은 것을 배울 수 있다. 그들은 예배를 통해서 교회력의 중요성을 터득하게 되고, 교회와 전통, 성서와 말씀, 신앙과 생활 등의 관계를 명확하게 배울 수 있다.

두 번째 단계를 마치게 되면, 참여자들은 공예배에 참석할 것을 요구하는 집중적인 준비를 한다. 이러한 준비에서 우선적인 것은 입문자와 후원자들에게 영적인 지침과 양육을 제공해 주어야만 한다. 또한 참여자들이 '세례'나 '세례의 확증의식'을 위해서 준비하기 때문에, 공동체는 참여자들의 삶에서 회심의 증거를 증명해야 한다. 그리고 그들을 사순절(Lent)과 부활절(Easter)의 90일 동안 부활절 활동과 하나님의 변환의 목격자로 초대한다.

(3) 3단계: '세례신앙의 공적 고백' 준비
세 번째 단계는 '공적 고백'을 위한 구체적인 준비 훈련과 신앙을 강화하기 위하여 '고백 과정의 등록, 사순절 훈련과 성서읽기를 본격적으로 실천하도록 한다.

① '세례신앙의 공적 고백'을 위한 준비 훈련과 신앙 강화를 위한 등록 기간(during candidacy)을 먼저 한다. 이것은 '세례신앙의 공적 고백'을 준비하는 사람들이 자신의 세례와 신앙을 확증받고 고백할 수 있도록 '준비 단계'에 들어가며, 주로 사순절과 부활절의 40일간 진행되는 프로그램이다.(새신자들은 세례 준비 단계다.) 이 기간은 카테키시스의 절정을 이루며 '세례신앙의 공적 고백'을 준비하게 된다.(새신자는 세례 준비를 한다) 그들이 교회에서 고백할 자격이 있다고 인정되면, 재의 수요일(Ash Wednesday)에 '세례신앙의 공적 고백' 또는 '세례'를 준비하는 자의 이름을 교회에 등록하고, 후원자와 함께 준비 과정을 철저히 지키겠다는 '서약서'에 서명한다. 이때 후보자 등록(Enrollment of candidates)과 함께 세례자의 신앙 고백문을 함께 제출한다. 등록을 마치게 되면, 재의 수요일부터 준비 과정에 들어가게

된다.

등록은 자신의 신앙과 교회 구성원으로서 정체성을 지니겠다는 의지를 보이는 것이다. 등록 후에 주일예배 시간에 참여자들과 후원자들을 위해서 공적인 기도를 실시한다. 교회의 담임목사는 그 사람들의 이름을 부르면서 기도하고, '세례신앙의 공적 고백' 과정의 참여자들과 후원자들은 사순절의 재의 수요일부터 회개와 기도를 시작하여, 부활의 징후로 점진적으로 나아간다. 그들은 기도, 금식 등을 실시하면서 '세례신앙의 공적 고백 과정'에 동참하는 신앙의 신실성을 보여 주고, 부활절의 공적 고백(세례)의식을 준비하도록 한다. 후원자들은 그들의 삶과 신앙을 도와 주고 관찰하고 기도해 준다. 특별한 기도는 사순절 세 번째 주일부터 다섯째 주일까지 실시한다.

그리고 나서 지원자와 후원자는 특별히 세례와 성화를 위한 기도회를 하며, 예비 세례자·세례신앙의 확증 과정의 참여자의 가정, 친구, 모임의 지원 기도를 부탁하는 편지를 발송하고, 격려와 축하에 동참하도록 한다. 이들은 넓은 의미에서 그들의 후원자이면서 축하자다.[62]

② 공적 고백을 위하여 사순절 훈련에 참여한다. '세례신앙의 공적 고백' 준비는 부활절의 세례의식(또는 세례 예정일)에 참여하기 위하여 점진적으로 '세례신앙의 공적 고백 과정'에 참여한다. 점진적인 진행은 공적인 예배에 참여, '세례신앙의 공적 고백' 과정의 참여자들의 기도회 참여, 금식과 양심의 관찰 기도회, 개인기도의 훈련 프로그램으로 진행된다. 이러한 점진적인 진행은 공적 고백·세례를 위해서 영적이며 감정적인 준비를 하도록 이끄는 것이다. 그것은 고대의 관습과 조화를 이루고 있으며, 후원자들과 함께 기도와 금식을 하면서 양육하는 것이 좋다.[63]

'세례신앙의 공적 고백'을 준비하는 사람들은 '사순절의 훈련'(Lenten disciplines)을 통해서 그들의 신앙의 강화를 성찰하도록 한다. 즉 그들의 모임을 통해서 회심의 경험을 나누고, 함께 '기도와 사역의 삶'을 더 깊이 공부할 수 있는 기회를 마련한다.[64] 세 번째 단계의 '사순절의 훈련'은 40일간 실시되는 퇴수회(retreat) 성격을 띠고 있다. 이 훈련은 세 가지 요소를 강조해야 한다. 즉 하나님의 거룩한 말씀 묵상, 기도와 금식과 자기 절제, 자기 성찰과 회개 작업이다. 이러한 3가지 요소는 세례 후보자들이 사순절에 매일 해야 할 과제이다.

'사순절 훈련과 준비'는 다음과 같다. 사순절 첫 번째 주일에 '세례신앙의 공적 고백' 지원자들이 등록을 하고, 그들과 교회의 모든 구성원들이 시각적인 상징으로 재의 수요일(Ash Wednesday)부터 성목요일의 세족례(Maundy Thursday)까지 교회의 성례전과 가르침, 교육과 목회의 통합을 제시해 준다. 사순절 세 번째부터 다섯 번째 주일까지 교회의 목회자는 주일예배 시간에 공적 고백을 준비하는 사람들과 후원자들을 위해서 특별한 기도와 축복의 시간을 갖는다. 이러한 특별한 기도와 축복을 할 때, 지원자들은 무릎을 꿇고 그들의 머리를 숙이면서 나온다. 후원자들은 그들을 위해 기도하고, 그들이 후원하는 예비 세례자의 어깨에 손을 얹는다. 그리고 나서 축하자는 모든 지원자들을 위해 크게 기도하고 침묵으로 각각의 머리 위에 손을 얹고 그들을 축복하고 나서 그들의 자리로 되돌아가게 된다.[65]

이 과정을 통해서 그들이 기독교 공동체의 구성원으로 '형성'시키는 것이며, 기독교 공동체의 구성원들과 함께 신앙적 삶을 살겠다는 '공동체 구성원의 형성'의 의미가 담겨 있다. 이것은 공동체의 상징적인 의미가 있기도 하지만 교육과 목회의 통합적인 형성 프로그램이라 할 수 있다.

참여자들이 이 '준비 단계'에 등록을 하면, 목회자는 재의 수요일에 이 사람들을 위한 모임을 시작한다. 그들을 '사순절 훈련'으로 초대의 말을 선포한다.

나는 교회의 이름으로 여러분을 초대합니다. 교회의 전통과 그리스도의 명령에 따라서 여러분을 거룩한 '사순절 훈련'으로 초대합니다. 여러분은 세례를 받기를 원하거나 세례신앙을 확인하기를 원합니다. 여러분은 거룩한 사순절 의식에 따라서 '거룩한 하나님의 말씀'을 읽고 묵상하며, 기도와 금식과 절제를 하며, 자기 자신의 신앙과 삶을 성찰하도록 초대합니다.

'사순절 훈련'에서 실시해야 할 또 하나의 작업은 '단절과 서약의식'을 해야 한다. 여기서 행하는 '단절과 서약의식'은 초기 기독교 공동체에서 실시했던 것처럼, 자신의 삶에서 단절시켜야 할 것이 무엇인지를 찾고 그것을 서약서에 기록하는 작업이다. '단절과 서약의식'은 그들의 신앙과 삶을 기독교적 신앙과 가치관에서 성찰하는 것이고, 그들의 새로운 삶을 개척하기 위한 전향의 작업이 될 수 있다.

③ 세례신앙의 공적 고백을 위하여 성서읽기와 가르침에 참여한다. '가르침'은 주일의 성서읽기는 우리의 삶에 관해서 무엇이라고 말하고 있는가? 금식이 공동체의 삶 속에서 내게 무엇을 요구할 것인가? 자기 절제가 그리스도인의 시민정신에 요구하는 것이 무엇인가? 여가 시간의 사용에 관찰될 수 있는 것은 무엇인가? 사순절 기간은 오늘의 세계 속에서 그리스도인의 삶의 의미를 성찰하도록 돕는 시기이다. '사순절 훈련'은 기독교 공동체 속에서 부활의 삶을 재생시키고, 유용하게 하도록 돕는 과정이다. 부활하신 주님은 이끄시며 용서하시고 매일의 삶 속에서 사역을 위해 우리를 자격을 주시기 위해 오셨다는 것을 깨닫게 한다.[66]

참여자들은 성서일과(lectionary)[67]에 따라 매일 성서를 읽고 공부하도록 한다. 성서일과는 공적 고백·세례 준비 참여자에게 적절한 것이며, 그들이 등록한 후 넷째 주일에 요한복음부터 독서하여, 부활절 전야제에 집중적으로 말씀을 묵상하도록 한다. 성서일과의 독서는 그리스도께서 거듭남을 상징하신 말씀을 묵상하는 데 풍부한 자료로 제공될 수 있다. 새롭게 태어나는 것(예수님과 니고데모, 요 3:1-17), 생수(우물가의 여인, 요 4:5-42), 소경과 빛(소경으로 태어난 사람, 요 9:1-38), 영원한 삶(나사로의 일어남, 요 11:1-44)이다. 3년의 과정으로 꾸며져 있는 성서일과의 A년에 해당되는 성서 본문을 지정하여 읽게 되면, '세례신앙의 공적 고백' 과정의 참여자들에게 올바른 신앙을 가지는 데 도움이 되며, 부활의 신비를 깨달을 수 있으며, 그리스도의 신비를 깨달으며, 부활절 축하의식이 무엇을 말하는지를 알 수 있다. "빛과 광명, 물과 거듭남, 죽음과 삶에 대한 상징"68)을 성찰할 수 있도록 돕는다.

주일마다 성서일과에 따른 가르침은 성찬식의 의미, 그리스도인의 사역, 성령과 역할, 교회의 성찰 등을 인식하도록 도와준다. 성서읽기와 거룩한 오순절(Great Fifty Days)을 통해서 공동체의 성령을 현현을 체험하도록 돕는다.69) 케세스(Peter Kjeseth)는 "성령은 자유와 변화의 영이다. 성령은 하나님의 끝없이 열려 있는 것이며, 하나님의 미래 시대다."70)라고 하였다. 그의 말처럼 성령의 현현을 통하여 하나님은 참된 현재의 성령을 삶을 경험하고 미래의 비전을 추구하도록 도와준다.

복음서 읽기는 세례와 성찬의 상징에 대한 이해와 성찰에 도움을 주는 주석서가 된다. 예를 들어 참여자들이 두 번째 주일에 부활하신 주님을 만난 도마(요 20:26-28)가 "나의 주시며 나의 하나님이시니이다."(요 20:28)라고 고백하는 것은 신앙의 확신을 굳게 해 준다. 성서의 훈련과 찬양은 물세례, 안수, 성만찬, 신앙고백 등의 의식에 대한 주석을 해 준다.

'세례신앙의 공적 고백'을 준비하는 사람들은 그들이 그리스도인의 사도로서의 헌신하는 사람이며, 그들이 세례 받았을 때의 부활절 의식을 재기하도록 한다. 세례신앙의 공적 고백·세례 과정의 의식은 상징과 의미를 조화롭게 꾸민 목회적 교육적인 노력이 깃들여져야 한다. 그것은 참여자들이 초기 기독교 공동체에서 제공했던 '풍부한 영상, 촉각과 청각의 아름다움'으로 축하의식을 꾸며야 한다. 죄의 심도 깊은 씻음, 생수로 베푸는 세례의식, 밝은 곳에서 어둔 곳으로 그리고 다시 어둔 곳에서 밝은 곳으로 이동, 불과 향기와 기름에서 나오는 향기, 환호와 할렐루야의 소리, 떡과 포도주의 맛 등이다. 이 모든 상징은 그리스도를 통하여 그 안에서 모든 삶의 죽음과 부활에 걸친 예수 그리스도 승리의 축하 속에서 강한 인상을 주어야만 한다.

이러한 축하는 '모험적인 회심의 과정'을 겪은 사람들의 목격을 통해 모임의 중간에서 승천하신 예수 그리스도다. 공적 고백·세례 준비 과정의 참여자들은 이러한 "풍부한 상징으로 꾸며진 입문 과정을 통해서 부활절의 의미"[71]를 인식하고, 자신의 신앙적 삶의 부활을 경험하도록 돕는다.

(4) 4단계: 성례의 삶(sacramental living)

네 번째 단계는 '세례신앙의 공적 고백 과정'의 완성 단계로 부활절의 신비에 참여하는 것이다. 이 단계는 부활절의 상징을 경험하고, 세례신앙의 공적 고백·세례를 받게 된다.

세례와 성만찬(Eucharist), 목회적 의식(the pastoral offices)을 통해서 그들 삶 속에 그리스도인의 죽음과 부활을 '형성되도록' 진행하는 단계다. 성례전의 상징적인 행위를 통하여 그 의미를 전달하고, 성례전에 참여함으로써 그 의미를 성찰하도록 하는 것이다. 특히 기독교의 새신자들은 "세례의 물과 타오르는 촛불, 하얀 의복, 기름, 빵과 포도주, 할렐루야의 환호소리, 부활한 사람으로 둘러싸이는 축하의식"[72]을 통해서 그들의 삶을 '성찰'(교육)하게 되어, 새로운 삶의 부활을 경험하게 된다. 그리고 성례전적 행위에 참여함으로써 그리스도의 신비를 경험하고 배우도록 '가르치는 과정'이 된다.

이 단계는 부활절과 공적고백 의식, 성례전과 축하잔치, 그 이후 프로그램인 소그룹과 가르침에 참여하도록 기획할 수 있다.

① 세례신앙의 공적 고백은 부활절을 중심으로 고백과 확언의식을 통해 전개한다. 부활절은 교회의 성대한 축제의 절기다. 부활절부터 오순절까지 50일간(the Fifty Days of Easter) 교회의 목회자들은 교인들의 가정을 방문하는 관습에 따라 교인들의 가정을 방문하고 축복한다.[73] 이것은 우리에게 현현하신 예수 그리스도를 축하하고, 그분이 우리의 가정과 우리의 삶 속에서 살아 계심을 축하하는 일이다. 부활절의식은 부활하신 그리스도와 한 몸을 이루며, 부활의 공동체에서 카테키시스트와 새신자들과 부활을 경험한

사람들이 함께 즐기는 축하의식이며, '그리스도 안에서 가정 속의 공동체, 공동체 속의 가정'을 이루어 가는 것이다.[74]

카테키시스트(catechesist)는 이 단계에서 새신자들을 방문하고, 그들의 경험의 의미를 이야기한다. 대부분의 카테키시스트는 세례 의식과 성만찬과 부활절 축제[75]를 기다려야 한다. 기다림은 기독교 초기에 실시했던 부활절 가르침에 근거가 있다. 부활절 전에 새신자들은 '세례와 성찬의 상징에 대한 가르침'의 시간을 가졌다. 그들은 세례 전에는 성만찬에 참여하지 못했으며, 세례를 받은 후에 감독과 함께 성찬을 손수 준비하였다. 준비와 성찬은 아주 비밀스럽고 신비롭게 매 주일마다 실시하였는데, 그들은 매 주일마다 성찬식을 행하면서 매 주일마다 세례를 받는다는 의미로 참여했다. 이러한 의식은 '사역의 형성'(formation in ministry)이라 할 수 있다. 세례와 성만찬에 참여하면서 '죽음의 기적의 경험을 성찰'하는 시간을 갖게 되고, 기독교 신앙으로 봉사하고 사역하면서 '새로운 부활의 삶을 경험'하는 것이다.[76] 그러나 세례와 성만찬의 신비로운 의식은 콘스탄티누스 대제 이후에 조금씩 사라지기 시작했다. 카테키시스트들은 세례와 성찬에 참여하였지만, 새신자들은 세례와 성만찬의 의미를 배웠을 뿐이다. 새신자들은 세례와 성만찬의 결합적인 의미를 경험하지 못하였다.[77]

세례의식은 '옛 삶의 죽음과 새 삶의 탄생'이라는 의미이기도 하지만, 세례가 '…로부터 졸업'이 아니라 새로운 삶의 '형성과 성장과 변화'가 계속 진행되는 공동체 '안으로 들어오는 것'임을 분명히 보여 준다. 세례는 단순히 목회 업무의 한 과정이 아니라, 기독교에 입문하는 사람이 '부활절 전야세와 거룩한 성찬식' 사이에 위치해 있는 것이다. 복음적인 세례는 예수 그리스도의 죽음과 부활과 연관을 맺고 있다. 모든 세례는 일년이나 그들이 관찰된 삶의 모든 단계와 관계없이 '예수 그리스도의 죽음과 부활의 선언문과 참여자' 속에서 일어나는 것이다.[78] 세례는 영원한 언약의 시작을 기호화하고 축하하고 동일화하는 사건이므로 세례의 목적은 "기독교 공동체 안

에서 형성된 관계를 평생 맺는 것"이다.[79]

이 단계에서 공적 고백 준비자·예비 세례자들은 세례를 받고 성찬의 삶에 대한 성찰을 시작한다. 여기서 그들은 관습적으로 반영의 다음 단계를 시작하게 되며, 관습적으로 부활절 전야(The Great Vigil of Easter)에 세례를 받았다. 웰(Louis Well) 박사는 부활절 전야에 4가지 기본적인 요소가 있다고 했다. 그것은 부활절 촛불의 밝힘, 말씀의 성찬, 세례의식, 성만찬·창조 이야기·홍해 사건·2개의 에스겔서 구절을 독서하는 것이다. 세례의식은 성만찬과 설교로 이어진다. 이러한 절차는 구약성서와 신약성서의 말씀을 결합하고, 지원자들이 그리스도의 부활의 믿음 안에서 세례를 받게 된다는 것을 가르친다. 이러한 과정에서 일어나는 성만찬은, 매 주일마다 세례 행위의 반복의 의미를 지니고 실시된다.[80]

'세례신앙의 공적 고백' 과정의 참여자들은 이 과정에서 세례를 받지는 않지만 세례의 의미를 성찰하고, 자신의 신앙을 되새기도록 침묵과 관람의 시간을 제시한다.

② 세례신앙의 공적 고백자를 위한 성례전과 축하잔치를 베푼다. 특히 그들이 성례전을 통하여 새로운 신앙을 경험하는 단계이며, 나아가 그들이 기독교 공동체의 구성원으로서 정체성을 확신을 축하 단계다. 축하의식 다음에는 부활절이 '선물'로 주어지며, 부활의 신앙은 그리스도인들이 "새로운 모임을 형성하고 유지하도록 용기"[81]를 얻게 된다. 이것은 '세례신앙의 공적 고백'의 최종의 목표이며 완성이며, 이 세상 속에서 기독교 신앙으로 올바르고 힘차게 살도록 고무시키는 것이다. 부활신앙으로 완성되는 이 과정은 부활절에 이어지는 오순절(Pentecost)로 나아가게 되어, 신앙의 성숙된 열매를 맺도록 돕는다. 여기서 그들은 신앙의 더 깊은 발전을 꾀하게 된다.

부활절의 신비로운 의식을 하고 나서, 부활절 이후 50일째 되는 주일을 '주님의 날'로 선포한다. '세례신앙의 공적 고백' 과정 참여자·새신자들이 사순절을 거쳐서 성령강림절까지 '그리스도인 됨'(형성)이 이루어지는 것이다. 이날 교회의 목사는 '주님의 날'을 선포하고, 공적 고백·세례 준비 과정의 참여자들에게 안수해주고, 다음과 같이 선언할 수 있다.

> 당신은 하나님의 사람입니다. 이제 과거의 사람은 물 속에서 잠들었고, 이제 세례의 물로 새 사람이 올라왔습니다. 거룩한 물로 새로워진 여러분은 그리스도와 함께 부활한 사람입니다. 여러분은 부활한 사람입니다. 그리고 여러분은 오순절 성령으로 거듭나서 새로운 사람이 되었습니다. 여러분은 성령으로 거룩해진 사람입니다.

이 선언은 전통적인 견진의식의 요소가 담겨 있고, 부활절의 부활과 오순절의 성령으로 새로운 사람이 되었음을 선언하는 것이다. 부활절의 세례를 통하여 부활의 신비를 체험하고 성령강림절의 은혜로 성화의 단계를 선언하는 데 초점을 두고 있다.

③ 세례신앙의 공적 고백자를 위한 계속적인 교육으로 소그룹과 가르침에 참여하도록 한다. 이 단계는 처음에 참여한 사람들보다 훨씬 감소될 수 있다. 매주 모임을 실시하게 됨으로써 사람들이 힘들고 어렵다는 것을 인식하게 된다. 그러나 이러한 과정을 통해서 그들의 삶과 신앙은 기독교 공동체의 구성원으로서 '형성되고 교육되며 배우게' 된다. 과정을 위한 운영의 방법은 소그룹의 기법을 활용하는 것이 좋다고 생각한다.

리처드(Lawrence O. Richards)는 '교회 공동체 생활'을 회복하기 위하여 신약 시대의 집안의 교회, 즉 '작은 모임'이 필요하다고 했다.[82] 존 캐스틸(John L. Casteel)도 기독교 신앙과 성서 공부라는 목적을 위해서 "정기적으로 얼굴을 마주 대하고 모이는 작은 수의 사람들"[83]이 있어야 한다고 했다. 소그룹을 통해서 신학적으로도 접근할 수 있으며, 신앙적이고 인격적인 관계를 맺을 수 있다. 하나님의 인간에 대한 관계 역시 공동체 속에 있는 개인과 관계하며, 개인의 구원도 그가 그룹과의 관계 속에 있을 때 이루어진 다고 볼 수 있다.84) 즉 소그룹을 통해서 하나님의 관계, 하나님에 대한 인간의 관계, 인간 상호간의 관계가 일어날 수 있다.[85] 또한 사람들이 기독교 공동체에 소속해 있을 때 느끼는 생의 안정감과 만족감을 가지게 되며, 그의 가장 높은 가능성을 지향하고 발전하게 된다.[86] 소그룹은 "개인에 대한 관심과 함께 하나님과 선을 향해 행해지는 모든 과정의 중심이다."[87]

그룹을 통해서 만나고 가르치고 배우고 전파한다. 소그룹 활동을 통해서 '공동의 신앙'과 '공동의 틀'[88]을 형성하며, 그룹을 통해서 신앙과 삶의 만남, 참여자들간의 대화, 자신과 그리스도의 대면 등을 추진할 수 있다. 소그룹은 교회의 사역에 동참할 수 있다. 예를 들면, '세례신앙의 공적 고백' 과정의 참여자들은 성가대, 위원회, 봉사 활동 또는 기독교교육 프로그램과 관련된 작업과 같은 일에 참여하면서 그룹의 만남을 꾀할 수 있다. 어떤 사람들은 성서 말씀 성찰, 양육을 위한 토론회, 매일 기도와 관심의 나눔 등을 소그룹으로 진행할 수 있다. 또는 초기교회에서 행하였던 것처럼, 입문자와 후원자(대부모 등)와의 정기적인 만남을 통하여 일대일의 양육을 도울 수 있다.[89]

각 주

1) Meerha Hahn, "Review and Analysis of Competencies in Educational Administration," 「신학과 선교」 제9집 (1984): 388; Mark Hanson, *Educational Administration & Organizational Behavior* (Boston, Mass.: Allyn & Bacon, 1979), 8. 교육 행정과 사상적 흐름은 과학적 관리 시대의 '조직 이론'(노동의 구분, 통솔 범위, 계급, 외적 보상, 정형화된 규정), 조직 구성원의 사회적 · 심리적 측면을 강조하였던 인간 관계 이론(비공식 집단, 동료의 압력, 본질적 경향, 심리적 욕구를 연구) 시대로 대별되었다. 그러나 이러한 대별된 이론에서 통합적인 사상으로 체제 이론(투입-산출, 사건별 순환, 환경의 변화 등을 연구)이 나오게 되었다. 겟젤스(Jacob Warren Getzels)는 체제 이론에 입각하여 교육행정을 사회 체제 내의 사회적 과정 모형으로 설명하였다.

2) 인터넷에는 다양한 카테키즘 사이트가 있다. 그 중에서 특별하게 접근하고 있는 사이트를 소개하면 다음과 같다. 믿음을 위한 노래와 예배 카테키즘 (http://hymnuts.luthersem. edu/singfait.htm), 성(性)과 도덕을 위한 가톨릭 카테키즘 (http://www.saint-mike.org/dymphna /addictions/CSGPA/catech.), 다시 태어나는 그리스도인을 위한 카테키즘(http://www.cliffandjoanne.com), 삶에 대한 상호 작용 카테키즘(http://www.late-nite-catechism.com/) 등이 있다.

3) Office of Evangelism Ministries, *The Catechumenal Process: Adult Initiation & Formation for Christian Life and Ministry* (N.Y.: Church Hymnal Corporation, 1990), 4.

4) Office of Evangelism Ministries, *The Catechumenal Process: Adult Initiation & Formation for Christian Life and Ministry*, 13.

5) W. Kent Gilbert, *The Age Group Objectives of Christian Education* (Philadelphia: Boards of Parish Education, 1958), 1-4. 이 책은 미국 루터교회를 구성하는 교회의 본체에 대해서 공동 연구하는 것으로써 발전되었다.

6) Ralph W. Holmin, "The Present Scene," *Confirmation and Education*, ed. by W. Kent Gilbert (Philadelphia: Fortress Press, 1969), 27-28.

7) C. Richard Evenson, "The Purpose of Confirmation Education," *Confirmation and Education*, 39.

8) A. Theodore Eastman, *The Baptizing Community: Christian Initiation and the Local Congregation* (N.Y.: The Seabury Press, 1982), 42.

9) Timothy A. Lines, *Systemic Religious Education* (Birmingham: Religious Education Press, 1987), 12-27. 저자는 자유주의 신학, 신정통주의 신학, 환경주의적 관점에 이르기까지 신학적 조류를 다루면서 체제적 사고를 지적하였다. 더 나아가 그는 스마트(James D. Smart), 밀러(Randolph C. Miller), 리(James M. Lee), 웨스트호프(John H. Westerhoff III) 등도 함께 다루었다. 그 자신도 이러한 일반적인 개요는 종합적인 시각으로 기술했다고 하면서, '종교교육의 변혁을 위한 시각을 창출'하려는 시도였다고 말한다. 그것은, 신학적 견해로부터 종교교육을 지각하는 통합, 학문 교류(transdisciplinary), 역동적 모험인 체제적 시각이라 하였다.

10) 오늘날 개신교 교회에서는 기독교 입문자를 위한 대책과 교육이 거의 존재하지 않거나, 존재한다고 하더라도 거의 형식적인 차원에 머물고 있다. 여기에는 어떤 방향과 대안이나 교육 제도가 거의 없으며, 관례도 사라진 형편이다. 교회의 모든 예배와 행사와 신앙적인 행사 등에 세례자와 비세례자를 구별하는 경우가 별로 없다. 오히려 신앙의 연수(年數), 신앙 상태, 관심의 문제 등을 배려하지 않고, 거의 무조건적으로 프로그램에 참여시키고 있는 형편이다.

11) Ralph W. Holmin, "The Present Scene," *Confirmation and Education*, 24-25.

12) Office of Evangelism Ministries, *The Catechumenal Process: Adult Initiation & Formation for Christian Life and Ministry*, 20-21.

13) William H. Willimon, "Making Christians in a Secular World," *The Christian Century*, no. 22 (October 1986): 916.

14) T. Parsons, *Structures and Process in Modern Society* (N.Y.: The Free, 1960), 17.

15) 주삼환, 『교육행정 사조』 (서울: 배영사, 1992), 55.

16) C. Richard Evenson, "The Purpose of Confirmation Education," *Confirmation and Education*, 37.

17) C. Ellis Nelson, *Where Faith Begins* (Richmond: John Knox Press, 1967), 9-10.

18) Alvin J. Lindgren & Norman Shawchuck, *Management of Your Church* (Nashville, Tennessee: Abingdon Press, 1977), 24.

19) Thomas H. Groome, *Sharing Faith*, 한미라 역, 『나눔의 목회와 교육』 (기독교대한감리회 홍보출판국, 1997), 64-67.

20) 기독교교육의 새로운 신학적인 경향이 국가, 교회, 사회 관계의 문제를 다루었고, 사회의 상황(context)에 입각하여 평신도 교육, 토착화 교육, 인간화 교육, 해방의 교육, 민중교육, 정의와 평화 교육(민주화와 통일) 등으로 나타나고 있다.

21) 토머스 그룹은 처음에 기독교교육의 프락시스적인 접근을 시도하여 새로운 기독교교육적 사고와 방법을 제안하였다. 그리고 후에 발전하여 교육과 목회의 통합을

주장하는 책을 펴냈고, 한국에 두 차례 방문하여 '나눔의 교육과 목회'를 중심으로 워크숍을 실시하기도 하였다.

22) 이정배, "평신도 신학의 전망과 교회의 미래적 모델: 살림 공동체", 『미래교회와 새 사역』 (서울: 미래교회연구원, 1996), 300-305. 교회라는 용어가 헬라어 퀴리아케 오이키아(Kyriake Oikia, '주님의 가정') 라는 말에서 유래되었고, 가정이란 평신도들이 이 세상에서 가장 기본적으로 경험하는 것이라는 사실이 이 제안에 대한 타당성을 부여한다. 두한의 이론은, 교회는 그 구성원들이 하나의 연합적인 인격체를 이룬 가정이고 한 몸이며, 새로운 피조물이며 성령으로 충만한 공동체라는 것이다. 여기서 이정배는 교회와 가정의 연결고리로 '살림 공동체'를 제시한다.

23) Leonard Doohan, *Lay Centered Church*, 심광섭 역, 『평신도 중심의 교회』 (서울: 평신도신학연구소, 1994), 106-107. 신약성서의 그리스도인들은 성령의 임재에 대한 강한 확신을 가졌다. 그들이 성령에 의해 함께 부르심을 받았으며 세례를 통해 성령의 능력과 생명을 받게 되었음을 알고 있었다.(고전 12:13, 롬 8장) 지역 공동체는 성령을 통해 사랑 안에서 하나가 되었다.(롬 8:9, 15, 엡 4:3) 그들은 이 사랑의 증인이 되도록 부름받았으며, 그 모임을 섬기기 위해 성령의 은사를 받았다.(고전 12장) 그것은 예수에 대한 기억이 곧 교회의 전통이 되었고, 같은 성령을 통해 주님에 관해 기록하였고, 예수께서 교회에 주셨던 영적인 생명이 드러나게 하고 있는 것이다.

24) Alvin Lindgren and Norman Shawchuck, *How to Realize Your Church's Potential Through a System Approach*, 박근원 역, 『교회개발론』 (서울: 대한기독교출판사, 1986), 42.

25) Alvin Lindgren and Norman Shawchuck, *How to Realize Your Church's Potential Through a System Approach*, 박근원 역, 『교회개발론』, 42.

26) 한미라, "종교교육을 위한 새 교육체제의 개발(2)", 「신학사상」 64 (1989): 208-212. 의도적 형성은 신앙공동체 사회화를 위한 것이며, 자기 발견적 교육은 기독교적 정체감을 형성하는 것이며, 문제 해결적 교수는 신앙과 삶의 통합을 위한 것이다.

27) 한미라, "교육기획에서 체제적 접근의 적용", 「교육교회」 (1987. 9): 788.

28) Office of Evangelism Ministries, *The Catechumenal Process: Adult Initiation & Formation for Christian Life and Ministry*, 11.

29) Michael Dujarier, *A History of the Catechumenate* (N.Y.. Sadlier, 1979), 57.

30) Michael Dujarier, *A History of the Catechumenate*, 63.

31) Office of Evangelism Ministries, *The Catechumenal Process: Adult Initiation & Formation for Christian Life and Ministry*, 10.

32) Michael Dujarier, *A History of the Catechumenate*, 31.

33) C. Richard Evenson, "The Purpose of Confirmation Education,"

Confirmation and Education, 46.

34) Leonard A. Sibley, "Reaction and discussion," *Confirmation and Education*, 129.

35) C. Richard Evenson, "The Purpose of Confirmation Education," *Confirmation and Education*, 47.

36) 이러한 논쟁에 리(James Michael Lee)가 참여했는데 그의 책 *The Content of Religious Instruction* (Birmingham: Religious Education Press, 1985), 78-128을 참고하라. 리의 매크로 이론(macrotheory)에서 세 가지 다른 점을 고려할 수 있다. 첫째로, 리는 교수 실천으로부터 과정을 구별하고 있다는 점(79)에서 가르침의 실천과 다른 교회적 실천 사이에 연속성이 있다고 생각한다. 둘째로, 리는 이러한 것을 종교를 일반적인 차원에서 이러한 것을 보았으며, 종교 교수가 종교적인 질문과 관계없이 일반적으로 접근할 수 있고 접근되어야 한다고 했다.(42) 그런데 종교가 종교적 전통은 구별되므로, 교수의 방법이 가설적인 일반화나 또는 '무가치'(value-free)의 종교 교수를 조사하려는 노력을 방법론적으로 비논리적이다. 리는 세 번째 차이로서 실천의 역사가 실천 그 자제에 비본질적인 것이라는 점을 지적했다.(747) 종교 교수의 과거의 실천이 종교적 교수의 현재적 실천에 제시된다고 주장할 수 있다. 정확하게 기독교, 유대교, 이슬람교 또는 가르침의 어떤 종류이든 간에 구별되는 정체성을 지니고 교수를 부여했다는 것이다.

37) Marianne Sawicki, "Historical Methods and Religious Education," *Religious Education*, vol. 82, no. 3 (Summer 1987): 375.

38) Mary Elizabeth Moore, *Education for Continuity & Change* (Nashville, Tennessee: Abingdon Press, 1983), 21-26.

39) Leonard A. Sibley, "Reaction and discussion," *Confirmation and Education*, 130; Johannes Hofingers, *The Art of Teaching Christian Doctrine: The Good News and Its Proclamation* (Notre Dame, Ind.: University of Notre Dame Press, 1963), 64. 호핑거(Johannes Hofingers)는 교육의 방법을 추구하기 위하여 '본질과의 관계'를 중심으로 추구해야 한다고 주장한다. 첫째, 우리가 가르치는 특별한 주제 문제의 본질과 맞아야만 한다. 종교적 가르침은 본질을 유지하는 방법을 요구한다. 둘째, 방법은 우리가 가르치는 학생과 맞아야만 한다. 이러한 방법은 구체적인 것으로부터 추상적인 것으로 나아가야 하며, 보이는 것부터 보이지 않는 것으로 올라가며, 커다란 기술적인 단어, 추상적인 정의, 학문적인 공식을 너무 빨리 사용하는 것을 금지하고, 우리는 체계적인 가르침을 지나치게 강조하는 것을 사절한다.

40) 전통적으로 카테키시스를 위하여 만들어진 신앙교육서(catechism)를 말한다. 초기교회에서 만들어진 『디다케』, 『헤르마스의 목자』를 비롯하여 종교 개혁기에 만들

어진 루터의 『소카테키즘』 등을 말한다. 이 책은 이미 만들어진 신앙교육의 내용으로 전통성을 띠고 있다.

41) 소위, 젊은이들의 변화 요청에 따라 필요한 것을 준비하는 것을 말한다. 또한 시대적인 과제와 긴급한 상황들이 제기될 수 있다. 이러한 내용은 전통적인 신앙교육의 내용과 달리 '시대와 세대에 따른 신앙교육의 내용'이 된다.

42) Gustav K. Wiencke, "An Educational Perspective," *Confirmation and Education*, 110.

43) C. Richard Evenson, "The Purpose of Confirmation Education," *Confirmation and Education*, 48.

44) W. Kent Gilbert, ed., "Joint Commission on the Theology and Practice of Confirmation, A Report for Study," *Confirmation and Education*, 214.

45) The Church Hymnal Corporation, *The Book of Occasional Services* (N.Y.: The Church Hymnal Corporation, 1988), 113.

46) The Church Hymnal Corporation, *The Book of Occasional Services*, 113.

47) Office of Evangelism Ministries, *The Catechumenal Process: Adult Initiation & Formation for Christian Life and Ministry*, 61.

48) The Church Hymnal Corporation, *The Book of Occasional Services*, 112.

49) Raymond B. Kemp, *A Journey in Faith: An Experience of the Catechumanate* (N.Y.: Sadlier, 1979), 63.

50) The Church Hymnal Corporation, *The Book of Occasional Services*, 133.

51) Office of Evangelism Ministries, *The Catechumenal Process: Adult Initiation & Formation for Christian Life and Ministry*, 62.

52) James B. Dunning, *New Wine, New Wineskins: Pastoral Implications of the Rite of Christian Initiation of Adults* (N.Y.: Sadlier, 1981), 42.

53) Ibid., 31.

54) Ibid., 51

55) Office of Evangelism Ministries, *The Catechumenal Process: Adult Initiation & Formation for Christian Life and Ministry*, 116.

56) Robert J. Brooks, "Imaging the Story," *The Living Church* (January 1981): 7.

57) Office of Evangelism Ministries, *The Catechumenal Process: Adult Initiation & Formation for Christian Life and Ministry*, 64.

58) 이러한 가르침의 내용은 The Church Hymnal Corporation, *The Book of Occasional Services*, 113을 참조하라.

59) Office of Evangelism Ministries, *The Catechumenal Process: Adult Initiation &*

Formation for Christian Life and Ministry, 66-67.

60) Ibid., 119.

61) Ibid., 67-70.

62) Ibid., 93-94.

63) The Church Hymnal Corporation, *The Book of Occasional Services*, 114.

64) The Church Hymnal Corporation, *The Book of Occasional Services*, 133.

65) Office of Evangelism Ministries, *The Catechumenal Process: Adult Initiation & Formation for Christian Life and Ministry*, 94.

66) Ibid., 72.

67) Ibid., 72-73. 처음에 『겔라시어 성례전』(*Gelasian Sacramentary*)에서 제정되었는데, 교회 예배에 따라서 성서 말씀을 교회력에 따라서 정렬한 것이다.

68) Ibid., 123.

69) Michael W. Merriman, "The Liturgy in the Easter Season," *Open* (March 1987): 16-19.

70) Peter Kjeseth, "The Ministry of the Holy Spirit to the Community of Believers" (Unpublished paper, Wartburg Theological Seminary, Dubuque, Iowa, 1968).

71) Robert J Brooks, "Imaging the Story," *The Living Church* 11 (January, 1981): 1981, 8-9; Robert J Brooks, "Faith of Our Fathers," *The Living Church* 11 (January, 1981): 9-10.

72) James B. C Dunning, *New Wine, New Wineskins: Pastoral Implications of the Rite of Christian Initiation of Adults*, 97

73) The Church Hymnal Corporation, *The Book of Occasional Services*, 97-100.

74) Office of Evangelism Ministries, *The Catechumenal Process: Adult Initiation & Formation for Christian Life and Ministry*, 76-77.

75) James B. C Dunning, *New Wine, New Wineskins: Pastoral Implications of the Rite of Christian Initiation of Adults*, 97

76) Ibid., 71.

77) Office of Evangelism Ministries, *The Catechumenal Process: Adult Initiation & Formation for Christian Life and Ministry*, 74-75. 세례에 대한 가르침은 부활절 기간에 실행했으며, 유아세례는 일상적으로 실시하였지만 세례와 성만찬의 기적에 대한 가르침과 부활절의 신비로운 행위는 폐지되었다.

78) Daniel B. Stevick, *Adult Baptism: Getting Back to the Beginning* (Cingcinnati: Forward Movement Publications, 1984), 19-20.

79) Kent S. Knutson, "A Theological Perspective," *Confirmation and Education*, 57.

80) Office of Evangelism Ministries, *The Catechumenal Process: Adult Initiation & Formation for Christian Life and Ministry*, 94-95.

81) Raymond B. Kemp, *A Journey in Faith: An Experience of the Catechumenate* (N.Y.: Sadlier, 1979).

82) Lawrence O. Richards, *A New Face for the Church* (Grand Rapids: Zondervan, 1978), 153-157.

83) John L. Casteel, ed., *Spiritual Renewal through Personal Groups* (N.Y.: Christian Press Association, 1957), 19.

84) Sara Little, *Learning Together in the Christian Education Fellowship*, 김대균 역, 『신앙 · 친교 · 교육』 (대한기독교교육협회, 1978), 33.

85) Alvin J. Lindgren and Norman Shawchuck, *How to Realize Your Church's Potential Through a System Approach*, 박근원 역, 『교회개발론』, 52.

86) 김대균, "그룹 다이나믹스와 교회교육," 「교회와 신학」 제5집 (1972): 243.

87) Mary Alice Douty, *How to Work with Church Groups* (N.Y., Tennessee: Abingdon Press, 1957), 167.

88) Robert Arthur Dow, *Learning Through Encounter*(Forge: Judson, 1971), 125.

89) Office of Evangelism Ministries, *The Catechumenal Process: Adult Initiation & Formation for Christian Life and Ministry*, 78, 126.

9장

디지털 사회와 카테키시스의 재구성

1. 정보화 시대의 디지털 특성

1) 정보화시대

인류는 오랜 시간 동안 많은 변화를 겪어 왔고, 지금은 새로운 경향 (trend)의 자리에 와 있다. 즉 수렵사회[1] - 농경사회[2] - 산업사회[3]를 거쳐 정보화 사회로 진입하였다. 그래서 현대사회는 첨단 정보화(Information of Technology, IT) 시대라 말한다. '정보'는 어떤 사정이나 상황의 보고를 말한 다.[4] 20세기 말부터 새로운 개념으로 등장한 정보화는 통신·컴퓨터·자동 제어가 발달하게 되면서 인간이 아니라 기기가 객관적으로 정보를 전달·처 리될 수 있는 단계를 말하는 말한다. 따라서 기기는 정보의 생산·전달·보 존·가공(정보처리)한다.

IT 계통에서 일하는 사람들은 정보화 사회를 다시 두 가지 형태로 발 전했다고 한다. 처음에는 컴퓨터의 개발과 발선으토 대형 컴퓨터 개발에서 부터 개인용 컴퓨터(PC) 개발로 발전하면서 다양한 자료를 입력하고 처리하 는 시스템이 개발되었다는 것이다.[5] 그 다음 단계는 컴퓨터에 인터넷이 첨 가되어 '지식 정보사회'[6]로 전이하게 되었다는 것이다. 따라서 정보화 사회 는 컴퓨터 산업과 인터넷, 그리고 통신기기의 발전으로 인하여 지식과 정보를 공유하는 사회를 말한다. 즉 정보화 사회란 사회경제활동의 중심이 생산에서 서비스나 지식 정보 생산으로 옮겨지는 사회를 말한다.

정보화 사회의 특성 중 하나는 디지털이라는 개념이다. 디지털(digital)[7]은 21세기 특성의 하나로 등장하는 단어이다. '디지털'은 이제 우리 삶 속에 들어온 이후 많은 것이 변하였다. 디지털기술의 진보는 기억용량의 무제한, 커뮤니케이션의 광속화가 가능해졌고, 단순한 자료처리 단말기(data processor PC)의 컴퓨터 기능을 벗어나 멀티미디어(multi - media)로 발전하였으며, 상호성 또는 양방향성(interactivity)이란 개념은 문학, 미술, 음악, 종교 등 삶의 전반에 걸쳐 급속하게 확산되어 응용되고 있다. 이제는 어떤 단체나 개인이 디지털을 어떻게 활용하는가가 능력의 잣대로 생각되게 한다. 그리고 e-mail, tele-banking, 사이버 카페, 전자 시계, 인터넷 방송, 병원 진료, e-book 등에서 쉽게 볼 수 있다. 특히 AV 시스템, 자동차, 고속철도, 선박, 비행기, 우주선이 더욱 빨라졌다.

디지털의 발전은 속도의 꾀하고 있다. 이것은 단순히 교통과 운송의 속도만 아니라 사고의 변화도 일어나고 있다. 즉 생각의 속도[8]가 달라지고 있다. 생각의 속도는 과거에 가졌던 생각의 넓이와 깊이가 달라져야 하고, 보다 탄력적이지 않으면 안되는 상황에 이르렀다고 할 수 있다. 디지털 시대는 전 지구가 디지털 문명으로 확산되고 있다.[9] 또한 교회마다 홈페이지와 사이버 카페(cyber cafe)를 운영하고, 게시판 공유, 문자 채팅, AV 채팅 방식까지 이용한 목회 상담 및 심방이 가능해 지고 있다.

2) 정보화 사회의 문제점과 교육 방향

오브라이언(Rita C. O'Brien)은 □□정보사회는 경제활동의 영역이 상품의 제조에서 정보와 지식을 제조하는 영역으로 이동하고, 전문화된 정보와 새로운 테크놀로지(technology)의 효율적 이용에 대한 분야가 각광을 받는 사회□□라고 정의하였다.[10] "정보화"란 정보를 생산, 유통 또는 활용하여 사회

각 분야의 활동을 가능하게 하거나 효율화를 도모하는 것이다.[11]

정보화는 사회에서 인적·물적 자원보다 수집, 생산, 가공, 보존, 활용되는 정보의 양이 증대되며, 기존 산업 활동보다 인적·물적 자원 투자가 증대되는 것을 말한다. 또한 "정보화 사회"는 유형의 가치보다 무형의 정보 기능에 가치를 두는 사회를 말한다.[12]

정보사회에 대한 정의를 크게 세 가지 관점으로 나누어 살펴보면 다음과 같다. 첫째 기술적 관점은 기술적 기반의 측면에서 정보사회의 특성을 규명하는데 초점을 맞춘다. 마틴(Martin)은 정보사회를 디지털 네트워크의 확산을 기반으로 하는 네트워크 사회로 규정한다. 디지털 네트워크 기술의 발전은 생산성 향상과 노동시간의 감소, 여가시간의 증대와 같은 변화를 가져다 줄 것으로 내다보았다. 둘째로 "경제적 관점"은 정보를 하나의 상품이나 재화로 간주한다. 셋째로 "사회적 관점은 첨단 정보통신 기술이 야기 시킬 사회적인 변화에 초점을 맞춘다. 그러나 정보사회의 영향에 대한 관점은 상반되고 있다. 비판적 관점은 정보기술로 인하여 사회경제적인 구조 변화와 정보 수혜자가 누가 인가가 중요하다는 생각이다. 긍정적인 관점은 다원적인 입장을 고수한다. 즉 과학적 지식의 발견, 공학기술의 결합으로 인한 정보통신 기술의 발전을 강조한다.[13]

정보화 사회는 사람들의 가치관과 생활양식에도 커다란 변화가 일어났다. 그것은, 문화와 생활의 질이 중요한 자리를 차지했으며, 교육과 여가 투자 시간이 늘어났으며, 정보의 흐름과 국가적·문화적 주체성과 가치관을 추구하는 경향이 높아 졌다. 따라서 정보화 사회는 내용보다는 형태가 더 중요하게 되었다. 교육도 내용보다 전달하는 교육 매개가 더 중요한 사회가 되었다. 이에 기독교교육의 방향은 다음과 같은 점을 추구해야 할 것이다.

첫째는 우리 시대의 현실을 더욱 깊게 이해하기 위해서는 교육을 정보화의 이기 문명을 활용할 수 있어야 한다. 교육이 구두와 이야기 - 그림 -

문자와 활자 - 시청각 자료에서 전자 매체의 세계로 발전되고 있다는 것을 의식해야 한다. 정보화 시대에 살고 있는 현대인들이 전자 매체 문화를 이용하여 커뮤니케이션이 되어야 하며, 교육 활동이 개발되어야 하며, 상호작용을 시도해야 할 것이다. 이것은 단순히 첨단 기기를 조작하느냐가 아니라, 전자 매체 문화 속에서 살아가는 세대를 이해하고, 그들을 위해 교육 자리를 마련해 주는 일이 중요한 것이라 생각한다.

둘째는 정보화 사회는 경계 문화(boundary culture)에서 전자 문화(electric culture)로 전이되었음을 말한다. 과거에는 국가나 지역 혹은 이념의 경계 안에서 교사와 교재에 한정된 교육을 시도하였지만, 이제는 교육 첨단 정보와 기기를 이용하여 장소·시간·국가·민족·이념과 색깔을 초월하여 만날 수 있다. 제한된 문화를 넘어서서 만남과 나눔을 체득할 수 있는 새로운 세기에 와 있다. 따라서 기독교, 교실, 교재, 시간, 교리라는 틀 안에 머무는 교육이 아니라 시공과 이념을 초월한 실시간 교육이 일어날 수 있음을 인지하여야 한다.

셋째는 정보화 사회는 커뮤니케이션과 다양한 멀티미디어의 활용, 네트워크가 활성화될 수 있다. 하지만 중요한 것은 정보의 노출로 인하여 사생활 침범이라는 문제가 제기된다. 또한 신이기주의로 인하여 전공, 관심 영역 집단 모임이 활성화될 수 있지만, 진정한 공동체의식과 영성 부재가 어려울 수 있다는 것이다. 그래서 나이스비트는 하이테크(high tech) 시대에 하이터치(high touch)를 주장하였다. 롤프 엔센도 『꿈의 사회』(Dreeam Society)라는 책에서 "정보 사회의 태양이 지고 있고, 감성 마케팅 시대가 오고 있다"고 하였다. 그의 말처럼, 새 시대의 기독교교육은 사람들의 아픈 상처를 어루만져 주고 하나님 나라의 꿈을 안겨주는 노력을 기울여야 할 것이다. '하이 터치 혹은 감성'은 단순히 감성적인 접근을 말하는 것이 아니다. 교육은 단순히 기술적인 만남이나 접근으로 끝날 것이 아니라 몸과 마음의 관계를 형성해야 할 필요가 있다. 몸과 마음, 혹은 모든 삶에 관여한다는 의미이다. 따라서 새 시대의 기독교교육은 단순히 기독교 신앙을 전달하는 차원이 아니라, 초기 기독교 공동체에서 실시했던 것처럼, 모든 삶에 관여하고 온 몸을 통한 교육을 시도해야 할 것이다.

2. 새 시대의 대안 : 개신교 카테키시스의 지속적인 개발

1) 시대의 담론과 카테키시스

이 시대가 새로운 패러다임으로 변화되고 있다. 갈등과 대립의 시대는 가고, 새로운 담론이 등장하였다. 그것은 차이·감성·몸·여성·정보화·디지털 등이다. 21세기의 기독교 신앙교육은 이러한 화두와 무관하지 않다. 교육은 항상 시대의 패러다임에 내용을 담아 왔다. 전술한 바와 같이 구두와 이야기→그림→문자→활자→시청각→멀티미디어로 발전해왔던 것처럼, 기독교 신앙교육도 교육의 내용도 시대의 그릇 혹은 방법에 새롭게 담아야 할 필요가 있다.

카테키시스는 유대교 교육을 공동체의 요구에 따라 재구성하였다. 나는 오늘 이 시대가 안고 있는 장점과 과제를 살펴보면서 초기 카테키시스를 재구성하는 것이 바람직하다고 생각한다. 따라서 이 책은 다변화되어 가고 있는 현대사회에서 개신교 교회교육의 새로운 대안으로 초기교회 교육을 재구성하려고 하였다. 20세기에는 생소했던 정보화와 디지털이 일반 개념으로 자리잡고 있는 이 시대에, 개신교 교회교육의 방향이 무엇이며, 어떻게 나아가야만 할 것인가에 대한 고민의 실마리를 찾기 위하여 초기 교회교육의 체제였던 카테키시스를 집중으로 탐구하였다. 이 탐구를 위해서 먼저 초기 교회의 카테키시스를 살펴보았다. 그리고 개신교 교회를 위한 카테키시스의 현대적 개념을 정리하고, 기독교 정체성 형성과 평생교육으로써 카테키시스 체제의 모형을 개발하는 것이었다. 그리고 오늘날 개신교 교회와 교회교육의 당면 문제인 학교형 패러다임, 교육과 목회의 분리현상, 신앙 공동체성 상실, 비전문성(非專門性) 등을 해결하고, 기독교 구성원으로서 정체성을 형성하여 신행일치의 삶을 살도록 돕기 위한 대안을 카테키시스의 재구성에서 찾으려 하였다.

2) 카테키시스의 개념 요약

개신교 카테키시스 체제의 설계에 앞서서 초기 교회의 카테키시스와 종교 개혁기 카테키즘, 그리고 현대 카테키시스에 관한 문헌을 중심으로 이론적 배경을 탐색하였다. 이 과정을 통해서 카테키시스의 교육신학적 기초를 마련하였고, 체제적 접근을 통하여서 개신교 교회를 위한 카테키시스 체제 모형을 개발하였다. 이 탐구가 추구한 새로운 신앙교육 모형으로써의 카테키시스는 개신교 교회 교육의 새로운 대안이며, 교인에서부터 목회자에 이르기까지 모두 다 총체적으로 참여하는 교육이다. 뿐만 아니라, 개신교의 신앙 정체성을 형성해 주고, 그것을 평생동안 유지시켜주는 평생 신앙교육의 개념을 전제로 한 카테키시스 체제를 설계하려고 하였다.

초기 교회의 카테키시스를 요약하면 다음과 같다. 첫째, 기독교 공동체의 구성원으로 형성(形成)시키기 위한 "입문 교육"이다. 카테키시스의 과정을 통해서 형성된 기독교인들은 "올바른 신앙과 순교적인 삶"으로 살 수 있도록 도왔다.

둘째, 초기 기독교 공동체의 카테키시스의 철저한 과정은 대체로 3여년 간 철저한 과정으로 진행되었는데, 그 과정은 개종과 입회승인-예비 세례자 단계(견습기간, 혹은 세례전 가르침과 의식)-세례 의식-신앙의 확언의식(세례 후 가르침과 의식)-성만찬(공동체 축하) 의식이다.

셋째, 카테키시스는 오늘날과 같이 교육과 목회의 분리가 아니라 통합적인 패러다임을 이루고 있었다. 그것은 카테키시스의 과정 안에 목회적 배려(안수, 의식, 엑소시즘 등)와 교육적 가르침(성서 읽기와 청취, 교재를 통한 학습, 강론 등)을 함께 사용하였다.

넷째, 카테키시스의 교육 내용은 신앙교육의 지식뿐만 아니라, 전인적(全人的)인 신앙과 삶의 관계를 형성하기 위한 '기독교 공동체의 총체적인 내용'을 다루었다. 카테키시스의 교육 방법을 인간의 오감(五感)과 목회/교육의 방법을 '총체적'으로 활용하였다.

다섯째, 카테키시스트(catechesist)는 평신도와 성직자가 함께 참여하여 '협동적인 작업'을 이루었다.

중세에 카테키시스의 회복을 위한 노력이 있었지만, 종교개혁기에 들어오면서 카테키시스를 종교개혁의 한 도구로 활용하였다. 대표적인 사람들이 루터였다. 이 책에서는 종교 개혁자들이 개발한 카테키즘(catechisms)에서 루터와 하이델베르그의 카테키즘을 중심으로 다루었다. 그 이유는 루터는 종교개혁의 시작의 의미가 있으며, 하이델베르그는 종교 개혁의 신앙을 종합한 의도가 있었기 때문이다. 여기에서 종교 개혁기의 카테키즘을 요약하면 다음과 같다.

첫째, 종교 개혁기의 카테키즘은 초기 기독교 공동체의 카테키시스의 교육목회적 패러다임을 따르지 않았지만, 신앙교육의 내용 구성에서 기독교 전통을 유지하였다. 특히 통합적 입문과정인 카테키시스가 세례, 견진례, 성만찬으로 분화(分化)되었기 때문에 그 유형을 찾기 힘들었다.

둘째, 종교 개혁자들은 개혁 신앙에 근거한 교육적인 요청을 느꼈고, 그들의 개혁 신앙을 교육하기 위하여 카테키즘(catechisms)을 개발하였다. 루터는 십계명에서 사도신경으로 유추해 가는 순서를 유지했다. 하이델베르그 카테키즘은 옛 카테키시스 -신조, 계명, 기도- 의 기본적인 것을 유지하면서, 자신의 주제인 "고통, 구속 그리고 감사"의 틀을 재조직하였다.

셋째, 종교 개혁기의 카테키즘은 개혁의 신앙을 바탕으로 하여, "개혁 신앙의 정체성 형성"에 중점을 두었다. 카테키즘의 출판은 신앙교육의 개혁적인 차원을 교재화(敎材化)하였기 때문에 교회 구성원들을 위한 교육의 지침서가 되기 때문이다. 그러나 신앙교육서인 카테키즘 안에는 그들의 개혁

신앙과 교육개혁의 의지가 담겨져 있다.

넷째, 신앙교육이 질문과 대답의 대화법(對話法)이라는 "교육적인 언어"에 머문 문제점을 자아냈다. 그러므로 방법적으로 초기 교회의 다양한 가르침, 의식, 접촉(안수, 성유식 등), 엑소시즘, 기호화(記號化) 등의 교육 방법을 이끌어내지 못했다.

3) 현대 사회를 위한 카테키시스

현대사회로 접어들면서 가톨릭이 카테키시스에 대한 재구성을 위한 노력이 엿보였고, 개신교에서도 견진교육이라는 차원에서 접근을 시도하였다. 따라서 이 책에서는 가톨릭 교회와 개신교 교회에서 어떻게 변화되고 있는지 고찰하였다. 그리고 저자는, 카테키시스의 체제적 접근을 시도하였다. 현대의 카테키시스는 대체로 두 양상으로 접근되고 있다. 하나는 종교개혁의 카테키즘처럼 신앙교육의 교재 연구에 초점을 두고 있고, 다른 하나는 초기 교회의 카테키시스의 교육과 목회의 통합 패러다임을 회복하려는 움직임이다. 특히 개신교 교육학자인 웨스터호프는 신앙공동체의 차원에서 카테키시스의 사회화를 주장하였고, 미국 교회를 중심으로 견진례 교육(Education of Confirmation)의 실천을 강조하고 있다.

카테키시스의 교육신학적 해석과 체제적 접근의 가능성을 탐구하였다. 그 내용을 요약하면 다음과 같다.

첫째, 카테키시스의 교육신학적 정의를 내리면 다음과 같다. : 카테키시스의 목적은 기독교 공동체의 모든 사람들이 공동체 안에서 삶과 신앙을 나눔을 통해서 "기독교 공동체의 구성원과 정체성 형성"하는 것이다. 카테키시스의 과정은 "기독교 공동체를 통해서 지속적인 상호작용이 일어나며, 점진적으로 진행하는 교육과 목회의 통합적인 과정"이라 할 수 있다. 카테키시스의 방법은 신앙의 교수 방법(敎授 方法)을 넘어서서 기독교 공동체의 "교육/목회의 총체적인 방법"을 활용하였다. 교회의 교육과 목회의 영역을 활용하고, 인간의 오감을 통한 체험적 교육, 그리고 공동체 안에서의 상호작용, 질문과 대답이라는 인간의 직관적이고 응답적인 차원을 사용한다.

둘째, 카테키시스는 교육과 목회의 "총체적이고 통합적인 구조"를 지니고 있다. 카테키시스는 "믿음과 가르침"의 유기적인 관계 안에서 교육과 목회, 삶과 신앙, 가르침과 예배 등의 통합적인 구조를 이룬다.

셋째, 카테키시스는 통합적이며 유기적이며 상호관계의 틀인 하나의 체제이며, 체제적 접근이 가능하다.

4) 개신교 카테키시스 체제 설계

위와 같이 역사적 통시적 연구를 통해서 카테키시스의 개념을 현대 개신교회에 맞게 재구성하려고 하였다. 그것은, 개신교 교회의 정체성 형성과 평생 교육으로 활용할 수 있는 카테키시스를 체제이론에 입각하여 카테키시스 체제 모형을 개발하였다. 체제이론은 유기성과 통합성, 그리고 투입-변환-산출의 특성을 지니고 있으므로, 이 이론을 통하여 오늘의 기독교교육의 문제를 극복할 수 있는 특성을 지니고 있다. 따라서 카테키시스를 체제이론의 입장에서 탐구하고, 총체적 신앙교육으로써 카테키시스 체제 모형을 설계하였다.

여기서 설계된 모델은 카테키시스 체제의 요소는 크게 3가지로써 '투입, 변환, 산출'이다. 투입요소는 새신자, 유아세례자, 신앙성장을 추구하는 신자 등이다. 변환과정의 요소는 크게 3과정이 있는데, 그것은 예비과정, 확증과정, 형성과정이 있다. 예비과정은 '새신자 과정, 세례 신앙의 공적 고백 과정'이며, 확증과정은 세례, 입교, 공적 고백 등이다. 그리고 형성과정은 교회 생활에 헌신하고, 평생의 영성 훈련 과정을 마련할 수 있다. 산출은 새신자가 변화되어 세례 받고, 유아 세례자가 자신의 신앙의 확증 받고 헌신하게 되며, 나아가 기독교인으로서 신행일치의 삶으로 교회와 세상을 위해서 헌신하고 사명과 직임을 감당하는 것이다.

예비과정의 '새신자 과정'은 초청과 만남, 형성단계, 세례 준비단계, 세례 의식, 세례 축하례 등으로 구성하였으며, '세례 신앙의 공적 고백 과정'은 질문단계, 카테큐메너트, 공적고백 단계, 성례의 삶 단계로 설계하였다. 그리고 형성과정은 오늘날 교회에서 행하고 있는 제자교육, 영성 훈련 등과 같은 프로그램이므로 생략하였다. 그러나 그런 프로그램을 각기 행할 것이 아니라 카테키시스 체제에 통합하여, 보다 체계 있는 신앙교육의 패러다임을 형성하는 것이 바람직할 것이다.

5) 카테키시스의 지속적 연구를 위한 제안

카테키시스에 관한 조사는 어제 오늘의 일이 아니며, 이미 고전(古典)이 된 교육 용어라고 생각할지 모르지만, 온고이지신(溫故而知新)하면서 교육의 지혜를 탐구하는 자세로 개신교 교회를 위한 카테키시스의 신앙교육 체제를 설계하였다. 이러한 시도를 통하여 현재 격감하고 있는 개신교 교회학교의 교세를 회복하고 신앙 공동체의 전 구성원이 함께 참여하는 평생 교육의 개념으로써 체제 모형을 구상한 것이다. 이 책에서 설계한 카테키시스 모형은 실제 교육 현장에서 행해지기 전까지는 연주되지 않는 악보에 지니지 않는다. 그러나 어떤 모험도 시도되지 않고는 이루지지 않기 때문에 제시한 모형을 현장에서 실시할 수 있는 구체적인 프로그램이 추후 연구되고 개발되기를 바라면서 연구과제 몇 가지를 제시한다.

첫째, 신앙교육의 새로운 패러다임을 계속적으로 연구되어야 한다. 오늘날 교회 교육은 그 동안 유지되어온 주일/교회학교 형태에서 탈피하여, 교회 공동체의 신앙을 새로운 교육 패러다임이 탐구되고 있다. 학교형 패러다임의 문제를 극복하고 신앙 공동체 교육의 패러다임으로써 카테키시스는 구조적으로 기독교 공동체의 유기체성(有機體性)을 살리고, 신학적으로 교육과 목회의 통합을 유지하며, 교육 내용적으로 성서와 기독교 전통의 교리와 성례를 통하여 건실한 신앙인을 형성하도록 도울 수 있다. 따라서 기독교 공동체의 교육을 위한 카테키시스의 패러다임을 탐구하고, 나아가 개체 교회 현장에서 실천할 수 있는 구체적인 방안을 모색하는 일이 요청된다.

둘째, 카테키시스를 교회 현장에서 실시하기 위해서는 교육과 목회의 통합적 방법이 개발되어야 한다. 이 과제는 초기 교회의 카테키시스 자료의 빈곤 문제가 있지만, 초기 교회에서 활용했던 "오감(五感)에 의한 목회/교육 방법"은 우리에게 새로운 방법을 개발할 수 있는 가능성을 열어 주고 있다. 오늘날 활용하고 있는 시청각 교육(視聽覺 敎育)을 넘어서서 신앙적 체험을 위해서는 다양한 방법과 장르가 구사되어야 하며, 초기 기독교 공동체처럼 구두, 의식, 접촉, 안수 등의 방법을 활용할 수 있다는 가능성을 보여준다. 따라서 카테키시스의 교육방법의 탐구뿐만 아니라 목회적인 탐구도 요청된다.

셋째, 개신교 교회의 카테키시스를 위한 교육과정과 교재가 개발되어야 한다. 종교개혁의 카테키즘은 개혁 신앙을 고무시키기 위하고, 그들의 신앙 고백을 위한 교육/목회적 배려로써 신앙교육서(信仰敎育書)로 제작하였다. 이것은 개혁자들의 카테키즘이 신앙 형성과 고백을 내포하고 있으며, 나아가 신앙교육의 백서라 할 수 있다. 따라서 현대 개신교 교회의 신앙고백과 교육 이론에 근거한 신앙교육서로써의 카테키즘이 개발되어야 한다.

교재(敎材)의 형태는 어떤 틀에 얽매인 내용을 중심으로 진행할 수 있지만, 가능하면 기본적인 틀에 근거하여 교단과 개체 교회의 신앙고백과 목표에 따라 다른 형태로 개발할 수 있다. 또한 이 책에서 제시한 카테키시스의 체제(새신자, 유아 세례자, 신앙의 정체성 추구자 등)를 위한 신앙 단계별의 교재가 개발되어야 한다. 교재의 내용은 기독교가 전통적으로 믿고 고백하는 성서, 전통, 역사, 관습과 성례, 그리고 시대적 과제 등을 다루어야 할 것이다. 또한 오늘날 교육이 '성경 교육' 차원에서 머물고 있는 틀에서 벗어나서, 초기 기독교 공동체의 카테키시스처럼 '총체적인 내용'을 가르쳐야 한다. 특히 카테큐멘들이 접하는 성물(聖物), 교회 기구와 조직, 교회임원 등을 시작으로 하여, 그들의 삶의 구체적인 문제로 나아가고, 기독교의 역사와 관습, 성례, 성서와 전통, 교리 등을 다루는 것이 바람직하다. 이러한 접근은 종교개혁의 전통에 따르며, 삶에서 출발하는 귀납적 접근(歸納的 接近)과 기독교의 다양한 역사와의 만남을 시도하여야 한다. 왜냐하면 신앙 교육은 성경 지식을 넘어서서 기독교 공동체 안에서 만남과 참여와 나눔을 체험해야 하기 때문이다. 이러한 체험은 하나님과 이웃과 자연과 나의 만남이다. 따라서 카테키시스의 교육내용과 교재는 초기 교회 카테키시스처럼, 삶과 신앙의 통합, 좀더 실제적이고 구체적인 교회 현장에서 출발하는 것이 바람직하다.

넷째, 개신교 교회의 신앙교육을 위해서 평신도와 성직자의 경계 없는 사역 체제로 전환이 필요하다. 카테키시스의 담당자들은 평신도와 사제의 협동적인 작업이었다. 오늘의 신앙교육은 주로 교육 목사나 담당자, 그리고 교사들에 의해서 교육을 기획하고 가르친다. 카테키시스는 목회자와 평신도가 함께 과정에 참여하여 가르치고 배우는 사람이 될 수 있다. 모든 구성원들이 함께 참여하고, 모든 구성원들이 모두 교사이며 학습자의 체제를 이루고 있다. 카테키시스는 철저한 목회/교육의 과정을 통해서 산출된 사람들이 공동체의 신앙을 전수하고 변혁시키기 위하여 끝없는 참여가 요청된다. 가르치면서 배우고, 배우면서 가르치는 '주객일치'(主客一致)를 이루며, 어린이와 젊은이를 넘어서서 전인 교육(全人 敎育)의 체제를 이룩할 수 있다.

다섯째, 카테키시스의 구체적 과정의 개발과 세부 단계들이 지속적으로 연구되고 실질적 프로그램이 개발되어야 한다. 카테키시스의 과정은 초기 교회에서 행했던 형태를 보면 잘 드러날 수 있다. 그들은 개종자들이 기독교 공동체에 들어올 때 철저하고 엄격한 개종과 입회승인-예비 세례자 단계(견습기간)-세례 의식-신앙의 확증 단계(세례후 의식과 가르침)-성만찬(공동체 축하)의식의 과정을 진행했다. 종교 개혁기의 카테키즘은 개혁신앙의 정체성을 심화시키기 위한 교육의 과정을 구성하였다. 그러므로 카테키시스의 과정은 "기독교 공동체를 통해서 지속적인 상호작용이 일어나며, 점진적으로 진행하는 교육과 목회의 통합적인 과정"이라 할 수 있다.

끝으로, 이 책에서 새로운 세기를 눈앞에 둔 시점에서 개신교 교회 성장의 둔화현상을 해결하기 위하여 새신자가 교회로 투입하면서부터 평생동안 철저한 신앙 교육인 카테키시스 체제로의 전환을 주장하였다. 이 체제는 크리스찬이 기독교 공동체에 투입하면, 그들이 세례를 받고 기독교 신앙의 정체성을 형성하고, 대사회적으로 기독교인으로서 신행일치의 삶을 살 수 있도록 돕는 신앙성숙의 과정이므로 더욱 중요하다고 생각한다. 이러한 주장이 한국 개신교 교회의 지속적 성장(持續的 成長)을 위해 일조하리라는 신념으로 본 연구자가 시도하는 '관념'의 모험을 끝내려고 한다.

각 주

1) 수렵사회는 사람의 힘과 불이 중요한 도구였다.

2) 토지와 농업기구가 도구였으며, 영주나 지주가 농경사회를 이끌어 왔다.

3) 산업사회의 중요한 도구는 자본과 기계였으며, 전기와 증기기관의 발명으로 새로운 도구로 등장하였다.

4) 조경국, "정보," 『한메디지털 세계대백과 밀레니엄』 2000; 정보는 표현 형식의 기술적 정보와 의미내용 정보로 분류될 수 있다. "기술적 정보"는 부호(코드)만을 채택한 경우를 말한다. 일반적으로는 패턴(pattern)이라고 뜻하며, 정보량의 측정단위인 비트(bit)라는 전달(통신)·처리량을 말한다. "의미내용의 정보"는 인간사회의 행위나 존속을 위한 어떤 사물에 관한 '알림'을 말한다. "정보수집" 혹은 "정보누설"이라는 말은 정보의 내용을 말하는 것이다.

5) 정보화 사회는 컴퓨터(대형, 중형, PC)로 개발로 인하여 정보화 사회의 중요한 도구가 되었다.

6) 지식 정보사회는 인터넷, 쇼핑몰, 네트워크가 중요한 도구로 자리매김 한다. 여기서 말하는 지식은 DIK(data, information, knowledge)라 말하는데, 어떤 사실이나 자료(data)를 통계로 분석하고(information), 그것을 공유하여 다른 곳에 활용하게 될 때 지식(knowledge)이라 한다.

7) Nicholas Negroponte, *Being Digital* 『디지털이다』 백욱인역 (커뮤니케이션북스, 2001). 디지털은 0과 1, ON과 OFF로 나뉜 정보 전달의 최소 단위인 비트(bits)를 말한다. 네그로폰테는, 비트는 색과 무게가 없이 빛의 속도로만 이동하는 정보의 가장 작은 원자적 요소라 하였다. 비트는 시간과 공간에 구애받지 않기 때문에 대단한 위력을 가지고 있다.

8) 빌 게이츠, 『빌게이츠@생각의 속도』 안진환 역(청림 인터렉티브, 1999) 참조.

9) 성동규, 라도삼, 『인터넷과 커뮤니케이션』(한울 아카데미, 2000).; 네그로폰테는 디지털 사회의 특징을 탈중심화(decentralization), 세계화(globalization), 조화(harmonizing), 그리고 분권화(empowering)로 설명한다. 이종희는 이를 일컬어 디지털 글로벌 정보사회(Global Information Society, GIS)라고 하였다. 디지털 시대의 특징은 디지털 글로벌 정보사회는 탈중개화(disintermediation)와 탈중앙화(decentralization), 그리고 공간적 거리를 무의미하게 만드는 탈공간화(despacialization), 그밖에 탈거대화(demassification), 탈민족화(denationalization)와

탈집단화(disaggregation)이라 하였다.

10) 리타 오브라이언, "The Political Economy of Information", 『정보사회론』 한복희·김민호 역, 8.

11) 김영성, op. cit, 604

12) 교육부, 『교육정보화 백서』 1998년. 1장 1절.

13) 김영성, op. cit., 505—514.

참고문헌

Abbott, W. ed. "Constitution on the sacred Liturgy." *The Documents of Vatican II*. N.Y.: Guild, 1966.

Abbott, Walter M. ed. *The Documents of Vatican II*. Piscataway. N.J.: American Press, 1966.

Ackoff, Russell L. *Redesigning the Future: A Systems Approach to Societal Problems*. New York: John Wiley & Sons, 1974.

Albertin, David M. "It's a Matter of Faith and Life: A Catechism Companion." *Baptism. Confession. Absolution. the Office of the Keys. and Holy Communion*. Vol. 1. Css, 1997.

Andreas, Jungmann Josef. *Handing on the Faith: A Manual of Catechetics*. revised trans. by A. N. Fuerst. N.Y.: Herder & Herder, 1974.

Aquinas, Saint Thomas. *The Catecheticcal Instructions of St. Thomas Aquinas*. trans. by Joseph B. Collins. N.Y.: Joseph F. Wagner, 1947.

Archbishop of Milwaukee. *Confirmation Guidelines*. Wisconsin: Archbishop of Milwaukee, 1981.

Ariés, Philippe. *Centuries of Childhood: Social History of Family Life*. trans. by Robert Baldick. N.Y.: Random House, 1962.

Ashby, W. R. *An Introduction to Cybernetics*. London: Chapman & Hall, 1956.

Asheim, Ivar. *Glaube und Erziehung bei Luther*. Heidelber: Quelle & Meyer, 1961.

Astley, Jeff. *Christian Perspectives on Faith Development*. Michigan: William B. Eerdmans, 1992.

Augustine, Aurelius. "Letter to Bonaus." *Letters*. trans. Robert B. Eno. Washington. D.C.: Catholic University of America Press, 1989.

──────. "The Catechizing of the Uninstructed." *Basic Writings in Christian Education*. ed. by Kendig B. Cully. Philadelphia:

Westminster Press, 1960.

──────. "The Teacher." *Ancient Christian Writers.* vol. 9. trans. by Joseph M. Colleran. N.Y.: Newman Press, 1949.

──────. "The First Catechetical Instruction." *Ancient Christian Writers.* vol. 2. trans. by Joseph P. Christopher. Westerminster. Md.: Newman Press, 1962.

──────. *Confessions.* vol. 6. trans. Vernon J. Bouke. Washington. D.C.: Catholic University of America Press, 1953.

Baller, R. & Don C. Charles. *Physical Growth and Development.* Helt: Rinehart & Crinston, 1968.

Bandas, Rudolph G. *Catechetical Methods.* N.Y.: J. F. Wagner, 1929.

Barclay, William. *Educational Ideals in the Ancient World.* Philadelphia: Westminster Press, 1974.

Bartholomäus, W. *Einführung in die Religions Pädagogik.* München, 1983.

Bateson, Gregory. *Mind and Nature: A Necessary Unity.* N.Y.: Bantam Books, 1980.

Baus, K. *Von der Urgemeinde zur frühchristlichen Grosskirche. Handbuch der Kirchengeschichte.* I. Freiburg: 1962.

Beasley-Murray, G. R. *Baptism in the New Testament.* N.Y.: MaCmillan, 1962.

Bell, Daniel. *The Coming of Post-Industrial Society.* N.Y.: New York Basic Books, 1973.

Bigg, C. *The Doctrine of the Twelve Apostles.* London, 1922.

Board of Parish Education. Lutheran Church in America. *Current Concepts and Practices of Confirmation in Lutheran Churches.* Philadelphia: Board of Parish Education. Lutheran Church in America, 1967.

Bondi, Rober. *Leading God's People.* 『목회와 지도력』. 하해룡 역. 서울: 한국 장로교 출판사, 1993.

Boulding, Mary C. *The Commandments in the Catechism.* London: Geoffrey Chapman, 1996.

Bower, Robert K. *Administry Christian Education.* 『기독교교육행정의 원리와 실제』. 신청기 역. 서울: 성광문화사, 1983.

Bradley, Robert J. & Eugene Kevane trans. *The Roman Catechism.* Boston: St. Paul Edition, 1985.

Bradshaw, Paul F. ed. "Essays in Early Eastern Initiation." *Journal of Theological Studies(JTS)* 8, 1988.

Braun, Neil. *Laity Mobilzed.* Michigan: Willian B. Eerdmans, 1971.

Briggs, Leslie J. & Walter W. Wager. 『수업설계의 원리와 기법』. 진위교 외 역. 서울: 문음사, 1992.

Brock, Sebastian P. "The trans.ition to a Post-Baptismal Anointing in the Antiochene Rite." *The Sacrifice of Praise*. Bryan D. Spinks ed. *Journal of Theological Studies* 9. 1988.

─────. "Studies in the Early History of the Syrian Orthodox Baptismal Liturgy." *Journal of Theological Studies* 23, 1972.

─────. "The Syrian Baptismal Ordines." *Studia Liturgica* 12:4, 1978.

Bronwoski, Jacob. *The Common Sense of Science*. N.Y.: Random House, 1951.

Brooks, Robert J. "Faith of Our Fathers." *The Living Church* 11. January, 1981

─────. "Imaging the Story." *The Living Church* 11. January, 1981.

Brouwer, Arie R. "Calvin's Doctrine of Children in the Covenant: Foundation for Christian Education." *The Reformed Review* 18. 4, 1965.

Brown, D. Catherine. *Pastor and Laity in the Theology of Jean Gerson*. N.Y.: Cambridge University Press, 1987.

Browning, Don S. "Practical Theology and Religious Education." *Formation and Reflection: The Promise of Practical Theology*. ed. by Louis S. Mudge and James N. Poling. Philadelphia: Fortress Press, 1987.

Browning, Robert L. and Roy A. Reed. *Models of Confirmation and Baptismal Affirmation: Liturgical and Educational Designs*. Birmingham: Religious Education Press, 1995.

─────── and Roy A. Reed. *The Sacraments in Religious Education and Liturgy*. Birmingham. AL: Religious Education, 1985.

Bryce, Mary Charles. "The Interrelationship Between Liturgy and Catechesis." *American Benedictine Review*. 28. Mar. 1977.

Buchanan, Colin O. "Anglican Confirmation." *GLS* 46, 1986.

─────── ed. *Nurturing Children in Communion*. GLS. 44, 1985.

Buckley, Francis J. "Future Trends in Religious Education." *Religious Education*. vol. 86 no. 3, 1991.

Bultman, Rudolf. *Primitive Christianity in its Contemporary Setting*. trans. by R. H. Fuller. N.Y.: Meridian Books, 1959.

─────. *Theology of the New Testament I*. London: SCM Press, 1983.

Burke, John ed. *Outcomes. Learning and the Curriculum*. London: The Falmer, 1995.

Burnish, Raymond. "The Meaning of Baptism: A Comparison of the Teaching and Practice of the Fourth Century with the Present Day." *ACC* 67, 1985.

Bushnell, Horace. *Christian Nurture*. New Haven: Yale University Press.

1888.

Calvin, John. "The Catechism of the Church of Geneva." *Basic Writings in Christian Education*. ed. by Kendig B. Cully. Philadelphia: Westminster Press, 1960.

─────. 『기독교 강요』. 김문제 역. 서울: 세종문화사, 1980.

Cameli, Louis John. "Caring for the Candidate: Insights of Spiritual Theology." *Conversion and the Catechumenate*. Robert D. Duggan. ed. N.Y.: Paulist Press, 1984.

Capps, Donald. *Reframing: A New Method in Pastoral Care*. Minneapolis: Fortress Press, 1994.

Capra, Fritjof. *Turning Point: Science. Society and the Rising Culture*. N.Y.: Simon and Schuster, 1982.

Carlyle, Thomas. *Heroes and Hero Worship*. London: The Oxford University Press, 1959.

Carrington, Archbihop. *The Primitive Christian Catechism*. Cambridge: Cambridge University Press, 1940.

Casteel, John L. ed. *Spiritual Renewal through Personal Groups*. N.Y.: Association, 1957.

Caster, Marcel van & Le Du. Jea. *Experientian Catechetics*. N.Y.: Newman Press, 1969.

─────. "A Catechesis for Liberation." *Lumen Vitae* 27. June 1972.

Catholics United for the Faith. *Our New Catechisms: A Critical Analysis*. N.Y.: Catholics United for the Faith. 1970.

Chadwick, Owen. *The Reformation. Pelican History of the Church 3*. Baltimore: Peguin Books, 1964.

Chamberlin, J. Gordon. *Parents and Religion*. 『기독교교육 서론』. 김관석 역. 서울: 대한기독교교육협회, 1970.

Clement of Alexandria. "Christ the Educator." *Basic Writings in Christian Education*. ed. by Kendig B. Cully. Philadephia: Westminster Press, 1960.

Coe, George A. *What is Christian Education?*. N.Y.: Scribners, 1929.

Coleman, Lucin E. *How to Teach the Bible*. Broadman, 1979.

Collins, Joseph B. ed. *Teaching Religion. An Introduction to Catechetics. A Textbook for the Training of Teachers of Religion*. Milwaukee: Bruce, 1953.

───── ed. *The Catechetical Instruction of St. Thoman Aquinas*. N.Y.: Joseph F. Wagner, 1947.

Colombo, Joseph. "The Catechetical Method of Saint Sulpice." *Shaping the Christian Message*. Gerard S. Sloyan. ed. Glen Rock. N. J.:

Deus Books. N.Y.: Paulist Press 1958.

Comenius, John Amos. *The Great Didactic*. trans. and Ed. M. W. Keatinge. N.Y.: Russell, 1967.

Congar, Yves M. J. *Lay People in the Church*. trans. by Donald Attwater. The Newman Press, 1967.

Craig, Robert H. & Robert C. Worley. 『교회갱신을 위한 목회활성화 방안』. 강형길 역. 서울: 한국장로교출판사, 1994.

Cross, F. L. ed. *The Oxford Dictionary of the Christian Church*. London: The Oxford University Press, 1974.

Cully, Iris V. "What Killed Religious Education." *Religion in Life* no. 40, 1971.

───────. *Christian in the Church*. Philadelphia: The Westminster Press, 1960.

───────. *The Great Dynamic of Christian Education*. Philadelphia: Westminst-er Press, 1958.

Cully, Iris V. and Kendig B. Cully. eds. *Process and Relationship*. Birmingham. Ala.: Religious. Education, 1978.

Cully, Kendig B. *Basic Writings in Chrsitian Education*. Philadephia: Westminster Press, 1960.

Cuming, Geoffrey J. "Hippolytus: A Text for Students." *Grove Liturgical Study* 8. Bramcotte. Notts: Grove Books, 1976.

───────. "The Post-baptismal Prayer in the Apostolic Tradition: Further Consideration." *Journal of Theological Studies*. 39, 1988.

Cyril. "Archbiship of Jerusalem." *The Catechetical Lectures*. trans. by E. H. Gifford. A Select Library of Nicene and Post-Nicene Fathers of the Christian Church. vol. VII. N.Y.: The Christian Literature, 1984.

───────. *Lectures on Christian Sacraments*. trans. F. L. Cross. London: SPCK, 1952.

Daniel, Eleanor & John W. Wade & Charles Gresham. *Introduction to Christian Education*. Cincinnati: Standard, 1980.

Darring, Gerald. *Catechism of Catholic Social Teaching*. Kansas: Sheed & Ward, 1987.

Davis, C. "Ode Casel and the Theology of Mysteries." *Worship* 34, 1960.

Deiss, Lucien. *Springtime of the Liturgy: Liturgical Texts of the First Four Centuries*. Matthew J. O'Connell. trans. Collegeville. Minnesota: The Liturgical Press, 1979.

Dejong, Peter. "Calvin's Contribution to Christian Education." *Calvin Theological Journal* 2. 2, 1967.

Dendy, Marshall C. *A Study of the Catechism: The Westminster Shorter Catechism for Families*. Virginia: CLC Press, 1966.

Dewey, Robert D. *A Manual for Confirmation Education*. Boston & Philadelphia: United Church Press, 1968.

Dewolf, L. Harold. *Teaching Our Faith in God*『신앙과 교육』조향록 역. 서울: 대한기독교교육협회, 1981.

Dick, Michael Brennan. "Conversion in the Bible." *Conversion and the Catechumenate*. Robert D. Duggan. ed. N.Y.: Paulist Press 1984.

Dick, Walter & Lou Carey. *The Systematic Design of Instruction*『체제적 교수설계』김형립 김동식 양용칠 편역. 서울: 교육과학사, 1996.

Dobschütz, Ernst von. *Christian Life in the Primitive Church*. N.Y.: Putnam's Sons, 1905.

Dolan, John P. ed. *The Essential Erasmus*. N.Y.: New American Library, 1964.

Donahue, J. W. "History of Education I." *New Catholic Encyclopedia* 17 vols. N.Y.: McGraw-Hill, 1967.

Donovan, J. trans. *The Catechism of the Council of Trent*. N.Y.: Christian Press Association. 1829.

Doohan, Leonard. *Lay Centered Church*.『평신도 중심의 교회』. 심광섭 역. 서울: 평신도신학연구소, 1994.

Douty, Mary Alice. *How to Work with Church Groups*. N.Y. Tennessee: Abingdon Press, 1957.

Dow, Robert Arthur. *Learning Through Encounter*. Forge: Judson, 1971.

Dranin, Nathan. *History of Jewish Education from 515 B.C to 22 C.E.* N.Y.: MaCmillan Press, 1970.

Dudley, C. S. *Building Effective Ministry*. Sanfrancisco: Harper and Row, 1983.

Dujarier, Michel. *A History of the Catecumenate: The First Six Centuries*. trans. by Edward J. Hassi. Chicago: Sadlier, 1979.

Dunning, James B. *New Wine: New Wineskins: Pastoral Implications of the Rite of Christian Initiation of Adults*. N.Y.: Sadlier, 1981.

Eastman, A. Theodore. *The Baptizing Community: Christian Initiation and the Local Congregation*. N.Y.: The Seabury Press, 1982.

Eastman, Rances Wl. Carolyn E. Goddard. *Reclaiming Christian Education*. Philadelphia: United Church Press, 1976.

Eavey, C. B. *History of Christian Education*. Chicago: Moody Press, 1964.

──────. *The Art of Effective Teaching*. 『기독교교육 방법론』. 박영호 역. 서울: 기독교문서선교회, 1986.

Eby, Frederick. *Early Protestant Educator*. N.Y.: McGraw-hill, 1931.

Edwards, O. C. "From Jesus to the Apologists." *A Faithful Church: Issues in the History of Catechesis*. ed. by John H. Westerhoff III. Connecticut: Morehouse-Barlow Co., 1981.

Elias, John L. *Conscientization and Deschooling*. 『의식화와 탈학교화』. 은준관·김태원 역. 서울: 현대사상사, 1984.

──────. "Paulo Freire: Religious Educator." *Religious Education*. January-Feburary, 1976.

Epstein, Isidore. *The Jewish Way of Life*. London: 1946.

Erdozain, Luis. "The Evolution of Catechetics." *Lumen Vitae* 25. March, 1970.

Evans, David M. *Shaping the Churchs Ministry With Youth*. Valley Forge: The Judson, 1972.

Evenson, C. Richard. "The Purpose of Confirmation Education." *Confirmation and Education*. W. Kent Gilbert ed. Philadelphia: Fortress Press, 1969.

Fakkema, M. *Christian Philosophy and It's Eduacational Implications* 『기독교교육 철학』 황성철 역. 서울: 한국기독교교육연구원, 1982.

Farrell, Melvin L. *A Catholic Catechism for Parents and Teachers*. Hi-Time Pub Corp, 1977.

Felton, Gayle. *This Gift of Water: The Practice and Theology of Baptism among Methodists in America*. Nashville. Tennessee: Abingdon Press, 1992.

Ferré, Nels F. S. *A Theology for Christian Education*. Philadelphia: The Westminster Press, 1967: 『기독교교육 신학』 이정기 역. 서울: 보이스사, 1991.

Finn, Thomas M. *Early Christian Baptism and the Catechumenate-West and East Syria*. Collegeville. Minnesota: The Liturgical Press, 1992.

──────ed. "Didache." *The Fathers of the Church*. vol. 1. Washington. D.C.: The Catholic University of Ameirca Press, 1947.

Fisher, J. D. C. ed. *Christian Initiation: Baptism in the Medieval West*. Alcuin Club Collections 47 London: SPCK, 1965.

──────ed. *Christian Initiation: The Reformation Period*. Alcuin Club Collections. 51. London: SPCK, 1970.

Fitzmyer, Joseph A. *A Christological Catechism: New Testament Answers*. N.Y.: Paulist Press 1991.

Ford, Steven R. "The Place of Catechesis in the Early Church: Its Implications for Christian Initiation Today." *SLJT* 24, 1981.

Fowler, James W. *Stages of Faith.* 『신앙의 발달단계』. 사미자 역. 서울: 대한
  예수교장로회총회 출판국, 1987.

Fox, Robert Joseph. *A Catechism of the Catholic Church: 2000 Years of Faith
  and Tradition.* Franciscan, 1979.

Frederick, Simmons. and Henry Deward Nolloth eds. *The Lay Folks'
  Catechism or the English and Latin Version of Archbishop
  Thoresby's Instruction for the People.* London: Kegan Paul.
  Trench. Trubner, 1901.

Freire, Paulo. *Education for Critical Consciousness.* N.Y.: Seabury Press, 1973.

────. *The Pedagogy of the Oppressed.* 『페다고지』. 성찬성 역. 광주: 도
  서출판 광주, 1986.

Fuller, Reginald H. "Adopt. Adoption." *A Theological Wordbook of the Bible.*
  A. Richardson ed. London: SCM Press, 1950.

────. "Christian Initiation in the New Testament." *Made. not Born:
  New Perspectives on Christian Initiation and the Catechumenate.*
  Notre Dame. Ind: University of Notre Dame Press, 1980.

Gangel, Kenneth O. and Warren S. Benson. *Christian Education: Its History
  and Philosophy.* Chicago: Moody Press, 1983.

────. *Building Leaders for Church Education.* Chicago: Moody Press,
  1981.

Gatch, Milton McC. "Basic Christian Education from the Decline of
  Catechesis to the Rise of the Catechisms." *A Faithful Church:
  Issues in the History of Catechesis.* ed. by John H. Westerhoff
  III. Connecticut: Morehouse-Barlow Co., 1981.

German Conference of Catholic Bishops. *The Church's Confession of Faith: A
  Catholic Catechism for Adults.* San Francisco: Ignatius Press,
  1990.

Gilbert, W. Kent. ed. "Joint Commission on the Theology and Practice of
  Confirmation. A Report for Study." *Confirmation and
  Education.* Philadelphia: Fortress Press, 1969.

────. *The Age Group Objectives of Christian Education.* Philadelphia:
  Boards of Parish Education, 1958.

Gleanson, John B. *John Colet.* Berkeley: University of California, 1989.

Goldman, Ronald. *Readiness for Religion.* London: Routledge -Kegan Paul,
  1964.

────. *Religious Thinking from Childhood to Adolscence.* London:
  Routledge - Kdgan Paul, 1964.

Good, H. G. *A History of Western Education.* N.Y.: MaCmillan Co., 1957.

Graendorf, Werner C. *Introduction to Biblical Christian Education.* 『복음주의

기독교교육론』. 김국환 역. 서울: 기독교문서선교회, 1992.

Grant, Robert M. "Development of the Christian Catechumenate." *Made. not Born: New Perspectives on Christian Initiation and the Catechumenate.* Notre Dame. Ind: University of Notre Dame Press, 1980.

Green, Ian M. "For Children in Yeeres and Children in Understanding: The Emergence of the English Catechism under Elizabeth and the Early Stuarts." *JEH* 37, 1986.

──────. *The Christian's ABC: Catechism and Catechizing in England.* Clarendon, 1996.

Groome, Thomas H. "Christian Education for Freedom: A Shared-Praxis Approach." *Foundations of Religious Education.* Padraic O'Hare ed. N.Y.: Paulist Press 1978.

──────. "Parish as Catechist." *Church* 6: 3. Fall, 1990.

──────. *Christian Religious Education: Sharing Our Story and Vision.* San Francisco: Harper & Row, 1980; 『기독교적 종교교육』 이기문 역. 서울: 대한예수교장로회 총회교육부, 1983.

──────. *Sharing Faith.* 『나눔의 목회와 교육』. 한미라 역. 서울: 기독교대 한감리회 홍보출판국, 1997.

Habermas, Jürgen. *Theory and Practice.* Boston: Beacon Press, 1973.

Hahn, Meerha. "Review and Analysis of Competencies in Educational Administration." 『신학과 선교』 제9집. 부천: 서울신대, 1984.

Hakes, J. Edward. *An Introduction to Evangelical Christian Education* 『기독교 육학 개론』. 정정숙 역. 서울: 성광문화사, 1979.

Hanson, Mark. *Educational Administration & Organizational Behavior.* Boston. Mass: Allyn & Bacon, 1979.

Hardon, John A. *The Catholic Catechisis.* N.Y.: Doubleday, 1975.

Harmless, William. S.J. *Augustine and the Ancient Catechumenate: A Catechetical Perspective.* Boston: Boston College, 1990.

Harnack, Adolph von. *The Constitution & Law of the Church in the First Two Centuries.* trans. F. L. Pogson. N.Y.: Putnam's Sons, 1910.

──────. *The Expansion of Christianity in the First Two Centuries.* trans. James Moffat. N.Y.: Putnam's Sons, 1904.

Harper, Norman E. *Making Disciples.* 『현대 기독교교육』. 이승구 역. 서울: 정음출판사, 1984.

Harris, Maria. *Fashion Me a People: Curriculum in the Church.* Louisville: Westminster, 1989.

──────. *Teaching and Religious Imagination.* San Francisco: Harper, 1987.

Hartman, Warren J. *Membership Trends: A Study of Decline and Growth in the United Methodist Church, 1949-75.* Nashville: Disciple Resources, 1976.

Haskins, C. H. *The Renaissance of the Twelfth Century.* Cleveland: Meridian, 1959.

Haugaard, William P. "The Continental Reformation of the Sixteenth Century." *A Faithful Church: Issues in the History of Catechesis.* ed. by John H. Westerhoff III. Connecticut: Morehouse-Barlow Co., 1981.

Hedtke, R. *Erziehung durch die Kirche bei Calvin.* Heidelberg, 1969.

Hesselink, John I. *Calvin's First Catechism.* Westminster: John Knox Press., 1997.

Hippolytus. "Apostlic Tradition." *Documents of the Baptismal Liturgy.* ed. by E. C. Whitaker. London: SPCK, 1960.

──────. *The Treatise on the Apostolic Tradition of St. Hippoltus of Rome.* ed. by Gregory Dix. London: SPCK, 1968.

Hofingers, Johannes. *The Art of Teaching Christian Doctrine: The Good News and Its Proclamation.* Notre Dame. Ind: University of Notre Dame Press, 1963.

──────. "오늘의 교리교육." 안명옥 역. 「전망」 83, 1988.

Holeton, David R. "Confirmation in the 1980's." *Ecumenical Perspectives on Baptism. Eucharist and Ministry.* Max Thurian ed. Geneva: WCC Faith & Order Paper 116, 1983.

Holley, Raymond. *Religious Education and Religious Understanding.* London: Routledge & Keg, 1978.

Holmin, Ralph W. "The Present Scene." *Confirmation and Education.* W. Kent Gilbert ed. Philadelphia: Fortress Press, 1969.

Hovda, Robert W. "Hope for the Future: A Summary." *Made. not Born: New Perspectives on Christian Initiation and the Catechumenate.* Notre Dame. Ind: University of Notre Dame Press, 1980.

Howie, George. *Educational Theory and Practice in St. Augustine.* London: Routledge and Kegan Paul, 1969.

Hunter, David R. *Christian Education as Engagement.* 『신학과 교육의 만남』. 엄문용 역. 서울: 대한기독교출판사, 1983.

Hügel, Baron Friedrich von. *The Mystical Element of Religion as Studied in Saint Catherine of Genoa and her Friends.* vols. I & II. London: J. M. Dent & Sons, 1902.

Ide, Arthur Frederick. *Catechism of Family Values Based on the Bible.* Liberal Arts, 1992.

Ignatius Press ed. *The Church's Confession of Faith: A Catholic Catechism for Adults*. San Francisco: Ignatius Press, 1987.

Illich, Ivan. *Deschooling Society*. N.Y.: Harper and Row, 1970.

Immegart, Glenn L. and Francis J. Pilecki. *An Introduction to Systems for the Educational Administrator. Reading*. Mass.: Addison-Wesley, 1973.

J., Castelli & J. Gremillion. *The Emerging Parish: The Notre Dame Study of Catholic Parish Life since Vatican II*. San Francisco: Harper & Row, 1987.

Jagger, Peter J. *Clouded Witness: Initiation in the Church of England in the Mid-Victorian Period. 1850-1875*. Allison Park: Pickwick, 1982.

Jantsch, Erich. *The Self-Organizing Universe: Scientific and Human Implications of the Emerging Paradigm of Evolution*. Oxford: Pergamum, 1980.

Jegen, M. E. "Catechesis II." *New Catholic Encyclopedia*. vol. 3. Washington: The Catholic University of America Press, 1967.

Jeremias, J. *Infant Baptism in the First Four Centuries*. trans. D. Gairns. London: SCM Press, 1960.

Joncas, Jan Michael. *The Catechism of the Catholic Church on Liturgy and Sacraments*. Resource, 1995.

Jones, Cheslyn. & Geoffrey Wainwright eds. *The Study of Liturgy*. London: SPCK, 1978.

Josephus, "The Jewish War." *The Loeb Classical Library* 203. trans. by H. St. J. Thackery. London: William Heinemann, 1967.

Jungmann, J. A. *Modern Catechetics. Nicea Convention*. N.Y.: Herder & Herder, 1961.

Kaufman, Peter Iver. "John Colet and Erasmus' Enchiridion." *Church History* 46. September, 1977.

Kaufman, R. A. *Educational System Planning*. New Jersey: Englewood Cliffic, 1972.

Kavanagh, Aidan. "Teaching Through the Liturgy." *Notre Dame Journal of Education*. 5, 1974.

——————. *Confirmation: Origins and Reform*. N.Y.: Pueblo, 1988.

——————. *The Shape of Baptism: The Rite of Christian Initiation*. Collegeville. Minnesota: The Liturgical Press, 1991.

Keifer, Ralph A. "Christian Initiation: The State of the Question." *Made. Not Born: New Perspectives on Christian Initiation and the Catechumenate*. Notre Dame. Ind: University of Notre Dame Press, 1980.

Kelley, D. M. "교회는 죽어가고 있는가?." 한미라 편. 『교회 성장과 교육 1』. 아산: 호서대학교 연합신학대학원, 1998.

Kelly, Henry Ansgar. *The Devil at Baptism: Ritual. Theology. and Drama.* N.Y.: Cornell University, 1985.

Kelly, J. N. D. *Early Christian Creeds.* London: Longman, 1972.

Kemp, Raymond B. *A Journey in Faith: An Experience of the Catechumanate.* N.Y.: Sadlier, 1979.

Kettler, F. H. "Taufe." *Die Religion in Geschichte und GegenWart* 6. Tübingen: J. B. Mohr, 1962.

Kevan, Eugene. *Augustine the Educator: A Sturdy in the Fundamentals of Christian Formation.* Westminster: Newman Press, 1964.

Kevane, Monsignor Eugene. *Creed and Catechetics: A Catechetical Commentary on the Creed of the People of God.* Philadelphia: Westminster Press, 1975.

Kinloch, T. F. *Pioneers of Religious Education.* N. Y.: Books for Libraries, 1969.

Kjeseth, Peter. "The Ministry of the Holy Spirit to the Community of Believers." Unpublished paper. Wartburg Theological Seminary. Iowa: Dubuque, 1968.

Kleist, James A. ed. "The Epistle of Barnabas." *Ancient Christian Writers.* vol. 6. N.Y.: Paulist Press 1948.

──────. *The Didache.* Westerminster. Md.: Newman Press, 1948.

Knutson, Kent S. "A Theological Perspective." *Confirmation and Education.* W. Kent Gilbert ed. Philadelphia: Fortress Press, 1969.

Konstant, David. *Catechism of the Catholic Church.* Urbi Et Orbi Communications, 1994.

Kuhne, Gary W. *The Dynamics of Personal Follow-up.* 『개인적 새신자 양육의 원동력』. 정학봉 역. 서울: 요단출판사, 1979.

Kuyvenhoven, Andrew. *Comfort and Joy: A Study of the Heidelberg Catechism.* CRC, 1988·

Küther, W. "400 Jahre Heidelberger Katechismus." *Reformatio* 12, 1963.

l., Seymiur J. & Miller D. E. ed. *Contemporary Approaches Christian Education.* 대한예수교장로회총회 교육부 역. 서울: 대한예수교총회 교육부, 1982.

Lake, K. ed. and trans. *The Apostolic Fathers. Loeb Classical Library.* N.Y.: MaCmillan, 1913.

──────. *The Apostolic Fathers.* Cambridge: Harvard University Press, 1945.

Lampe, G. W. H. *A Study in the Doctrine of Baptism and Confirmation in the*

New Testament and the Fathers. London: SPCK, 1951.
──────. The Seal of the Spirit. London: Longmans, 1951.
Lane, Dermot A. Religious Education and the Future: Essays in Honor of Patrick Wallace. Dublin. Ireland: Columba, 1986.
Lang, A. Der Heidelberg Katechismus. Quellenschriften zur Geschichte des Protestantismus. vol. 3. Leipzig: G. Bohme, 1907.
Laurie, S. S. Historical Survey of Pre-Christian Education. Mich: Scholarly, 1970.
Lawler, Ronald. Donald W. Wuerl. and Thomas Comerford Lawler. eds. "The Teaching of Christ: A Catholic Catechism for Adults. Huntington." Our Sunday Visitor. 1976.
LeBar, Lois E. Education that is Christian. New Jersey: Fleming H. Revell Co., 1981.
Lebert, Margo A. Breaking Open the Catechism of the Catholic Church for Small Groups: The Profession of Faith. N.Y.: Paulist Press 1996.
Lee, James Michael. Christian Nurture and the Church. 『기독교교육과 교회』. 서광선 · 박형규 역. 서울: 대한기독교교육협회, 1980.
──────. Education for Christian Hiving. Englewood cliffs. N. J.: Printice - Hall. Inc, 1956.
──────. The Clue to Christian Education. N.Y.: Charles Scribner's Sons, 1956.
──────. The Content of Religious Instruction. Mishawaka. Ind.: Religious Education Press, 1985.
──────. The Religious Education We Need: Toward the Renewal of Christian Education. Mishawaka. Ind.: Religious Education Press, 1977.
──────. The Role of the Bible in Contemporary Christian Education. Richmond: John Knox Press, 1962.
──────. The Shape of Religious Instruction: A Social Science Approach. Mishawaka. Ind.: Religious Education Press., 1971.
Lienhard, Joseph T. Ministry: Message of the Fathers of the Church. Delaware: Michael Glazier, 1984.
Lindgren, Alvin J. & Norman Shawchuck. How to Realize Your Church's Potential Through a System Approach. 『교회개발론』. 박근원 역. 서울: 대한기독교출판사, 1986.
──────. Management of Your Church. Nashville. Tennessee: Abingdon Press, 1977.
──────. Foundation for Purposeful Church Administration. Nashville. Tennessee: Abingdon Press, 1988.
Lines, Timothy A. Systemic Religious Education. Mishawaka. Ind.: Religious

Education Press, 1987.

Little, Lawrence C. *Foundation for a Philosophy of Christian Education*. N.Y.: Abingdon Press, 1962.

Little, Sara. *Learning Together in the Christian Education Fellowship*『신앙 · 친교 · 교육』 김대균 역. 서울: 대한기독교교육협회, 1978.

Loder, James E. *Foundations for Christian Education in an Era of Change*. Nashiville. Tennessee: Abingdon Press, 1976.

Longman Group Limited, *Longman Dictionary of Contemporary English*. Bath. England: The Pitman Press, 1983.

Lucker, Raymond A. "Bishops and the Catechism for the Universal Church." *America*. vol. 162. no. 8. March 3, 1990.

Lukefahr, Oscar. *The Catechism Handbook*. Liguori: One Liguori Drive, 1996.

Luther, Martin.『루터 선집』. 서울: 컨콜디아, 1983.

──────. "An Open Letter to the Christian Nobility." *Works of Martin Luther*. ed. and trans. by C. M. Jacobs. vol. II. Philadelphia: A. J. Holman, 1930.

──────. "Catechism." *Luther's Works*. vol. LIII. Jaroslav Pelikan and Helmut T. Lehmann. gen. eds. Philadelphia and St. Louis: Muhlenberg & Concordia Press, 1955.

──────. "Kritische Gesamtausgabe." *Martin Luthers Werke*. vol. VII. Weimar: H. Böhlau. 1883.

──────. "The Babylonian Captivity of the Church." *Luther's Works*. vol. 36. Philadelphia: Fortress Press, 1955.

──────. "The Freedom of a Christian." *Works of Martin Luther*. ed. and trans. by C. M. Jacobs. vol. 31. Philadelphia: A. J. Holman, 1930.

──────. *Dr. Martin Luther's Large Catechism*. trans. by W. A. Lambert. Philadelphia: Fortress Press, 1957.

──────. *The Short Catechism*. trans. by Henry Wace and C. A. Buchheim. in Early Protestant Educators. N.Y.: McGraw-Hill, 1931.

Läpple, A. *Kleine Geschichte der Katechese*. München, 1981.

M., David. Mary Joyce Calnan. *Catechism of the Catholic Church: Familystyle*. Thomas More, 1995.

Mager, Robert F. *Developing Attitudes Toward Learning*. Belmont. Ca: Publishers, 1968.

Maldonado, Luis. & David N. Power eds. *Structures of Initiation in Crisis*. N.Y.: Seabury Press, 1979.

Marshall, Gilmore. *A larger catechism: for members of the Christian Methodist*

Episcopal Church. Christian Methodist Episcopal Church. General
Board of Publications.

Marthaler, Berard L. "Socialization as a Model for Catechetics." *Foundation
of Religious Education.* ed. Padraic O'Hare. N.Y.: Paulist
Press, 1978.

──────. "The Genesis and Genius of the General Catechetical
Directory." *Sourcebook for Modern Catehcetics.* Michael Warren.
ed. Winona. Minn.: St. Mary's Press, 1983.

──────. "The Renewal of Catechesis in Italy." *Religious Education.* vol.
66. no. 5. September, 1971.

──────. "Toward a Revisionist Model in Catechetics." *The Living Light*
13: 3. Fall 1976.

──────. *Catechetics in Context.* Huntington. Ind.: Our Sunday Visitor,
1973.

──────. *Introduction to Sourcebook for Modern Catechetic.* Michael Warren
ed. Winona. Minn.: St. Mary's, 1983.

──────. *The Catechism Yesterday and Today: The Evolution of a Genre.*
Collegeville. Minnesota: The Liturgical Press, 1995.

Maurer, C. *Theological Dictionary of the New Testament.* VIII. trans. and ed.
by Geoffrey W. Bromiley. Grand Rapids: Wm. B. Eerdmans,
1972.

Maurer, Wilhelm. *Confirmatio.* ed. by Kurt Krör. München: Ev.
Pressverband für Bayren, 1959.

McHugh, John and Charles Callen ed. *Catechism of the Council of Trent for
Parish Priests.* N.Y.: Wagner, 1923.

Merriman, Michael W. "The Liturgy in the Easter Season." *Open* March
1987.

Meyer, H. B. "Die Elevation im deutschen Mittelalter un bei Luther."
Zeitschrift für katholische Theologie 85, 1963.

Meyers, Ruth A. "Infant Communion: Reflections on the Case from
Tradition." *Anglican and Episcopal History* 57, 1988.

Miller Allen O. and M. Eugene Osterhaven, "The Heidelberg Catechism."
Theology Today 19, 1963.

Miller, Donald E. "The Developmental Approach to Christian Education."
Contemporary Approaches to Christian Education. Jack L.
Seymour and Donald E. Miller ed. Nashville. Tennessee:
Abingdon Press, 1982.

Miller, Randolph Crump. *Biblical Theology and Christian Education.* N.Y.:
Charles Scribner's Sons, 1956.

Milner, A. P. *The Theology of Confirmation.* Indiana: Fides Publishers. Inc., 1971.

Mitchell, Leonel L. "Christian Initiation: The Reformation Period." *Made. not Born: New Perspectives on Christian Initiation and the Catechumenate.* Notre Dame. Ind: University of Notre Dame Press, 1980.

—————. "The Development of Catechesis in the Third and Fourth Centuries: From Hippolytus to Augustine." *A Faithful Church: Issues in the History of Catechesis.* ed. by John H. Westerhoff III. Connecticut: Morehouse-Barlow Co., 1981.

—————. "The Place of Baptismal Anointing in Christian Initiation." *ATR* 68, 1986.

—————. *Baptismal Anointing.* London: SPCK, 1966.

—————. "Pagan and Secular Use of Oil." *Baptismal Anointing.* London: SPCK, 1966.

Mitchell, Nathan D. "Dissolution of the Rite of Christian Initiation." *Made. Not Born: New Perspectives on Christian Initiation and the Catechumenate.* Notre Dame. Ind: University of Notre Dame Press, 1980.

Monette, Maurice L. *The Supper Table: Programs for Community Sprituality.* Kansas: Sheed & Ward, 1985.

Mongoven, Anne Marie. *Signs of Catechesis: An Overview of the National Catechetical Directory.* N.Y.: Paulist Press 1970.

Moore, Mary Elizabeth. *Education for Continuity & Change.* Nashville. Tennessee: Abingdon Press, 1983.

Moore, Waylon B. *Multiplying Disciple.* Spring Field N.A.V. Press, 1981.

Moran, Gabriel. "Religious Education: Past. Present and Future." *Religious Education.* vol. 66. no. 5. September, 1971.

—————. *Interplay: A Theory of Religion and Education.* Winona. Minn.: Saint Mary's Press, 1981.

—————. *The Present Revelation.* N.Y.: Herder and Herder, 1972.

—————. "Where Now. What Next." *Foundations of Religious Education.* Padraic O'Hare ed. N.Y.: Paulist Press 1978.

Morris, Henry. *Education for a Real World* 『기독교교육 개요』 이갑만 역. 서울: 생명의 말씀사, 1987.

Muirhead, Ian A. "Education in the New Testament." *Monographs in Christian Education.* no. 2. N.Y.: Christian Press Association, 1965.

Murphy, F. X. "Catechesis. I." *New Catholic Encyclopedia.* vol. 3.

Washington: The Catholic University of America Press, 1967.

Naisbitt, John. & Patricia Aburdene. *Megatrends 2000*. N.Y.: William Morrow, 1990.

National Conference of Catholic Bishops. *Basic Teachings for Catholic Religious Education. Washington*. D.C.: United States Catholic Conference, 1973.

──────. *Sharing the Light of Faith: National Catechetical Directory for Catholic of the United States*. Washington. D.C.: United States Catholic Conference, 1979.

Nebreda, Alfonso. *Kerygma in Crisis*. Chicago: Loyola University Press, 1965.

Neill, Stephen. *A History of the Christian Missions*. Pelican History of the Church 6. Baltimore: Penguin Books, 1964.

Nelson, C. Ellis. *Where Faith Begins*. Richmond: John Knox, 1967.

Newman, Hohn Henry Cardinal. *An Essay on the Development of Christian Doctrine*. Westminster: Christian Classics, 1968.

Niblett, W. R. *Christian Education in a Secular Society* 『세속사회와 기독교교육』 장병일 역. 서울: 대한기독교교육협회, 1970.

O'brien, Rober Yorke. *Clarity in Religious Education*. Alabama: Religious Education, 1978.

O'Hare, Padraic. "Religious Education and Contemplative Formation." *Professional Approaches for Christian Educators*. vol. 19. Feburary, 1990.

──────. *Foundations of Religious Education*. N.Y.: Paulist Press 1978.

O'Malley, William J. "The Catechism and Adolescents." *America* vol. 162. no. 8. March 3, 1990.

Oden, Thomas C. *Pastoral Theology* 『목회 신학』 이기춘 역. 서울: 한국신학 연구소, 1995.

Odhner, John D. *Catechism: For the New Christian Church Meant by the New Jerusalem in the Revelation Based on the Teachings of the Seer Emmanuel Swedenborg*, 1996. ,,,

Office of Evangelism Ministries, *The Catechumenal Process: Adult Initiation & Formation for Christian Life and Ministry*. N.Y.: The Church Hymnal Corporation, 1990.

Origen. "Homily of Jeremiah." *Homiles on Leviticus*. trans. and ed. Gary Wayne. Washington. D.C.: Catholic University of America Press, 1980.

──────. *Contra CelsuContra Celsum*. trans. by Henry Chadwick. Cambridge: Cambridge University Press, 1953.

Orsi, Michael P. "Catechesis in the Third Millenium." *Religious Education.* vol. 89. no. 3. 1994.

Osborne, Kenan B. *Sacramental Guidelines: A Companion to the New Catechism for Religious Educators.* N.Y.: Paulist Press 1995.

Ostdiek, Gilbert. *Catechesis for Liturgy: A Program for Parish Involvement.* Washington. DC: Pastoral, 1986.

Osterman, Mary J. "The Two Hundred Year Struggle for Protestant Religious Education Curriculum Theory." *Religious Education* vol. 75. no. 5. 1980.

Painter, F. V. N. *History of Education.* N.Y.: D. Appletion and Company. 1896.

──────. *Luther on Education.* Philadelphia: Lutheran Publication Society. 1889.

Parsons, T. *Structures and Process in Modern Society.* N.Y.: The Free, 1960.

Paulus II, Johannes. *Adhort. Apost. Catechesi Tradendae*『현대의 교리교육-새로운 교리교육의 방향』 성염 역. 서울: 한국천주교중앙협의회, 1980.

Pegues, Thomas. *Catechism of the Summa Theologica of st Thomas Aquinas.* Rome: Roman Catholic, 1993.

Piveteau, DidierJacques and James T. Dillon. *Resurgence of Religious Education.* Notre Dame: Religious Education, 1977.

Presbyterian Publishing House. ed. *Journey of Faith: Confirmaing and Commissioning Young Members of the Church.* Louisville: Presbyterian Publishing House, 1990.

Price, J. M. *Jesus the Teacher*『선생 예수』 박영록 역. 서울: 침례회 출판사, 1983.

Quinn, Frank C. "Confirmation Reconsiered: Rite and Meaning." *Worship* 59, 1985.

Rahner, Karl. ed. *Encyclopedia of Theology.* N.Y.: The Seabury Press, 1975.

Rain, E. H. *Christianity and American Education.* Texas: Naylor, 1949.

Reese, Thomas J. ed. *The Universal Catechism Reader: Reflections and Responses.* San Francisco: Harper & Row, 1990.

Reid, J. K. S. ed. "Calvin: Theological Treatises." *The Library of Christian Classics.* Philadelphia: Westminster Press, 1954.

Repp, Arthur C. *Confirmation in the Lutheran Church.* St. Louis: Concordia Publishing House, 1964.

Reu, Johann Michael. "Quellen zur Geschichte des Kirchlichen Unterrichts." *Evangelischen Kirche Deutschlands Zwischen 1530 und 1600.* vol. I. Götersloh: C. Bertelsmann, 1935.

—————. "Religious Instruction during the Sixteenth Century." *The Lutheran Church Review* 35, 1916.

—————. "Religious Instruction of the Young in the Sixteenth Century." *The Lutheran Church Review* 34, 1915.

—————. "The Peculiar Characteristics of Luther's Catechism." *Lutheran Church Review* 24, 1904.

Richards, Lawrence O. *A New Face for the Church.* Grand Rapids: Zondevan, 1978: 『교육신학과 실제』 문창수 역. 서울: 정경사, 1980.

Riché, Pierre. *Education and Culture in the Barbarian West: Sixth Through Eighth Centuries.* trans. by John J. Contreni. Columbia. South Carolina: University of South Carolina Press, 1976.

Roberts, Alexander. "The Ante-Nicene Fathers translation of the Writings of Fathers down to A.D. 325." *A. Cleveland Coxe Notes.* Vol. VII. James Donaldson ed. Michigan: WM. B. Eerdmans, 1986.

Rood, Wayne R. *On Nurturing Christians.* N.Y.: Abingdon Press, 1972.

Rordort, Willy. "The Didache." *The Eucharist of the Early Christians.* N.Y.: Pueblo, 1978.

Rummery, R. M. *Catechesis and Religious Education in a Pluralist Society.* Indiana: Our Sunday Visitor. Inc., 1975.

Rusk, Robert R. *The Doctrines of the Great Educators.* London: MaCmillan and Company, 1954.

Russell, Letty M. *Christian Education in Mission.* Philadelphia: Westminster Press, 1967.; 『기독교교육의 새 전망』 정웅섭 역. 서울: 대한기독교서회, 1972.

Ryan, Mary Perkins. *A Parochial Schools the Answer? Catholic Schools in the Light of the Council.* N.Y.: Holt. Rinehart. and Winston, 1964.

Sacred Congregation for the Clergy. *The General Catechetical Directory.* Washington. D.C.: United State Catholic Church(U.S.C.C.), 1971.

Sadlier, D. trans. *A Catechism of Christian Doctrine: Prefaced and Enjoined by Order of the Third Plenary Council of Baltimore*(The Baltimore Catechism). N.Y.: D. & J. Sadlier. 1885.

Saint-Laurent, George E. "Pre-baptismal Rites in the Baptismal Catecheses of Theodore of Mopsuestia." *Diakonia* 16, 1981.

Sawicki, Marianne. "Historical Methods and Religious Education." *Religious Education* vol. 82. no. 3. Summer 1987.

Schaff, Philip. ed. *Saint Augustin. Nicene and Post-nicene Fathers of the*

    Christian Church. vol VI. Michigan: Wm. B. Eerdmans, 1986.

──────. trans. and comm. *The Teaching of the Twelve Apostles*. N.Y.: Funk and Wagnalls. 1889.

Schnackenburg, R. *Baptism in the Thought of St. Paul*. trans. by G. R. Beasley-Murray. Oxford: Blackwell, 1964.

Schreyer, G. M. *Christian Education in Theological Focus* 『신학과 기독교교육』 채 위 역. 서울: 대한기독교교육협회, 1994.

Shepherd, M. H. "디다케." 『기독교대백과사전』 서울: 기독교문사, 1983.

Sherril, Lewis Joseph. "An Historical Study of the Religious Education Movement." *Orientation in Religious Education*. ed. Philip Henry Lotz. N.Y.: Abingdon-Cokesbury, 1950.

──────. *The Gift of Power*. N.Y.: The MaCmillan Company, 1983.

──────. *The Rise of Christian Education*. N.Y.: MaCmillan, 1944.

Shinn, Roger L. *The Educational Mission of Our Church* 『교회와 교육』 이정기 역. 서울: 보이스사, 1979.

Shrode, W. A. *Organizational and Management*. Irwin: Homewood, 1975.

Sibley, Leonard A. "Reaction and discussion." *Confirmation and Education*. W. Kent Gilbert ed. Philadelphia: Fortress Press, 1969.

Sloyan, Gerald S. "Catechesis." *New Catholic Encyclopedia*. vol. 3. Washington: The Catholic University of America Press, 1967.

──────. "Religious Education: From Early Christianity to Medieval Times." *Sourcebook for Modern Catechetics*. Michael Warren ed. Winona. Minn.: St. Mary's Press, 1983.

Smart, James. D. *The Teaching Ministry of the Church* 『교회의 교육적 사명』 장윤철 역. 서울: 대한기독교교육협회, 1982.

Smith, H. Shelton. *Faith and Nurture*. N.Y.: Charles Scribnres Sons, 1941.

Smith, Morton. *A Secret Gospel*. N.Y.: Harper, 1973.

Spencer, Philipp Jacob. *Pia desideria*. trans. and by Tappert. Philadelphia: Fortress Press. 1675.

Spinka, Mattehew. ed. *Advocates of Reform from Wyclif to Erasmus*. the Library of Christian Classics 14. Philadelphia: Westminster Press, 1953.

Spohn, William C. S.J. "The Moral vision of the Catechism: Thirty Years That Did not Happen." *America* vol. 162. no. 8. March 3, 1990.

Stevick, Daniel B. "Christian Initiation: Post-Reformation to the Present Era." *Made. not Born: New Perspectives on Christian Initiation and the Catechumenate*. Notre Dame. Ind: University of Notre Dame Press, 1980.

Stevick, Daniel B. *Adult Baptism: Getting Back to the Beginning.* Cingcinnati: Forward Movement Publications, 1984.

──────. *Baptismal Moments. Baptismal Meaning.* N.Y.: The Church Hymnal Corporation, 1987.

──────. *The Catechumenal Process: Adult Initiation and Formation for Christian Life and Ministry.* N.Y.: Church Hymnal, 1990.

Stinette, Charles R. *Learning in Theological Perspective.* N.Y.: Association, 1965.

Sullivan, Thomas F. and F. Meyers. *Focus on American Catechetics: A Commentary on the General Catechetical Directory.* Washington. D.C.: National Conference of Diocesan of Religious Education, 1972.

Szczesny, Gerhard. *The Future of Unbelief.* trans. by Edward B. Garside. N.Y.: George Braziller, 1961.

Tappert, Theodore G. ed. and trans. *The Book of Concord.* Philadelphia: Muhlenberg, 1959.

Taylor, Marvin J. *An Introduction to Christian Education* 『기독교교육학』 송광택 역. 서울: 대한예수교장로회 총회출판국, 1988.

──────. *Changing Patterns of Religious Education* 『기독교교육의 새 방향』 이기문 역. 서울: 대한예수교장로회 교육부, 1985.

──────. *Religious Education: A Comprehensive Survey.* Nashvile. Tennessee: Abingdon Press, 1960.

Telfer, William. *Cyril of Jerusalem and Nemesis of Emesa.* Library of the Christian Classics 4. Philadelphia: Westminster Press, 1955.

Tertullian. "On Baptism." *Message of the Fathers of the Church.* vol. 6. Finn. Thomas M. ed. Collegeville. Minnesota: The Liturgical Press, 1992.

──────. *Tertullian on the Testimony of Soul And on the 'Prescription of Heretics'.* T. Herbert Bindley trans. London: SPCK, 1914.

The Church Hymnal Corporation. *The Book of Occasional Services.* N.Y.: The Church Hymnal Corporation, 1988.

The Liturgical Conference. *Living Worship.* Washington. D.C.: The Liturgical Conference, 1974.

──────. ed. *The Catechism of the Catholic Church for Personal Computers.* Collegeville. Minnesota: The Liturgical Press., 1994.

Thomas, David M. Mary Joyce Calnan. *Catechism of the Catholic Church: A Family Perspective.* Tabor, 1994.

Thompson, Bard. ed. *Essays on the Heidelberg Catechism.* Philadelphia and Boston: United Church Press, 1963.

Thompson, Norma H. *Religious Education and Theology* 『종교교육과 신학』
　　손승희 역. 서울: 한국신학연구소, 1990.
Thurneysen, Edward. *Die Lehre von der Seelsorge* 『목회학 원론』 박근원 역.
　　서울: 성서교재간행사, 1979.
Torrance, Thomas F. *The School of Faith: The Catechisms of the Reformed
　　Church*. London: J. Clarke, 1959.
Troeltsch, Ernst. *The Social Teaching of the Christian Churches*. trans. Olive
　　Wyon. London: Allen & Unwin, 1956.
Tudor, Philippa. "Religious Instruction for Children and Adolescents in the
　　Early English Reformation." *JEH* 35, 1984.
United State Catholic Church(U.S.C.C.) *A New Catechism: Catholic Faith for
　　Adults*. N.Y.: Seabury Press, 1969.
──────. *The Rite of Christian Initiation of Adults: Study Edition*.
　　Washington. D.C.: U.S.C.C., 1988.
──────. *Catechism of the Catholic Church*. N.Y.: Bantam Doubleday Dell,
　　1995.
Ulich, Robert. *A History of Religious Education*. N.Y.: New York University
　　Press, 1968.
──────. *Three Thousand Years of Educational Wisdom*. Cambridge:
　　Harvard University Press, 1950.
United Church. *Confirming Our Faith -Leader's Guide*. N.Y.: United Church
　　Press, 1987.
──────. *Confirming Our Faith: A Confirmation Resource for the United
　　Church of Christ*. N.Y.: United Church Press, 1987.
United Methodist Church. *A Handbook For Pastors. Parents. Congregation*.
　　New Jersey: Cokesbury, 1993.
──────. *By Water and the Spirit: A Study of Baptism for United
　　Methodists*. Nashville: General Board of Discipleship, 1993.
──────. *Follow Me*. Nashville: Cokesbury, 1993.
Vatican Commission on Relations with the Jews. "The Jews and Judaism
　　in Preaching and Catechesis." *The Living Light* 22: 2.
　　January, 1986.
Vieth, Paul H. *Worship in Christian Education* 『기독교교육과 예배』 김소영
　　역. 서울: 대한예수교장로회 총회교육부, 1978
Vischer, Lukas. *Ye Are Baptized*. trans. by the Department on the Laity.
　　Geneva: World Council of Churches, 1964.
Walters, Thomas P. "Instructional Objectives. Catechesis. and the Future."
　　Religious Education. vol. 85. no. 1. Winter 1990.
──────. "Where are We Going? A Case for Learning Objectives in

Religious Education." *Professional Approaches for Christian Educators(PACE)* 18. October, 1987.

Warren, Michael. *Sourcebook for Modern Catechetics*. Winona. Minn.: St. Mary, 1983.

─────. *Youth and the Future of the Church*. N.Y.: The Seabury Press, 1982.

Watkins, Keith. "Baptism and Christian Identity: A Presbyterian Approach." *Worship* 60, 1986.

Wegenast, Klaus. "Katecheo." *The New International Dictionary of New Testament Theology*. Colin Brown. ed. Grand Rapids: Zondervan, 1978.

West, Edward N. "The Rites of Initiation in the Early Church." *Confirmation: History. Doctrine. and Practice*. ed. K. Cully. N.Y.: Seabury Press, 1962.

Westerhoff III, John H. "A Call to Catechesis." *The Living Light*. 14: 3. Fall, 1977.

─────. "Formation. Education. Instruction." *Religious Education*. vol. 82. no. 4, 1987.

─────. "Framing an Alternative for the Future of Catechesis." *A Faithful Church: Issues in the History of Catechesis*. ed. by John H. Westerhoff III. Connecticut: Morehouse-Barlow Co., 1981.

─────. *A Colloquy on Christian Education*. Philadelphia: United Church Press, 1972.; 『기독교교육 논총』 김재은 역. 서울: 대한기독교출판사, 1978.

─────. *Values for Tomorrow's Children*. Philadelphia: Pilgrim Press, 1971.

─────. *Who are We?-The Quest for a Religious Education*. Birmingham: Religious Education Press, 1978.

─────. *Will Our Children Have Faith?*. N.Y.: Seabury Press, 1986: 『교회의 신앙교육』 정웅섭 역. 서울: 대한기독교교육협회, 1994.

───── & C. O. Edwards. *A Faithful Church: Issues in the History of Catechesis*. Wilton: Morehouse-Barlow Co., 1981.

───── & Gwen Kennedy Nesville. *Learning Through Liturgy*. N.Y.: Seabury Press, 1978.

Whitaker, E. C. ed. "Act of Thomas." *Documents of the Baptismal Liturgy*. London: SPCK, 1960.

───── ed. "Didascalia Apostolorum." *Documents of the Baptismal Liturgy*. London: SPCK, 1960.

───── ed. "Gelasian Sacramentary XLIII." *Documents of the Baptismal*

Liturgy. London: SPCK, 1960.

─────── ed. "Ordo Romanus 89." *Documents of the Baptismal Liturgy.* London: SPCK, 1960.

Whitehead, Alfred N. *The Aims of Education and Other Essay.* London: Ernest Benn, 1962.

Wiencke, Gustav K. "An Educational Perspective." *Confirmation and Education.* W. Kent Gilbert ed. Philadelphia: Fortress Press, 1969.

Wiener, N. *The Human Use of Human Beings: Cybernetics & Society.* N. Y.: Avon Books, 1967.

Wilkie, S.J. "Holistic Catechesis: Keeping Our Balance in the 1990s." *Religious Education.* vol. 86. no. 3. Summer 1986.

Wilkinson, John. *Egeria's Travels.* London: SPCK., 1971.

Williamson. G. I. *The Heidelberg Catechism: A Study Guide.* New Jersey: Presbyterian and Reformed Publishing, 1993.

Willimon, William H. "Making Christians in a Secular World." *The Christian Century* no. 22. October, 1986.

Wiloit, Jim. *Christian Education and the Search for Meaning.* Michigan: Baker Book House, 1986.

Wink, F. W. *The Bible in Human trans.formation.* Philadelphia: Fortres, 1980.

Winkler, Gabriele. "The Original Meaning of the Prebaptismal Anointing and Its Implications." *Worship* 52, 1978.

─────── . *Das armenische Initiationsrituale. EntWicklungsgesnchicht -liche und liturgievergleichende Untersuchung der Quellen des 3. bis 10. Jahrhunderts.* Rome: Oriental Institute, 1979.

Wolf, Frederick B. "Christian Initiation." *Prayer Book Renewal.* ed. H. Barry Evans. N.Y.: Seabury Press, 1978.

Wood, Wayne R. *Understanding the Christian Education* 『기독교 교육』 손승희 역. 서울: 한국신학연구소, 1985.

Woodward, William Harrison. *Studies in Education in the Age of the Renaissance. 1400-1600.* Cambridge: Cambridge University Press, 1906.

Worley, C. Robert *A Gathering of Strangers: Understanding the Life of Your Church* 『다원화 사회와 목회』 황화자 역. 서울: 대한예수교장로회 총회출판국, 1992.

─────── . *Change in the Church: A Source of Hope* 『교회의 조직갱신』 박근원 역. 서울: 한신대학 출판부, 1983.

─────── . *Preaching and Teaching in the Earliest Church.* Philadelphia: Westminster Press, 1967.

　　　　　　　　& Robert H. Craig. *Dry Bones Live: Helping Congregations Discover New Life* 『교회갱신을 위한 목회 활성화 방안』 강형길 역. 서울: 한국장로교출판사, 1994.

Wrenn, Michael J. *Catechisms and Controversies: Religious Education in the Postconcilar Years.* San Francisco: Ignatius Press, 1991.

Wuerl, Donald W. & Ronald Lawler & Thomas C. Lawler ed. "The Teaching of Christ: A Catholic Catechism for Adults." *Our Sunday Visitor*, 1995.

Wyckoff, D. Campbell. "The Curriculum and the Church School." *Religious Education: A Comprehensive Survey.* Marvin Taylor ed. Nashville. Tennessee: Abingdon Press, 1960.

　　　　　　　. *The Gospel and Christian Education.* Philadelphia: The Westminster Press, 1959.

　　　　　　　. *Renewing the Sunday School and the CCD.* Birmingham: Religious Education Press, 1986.

　　　　　　　. *The Task of Christian Education* 『기독교교육의 과제』 전택부 역. 서울: 대한기독교교육협회, 1981.

　　　　　　　. *Theory and Design of Christian Education Curriculum.* Philadelphia: Westminster Press, 1961.

Yarnold, Edward. *The Awe-Inspiring Rites of Initiation: Baptismal Homilies of the Fourth Century.* Slough. Bucks.: Paul Publications, 1971.

Zeiller, Jaques. *Christian Beginnings.* trans. P. J. Hepburne-Scott. N.Y.: Hawthorne Books, 1960.

Zuck, Roy B. *Spiritual Power in Your Teaching* 『성령과 교육』 권성수 역. 서울: 한국기독교연구원, 1988.

Zwingli, Ulrich. "Of the clarity and certainty of the Word of God." *Zwingli and Bullinger.* ed. and trans. by G. Bromiley. Philadelphia: Westminster Press, 1953; Originally published 1522.

가톨릭 교리 신학원 편. 『예배자 교리서-초대받은 당신』. 서울: 서울대교구 사목국, 1995.

강희천. 『기독교교육 사상』. 서울: 연세대학교 출판부, 1991.

고용수 외 8인. 『기독교교육사』. 서울: 교육목회, 1992.

　　　　 외 12인. 『기독교교육론』. 서울: 대한기독교교육협회, 1986.

고흥배. "중간지도자 육성을 통한 새신자 양육이 교회 성장에 미치는 영향." 목회학 박사학위 논문. 서울: 감리교신학대학교, 1993.

교리교육위원회 편수부 편. 『첫 영성체 준비』. 서울: 한국천주교 중앙협의회, 1982.

권성수. "신학으로 풀어 본 교회성장 이야기." 한미라 편 『교회 성장과 교육

1』. 아산: 호서대학교 연합신학대학원, 1998.

기독교대한감리회. 『예문』. 서울: 기독교대한감리회 본부, 1991.

김대균. "그룹 다이나믹스와 교회교육." 「교회와 신학」 5. 1972.

김승혜. "교리교육과 청소년의 신앙." 「사목」 35. 1974.

김영규. 『기독교교육학』. 서울: 기독교문서선교회, 1984.

김영한. "기조강연." 『한국교회 성장둔화 분석과 대책』. 한국 기독교 문화연구소 편. 서울: 숭실대학교 출판부, 1998.

대한예수교장로회 총회. 『헌법』. 서울: 대한예수교장로회 총회 교육부, 1989.

박상진. "새신자부 운영에 대한 타 교회 비교연구." 『새신자 목회』. 이용남 편. 서울: 이레아트, 1993.

손삼권. "1990년대의 기독교교육의 현실과 전망." 「기독교 사상」. 1990년 1월.

―――. "질문과 대답의 교육방법." 「신앙과 교육」. 1998년 5월.

송순재. "루터의 교리문답과 그 교수학적 가능성." 「신학과 세계」 27. 1993.

신학교재 편찬위원회 편. 『간추린 기독교교육학』. 서울: 세종문화사, 1983.

엘빈 토플러. 『제 3의 물결』. 정해근 역. 서울: 도서출판 정암, 1988.

유의웅 편. 『한국교회와 사회선교』. 서울: 예영 커뮤니케이션, 1996.

유재국. "교리교육의 과거와 현재." 「신학전망」 59. 1982.

―――. 『교리교육사』. 서울: 가톨릭교리신학원, 1990.

은준관. 『교육신학』. 서울: 대한기독교서회, 1983.

―――. 『교회. 선교. 교육』. 서울: 전망사, 1982.

―――. 『기독교교육 현장론』. 서울: 대한기독교출판사, 1988.

―――. 『신학적 교회론』. 서울: 연세대학교 출판부, 1995.

―――. 『왜?: 기독교 교육의 목적을 중심하여』.서울: 감리교 신학대학 기독교교육연구소, 1976.

이덕주. "한국 초대교회의 성립과 교단의 형성." 「기독교사상」 322. 1985.

이상훈. 『교리교수법 개론』. 서울: 가톨릭교리신학원, 1985.

이요한. 『교회 보존』 서울: 침례회출판사, 1967.

이용남 편. 『새신자 목회』. 서울: 이레아트, 1993.

이원규. "종교사회학적 접근." 『한국교회 성장둔화 분석과 대책』. 서울: 숭실대학교 출판부, 1998.

―――. 『한국 교회의 사회학적 이해』. 인천: 성서연구사, 1992.

이정배. "평신도 신학의 전망과 교회의 미래적 모델: 살림 공동체." 『미래교회와 새 사역』. 서울: 미래교회연구원, 1996.

이종윤. "한국 교회 성장 둔화- 그 원인과 대책." 『로잔 위원회 보고자료』. 1996.

임창복. "초대 및 고대교회의 세례지원자의 교육에 관한 소고." 「교육교회」. 1990년 9월.

장종철. 『기독교교육 역사』. 서울: 감리교신학대학교 출판부, 1993.

정기환 편. 『십이 사도의 교훈』. 인천: 성서연구사, 1977.

정일웅. 『교육목회학』. 서울: 솔로몬, 1993.
제4차 주교 시노드. "교리교육에 관한 34개 건의안." 「사목」 62. 1979년 3월.
주삼환. 『교육행정 사조』. 서울: 배영사, 1992.
지원용. 『루터의 사상』. 서울: 컨콜디아사, 1961.
한국 갤럽 조사 연구소. 『한국인의 종교와 종교의식』. 1990.
한국기독교사회문제연구원. 『한국교회 100년 종합조사 연구보고서』. 서울: 한국기독교 사회문제연구원, 1980.
한국기독교장로회 총회. 『예식서』. 서울: 한국신학대학 출판부, 1978.
———. 『한국기독교장로회 헌법』. 서울: 한신대학 출판부, 1990.
한기언. 『서양교육사』. 서울: 박영사, 1973.
한미라. "종교교육을 위한 새 교육체제의 개발 1 & II." 「신학사상」 63-64. 1988-1989.
———. "21세기 한국 교회 교육의 전망과 과제." 한미라 편 『교회 성장과 교육 2』. 아산: 호서대학교 연합신학대학원, 1998.
———. "21세기의 교회학교상." 「교육교회」. 1995년 12월.
———. "교육기획에서 체제적 접근의 적용." 「교육교회」. 1987년 9월.
———. "체제이론과 학교 조직에 관한 소고." 「신학과 선교」 10. 1985.

· 저자 ·

손삼권　· 약 력 ·
　　　　　　목원대학교 신학과 졸업
　　　　　　연세대학교 연합신학대학원
　　　　　　호서대학교 대학원 박사학위(기독교교육 전공, Ph.D)
　　　　　　목원대학교, 협성대학교, 한세대학교, 서울신대 등 출강
　　　　　　전주대학교 객원교수, 호서대학교 겸임교수
　　　　　　대한기독교교육협회 기획실장, 월간 <기독교사상> 주간
　　　　　　현　기독교대한감리회 홍보출판국 총무

　　　　　　· 주요논저 ·
　　　　　　『어린이 성서교수법』(역)
　　　　　　『신앙교육 이야기』(공저)
　　　　　　『키작은 하나님』
　　　　　　『기독교 교수 학습론』
　　　　　　외 다수

기독교 초기교회 교육의 재구성

· 초판 인쇄	2006년 7월 30일
· 초판 발행	2006년 7월 30일
· 지 은 이	손삼권
· 펴 낸 이	채종준
· 펴 낸 곳	한국학술정보㈜
	경기도 파주시 교하읍 문발리 526-2
	파주출판문화정보산업단지
	전화　031) 908-3181(대표) · 팩스　031) 908-3189
	홈페이지　http://www.kstudy.com
	e-mail(출판사업부)　publish@kstudy.com
· 등　　록	제일산-115호(2000. 6. 19)
· 가　　격	29,000원

ISBN　89-534-5400-X　93230 (Paper Book)
　　　　89-534-5401-8　98230 (e-Book)